江南の水上居民

太湖漁民の信仰生活とその変容

胡艶紅

風響社

まえがき

　筆者は一九八〇年代の幼少期を江南地方で過ごした。子どもの頃は、実家の近くにある小さな川を通る船の姿をよく見かけた。船がどこから来て、どこに行くのか、という不思議な感覚が現れては消えたものだった。水上の世界は陸上の世界とどう違うのだろう。しかし、強い関心を持っていたわけではなかった。二〇〇七年、日本に留学し、日本民俗学を専攻する中で、筆者は日本には漁民研究がたくさんあることを知った。しかし、水郷と呼ばれる江南には、漁業に携わる船上生活者が多くいるはずなのに、なぜそれらに関する研究はほとんどないのだろうか。ふと考えてみると、近ごろは故郷の小さい川を通る船の姿があまり見られなくなったような気がしてきた。何があったのだろうか。こういう単純な疑問を持って、江南地方における太湖の漁民を調べ始めた。

　二〇一〇年七月に初めてフィールドワークを始めたとき、漁村の場所を探すのに大変苦労した。ここでいう「漁村」とは、漁業を生業とする人々がもともと陸上で暮らす村ではない。筆者が探した漁村は、太湖での水上居民が陸上に上がり、定住するようになった村である。文献資料を見ていたので、大体の場所は分かっていた。しかし、目の前に太湖が広がっているのに、地域住民に漁村がどこにあるのかと聞いてもほとんどの人が知らなかった。現実には、そこはすでに漁村から遠くない場所であったが……。歩きながら、会う人会う人に話をしてようやく案内できる人を見つけた。多数の地域住民が、近くに住むはずの漁民のことをほとんど知っていないことがわかった。なぜなら、子どもの頃の私と同じように、彼らは船上生活の漁民に関心をもっていなかったからだ。その一方で、調査を進めていくと、漁民たちが定住し始めてから五〇年しか経っていないこともわかった。定住してからも、周辺の村との関わりが少なかったのである。外部の人間は太湖の漁民の定住後の状況さえ知らないので、定住以前の事情はなおのこと知られていないのだろう。地元の文献を調べると、太湖の漁民に関する最も詳しい記述は陳俊才という郷土史家による報告だということが分かった。しかし、漁民たちの定住以前の、陸上の人々と異なる一部の独特な生活慣習や信仰が静態的に記述されているだけであり、定住以降の動態的変容は陳の関心ではなかった。

筆者は調査中、定住後の変化を中心に聞き書きを一生懸命行っていたが、時々信仰や祭礼について聞くと、「前とあまり変わらない」とか「前と一緒だ」という答えがかえってきて、困っていた。「本当に?」と疑問を持ちながら、祭礼の詳しい作法の調査を続けた。そこで発見したのは、漁民たちは船上生活の時代の生活論理や信仰についての意識、つまり以前の経験に基づいて定住の変化に対応してきたということである。それゆえ、激しい変化を経験した太湖の漁民社会に注目する際には、変容だけではなく、彼らにとって何が変わっていないのかを探る必要もあるということに思いいたった。研究者としての客観的考察が必要である一方、研究対象を主体として彼らの考えや主張に耳を傾けて記述し分析する必要もあるのである。

以上の問題関心を持って、本書は、中国江南地方(太湖)の水上居民のうち、特に船上で暮らしていた大型漁船民を研究対象として、集団化政策や「陸上定居」のような「漁業社会主義改造」により大きな影響を受けた彼らの生活、特に信仰生活に着目し、時代ごとの変化と持続の両面を歴史民俗学的に論じるものである。

具体的には、以下の二つの課題を提示する。すなわち①中華民国期から現代に至る、太湖の漁民の国民国家への統合プロセス、②大きな社会変革を経験した漁民社会・信仰生活の変化、およびその変化のなかで持続しているものを明らかにする。

日本における中国の人類学・民俗学的研究は主にフィールドワークに基づくものであり、一方歴史学的研究では文献資料を中心に行われてきたため、両者間の交流が少なかった。しかし、現代中国におけるミクロな地域社会に注目するに際しては、政治経済的変動に注目しながら歴史学の研究成果をふまえて分析する必要がある。近年フィールドワークと文献資料を融合した「歴史人類学」や「オーラル・ヒストリー」などの研究方法が盛んになっている。このような潮流のなかで、フィールドワークと文献資料、特に中国人研究者しか扱えない檔案史料を融合したことが本書の最大の特徴である。

また、改革開放以降、中国でのフィールドワークが行われやすくなってから、日本では中国の水上居民の研究が蓄積されてきた。しかしながら、それらは日本人研究者による異文化の視点からの研究であり、それに対して本書は檔案史料の入手や筆者の地元である蘇州方言を活用するなど、ネイティブ研究者としてのメリットを生かしたものである。

本書で述べることは、広大な中国における水上居民の一例にすぎない。この江南の水上居民の事例から拡大して考えると、中国社会は一〇〇年以上にわたる近代化の中で、大きな変化を被ったが、この変化については多くの議論がなされてきた。そのなかには、「五四運動」や「文化大革命」などによって、中国社会や文化には断絶が生じたという議論がしばしばみられる。しかし筆者は、一回弾圧されてまた復興したり、また船上生活から陸上生活に合わせて個々の水上居民が実践してきた祭礼や信仰活動を分析した結果、それは完全になくなったわけではなく、むしろ形を変えて、一見すると判別できない形で持続していることを明らかにする。「完全に終わる伝統は存在しておらず、完全に伝統と断絶した現代も存在していない」［岳永逸　二〇一〇b：四九］のである。

今日においても、中国では様々な改革がまだ続けられている。中国社会や人々の生活は変化を余儀なくされている。中国社会の変容をめぐる議論はこれからも大きな課題になるであろう。現在まで、そして今後の中国社会変容に注目する際に、本書が提示する事例が少しでも貢献できれば幸いである。

● 目次

まえがき……1
主要登場人物および話者一覧表（アルファベット順）　14
序論……17
第一節　歴史的背景と本書の目的　17
第二節　中国の水上居民研究　18
(1)　現代中国の社会変容に関する近年の研究動向　18
(2)　中国の漁民社会の研究　23
第三節　研究課題と研究方法　26
(1)　研究課題　26
(2)　研究方法　26
第四節　本書の構成　37
第一章　民国期における漁民社会
――外部との関わりから（共産党政権以前）……43
はじめに　43
第一節　地理的状況と歴史的背景　44
(1)　地理的状況　44

(2) 歴史的背景　45
第二節　匪賊との共存　48
(1) 民国期における匪賊の概況　48
(2) 匪賊との関わり　50
(3) 戦争から逃れられない漁民　52
第三節　政治権力との関わり　53
(1) 国民政府　53
(2) 新四軍　58
第四節　陸上の人々との接触　59
(1) 漁行　61
(2) 「拝先生」と「認寄爺」　62
小括　64
第二章　船上の居住生活（一九五三年まで）……67
はじめに　67
第一節　共同操業の生業形態　68
(1) 「漁幇」　68
(2) 「対船」と「一帯」　72
第二節　船を単位とする家族と生活　76

(1) 大型漁船の構造　76
(2) 船を単位とする家族　82
(3) 日常生活における男女の役割分担　85
(4) 識字教育　88
(5) 家族内部の関係　89
第三節　共同操業に結ばれた親族関係　90
(1) 血縁関係の親族優先　90
(2) 姻族優先　91
小括　93
第三章　「漁業社会主義改造」以前の信仰生活（一九五三年まで）……95
はじめに　95
第一節　廟・寺・道観を巡る信仰活動　96
(1) 太湖周辺の廟　96
(2) 「香社」（「香会」）　97
(3) 「香頭」　100
(4) 「廟会」　101
(5) 「打醮」　107
第二節　船上で行われる祭祀儀礼　108

（1）船の空間と信仰生活 108
（2）生業に関わる祭祀儀礼 110
（3）年中行事における信仰活動 120
（4）人生儀礼 124
（5）船の新築 129
（6）僮子の霊力と病気の治療 130
第三節　江南地域における「太保先生」と「僮子」 133
（1）歌唱のある祭礼の種類 133
（2）太湖の漁民社会における祭礼の特徴 136
小括 137
第四章　「漁業社会主義改造」の時代（一九五〇〜一九七〇年代）……………… 141
はじめに 141
第一節　建国初期における様々な運動 144
（1）行政機構の移り変わり 145
（2）「剿匪」と「鎮反」運動 146
（3）「漁民協会」 147
（4）民主改革」 152
第二節　生産手段および思想の改造 160

(1)「供銷合作社」の設立　161
(2)集団化運動　163
(3)思想の改造　173
第三節「階級区分」と「階級闘争」　176
第四節 漁民たちの反応　182
小括　187
第五章「迷信」に対する弾圧と秘密裏の信仰生活（一九五〇～一九七〇年代）……193
はじめに　193
第一節 江蘇省における「紅三教」の概況　193
第二節 取り締まり運動　199
(1)初回の運動（一九六〇年）　200
(2)再調査（一九六一年）　203
(3)三回目の調査（一九六四～一九六五年）　207
第三節 秘密裏の信仰生活　223
小括　226
第六章「陸上定居」と陸上生活における祭礼（一九八〇年代～現在）……………229

はじめに　229
第一節　定住のプロセス　230
(1) 埋め立て工事と家屋の分配　230
(2) 転職　233
第二節　漁業における変化　236
(1) 漁船　236
(2) 漁法　238
(3) 魚の保存　241
(4) 太湖漁業生産管理委員会　241
第三節　生業様式や家族形態の変化　243
第四節　陸上生活における祭礼の変容　245
(1)「七月半」祭礼　245
(2) 他の祭礼　264
小括　275
第七章　信仰生活の変容と持続（一九八〇年代～現在）……279
はじめに　279
第一節　廟の再建と「焼香」活動の復興　280
(1) 禹王廟の再建　281

(2) 焼香活動の復興 287
第二節 宗教職能者とその継承 301
(1)「太保先生」と「神歌」 301
(2)「僮子」と「香頭」 305
第三節 「香客」の依頼と「香頭」の活動 307
(1) 香頭Ｙｓｍ（女性、六〇代、農民出身） 307
(2) 香頭Ｚｃｌ（男性、一九一五〜一九九七年、漁民） 311
(3) 香頭Ｊｂｌ（男性、六〇代、漁民→専門宗教職能者） 313
(4) 霊力のない香頭の活動 314
第四節 信仰生活の変容と持続 317
(1) 信仰団体 317
(2) 日常生活における祭礼 319
(3) 宗教職能者 321
小括 322
終章……325
第一節 各章の要約と結論 325
(1) 各章の要約 325
(2) 結論 329

第二節　結びにかえて――今後の展望と課題　336
(1)　大型漁船漁民を巡る課題　336
(2)　変革期における中国社会・伝統文化　337
あとがき……………………………………339
参考文献　343
写真・図表一覧　355
索引　366

装丁＝オーバードライブ・前田幸江

主要登場人物および話者一覧表（アルファベット順）

Jbl：男、六〇代、専業香頭
Jba：男、一九三五生まれ、漁民
Jbx：男、一九四九年生まれ、漁民・太保先生
Jfg：男、一九四八年生まれ、漁民
Jjq：女、一九七一年生まれ、漁民
Jhg：男、一九三〇年生まれ、漁民・香頭・太保先生
Jjs：男、一九三六年生まれ　漁民・元HZ大隊の幹部
Jmr：男、民国期の僮子
Jqy：男、一九二七年生まれ、漁民
Jyf：男、五〇代、漁民・香頭
Jyl：男、一九五三年生まれ、漁民
Jzr：男、民国期の僮子
Ljx：男、一九六七年生まれ、漁民
Lza：男、一九三三年生まれ、漁民
Lzg：男、一九四四年生まれ、漁民・運搬業従事者
Lzx：男、一九二五―二〇一二年、漁民・元副保長・太保先生
Wlh：男、五〇代、個人経営・太保先生
Wyk：男、?～一九七〇年代、漁民・僮子
Ysm：女、六〇代、農民出身、専業香頭
Yzk：男、一九三二年生まれ、農民出身
Zap：女、一九二九年生まれ、漁民
Zcl：男、一九一五～一九九七年、漁民・僮子・香頭
Zfx：男、一九五五年生まれ、大工・太保先生
Zlb：男、一九四三年生まれ、漁民・香頭
Zsr：男、民国期の僮子
Zyf：男、一九五六年生まれ、漁民・大工

●江南の水上居民——太湖漁民の信仰生活とその変容

序論

第一節　歴史的背景と本書の目的

一九四九年の中国共産党政権成立以降、様々な政治運動によって中国社会のあらゆる側面に深刻な影響が現れた。特に信仰の面において、「無神論」をテーゼとする共産党政権は常に宗教や信仰を警戒し、政権基盤をゆるがしうるものとみなしてきた。中でも共産党政権成立初期、新政権を脅かす可能性がある民間信仰の組織に対しては、徹底的な弾圧が行われた。宗教や信仰に対する敵視は、最終的に文化大革命においてすべての宗教や信仰を「迷信」として弾圧する大規模な運動をもたらした。その結果、一時的にあらゆる信仰活動が停止したものの、改革開放以降、信仰に関する政策が緩和されると、中国各地で信仰活動が「復興」してきた。しかし、「復興」といっても、停止以前と比較すると、実際にはどのようなものになっているのか。これまで、「復興」のありかたについての実証的な研究は不十分なままであった。また、現代中国の社会変容に着目する議論では、特に変化の部分に焦点が当てられてきた。変化が注目される理由は、社会主義革命が原因でそれ以前とそれ以後の社会の断裂が生じたという発想に由来すると考えられる。断裂と変化のみに焦点をあてているのであれば、社会における連続性を等閑視してしまう危険性がある。

社会変容については、農村社会や都市社会を中心にした研究が行われてきた。一方で、少数民族や特殊な生業に携わるマイノリティに関する研究の蓄積はいまだ少ない。特に、漁業に従事する船上暮らしの漁民たち[1]は、「社会主義改造」の過程で、集団化政策と「陸上定居」の政策を経たため、陸上の人々と比較すると、その生活環境においてより大きな変化を経験した。太湖や長江につながる水路を利用した交通網が発達した中国の江南地域では、かつては多くの漁民が船上で暮らしており、当地における重要な存在であった。それにもかかわらず、彼らの社会主義改造による社会変容に関する研究は不十分であり、特に信仰面に関する研究は極めて少ない状況にある。

以上の問題意識に基づき、本書は太湖流域において船上で暮らしていた大型漁船漁民を研究対象として、集団化政策や「陸上定居」のような漁業社会主義改造により大きな影響を受けた彼らの信仰生活に着目し、その時代ごとの変化と持続の両方を明らかにする。それを通して、現代中国の社会の一面を明らかにすることを試みる。

第二節　中国の水上居民研究

(1)　現代中国の社会変容に関する近年の研究動向

1　社会史研究

近年の歴史学では、歴史的な事件に注目する政治史や経済史などとは別に、民衆社会に注目する社会史が盛んになっている。しかし、共産党政権成立以降の中国現代史では、社会史研究はそれほど蓄積がない状況にあった。

中国現代史研究において共産党政権成立以降の現代社会の変容を論じる場合、共産党政権による社会主義革命が社会に与えた影響を研究することは避けられない課題の一つである。この課題に関する研究も、従来は社会主義革命を中心とする政治史や経済史の研究が主流であったが、近年は中国現代史でも地域社会の実態に着目する社会史研究が活発になってきた。そして山本真によれば、現在では、欧米での研究成果が吸収され、ポストモダン理論の導入により進展しつつある「新社会史」、フィールドワークを重視し歴史学と人類学の方法を融合することを試みる「社会文化史」などの方法が現われ、社会史の領域が発展しつつある〔山本 二〇〇八〕。これらの研究には、映像資料、口述資料、地方志や族譜の民間資料など多元的な史資料が用いられるようになった。

このような潮流の中で、以下の一連の研究成果が見られた。例えば、山西大学中国社会研究センターでは集団化時代の中国農村社会をテーマとした研究が行われ、共産党が抗日根拠地で行った互助組から一九八〇年代人民公社の体制が終焉するまでの約四〇年間の集団化時代について、広範な叙述の枠を用い、上層部の歴史や重大な事件と農民の生活実態との両方を重視した〔行龍 二〇〇九、二〇一二〕。また、上海の復旦大学中外現代化進程研究センターのプロジェクト成果として出版された『革命と郷村』シリーズ〔二〇〇六〕全五冊は、理論や政策に注目するだけでなく、農村の実情という「下からの」視点を重視し、共産党と農民との相互関係を歴史的に再検討することが目的とされた〔山本 二〇〇八〕。『地権変動与社会重構――蘇南土地改革研究〔一九四九―一九五二〕』〔張一平 二〇〇九〕、『中国農民的反行為研究』〔高王凌 二〇一三〕などもこの類の研究である。このように、社会史においては農村社会に注目する研究が圧倒的に多いことが分かる。最近は、都市の研究についても徐々に増加してきた。例えば『上海城市社会生活史・非常与正常――上海「文革」時期的社会』〔金大陸 二〇一一〕は、文化大革命期という「非常」期における都市民の日常生活を考察した。『遠去的都市――一九五〇年代的上海』〔張済順 二〇一五〕は上海における一般市民や知識人に着目し、国民党政権から共産党政権への移行の中で、一九五〇年代の上海の社会や文化の転換と連続を明らかにし、特に一九四九年前後の上海の都市文化における連続を指摘した。このように、社会史研究は民衆社会の視点から国家と社会の相互関係の観点から、政策や政治運動が社会制度にもたらした影響、社会の国家への対応が重視されている。本書のように現代中国の社会変容を議論するにあたっては、こうした国家と社会の相互関係に着目するという視点が参考になるが、本書で取り上げる信仰生活については、個々の人々の実践や考えが大きく関わるものであるため、それらを明らかにするためには、よりミクロな人類学や民俗学の研究方法が必要となる。

また、以上のような中国社会史研究での一連の研究成果は近年中国国内で解放される檔案史料のおかげだとも言える。中国では省政府から市や県、および区政府に至るまで檔案局が設けられており、地域社会に関わる公文書が大量に保存され、地域の社会史研究を可能にしている。本書では檔案史料を活用することにより、漁民社会の歴史を政治運動とつなげて分析し、幅広い視点から考察する。

2　人類学と民俗学研究

同じく「下からの」視点で社会変容を明らかにすることを試みる人類学では、個人や家族、宗族などの文化の担い手に注目し、よりミクロな視点から社会主義革命の影響を議論してきた。このような研究は、「改革開放」以降、中国本土でフィールドワークが再開されて以降、欧米や日本で増加している。例えば、中国学界で大きな反響を巻き起こした『林村的故事』［黄樹民　二〇〇二］はある村の幹部のライフヒストリーを通じて共産党政権以降の中国農村社会の変容を明らかにしたものである。ここでは日本における研究者を中心的に取り上げて議論する。例えば、『劉堡』［聶　一九九二］では、中国東北部の一村落における宗族の変容を、民国期から解放、土地改革、文化大革命という時代の流れの中で考察した。『中国四川農村の家族と婚姻』［蕭　二〇〇〇］では四川省農村の改革開放以降の家族、宗族および婚姻の在り方の変容を明らかにした。『中国湖北農村の家族・宗族・婚姻』［秦　二〇〇五］は、湖北農村の家族、宗族、婚姻関係および人々の死生観の実態、共産党政権以降の社会主義近代化の過程で起きた諸変化を具体的に記述し、考察した民族誌である。『回応革命与改革』［韓　二〇〇七］は中国安徽省北部の一宗族村落に焦点をあてて、社会主義革命と改革開放時代の農村の変貌と農民の対応を記録した。また、『東南中国における伝統のポリティクス――珠江デルタ村落社会の死者儀礼・神祇祭祀・宗族組織』〔川口 二〇一三〕は、広東省珠江デルタの村落をフィールドに、死者儀礼、神祇祭祀、宗族組織に着目して、伝統・文化を介した国家と人々との関係を主題として論じた。

以上の研究では、主に家族や親族および宗族を対象とし、特に宗族の復興が議論されてきた。議論の内容としては、変化を強調する研究と持続を強調する研究の両方が見られる〔韓 二〇〇七〕。従来は、八〇年代以降の宗族の復興について「再構築」や「再編成」として議論されたものが多かった。たとえば韓は、宗族における連続性を指摘した。その連続性を可能にした重要な要素は居住の仕方、宗族の構造を規制する内部の制度、宗族のアイデンティティの三つだと指摘された〔韓 二〇〇七〕。また、韓が編集した『革命の実践と表象』は、「社会主義革命が生み出した言説や諸制度とそれ以前の伝統との断続性と連続性を究明」した〔韓 二〇〇九：五二五〕。特に、「政府が風俗習慣に関与し、その表象に変化がみられるものの、民衆の底流では依然として「伝統」[2]が生き続け、人々の日常の信仰や秩序の中で機能しつづけているという連続性」があることは論考に共通している観点の一つだと指摘されている〔奈倉 二〇一二〕。このように、従来の研究では、表象として認められる変化にとどまるのではなく、民衆の底流に生き続けるものまでが探究され、現代中国の社会文化的変容に関する議論が一層深められてきたことが窺える。しかし、民衆の底流で「伝統」がなぜ、どのように生き続けられてきたのか、という問いについての議論はまだ不十分である。また、広大な中国大陸では地域差が大きく、長大な歴史過程における様々な事情も千差万別であり、漢人社会文化の変容に関する研究の蓄積はまだ不足しているという点も指摘できる。

現代中国の社会変容へのアプローチは様々であるが、宗教や信仰という観点からの研究は限られている。これまでは、信仰が一時的な弾圧を経て復興してきた状況に対して、いかに復興してきたのかという、背後にあるダイナミクスに多く関心が払われてきた。例えば、廟の再建については、正式に認められた宗教の名義を冠すること〔謝二〇〇二〕や「双名制」〔高丙中　二〇〇六〕、「借名制」〔王志清　二〇〇八〕、無形文化遺産認定〔岳永逸　二〇〇八〕など政府に承認される方策が巧みに運用されてきた。また廟の再建や廟会の主催などの信仰活動の背後に、地方政府、知識人、地域エリートなどの相互協力〔高丙中　二〇〇六〕、宗族勢力〔王銘銘　一九九七〕などの力が作用していたことも明らかにされてきた。つまり、社会主義革命を経て復興した信仰には、政府のコントロールや介入と人々の対策という構図がある、ということが論じられてきた。

特に、人類学では、現代中国の宗教や民間信仰についての研究の現状について、共産党の一党支配に対するオルタナティブな自律的市民社会の可能性を見出すという「自律社会論」と、党権力が浸透・再生産され、党国家と社会との共棲関係が形作られているという「共棲論」などの見解が提示された〔川口　二〇一〇〕。しかし、「共棲論はあくまで党・国家側のみに立脚した見方であり、また自律社会論は研究者側の見解であって、いずれにおいても担い手たる人々の意図するところや、彼／彼女らが参与する宗教のいとなみの実態は明らかにされない」〔川口二〇一〇〕という問題点も指摘された。

また、宗教や民間信仰の復興について、先行研究では、社会構造や生活の変化、あるいは観光化や地域振興を目的とした地方政府の介入による信仰の変容が特に強調されてきた。そこで想定されているのは「かつて人々は正しい意味内容を確実に理解したうえで儀礼等を行っており、他方、現代の人々は現生利益やアイデンティティの充足を求めてそれらをいわば道具的に実践しているという構図である」〔川口　二〇一三：二八〕。しかし、常に動的であり、変化する文化にとって何が正しいのか、正統なのかは断定できない。

近年の中国社会変容に関する人類学的研究においては、国家と社会の関係を論じる中で、社会は順応したり、抵抗したり、戦略的に対応したりするという議論がなされてきた。これらの議論は国家と社会の関係を二項対立的なものとして捉えてきた。また、これらの議論は社会の主体性をより強調した主張だともいえる。その一方で、いずれの関係においても、社会の主体性をより強調した主張でも研究者側という第三者からの視点であり、主体の持つ自らの視点があまり強調されてこなかった。

このように、共産党政権成立以降の中国における社会変容については、社会史でも人類学や民俗学でも、国家と社会の関係、国家と人々の関係が論じられてきた。共産党政権による社会主義革命は中国社会のあらゆる面に深刻な影響を与えたのであり、国家の存在は無視できないのである。このような国家と社会の関係図においては、国家と社会の対立や共謀、社会の国家への抵抗、順応、対応などの関係があげられてきた。つまり、国家と社会の関係は一方的なものではなく、鬩ぎ合いや妥協、共謀などの多様な関係が存在すると指摘されてきた［金光億 二〇一四：四七―六二］。しかし、いずれの関係も研究者の解釈であり、人々自らの視点や解釈が欠けている。すなわち、国家権力が社会にどれだけ浸透しても、人々はそれに対応し、自分なりに選択して行動したり、生活したりしているのである。加えて、国家はあらゆる場面に存在するわけではなく、人々も、必ずしも国家の存在を常に意識しているわけでもない。そのため、国家との関係を重視する必要はあるが、人々の主体的な意識や行動、実践にも注目すべきだと考えられる。

(2) 中国の漁民社会の研究

一般的な漢人社会の研究と比較すると、漢人漁民社会の研究は数えられるほどしかない。早期の研究には、人類学者の王崧興と可児弘明の研究があげられる。王崧興は台湾の亀山島という離島漁村を調査地とし、漁村社会を漢人社会の変形の一種として位置付け、亀山島の漁業社会の経済生活、社会構造および宗教活動を考察した。これにより、漁業技術の側面に見られる個人主義的な特徴（Individualistic Orientation）と宗教生活の側面に見られる共同体主義的な特徴（社区精神 Communal Orientation）という二つの極端な方向性が共存して統合されていることが指摘された［王崧興　一九六七］。しかし、この点をめぐる漁民社会と漢人社会との相違は明確には論じられなかった。一方、早い時期に中国の船上生活者を取り上げた可児弘明は、香港の「蜑民」を社会全体との関連において具体的に捉え、戦前の水上研究にあるような、船上生活の特異さだけに関心を奪われ、社会や文化を細分化してしまうという欠点を克服した。「蜑民」と陸上との関係、漢民族文化との関わりに注目しつつ、「蜑民」の船上生活、経済活動、社会構造などから水上の環境に適応した水上社会の文化を描き出した［可児　一九七〇］。

近年の研究としては、長沼さやかと稲澤努が漁民集団のエスニシティに着目し、漁民集団以外の人々との関係から生じた船上漁民集団の社会変容を明らかにした。その中で、移動から定住への変化を経ても、船上で暮らしていた漁民が陸上の人々とは異質的な存在と見なされ続けてきたことが指摘されている［長沼　二〇一〇、稲澤　二〇一〇、二〇一六］。しかし、これらの研究は外部との境界が主題の一つとなっているため、漁民たち自身が如何に社会環境の変化に適応しつつ、従来の意識や実践を継承してきたのかが十分に論じられてこなかった。

本書の対象地となる中国太湖流域における漁民研究については、陳俊才[3]による、民国期における太湖漁民の生業形態、生活習慣、信仰活動に関わる調査報告があり、共産党政権成立以前の状況については参考にできる［陳俊才　一九九二、一九九五、二〇〇〇、二〇〇五］。

太田出は太湖流域の漁民史に関わる重要な問題点をあげた。彼はその中で、非定住の船上生活漁民が国家によって如何に掌握された（あるいは掌握されなかった）のか、漁業社会主義改造の実態、漁業社会の変貌などが十分に扱われてこなかったという問題を指摘した。本書では漁民の信仰生活の歴史的変容を明らかにするために、太田が提示した太湖流域の漁民社会研究に関する具体的な課題を引き継ぐ必要があるだろう。また、太田は、民国期の保甲制度の観点から太湖漁民と陸上との社会関係という「共同性」の存在を検討し、「陸上の民と水上の民をめぐる社会関係はほとんど交錯すること無く全く別個のものであった」と結論付けた［太田　二〇〇七a］。そして信仰の面から太湖の漁民社会内部の共同性（祭祀共同体）の存在を検討することを目的として、太湖に移民した一部の小型漁船漁民の信仰組織の「社」・「会」を考察し、「社」・「会」には信仰の共同性、社会内部の移住の記憶を共有する共同性があったと指摘した［太田　二〇〇九］。このような、内部と外部の両方から考察する視点は、本書の対象となる大型漁船漁民を取り扱う際に示唆的である。さらに太田は「香頭」という「社」・「会」のリーダーに着目し、太湖漁民の「香頭」と農民の「香頭」とを比較して、太湖漁民の香頭が宗教的職能者であり、「賛神歌」が歌われること、神明と歴代香頭を祀ることといった特徴を有することを指摘した［太田　二〇一一］。

このように、これまでの研究では、太湖に移住した小型漁船漁民の信仰組織の実態が考察されていたが、まだ検討する余地がある部分も少なくない。まず、事例が一部の小型漁船漁民に限られているため、太湖漁民の全体像がまだ明らかにされていない。例えば、香頭については、中国全国で地域差が大きく、種類も様々であり［李ほか二〇一四］、太湖漁民においても多様であるため、多くの事例を考察する必要がある。また、ある信仰事象を考察するにあたって、その信仰事象を信仰生活の全体に位置付け、全体における意味を考察する必要がある。そして、可児が指摘したように、水上研究にある船上生活の特異さだけに関心を奪われて、社会や文化を細分化してしまった欠点を克服するために［可児　一九七〇］、「賛神歌」などの太湖漁民の信仰事象を、太湖周辺地域の文化に位置付けて考察する必要もある。さらに、これまでの研究は主に民国期の事情をめぐって議論されているため、歴史的変容はいまだ明らかになっていない。

以上のような先行研究をもとに、本書では、移住した小型漁船漁民と異なり、太湖に在住した大型漁船漁民を取り上げ、その信仰生活の全般に注目する。そして、彼らの信仰生活を太湖周辺地域の文化に位置付けて考察する。さらに民国期から共産党政権成立以降の歴史の流れも考慮し、漁民の信仰生活の周辺地域文化との関わり、歴史的変容の在り方をあきらかにする。

第三節　研究課題と研究方法

以上の先行研究を踏まえたうえで、本書では、中国内陸の太湖を生産活動の場とし、船上で暮らしていたが政策によって定住するようになった大型漁船漁民たちの信仰生活を研究対象とし、国家と漁民社会の相互関係に注目し、漁民社会の変容を明らかにすることを目的とする。具体的な研究課題と研究方法は以下の通りである。

(1)　研究課題

以下の二点を本書の課題とする。

①民国期から現代に至るまで、船上生活の漁民社会がいかに国民国家に統合されていったのか。特にその統合プロセスにおける、漁業社会主義改造による漁民社会の歴史的変容を明らかにする。

②政治運動による生活環境の激動を経験した漁民の信仰生活は、如何に変化してきたのか。さらに一見するとドラスティックに見える変化のなかで、彼ら自らの論理に基づいて、なにがどのように持続されてきたのかを明らかにする。

(2)　研究方法

1　信仰生活への注目

近年の中国でいわれている「民間信仰」は、中国における近年の「非物質文化遺産」の認定や観光資源化の動きに伴い日本から導入された言葉だと考えられている〔呉 二〇〇九〕。長谷千代子の詳しい考察によると、中国の学術的言説においては、「迷信」が高度に洗練され、国家の承認を得るまでになったのが「宗教」で、そのレベルに達していないものが「民間信仰」である〔長谷 二〇一三：三二〕。そして「民間信仰」には「①観光資源として期待できる②民族間の協調性（和諧）を強めることができる③環境保護に役に立つ」というメリットがあるため、中国の学界では研究が推奨されている〔長谷 二〇一三：三三〕。このように、「民間信仰」は学術用語として近年徐々に定着するようになっている。

中国における「民間信仰」の具体的な定義は研究者によって異なるが、共産党政権に認定された従来の五大宗教(4)以外の信仰現象が基本的に民間信仰に包括されているということは共通認識として存在する。また、中国の学術論文に見られる官製の「信仰」概念は、実際の民間の宗教的実践と一致しない。本書で扱う「信仰」は、民間の宗教的実践の意味で用いる。

また、中国民俗学において、「民間信仰」の議論は主に非物質文化遺産の認定と研究をめぐって展開されている。その議論の中では、民間信仰をある民俗事象から切り離して検討する現象が批判されており、その現象に対しては、「民間信仰の研究において、中国社会、生活全体の中で考察することが非常に重要である。切り離して研究するのはその文化全体に対して浅薄な意味しか与えられない可能性がある」という批判の声がある〔葉濤 二〇〇九〕。

これらの議論と同様に、中国の民間信仰は、それ自体と関わっている人々の日常生活からも切り離すことができない。中国の人々の信仰の特徴について、岳永逸は「日常生活から断絶してあるのではなく、その延長として存在する」と指摘した〔岳永逸 二〇一〇ａ〕。したがって、中国の民間信仰を研究する場合には、それを人々の日常生活の一部として検討する必要がある。これは本書で強調したい論点でもある。加えて、民間信仰という用語は中国ではいまだ公認の定義がないため、本書では「信仰生活」という表現を使って検討を行いたい。

「信仰生活」とは、日常生活の中で、祭礼に関する行動や営みをさす「信仰活動」と、そうした活動に関連する様々な事象の全体を含むものである。信仰活動は、人々が日常生活の中で生み出す要求に応じて行われ、日常生活の推移の中で変化したり持続したりしている。本書は信仰活動だけを取り出すのではなく、日常生活一般を視野に入れて信仰生活を考察する。言い換えれば、太湖の漁民たちの信仰活動が居住の仕方、生業形態、社会組織など様々な要素と密接に関わっており、それらの変化とともに変容しているため、信仰活動のみを取り出して論じることができない。そのため、こうした様々な要素との関わりの中で考察する必要がある。逆に、信仰生活の変容を通して、漁民社会全体の変容も窺える。

2　国家と社会の視点

一九七〇年代以降盛んになった社会史研究は、大きな影響力を持つ現代歴史学の方法の一つである。社会史研究においては、「事件史」や「大人物史」の歴史叙述とは異なり、見過ごされていた民衆の生活文化や社会全体の「集合記憶」が取り上げられてきた。

このような潮流の中で、中国社会史研究においても「下から上へ」という視点の転換が行われ、民衆の立場から国家、権力などを新たに考察する方法、また国家と社会という枠組みを踏まえた方法が登場した。これらの視点は、特に現代中国の社会変容の研究において有効だと考えられる。現代中国においては、共産党政権の統治が中国の基層社会にまで浸透しているため、国家権力の存在は回避できない問題なのである。

本書で取り上げる漁民社会の事例は、国家政策や政治運動に多大な影響を受けたため、その変容を国家の存在を排除して議論することはできない。しかし、国家と社会という構図で考える際に、国家と社会を二項対立として簡単に扱うこともできない。共産党政権による国民統制は必ずしも隅隅にまで働くわけではない。それは国家権力が深く浸透したかに見える地域でも同様である。つまり、国家と社会には抵抗や対立の関係しか見られないわけではなく、多様な関係が存在しているのである。そのため、本書はこのような国家と社会の相互関係から、政策の実施を見るだけではなく、その実際の効果や影響、漁民たちの社会環境の変化に対応し、国家の統制に必ずしも回収されない主体的姿勢に注目する。

3　日本民俗学における「伝承」の主体について

日本民俗学では、ある民俗事象の持続や変容を考察するにあたって、「伝承」という概念が用いられている。「伝承」のあり方を研究することが日本民俗学の目的ともいえる。そこで考えられる研究理論は、地域社会に着目する「伝承母体論」である。それは「民俗事象は地域社会の環境・歴史・生産構造・社会的性格の影響を受ける存在であり、伝承母体の中で社会的機能を持ちながら生成・維持・伝承される」〔山本　一九九九：一六五〕からである。「伝承母体」の定義については、「一般的には伝承母体は村落社会・地域社会とされるが、家族・親族・村組・講集団・青年会・同業者組合など、地域社会の中に存続している個々の社会集団、社会組織も民俗を保持する単位として考えられるべきである。（中略）個々の民俗事象は孤立して存在するのではなく、伝承母体の中でそれを構成する具体的な人々の集まりによって関連して担われ、そして民俗を生成・維持・受容・伝播、変化・消滅させるのは人々の内的、主体的意思であると捉えることになる。また、伝承母体を設定することで、社会状況の変化の中で民俗が変化する過程を捉えることができる。生活の変化を促す外的要因に対して、人々は受容・拒否・修正などの選択を行い、その過程およびその結果が、保持している民俗に反映されるのである」と定義されている〔山本　一九九九：一六五〕。

以上のように、伝承母体は村落社会・地域社会などとされるが、家族・親族・村組・講集団・青年会・同業者組合などの社会集団や社会組織も想定される。しかし、実際には伝承母体を「ムラ」という地域社会に設定する傾向が強かった。さらに、伝承母体論は、高桑守史によれば「人を捨象して集団表象としての地域を指示する用いられ方が多かった」〔高桑　一九九四：三三〕と批判され、すべての民俗事象を伝承母体論で捉えることはできないという認識がなされてきた。

高桑は、日本の漁民を研究対象として、「人を捨象して集団表象としての地域を指示する用いられ方が多かった」と批判し、「民俗を生成し、保持管理し、変革する主体としての人間、およびその集団をより強調することにおいて伝承主体という用語を用いることにしたい」〔高桑　一九九四：三三〕として、「伝承主体」の概念を打ち出した。伝承母体論においては、民俗事象がいかに具体的な人々の集まりによって生成・維持・受容・伝播、変化・消滅するのかを知ることが目的であり、見据えるところは「人々の集まり」である。それに対して、高桑は「主体としての人間」を強調しており、そこには個人も含まれているだろう。伝承母体論においては、「人々の内的、主体的意思」も考慮されているが、高桑は人々の「主体的選択」をさらに強調した。

「伝承主体」を打ち出した学術史の背景は、高桑の以下の詳しい記述〔高桑　一九九四：一三―三四〕が明らかにしている。日本民俗学では「主体である常民が軽視され、客体である民俗のみが取り上げられる中で、常民と民俗の間の回路が断たれ、現代という社会情勢に対応できぬまま、学問として硬直化してしまっているのが現状」〔高桑　一九九四：一三〕であった。つまり、従来の民俗学では、「各地に伝承されてきた民俗事象を把握するにあたり、地域社会における集団性に注目し、一定の集団的規範をもつものとして理解してきた」〔高桑　一九九四：一三〕。しかし、「同じ地域社会の中でも、多様な人生が存在してきたという事実への配慮を、伝承を支えてきた人々との関係において、著しく欠落させてきたといえる。（中略）地域社会を構成するイエや家族、個人の生き方（生活の主体的選択）とのかかわりのなかで、つまりは、伝承主体の生き方の多様性を前提として、民俗事象を論ずる態度は、今日に到ってもなお乏しいといわねばならぬ。民俗学が今日、現代社会との対応の中で活性化するためには、初心にかえり、人の問題に回帰する必要があり、民俗事象を、多様化した個人や、生活の基礎的単位としての家族の生活の主体的選択過程と交接させつつ、一様でない民俗の在り方を検討していく眼を持つべきであろう」［高桑　一九九四：一三―一四］と指摘する。以上のように、高桑によって議論される「主体的選択」は、従来の日本民俗学が地域社会の集団性に注目し、地域社会における多様性をあまり重要視していなかったため、人々の生き方の多様性に注目する必要がある、という背景の下で議論されたものである。

伝承母体論に対しては、研究者たちは自分のフィールドの現実に従い、絶えず検討を行ってきた。例えば、「ムラを単位として捉える他に、個人の体験から民俗を捉えるという方向」や「ムラに生まれそこで育つという捉え方以外に、個人に焦点を当て、その人が民俗の中に生活をした、それを重要な視点とすべき」という視点［古家　一九九九］、「家に帰属する個人の主体的な感情や思い」への注目［徳丸　一九九二、二〇〇八］などの視点が提示されている。

本書の研究対象に合わせて考えると、太湖の漁民は共産党政権以前は漁船で漁を行いながら暮らしていた。移動しながら漁を行う漁民たちに注目する際、伝承母体となるものは何なのか。太湖の漁民社会においては、数十隻の大型漁船から成り立つ「漁幇」のような集団は、同じ漁法で操業する、一種の生業的な共同体であった。また、「漁幇」では内部通婚により、血縁的や姻族的なつながりが強かった。さらに「漁幇」には、生業面でも相互扶助が見られ、「香社」という信仰集団が存在していた。そのため、伝承母体に設定するならば、「漁幇」が最も適切だと考えられる。しかし、共産党政権成立以降、集団化時代を経て、「陸上定居」の政策によって定住するようになった太湖の漁民社会は、生業形態が変化し、内部通婚が破壊され、様々な信仰集団が現れた。このように、太湖漁民の信仰生活の伝承を論じる場合には、伝承母体の視点だけでは明らかに捉えきれない。そのため、よりミクロに対象を捉える方法が必要となってくる。

議論を日本の漁民研究に戻すと、高桑は伝承主体論を打ち出した目的として、「農民などとは異なった漁民の持つ特性」に立脚して、漁撈民俗を理解することも挙げている。具体的にいうと、これまで民俗学で捨象されてきた「海上労働・水上労働という特殊な環境に適応することによって形成されてきた精神的、社会・経済的特性をその行動において体現させている人間、或いはその集団である漁民および漁民社会と彼らがその特性の下に生成・継承してきた民俗を強く太い絆でつないだ研究」が伝承主体論を用いることで発展させることができるとした［高桑一九九四：一三］。

また、このような視点は、「漁民の世界を理解していく上で、一層、必要不可欠なものとなってくる」［高桑一九九四：一四］と強調している。というのは、「漁労民俗の担い手となる漁民社会にあたっては、統合的に村落というレベルでは推し量れない多様な側面」を持っており、「村落内にあって農村のように共同的であるというよりは、個人を含めた各漁民集団が競合的に存在し、専業漁村であればあるほど、漁民、漁民家族、船の乗組み仲間などを単位に細分化され、それぞれの漁業上の戦略に従い、時には敵対する関係としてそれぞれ競い合うことすらある」［高桑一九九四：三三―三四］とされる。

このような高桑の研究が本書に対して持つ意義は、主に次の二点である。一つは高桑が伝承主体論を打ち出した目的についてである。まず、日本の漁村社会と農村社会には大きな差異が存在するという前提がある。その前提をもって、漁民の世界を理解するにあたって、彼は漁民の精神性、漁民社会の特徴を見出した。それは漁民の競合や投機的性格、商人としての性格などである。これらの議論は日本の農村社会と比較したうえでなされており、日本民俗学内では大きな意義を持っていると考えられる。しかし、この日本での前提条件を中国の分析にそのまま用いることは可能ではない。まず、中国の農村は日本の農村と同じ特徴を持つわけではない。また、漁民の競合や投機的性格、商人としての性格という精神性は必ずしも中国の漁民社会に限られていない。今日拝金主義が横行する中国では、競合、投機、商人としての性格が社会全体に見られる現象だと考えられている。このような中国社会と日本社会の違いにより、伝承母体論を中国社会の考察に用いることは適切ではない。その一方で、高桑の伝承主体論のような、個人や集団に着目する視点は有効だと考えられる。さらに、それは陸上生活後に、「漁幇」が崩壊した太湖の漁民社会にも応用できるだろう。

また、高桑の研究対象である漁民は「生活の場と生産の場が水陸によって分断され、水上における生産組織と陸上における生活組織が必ずしも、一致することはない」人たちであり、「水上での生産活動を通じて漁民たちによって体現される心意や行動と、陸上での日常生活を通じて体現されるものとの間には、一貫しない規範が存在している」［高桑　一九九四：四五］。しかし、本書が研究対象とする漁民は、最初は生活の場と生産の場が同一であり、船で漁をしながら生活していた。こうした漁民たちは高桑の研究対象に含められていない。そして、生活の場と生産の場が一致する漁民において、生産活動を通じて体現される心意や行動と日常生活を通じて体現されるものとが一貫しないということを前提とすることはできない。また、本書の研究対象となる漁民はその後「陸上定居」の政策により、定住するようになった。船上生活から陸上生活に変化し、生活の場と生産の場が水陸によって分断されるようになったわけだが、それでも、次章以降で明らかにするように、水上での生産活動を通じて体現された心意や行動と、陸上の日常生活を通じて体現されるものとの間に一貫性はあったのである。

もう一つの注目点は、漁民の精神性や特徴を見出すために、方法論としての漁民や漁民集団の伝承主体に注目したことである。高桑の研究成果は「これまで人間不在の民俗学とも批判されるような、人の見えない学問から人の見える学問に軌道を修正し、育てあげている」［田中　一九九六：一五五］として評価されている。

上述のように、高桑は、生活の場と生産の場が異なる漁民を研究対象にしたため、「伝承主体」を「水界という環境の中で漁撈活動に従事してきた漁民」と、「漁民が集住することによって形成される漁民社会の二つのレベル」において設定した。前者については、個人生活史的分析、信仰や俗信などの検討を通して、漁民と漁民家族の存在形態が心意的世界の結節点として重要性を持つことを指摘した。後者については、日本の漁民社会を「農民漁業」と「海民漁業」に分類して、漁民社会の構造的特質を抽出した。全体的に見ると、高桑が言及した「主体的選択」は生活史の考察によって人々の生き方の多様性を見出したことを意味すると考えられる。高桑がすでに指摘したように、「民俗の変容過程の論理を考察するためには、（中略）人々の心意がどのように変わっていこうとしているのかということが、民俗学のもっと中心にある課題として存在する」［高桑 一九九四：四一三］とされるが、伝承主体としての個人や家族がいかに主体性をもって民俗を担い、民俗の変容に直面した時にどのような選択を行っていたのかについての具体的な検討はなされていない。

さらに、日本の移住漁民の研究においては、移住先の社会や在来漁業との関係が研究されてきた［野地 二〇〇一］。移住について中国の漁民と日本の移住漁民とを比較すると、日本の漁民の移住が自律的な行動であるのに対して、太湖流域の船上漁民の定住は政治権力によるものであるということが指摘できる。日本の漁民の移住先には在来社会、在来の漁民が存在していたが、本書の研究対象である太湖流域の大型漁船の船上漁民の移住先は政府に指定された埋め立て地であり、周囲の農村と隔絶している。中国の船上漁民の定住過程において問題となるのは、国家権力と地方社会の関係である。そのため、本書では漁民という主体に着目するだけではなく、国家との関係にも注目する必要がある。この点は日本漁民研究と大きく異なるところである。

それゆえ、本書では太湖の漁民に与える国家の政治権力の影響を考慮したうえで、以上のような伝承主体に着目する方法論を参照する。太湖の漁民社会の変容と持続を民国期から改革開放以降までの長いスパンで考察すると、太湖の漁民社会は、集団化と定住の社会主義改造によって、家族形態、生業形態および信仰生活が明らかに変容している。具体的には、生活空間を共有する一家族（民国期の一隻の漁船での拡大家族から定住後の一戸の核家族に変化する）が生業形態や信仰生活を伝承する基本的な単位であるが、生計を立てる基本単位、信仰団体に参加する基本単位、「七月半」祭礼が行われる基本単位などはすべて一隻の大型漁船から一戸（一組の夫婦を中心に）に変化している。また、その一家族の生活共同体における個々の人の意識や思いも信仰生活の伝承に影響を与えている。そのため、本書では、「家族」、その家族の中の個人を「伝承主体」として捉える。しかし、本書でいう家族としての「伝承主体」は、高桑が提示したような固定したものではなく、船上生活から陸上生活の変化とともに変化する家族形態によって変わるものである。

また、個人という主体に注目すると、近年の日本の漁民研究においては、「人を捨象して」きた欠点を克服するために、主体に着目する生活史の手法が多く取り上げられている［中野　二〇一〇］。高桑は聞き書きに基づいた生活史的記述を用いて、漁民の心意や生活態度を理解しようとした［高桑　一九九四］。しかし、中野泰によれば、この生活史の手法は「事例報告にとどまっている」という。また、中野は野地の移住漁民の研究における生活史の手法は「語りの虚構性を排除し、全体に共通する傾向をとらえる手法であり、主体へ対する関心は認められない」と批判し、「生活史の個別性を丁寧に拾い上げ、個人と組織、地域や時代の関わりを捉えていく必要がある」という点を提示している［中野　二〇一〇：五九—六〇］。

また、日本民俗学の信仰研究においては、この主体へ対する関心は、個人の主体的意識、感情や思い、生活体験などに注目する手法であらわれている［徳丸　二〇一〇：一二四—一二五］。つまり、「信仰を保持し実践し伝える人そのものに接近し、そこから読み取り得る、いわば心のあり方から信仰を考察しようとする立場」［徳丸　二〇一〇：一二五］である。

本書では上述した主体へ対する関心の手法を受け、変容に直面した時に選択を行わざるを得ない主体に接近し、地域や時代との関わりの中で、そこから読み取れる選択の背後に潜む彼らの意識や思いを考察する。一家族や個々の漁民という伝承主体に注目することによって、伝承主体論という方法は日本だけではなく、中国にも応用することが可能となろう。

4　研究の資料と調査対象

本書で用いる主な資料は、「檔案史料」および聞き取り調査、参与観察で得たデータである。筆者は、二〇一〇年から二〇一六年にわたって、毎年七～八月の夏期休暇や二～三月の春期休暇などを利用し、J省、S市などの檔案局で檔案史料を収集し、太湖周辺のYG村で聞き取り調査や参与観察を行った。

檔案史料とは、中国の中央や地方の行政機関によって発行された公文書のことであり、中央やそれぞれの地方行政レベルの檔案局で保管されている。地方行政機関が上層部の指示によって運動や政策を実施するために、まず現状を調査したもの、そして運動や政策を実施した過程についてのもの、最後に実施した後の効果についてのものを上層部に報告した文書が多い。例えば、太湖漁民の信仰活動を弾圧するために、漁民に関わる信仰団体や活動内容を調査した報告、また、上層部が地方行政機関に発した命令や指示などがある。これらの中には、本書の課題①の漁業社会主義改造の内容に関する檔案、課題②の漁民の信仰活動に関する内容（弾圧）の檔案史料も多く存在する。本書では、これまでの中国の漁民社会研究ではほとんど参照されてこなかったこれらの資料も用いて分析を行うことにする。しかし、檔案史料は政府側の文書であり、政府側の意思を反映している。そのため、檔案史料の政治性を念頭におきながら、聞き取り調査によって補う。さらに、参与観察の調査方法によって、現在行われている漁民たちの信仰活動を明らかにする。

本書で引用する檔案史料は、［T＋アラビア数字＋年代］で示す。アラビア数字の番号は文末の「参考文献」に記した檔案史料の番号と一致している。年代は、西暦漢数字で示す。

調査地は、大型漁船漁民が定住する太湖（第一章の図1を参照）の東岸に位置するYG村である（第一章の図2を参照）。

YG村は一九九〇年代まで存在していたHZ、HS、HFという三つの「漁業大隊」が合併した行政村である。HZの人々はほとんどが大型漁船漁民である。大型漁船は五つ又は七つの帆柱を持ち、大きさは四〇～七〇トンである。HS、HFの人々は、主に大型漁船から分かれて中型漁船を造り、操業していた。中型漁船は主に三つ又は五つの帆柱を持ち、大きさは二〇～四〇トン[5]である。一九九九年の統計によると、三つの「漁業大隊」には総計一、三四一世帯がある［太湖鎮志編纂委員会 二〇一四：三九］。

第四節 本書の構成

本書は序章と終章以外に、七つの章から構成されている。全体としては、伝承主体の生き方、すなわち漁民の時代ごとの政治・社会環境に対応した生業、生活の様式の変化、それと共に変容する信仰生活の特徴を基準に、政治社会環境の変化による時代区分も考慮に入れて章節を立てている。具体的には、第一章、第二章および第三章では主に共産党政権成立以前の船上生活を営む漁民、彼らを取り巻く社会・政治環境との関わり、そうした環境における信仰生活を論じる。ただし、陸上の人々と異なり、共産党政権成立初期の一九五三年までは漁民の生業や生活の様式や信仰生活はそれほど変化しなかったため、第二章と第三章は共産党政権が成立した一九四九年ではなく、一九五三年までに設定した。第四章と第五章では共産党政権成立以降の「漁業社会主義改造」期における、集団化された漁民の生産様式や信仰生活の弾圧を論じる。そして、第六章と第七章は一九七八年以降の社会主義改造の一環である「陸上定居」の政策により陸上生活になった彼らの生業や生活の様式、そして復興した信仰生活を検討する。

各章ごとの内容は以下の通りである。

第一章では民国期における太湖流域の船上暮らしの漁民、特に大型漁船漁民の事例から、彼らを取り巻く民国期の社会政治状況、およびその状況に対応して生き抜く生活の実態を描き出す。太湖における大型漁船漁民の日常生活を見ると、彼らは陸上から離れて陸に上がる機会が少なく、相対的に自律した集団のように見える。しかし、彼らが置かれた民国期の社会環境を考慮に入れることにより、漁民たちが陸上の世界と関わらざるを得なかったことが明らかにされる。

第二章では民国期の太湖における大型漁船漁民たちの船上生活の様子、すなわち彼らの生業の様式、家族形態、親族関係を明らかにする。太湖の大型漁船漁民の社会においては、船を単位として、そこで共同生活をする人たちが陸上の人々にとっての「大家庭」を意味するものであった。「大家庭」では多くの場合、家族成員が共同で操業していた。ほとんどの場合で、長男が船主になり、絶対的な権力を持っていた。「家庭」の人数が増えると、新しい船を建造し、一部の成員が元の船から新しい船に移り、生活を始める。新しい船は元の船と「対船」となって共同操業する。また、冬になると、「対船」と「対船」が組んで、四隻の船からなる「一帯」という共同操業の形態が現われる。この中では、親族関係にある船が多かった。また、同じ操業形態の漁民たちは協力し合い、一つの「漁幇」を形成した。一隻の船の中でも、「対船」や「一帯」という共同操業の単位においても、さらに「漁幇」という集団においても血縁的・親族的な繋がりが強かったといえる。

第三章では、第二章で論じられた大型漁船漁民の家族形態、生業形態および漁民集団の特徴に基づき、漁民たちがどのような信仰生活を有していたのかを明らかにする。ここでは「漁幇」を基盤にして形成された「香社」の「焼香活動」、「一帯」が共同で行われる祭礼、「家庭」で行われる年中行事や人生儀礼の実態を明らかにする。以上の論述を通して、大型漁船漁民の信仰生活が船上の生活様式、生業形態と密接に関わるものであるということが明らかにされる。

第四章では、まず共産党政権が確立してから、漁民が如何に組織化され管轄されていったのかを、行政機構の設立、「剿匪」や「鎮反」運動、漁民協会の設立などの水上民主改革に焦点を当て検討する。これらの様々な運動によって、民国期に匪賊、国民政府、陸上の権力者などと関わっていた漁民が弾圧され、処罰された。次に、供銷合作社、互助組、合作社、人民公社に関わる記述を通して、生産様式や生産手段に関する漁業社会主義改造を明らかにする。ここでは改造における政策の実施状況だけではなく、それに対する漁民たちの反応も論じる。また、農民と比較して遅く行われた「階級区分」の認定、そして実施できなかった「階級闘争」に関する分析によって、共産党政権にとって漁業社会主義改造が難題であったことを指摘する。

第五章では、共産党政権の「迷信」への弾圧、特に共産党政権に反動会道門の「紅三教」として認定された漁民の信仰団体や宗教職能者への弾圧の具体的な過程を考察する。そして、その弾圧に対する漁民たちの対応を考察する。漁民たちの信仰団体である香社は「紅三教」と認定され弾圧されたが、地方政府側の弾圧の報告を分析すると、太湖における漁民たちの信仰組織「香社」と反動会道門の「紅三教」との関わりが現実には不明確であることがわかる。しかし、「香社」は、地方政府が全国の「四清」という政治運動に応じたため、反動会道門の組織として弾圧された。したがって、「紅三教」を弾圧するために、政府側は漁民たちに正当な理由を与えず、漁民たちを説得することができなかったと考えられる。そのため、厳しく弾圧された時期においても、漁民たちは秘密裏に信仰活動を続けていたことが明らかにされる。

第六章では、まず漁民たちが陸に上がってからの漁業技術の進歩、それに伴う夫婦を中心とした生業様式の変化を記述する。次に、船上生活から定住に変わる居住の仕方、それに伴う家族形態の変化を記述する。そして、定住生活における祭礼の変容を分析することによって、祭礼がいかに伝承主体である家族の変化に適応していったのか、さらに、人々が水上生活から陸上生活へと徐々に重心を移してきたプロセスにおいて、いかに自らの論理で陸上の生活環境に対応して祭礼を続けてきたのかといった問題を明らかにする。

第七章では、宗教職能者を中心とした廟の再建、廟を巡る信仰団体の焼香活動の再開、人々の宗教職能者への依存と宗教職能者の活動を通して、改革開放以降の漁民たちの信仰生活の実態を明らかにする。そして、歴史の流れにおける各時代の信仰生活の行い方や意味、宗教職能者の活動の特徴を比較することによって、信仰団体、日常生活における祭礼、宗教職能者の三つの面での変容を総合的に考察し、そこに見られる漁民の信仰生活における変容と持続を明らかにする。

終章では、前章までの記述に基づき、太湖における大型漁船漁民の信仰生活が二つのレベルで持続しているということを結論付けた。さらに、本書が用いる研究の視点や方法論が、変革期における中国社会・伝統文化の研究に寄与する可能性について展望する。

注

（1）本書では研究対象者を主に「漁民」という名称で呼んでいる。書名で「水上居民」としたのは日本における先行研究において、『香港の水上居民』［可児　一九七〇］をはじめとして、「水上居民」という言葉が定着しているからである。華南における差別的な言葉である「蛋民」や「蛋家」に代わる言葉として、「水上居民」という言葉が使われるようになったと考えられる。しかし、中国では、自称として「水上人」という言い方がするが、「水上居民」という言い方はしない。漁民は自らを「船上人」と呼ぶこともあるが、自称の場合には当然のことながら差別的なニュアンスがないが、他称の場合には差別的なニュアンスが加わることもなくはない。本書では「漁民」という言葉で統一しているが、その理由は「水上居民」というと、漁業を営む人のほかに、水上運搬業に携わる人たちも含まれてしまうからである。

（2）韓敏の著書は三部に分けられ、その第二部は「社会制度と文化儀礼の再構築について、政府の文化政策、親族制度の変化と持続、葬儀改革、霊魂救済・転生・風水などの宗教的実践や宗教的専門職者のライフヒストリーを通して、革命前後の諸制度と文化儀礼の連続性と断絶性を検討する」とされている［韓　二〇〇九：八］。ここでいう「伝統」はこうした諸制度と文化儀礼を指し、具体的には、本文中で論じられた「霊魂観や他界観」［韓　二〇〇九：二一〇］、「死をめぐる民間知識」［韓　二〇〇九：二一五—二五〇］、「宗族意識」や「儒教的観念」［韓　二〇〇九：三三八］などを指すと考えられる。

（3）陳俊才は一九三三年生まれで江蘇省呉県出身である。集団化時代の太湖人民公社という基層行政機関で秘書に関わる仕事に従事し、太湖の漁民に関する資料を収集した。定年後、太湖漁業生産管理委員会の要請で、『太湖漁業史』［江蘇省太湖漁業生産管理委員会　一九八六］の編纂を担当した。それと前後して、七部の地方誌の編纂に関わった［陳俊才　二〇〇五：四一六］。太湖の漁民に関する報告も多く書いている［陳俊才　一九九二、一九九五、二〇〇〇、二〇〇五］。

（4）五大宗教はカトリック、プロテスタント、仏教、道教、イスラームを指す。

（5）このトンは容積トン数のこと。

第一章　民国期における漁民社会
——外部との関わりから（共産党政権以前）

はじめに

太湖流域には数多くの水路が走り、「魚米之郷」とも呼ばれるように、魚や米が豊富にとれる地域である。太湖はまた、長江や大運河ともつながっており、中国の東西南北を結ぶ水運の要衝となっている。一方、水路の利便性から、共産党政権以前は、漁業や運搬業に従事しながら船上で生活していた人々も多く存在した。しかしながら、そのような船上生活者の姿は、時代の移り変わりゆく中で次第に見られなくなっていき、彼らに関する文献資料の記録もほとんど残されないまま失われていった。共産党政権以前の民国期において、太湖流域の船上で暮らす漁民たちがどのような社会環境でどのような生活を営んでいたのかという問題に関わる先行研究は限られている。

歴史学においては、船上生活漁民をめぐる国家による支配の有無・支配の程度、陸上の世界と水上の世界の関わりといった諸問題、は大きな課題であると指摘されている［太田　二〇〇七a］。太田によると、船上生活漁民は陸上の農民と「社会関係を共有せず、何かしらの「共同性」を構築することもなく、両者をつなぐものを敢えてあげるならば、「漁行」[1]が結節点に位置した」［太田　二〇〇七a：一三五］。このように、船上生活漁民と陸上との関係は希薄だと見なされている。しかし、なぜ関係が希薄であったのか、実際に漁民たちがどのような船上生活を営んでいたのかについては、いまだ不明な点が多い。また、民国期という複雑な政治状況・社会環境が漁民の生活に与えた影響や、漁民たちのそうした状況への対応についても、検討する余地が残されている。また、可児は香港の船上生活者と陸上の関係を考察するにあたって、「船上生活者の集団は、陸上と水上とに生活がまたがった二元的社会であるとするのが文化人類学の常識である。ただこの条件だけでは船上生活者が一定した根拠地に帰属する地縁的性格を説明するのに不十分であって、魚問屋に似たくされ縁をもっとさがす必要がある」〔可児　一九七〇：四八〕と論じている。

以上のことから、太湖の船上生活者と陸上の関係を考察するには、陸上の結節点としての「漁行」に注目するだけではなく、彼らを取り巻く当時の政治状況・社会環境に注目する必要もあると考えられる。本章では、民国期における太湖流域の船上暮らしの漁民の中でも、特に大型漁船に乗る漁民に焦点を当て、地方新聞、檔案史料、そして聞き取り調査データを用いて、彼らを取り巻く民国期の社会・政治の状況と、その状況に応じて生き抜いてきた彼らの生活実態を描き出すことを目的とする。

第一節　地理的状況と歴史的背景

(1)　地理的状況

太湖は長江下流域の南部、長江デルタの中心部に位置しており、江南地域の江蘇省と浙江省に跨っている。その大半は江蘇省内に位置し、北は江蘇省無錫市、南は浙江省湖州市と接し、西は江蘇省宜興市、東は江蘇省蘇州市に面している。太湖は中国五大湖の中で三番目に大きな湖である。一九六一年の調査によると、面積は約二二五〇㎢

であり［陳俊才　二〇〇〇：一八］、琵琶湖の約三倍の大きさである。太湖の湖底は起伏が少なく、最大水深が四・八七m、平均水深は二・二七mである［陳俊才　二〇〇〇：一六］。太湖は江南地域に広がる多数の水路とつながっており、周囲には湖と水路をつなぐ河口が二〇〇以上も存在する。そして、それらの水路は長江や京杭大運河にまで通じている。太湖内には半島を含めて四八の島が浮かび、その峰の数は「七十二峰」にも及ぶ［江蘇省太湖漁業生産管理委員会　一九八六：一二］。

(2)　歴史的背景

太湖地域では、古来から稲作、漁業と養蚕業が主な生業とされてきた。漁業が盛んになったのは、唐代におこった太湖への人口流入に伴い、太湖地域が発展し始めた頃である。「唐代から太湖周辺の呉の国では斗を単位として魚を売買していた」[2]［范成大（宋）　一九七〇：四八］という記録が見られるほどである。宋代には六〇～七〇トンの「罛船」という大型漁船に関する記録が残っている。清代では、太湖周辺の村には漁業に携わる百姓も多かった。太湖に面する光福には「漁業者は、十人のうち三、四人はいた」[3]［徐傳（清）　一九八三：六三］。また、民国期には、戦乱のため、太湖に多くの人々が移住し、一部は太湖で漁を開始し、定住した［陳俊才　二〇〇五：二四］。

図1　太湖の地理的位置

google map により筆者作成

図 2　太湖周辺概観図

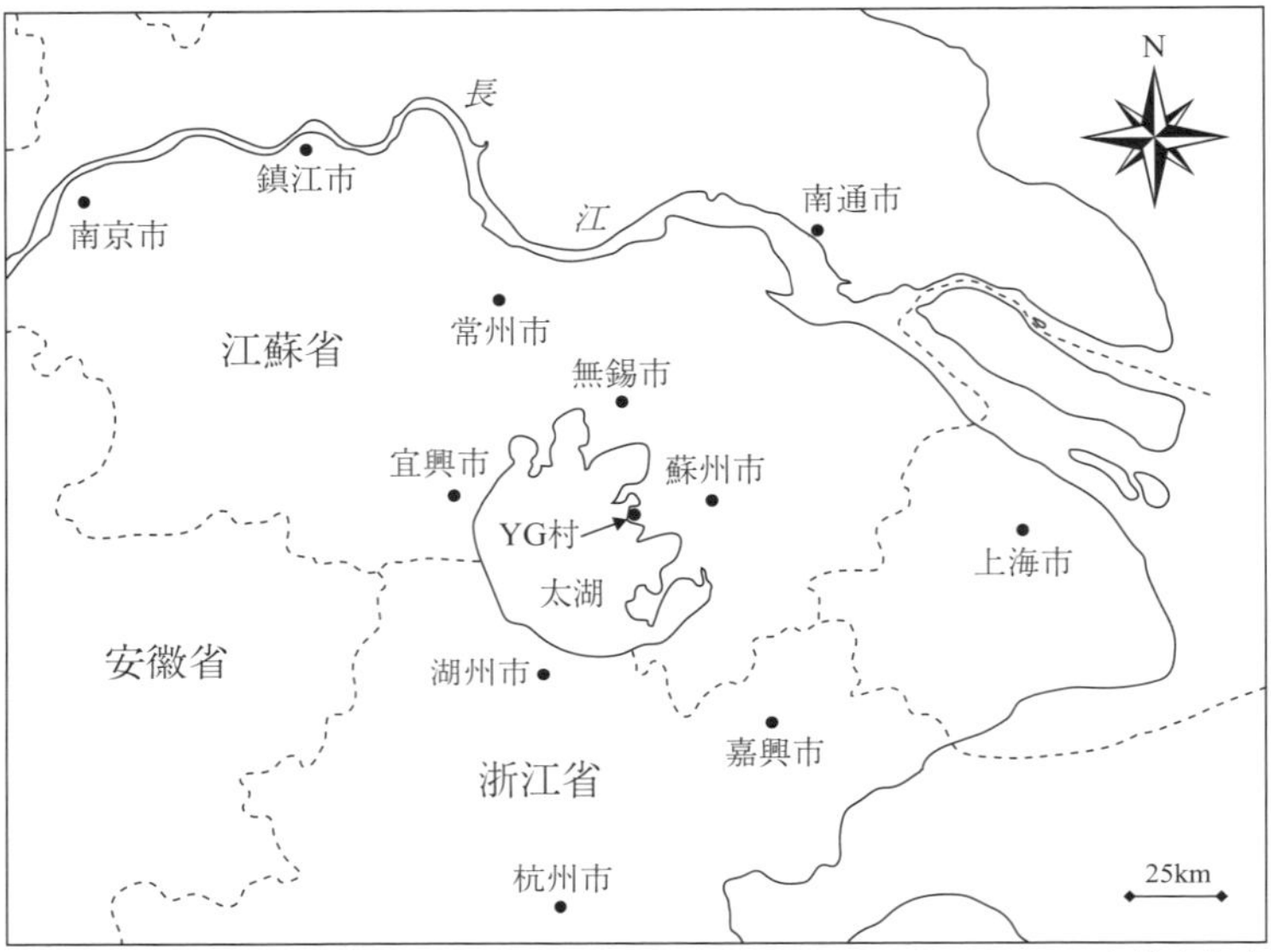

google map により筆者作成

太湖における漁民や漁業は、上述のようにその歴史が長いにも拘わらず、関連する文献資料はほとんど残されておらず、文献資料によるその実態解明は困難である。しかしながら、聞き取り調査によって民国期の実態を把握することはまだ可能な状況である。だが、民国期のことを語ることのできる人々はすでに八〇代以上の高齢であるため、いち早く記録を残さなければならない状況にある。筆者は聞き取りをもとに詳細な検討を進める。

民国期は、中国の長い歴史の中でも特に重要な時代である。一九一一年の辛亥革命により、それまで二千年以上にわたって続いてきた専制的な帝政支配が崩壊し、地方勢力が争いに明け暮れるようになり、混乱した軍閥割拠の時代に入ってゆく。一九二七年の南京国民政府の成立によって、ようやく軍閥の争乱は落ち着いたものの、一九三七年には日中戦争が勃発し、中国国内は再び混乱に陥る。日本軍が中国南部まで侵攻し、さらに共産党も政治権力を拡大しつつある中で、国民党による統治は困難を極めるものと

図3　七つの帆柱の大型漁船（『呉県水産志』［呉県水産志編纂委員会　1989：186］より転載）

図4　五つの帆柱の大型漁船（『呉県水産志』［呉県水産志編纂委員会　1989:187］より転載）

図5　三つの帆柱の中型漁船（『太湖鎮志』［太湖鎮志編纂委員会　2014：146］より転載）

図6　小型漁船（鈎船）（『太湖鎮志』［太湖鎮志編纂委員会　2014：147］より転載）

なった。さらに、一九四五年に日中戦争が終わると、国共内戦が再開した。動乱する社会情勢のもとで、多数発生した敗兵や流民らは匪賊に堕ち、彼らによる強盗略奪が多発した。当時の状況については、「かつて匪賊の名を聞かなかったり、それほどおびえたりすることもなかった地方も、いまや多くが「匪賊の王国」(4)に組み入れられた。賊集団の勢力は未曾有の水準に達する」［ビリングズリー一九九四：三三二］ほどであった。

太湖が所在する地域は、春秋時代は呉の国であった。三千年前の呉の国は、越の国と戦うために水軍を訓練し、船を造っていた。また、太湖周辺では漁船を造る歴史も長い。太湖には、七つの帆柱や五つの帆柱を持つ大型漁船、三つの帆柱を持つ中型漁船、小型漁船など様々な漁船が存在していた（図3〜図6）。使用する漁船の規模に応じて、太湖では、大型漁船漁民と小型漁船漁民の二つに大きく分けられる。大型漁船漁民と小型漁船漁民は、ただ単に漁船の大きさが異なるだけでなく、生業形態、家族形態、居住の仕方、さらにはその信仰にさえ違いが見られる。小型漁船漁民にはカトリックを信仰する者が多いが、大型漁船漁民の多くは仏教・道教の神々や太湖周辺の地方神を信仰している。(5) 本書では、カトリック信仰は研究対象として扱わず、基本的に大型漁船漁民の事例を中心に議論を展開していく。

第二節　匪賊との共存

(1)　民国期における匪賊の概況

民国期における社会政治状況の混乱の中、太湖周辺では匪賊が猖獗していた。太湖は水路が入り組む複雑な地形であり、交通の要衝でもあったため、匪賊にとっては隠れやすく逃げやすい場所であった。また、太湖周辺の江南地域は中国における政治経済の中心地であり、常に戦乱から逃れられない地域でもあった。清末の太平天国の乱以降、太湖周辺には匪賊が多く発生し、さらに続く辛亥革命や軍閥の乱などによってもその数はますます増加した［蔡少卿　一九九三］。ただ、檔案「太湖的湖匪」［T1　年代不明］によると、太湖の匪賊は、より早い時期から多く存在していたことが分かる。

太湖は昔から匪賊の安住する巣窟であり、地方の人々を騒がす根拠地になっていた。（中略）明代の武宗の時代、外からは異民族の侵略、内からは盗賊の騒乱があった。（中略）清代も（太湖の匪賊は）衰えることなく残っており（中略）民国期になるとさらにその騒乱は甚だしくなった。（中略）太湖の険要な地勢により、太湖を巣窟とする（匪賊には）、前後して五つの幇派すなわち巣湖幇、河南幇、江北幇、浦東幇、海州幇があった。

陳によると、太湖には匪賊の集団が二〇〇以上あり、至る所に巣食っていた［陳俊才　二〇〇五：一四四—一四七］。民国期における太湖の匪賊の具体的な状況は、『民国時期的土匪』［蔡少卿　一九九三：二七九—三二七］に詳しく紹介されている。同書によると、太湖の匪賊には、外来の者である「客幇」と地元出身の者である「本幇」の両方がいたが、前者のほうが危険だった。「客幇」のうち、最も勢力が強かったのは巣湖幇であった。巣湖幇は、主に清末以降、「漕運」という食糧輸送が水運から海運へ移行したことで失業した湖南出身の運搬業者によって構成されていた。他にも、湖南幇、河南幇、江北幇、浦東幇などの大規模な匪賊集団があった。これらの集団は、太湖の東岸に位置する光福鎮近辺を拠点とし、周辺を荒し回っていた。各幇間の衝突は頻繁に起こったが、それ以上に政府の鎮圧に対抗して各幇が協力して対処することの方が多かった［蔡少卿　一九九三：二八六—二八七］。

そのため、地形の複雑さも相まって、清末から民国にかけて、匪賊の討伐は政府にとって終わりの見えない難題となった。当時の『愛克司光』という蘇州の地方新聞にも、こうした状況に関する記事が掲載されている。

　太湖の匪賊は、三万六〇〇〇頃（一頃は百畝、約六・七ha）（の太湖）広さを利用して到来し（中略）兵隊が来ると、兵隊が居なくなると匪賊が来る。まるで徹底的に粛清する方法が皆目見つからないようだ。一時的な解決方法は武力を増加することであり、これによって多少は防犯が可能である。しかし、人々の生活が困難になるため、匪賊が非常に多くなり、防ぐに防げないという懸念がある［劉郎　一九二九］。

この記事からは、当時の南京国民政府が匪賊に対して軍隊を派遣したが、簡単には鎮圧できていなかったことが窺える。

また、一九四〇年代後半の檔案の題目の一部からも、南京国民政府が匪賊の問題を重要視していたことが読み取れる。例えば呉県警察局による「暫時編成された太湖水上保安団を撤回する命令を奉じて転送する由」［T5 一九四五］、「太湖水上警察局に協力して奸匪の掃討命令を取り次ぎ伝える由」［T7 一九四七］などの題目から見ると、匪賊を掃討するため、南京国民政府が「太湖水上保安団」や「太湖水上警察局」を設立したことがわかる。しかし、鎮圧は極めて困難であり、現実には、軍隊が匪賊を利用するため帰順を勧告することが多かった［蔡少卿 一九九三］。太湖周辺の「忠義救国軍」は、実際に南京国民政府に帰順した匪賊たちで構成されていた。

(2) 匪賊との関わり

南京国民政府の匪賊への対策には、実効性があるとはいえなかった。匪賊たちは光福鎮周辺を拠点として活動していたが、当時は大型漁船漁民たちも光福鎮近くに船を停泊し、そこで魚を卸し生活用品を購入していた。太湖の漁民は、こうした環境の中で、匪賊と関わらざるを得なかったと考えられる。上述のように、太湖は水路が複雑であり、また、湖中には島や半島が多くそびえたっていたため、匪賊たちは隠れたり逃げたりする時に、細かい地形を熟知する漁民を利用する必要があった。匪賊たちは強引に漁民たちの船に乗り、漁民たちに略奪行為の手伝いをさせた。しかし、大型漁船漁民が自らすすんで匪賊になることはほとんどなかった。風が強く「波が高い時、商人の船は難破を恐れて船を走らせないが、罛船は風に乗って網を引っ張り漁をする。もし風もなく波も静かであれば、普通の船を進めるにはいいが、罛船は逆に走れない。それ故、盗賊になる者は少ないといわれる」[6]［金友理（清）一九九八：五六五］。

一方で、生活の苦しい漁民が匪賊となる可能性は高かった。それでも、大型漁船漁民は小型漁船漁民と比較すると、経済的条件に恵まれていたため、匪賊と共同で強盗を働くことは少なかった。聞き取り調査によると、多くの場合、匪賊は銃で武装して強引に漁船に乗り込み、そこに隠れ、陸上に略奪に行く場合でも、大型漁船で略奪物を運搬したりしていた。中には、わずかながら匪賊と懇意になって、共同で陸に上がって略奪行為をしたことのある若者もいたが、大型漁船漁民の多くは匪賊に生活用品や金銭などを奪われた経験があった。特に日中戦争が始まってからは、南京国民政府は匪賊を掃討する暇もなく、太湖では猖獗をきわめていた。一九三九年のある夜、ひと晩のうちに、太湖の西側で操業していた三〇隻の大型漁船漁民が匪賊に全てを奪われたこともある［太湖鎮志編纂委員会　二〇一四：一九九］。また、大型漁船漁民たちは、現在でもかつて奪われたことを昨日のことのように記憶している。大型漁船漁民Ｌｚａ（男性、一九三三年生まれ）、そしてＪｈｇ（男性、一九三〇年生まれ）の父親が匪賊に遭遇した時のこととして、次のように語った。

日本軍が入って来た頃、匪賊に遭った。匪賊たちが船に乗り込んできた時は、祖父の没後間もなかったので、全員が白い喪服を着ていたため、匪賊に「誰が「老板（船主）」か」と聞かれた。私たちは、「老板」は棺を買いに行ったと答えたが、匪賊たちは父を探し出して、「こいつは若い老板だ」と考え、連れて行こうとした。私たちは、父を救出するため、金銭や金銀などを一切合財を匪賊に渡さざるを得なかった。父はショックを受けて、間もなく亡くなった。（話者Ｌｚａ）

私たちは、無錫の竹商人に依頼され、竹を産地である浙江省から運搬するため、六隻の大型漁船で共同して浙江省に行ったが、その途中で匪賊に遭った。船主六人（一人は私の父親）、商人三人、そしてある家の結婚したばかりの新婦、あわせて一〇人が人質に取られた。人質を釈放する代わりに、船主一人につき一担（一担は七五

kgに相当）の米、商人一人につき一〇担の米が要求された。一担の米を調達するのに時間がかかったため、父親は、釈放されるまで匪賊の巣窟で二か月間も過ごした。（話者Ｊｈｇ）

他にも、匪賊に遭遇して人質にされたという話は多く聞かれた。つまり、同じ太湖を居住地とする匪賊たちとの共存は、漁民たちに極めて不安な生活を強いていたのである。

(3)　戦争から逃れられない漁民

漁民たちが匪賊に利用され、戦争に巻き込まれたこともあった。当時の日本軍の侵攻での被害に関する調査報告には、次のような内容がある。

一九三七年末、日本軍は無錫、蘇州を占領した。一〇〇〇人近い国民党の残存部隊は、無錫の馬山を根拠地にして、漁民の大型漁船を徴用した。（国民軍は）太湖をよりどころにして、日本軍と対峙していた。一九三八年、国民軍は馬山付近の橋を焼いて破壊し、日本軍に挑戦状を突き付けた。三月一三日、日本軍が攻撃を始めた。馬山付近で漁をしていた漁民も含めて、数多くの漁民が日本軍に包囲討伐された。日本軍は漁船に追いつくと、放火して漁船を焼いた。合わせて二四隻の大型漁船が焼かれた。馬山に逃げた一部の漁民も追跡され、日本軍に機銃掃射された。（中略）三月一四日、国民党の残存部隊と金阿三が率いた部隊が四隻の大型漁船に乗っていたところ、日本軍に遭遇、漁船を四隻焼かれ、大多数の軍人と漁民が犠牲になった。(7)

報告書によると、金阿三が率いたのは国民党の残存部隊となっているが、聞き取り調査によると、金阿三は、本当は匪賊の首領だという。陳俊才［二〇〇五：一四五］によると、「金阿三は呉県東山の人である。東山を拠点として、日本軍の大森部隊の警備軍、又は国民党の忠義救国軍名義で活動したが、実際は恐喝、誘拐、強奪をしていた」。実際、「忠義救国軍」の正式名称は「国民政府軍事委員会別動総隊」であり、軍統[8]に管理統御され、その総部は安徽の屯渓に設置されていた。主要な活動範囲は江蘇、浙江、安徽の三省であり、その多くが国民党の敗残兵と匪賊で構成されていた。また、救国軍総部からは下士官が派遣され、銃器や弾薬が提供された。日中戦争初期には、彼らは抗日活動をしていたが、その後は共産党と敵対し、民衆に対しては恐喝、強奪、強姦を行うようになった［蔡少卿　一九九三：三二〇］。このようなことから、名ばかりの「救国軍」が漁民たちを恐喝し、彼らの漁船を利用し移動したということが推測できる。

さらに、陳俊才［二〇〇五：一二］によると、当時日本軍は太湖を「匪区」と見なし、漁民と共に抗日活動を行っていた「救国軍」を鎮圧し、三回にわたって二八隻の大型漁船を焼き払ったという。

以上のように、漁民たちは、大型漁船が国民党や匪賊に徴用されたため、戦争から逃れることができなかった。また、太湖が日本軍に「匪区」と見なされたのは、太湖に匪賊、国民党、新四軍[9]などの権力が存在し、漁民とそれらの集団に関わりがあったからであると考えられる。これもまた、漁民たちが戦争に巻き込まれざるを得なかった理由である。

第三節　政治権力との関わり

(1)　国民政府

前節までに明らかになった事実を踏まえると、匪賊が横行し、治安が悪化していた太湖地域に対して、国民政府はどのように水上で移動する漁民たちを管理していたのか、という問題が浮上してくる。聞き取り調査や文献資料によって確認できた唯一の管理手段は「水上保甲」制度である。

水上保甲は、現実には多くの場合、各県の陸上の保甲に編入され、各県の政府によって管理されていた。太田によると、一部の小型漁船漁民は、青浦県の鎮民・農民と同じ保に編入された［太田　二〇〇七ａ：一一八―一二二］。それに対して、百余の大型・中型漁船は、南京国民政府時代において単独の水上保に編入され、当時、呉県光福区紀龍郷の第七保に所属していた［江蘇省太湖漁業生産管理委員会　一九八六：七］。

また、保には正保長と副保長、甲長が置かれた。聞き取り調査によると、大型・中型漁船が所属していた呉県光福区紀龍郷の第七保の正保長は光福区の有力者が担当していたが、副保長は漁民の中から選挙で一〇人が選出されており、一年の任期を一人ずつ順番で担当していた。副保長に選ばれた漁民は、基本的に裕福な家の出身であった。例えば、話者Ｌｚｘ（男性、一九二五～二〇一二年）が副保長として選ばれたのは、Ｌｚｘ家が最も裕福な時期であった。彼は七人目の副保長だったが、共産党政権が確立する直前であったため、三か月しか担当しなかった。しかし、一九六五年にＬｚｘが宗教職能者として「迷信活動」を行い、そのことで共産党政権に調査・登録された時[10]の檔案記録［Ｔ30　一九六五］によると、Ｌｚｘは一九四七年の八月から一九四八年九月までの一三か月の間、保長を担当していたという。

副保長や甲長は、当時、主に物資や金銭の徴収をしていた。南京国民政府による徴兵の場合でも、新四軍に命じられた金銭や物資の徴収の場合でも、副保長は直接漁民と接していた。また、太湖の中心に位置する平台山の小島にある禹王廟の修繕費用の徴収にも、副保長や甲長が関わっていた。南京国民政府時代は、一七歳から四五歳までの男子には徴兵義務があったが、米が代わりに徴収されることがあった。徴収された米の量は年齢によって違い、表1のとおりである。米は甲長によって収集され、副保長に引き渡された。副保長はそれを、光福区にいる正保長

表1　徴兵に代わる米の徴収

年齢	17～20歳	21～25歳	26～30歳	31～45歳
米の量	2斗	6斗	4斗	3斗

聞き取り調査により筆者作成

に引き渡した。

また、太田によると、「水上の民」と「陸上の民」の結節点に位置する「漁行」関係者が保長となっていたので、南京国民政府は漁行を上手く利用することで、自らの権力を浸透させようとしていたという〔太田　二〇〇七a：一三四〕。漁民が編成された保の保長がすべて漁行関係者であったかどうかは断言できないが、南京国民政府が漁行を利用して、漁商人や漁民に対してある種の税金を徴収しようとしていたことは一九三三年の檔案史料によって明らかである。

一九三三年には、南京国民政府の実業部に属する江浙区漁業改進委員会（下に経済組が置かれた）が、漁業建設費を徴収する規則を作成し、江蘇省政府を通じて県政府や県商会に漁業建設費の徴収について通知した文書が存在する〔T2　一九三三〕。

現在、経済組はすでに本会（江浙区漁業改進委員会）の決議に従い、費用を徴収するための九条の方策を作成した。この方策が認可されれば、即座に徴収を開始する。ただし、漁業建設費の徴収は、漁民の上層部に対する多くの誤解をもたらしているので、漁行だけに命令して代わりに（漁業建設費を）徴収させることになれば、漁行は魚商人と一体となっているため、恐らく妨害が激しく、実行できないだろう。この問題を解決し、費用徴収の責任を完遂するために、まず経済組にその責任を負わせ、方策に依拠して実施させることにする。一方で漁行に督促しながら、（漁行の）怨みを買うことを避け、喜んで徴収させる。他方で徴収漏れがないよう、他の人員を派遣して徴収し、また、説得する。

冒頭で言及された「九条の方策」の内容は『中国漁業史』で確認できる。それによると、漁業建設費の徴収の対象は「売主」であり、その額は「漁獲物の市場価格の二％である」［李・屈　一九九八（一九三七）：五六］。ここでいう「売主」は魚を売る人、すなわち引用文の中の「魚商人」を指すと考えられる。また、上述のように、南京国民政府は漁民や魚商人に対して「漁業建設費」という名目の税金を課すため、漁業改進委員会に命令して、「漁業建設費」の徴収方法を構築しようとした。しかし、「漁業建設費」の徴収に漁民、魚商人、漁行は不満を抱いた。魚を漁行に売るのは漁民および漁民から魚を買い取る魚商人である。魚を直接に漁行に売る漁民もここでいう魚商人となる。「漁行は魚商人と一体となっている」ということは、漁民・魚商人に課せられた税金を、漁民・魚商人と契約を結んでいた漁行が代わりに前払いしており、そのため漁民・魚商人の利益が漁行の利益と密接に関係していたことを指していると考えられる。つまり、南京国民政府は漁行を利用して「漁業建設費」を徴収しようとしたが、漁民・魚商人の利益が漁行の利益と直結していたため、実行に移すには困難があると心配していたのである。

実際、政府の予想どおり、漁行は「魚商人と一体となって」おり、そのため漁業建設費の徴収に強固に反対していた。この政策が太湖東岸の呉県で実行されるようになると、漁行の同業会「鮮魚行業公会」が反対を表明した。「鮮魚行業公会」が呉県の商会を経由して呉県政府に提出した公文書には、以下四点の反対理由が書かれている［T3　一九三三］。

一、本県の漁民は、大抵ばらばらの貧困なものである。毎日の漁獲量は、一家の腹を満たすほどもない。外海の漁民たちは集団で漁を行っており、かつ獲っている魚の量が多く、値段も高いので、内陸の漁民と同列に論じるわけにはいかない。このように糊口をしのいでいるのに、（漁業建設費を）納入する金銭はどこから来るというのだろう。

二、政府は、漁民や漁業の発展のために漁業建設費の徴収を計画しており、その意図はよい。しかし、内陸の漁業の建設を外海と比べることはできない。内陸の漁民が魚を獲るとき、これまでは何の阻害もなかった。

三、内陸の漁民はほとんど本郷出身、あるいは寄留する貧困者であり、知識が少なく、常識に欠ける。かつ、一・二八事変の後、商業的には一度躓いており、もはや回復できない状況である。もし急に、漁行の代わりに漁民に建設費を徴収させるならば、漁行と漁民の間に大きな紛争を引き起こす恐れがある。

四、漁行は普段漁民に漁獲費を前払いしているが、漁獲が入荷済みになっても清算がまだできない。建設費の徴収はどうやってできるというのだろう。

また、呉県だけではなく、上海など他地域の「鮮魚行業公会」も、反対の書類を政府に提出した［T4　一九三三年七月一〇日］。実は、この時、実業部は江浙、閩粤、冀魯などの各区の漁業管理局を設立した。しかし、管理局の経費が足りなかったため、漁業建設費を徴収する計画があった。この計画は江浙区で最初に試行された［李士豪・屈若搴　一九九八（一九三七）：五五］。これを背景として、一九三三年二月には南京国民政府の実業部によって「江浙区漁業改進委員会」が設立していた。しかし、この政策ははじめから漁行と漁民からの強い反対を招くことになった。上海に魚を売る漁民たちは漁業建設費の徴収から逃れるために、フランスの租界地である十六舗で魚を卸していた。当時、中国の法令は租界地では有効ではなかったからである。このような状況の中で、結局、同年一一月に、漁業改進委員会、漁業建設費の徴収処は撤去され、建設費の徴収は廃止せざるを得なくなった［上海漁業志編纂委員会　一九九八］。つまり、建設費の徴収が失敗したこの事件から漁行は政府と漁民を結びつける懸け橋であった事実が読み取れる。

また、水上保甲制度がどこまで漁民を管理できたのかについても疑いが残る。一九四六年からは、南京国民政府の江蘇省政府が、行政部門に出した、水上保甲の再編成・再調査についての命令文書「奸匪を掃討するため厳密に水上保甲を編成して組織せよとの命令を取り次ぎ伝え、それに従い即座に処理して報告せよ」〔T6　一九四六〕が現われる。

この文書からは、「奸匪」を掃討するために水上保甲を編成する命令が下されていたことが分かる。しかし、その背後にある原因を考えると、水上保甲制度を再編するのは抗日戦争のため水上保甲制度が機能を果たせなくなったか、あるいは漁民の流動性のため、もともとの水上保甲制度が漁民を把握できなかった、といった点が挙げられる。いずれにしても、この時点まで、水上保甲制度はうまく機能できていなかったことが推測できる。また、一九四六年は国共内戦期であったため、文書に登場する「奸匪」は匪賊か共産党、あるいはその両方を指していた可能性がある。「奸匪」を鎮圧するに当たって、当時の水上保甲制度ではそれに対応できなかったのである。

しかし、「奸匪を掃討する」という目的をもって水上保甲を編成するやり方は、国共内戦期に始まったことではない。太田によると、青浦県の保甲制度は一九三四年以降順次整備されたという〔太田　二〇〇七a：一一〇〕。当時、南京国民政府は「告民衆書」（民衆に告知する文書）において、保甲編成の理由を「保甲は人民の生命・財産を保障する最も確実な武力である」としたが、それは「赤匪（共産党）」に対していわれたことでもあった〔太田　二〇〇七a：一一二〕。そのため、一九四六年の、太湖漁民に対する南京国民政府の水上保甲再編成の目的は、一九三四年の時と共通していた。それは、常に水面で移動する漁民を把握しながら、「奸匪」を鎮圧し、自らの統治力を固めようとすることであった。

(2)　新四軍

事実、一九四九年以前、太湖は共産党ゲリラの根拠地の一つであった。日中戦争の勃発後、太湖周辺には「江南抗日義勇軍」が組織された。一九三九年には、新四軍第六団から「新江南抗日義勇軍」が組織され、一九四〇年には「江南人民抗日救国軍」に改名した［江蘇省太湖漁業生産管理委員会　一九八六：五七］。それ以来、新四軍の太湖での活動が活発化した。さらに、一九四三年に新四軍と地方の武装組織が合併して「新四軍太湖遊撃隊（ゲリラ）」となり［同前］、現在も太湖沖山の島には「新四軍太湖遊撃隊記念館」が建っている。

当時の漁民たちは、南京国民政府の他にも、新四軍に金銭や物資を徴収されていた。聞き取り調査によると、国民党や日本軍に遭遇しないように、新四軍は「香社」のリーダーである「香頭」や副保長を経由してそれらを徴収していた。一〇月五日には、漁民の最も重要な祭祀活動である平台山の禹王廟の廟会が行われていたが、その機会に「寄付金」という名目で、金銭が香頭を経由して新四軍に徴収されていたという。また、新四軍の軍人四人が、徴収した費用を賭博か何かで散財したため、再び徴収に来た時に、漁民に殺されたという話もある。新四軍を殺した漁民たちは、共産党政権が確立してから、「水上民主改革」の運動において処刑された。

第四節　陸上の人々との接触

民国期の太湖における大型漁船漁民は、一般的には以下のように認識されている。漁民たちは政治面で差別され、経済面で搾取されていた。また、大多数の漁民の生活は困難なものであった。そのため、多くは借金で生活しており、その生活は悲惨だった［江蘇省太湖漁業生産管理委員会　一九八六：一〇二］。一見すると、漁民たちはこうした劣悪な社会環境に対して何もできず、不当な扱いを受けていただけであるかのように思われる。しかし、当時の彼らの対応や行動を見ないで、実際の状況を把握することはできない。

大型漁船漁民の話によれば、かつて彼らは普段、特に用がなければ、陸に上がらなかった。陸に上がるのは、以下の用があるときだった。まず、雑誌『工商半月刊』[11]に描かれた漁民の日常生活を見てみると、生活必需品を仕入れる時は陸に上がる必要があったことがわかる。

漁具の購入や市場での魚の売買、食料の購入は、男性が担当する。市場に行く女性もいるが、少数である。一般的に女性は船上での飲食、子どもの教育、網の修理などの一切を管理する。〔実業部貿易局　一九三〇：四一―四二〕

以上の内容からすると、男女は役割を分担し、男性は漁具や食糧の購入、魚の売買の際に陸に上がっていたが、女性はほとんど船での仕事を担っていたことが窺える。大型漁船は船が大きく、接岸できなかったため、男性は魚を漁行に売る時、「サンパン」(大型漁船に搭載する小舟)で陸に上がった。その時に散髪したりひげをそったりしていた。女性は結婚する前までほとんど陸に上がらず、必要なものがあれば、家族の男性成員に頼んで購入してもらっていた。また、人が亡くなると、必ず陸に上がらなければならなかった。そのときは、まず、陸で道士を招いて、船で儀礼を行った。そして、埋葬するために、陸上の農家を尋ね、陸地を購入する必要があった。また、埋葬する直前には、埋葬場所の風水を見る「陰陽先生」に頼んで、埋めるのによい方向や詳しい時刻も決めてもらった。

毎年の清明節にも、漁民は墓参りのために陸に上がった。埋葬地を売った農家は「墳主人家」(「墳」は墓地の意味)と呼ばれた。この時は、「墳主人家」に墓地の見守りを感謝するため、獲った魚を贈っていた。

他には、信仰活動のためにも陸に上がっていた。例えば、太湖周辺の廟の縁日に廟に赴いて参拝をしたり、道観で「打醮」の儀礼を行ったりしていた。また、子どもの教育のために、私塾の先生を船まで招いてくることもあった。

以上のように、全体的にいえば漁民の生活においては陸上と関わる必要は少なかったと思われるが、現実には、日常生活のほかに冠婚葬祭や信仰の面などでも陸上との関係を切ることはできなかった。

（1）漁行

太湖周辺においては、大規模な漁行は明清時代に現れた。民国期の太湖周辺の水産物の貿易は、主に漁行によって行われていた。「太湖周辺の各鎮で消費された魚は主に天然魚である。魚の販売は主に各鎮の漁行が担っている」［実業部貿易局　一九三〇：三九］。前述のように、漁民の獲った魚はそのほとんどが漁行に買い取られたが、漁行は時にその金額を前払いしていた。

大型漁船は湖岸に接近できず、陸に上がって魚を漁行に直接に販売するのが不便であったため、「行帳船」を介して魚の買い付けをしてもらった。行帳船は、魚を買い取って漁行に売ったり、あるいは直接に市場で売っていたりしていた。聞き取り調査によれば、行帳船に携わる人は、ほとんどが、人手が足りないか漁具を持たないといった原因により漁業を続けるのが困難な元漁民たちであった。また、一部の行帳船は漁行に雇われ、漁行から船の運賃と船金（使用費）だけを受け取った［呉県水産志編纂委員会　一九八九：二四五］。当時、一般的な漁行は行帳船を一隻～二隻雇っていた。行帳船、漁行、そして漁船の三者の商売関係は基本的に固定されていた［陳俊才　二〇〇〇：四八］。

漁行の経営者は、魚以外に米、調味料、食用品や祭祀用品などを販売していた。漁民は必要な商品を漁行から買うことができた。また、漁民たちは船の新築や冠婚葬祭など大量の金銭が必要になった時は、漁行と掛売りをした。上述したＬｚａの話によると、匪賊に略奪され、間もなく亡くなった父の葬式に必要な金額は、契約していた漁行から借りていた。他の漁民も同じように、大金が必要なときは、いつでも契約を結んだ漁行に借りて、逼迫する事態に対処していた。

また、上述した漁行は漁民と契約を結んでおり、漁業建設費も漁行を通して徴収されるはずだった。その他に、政府の徴兵に代わる米、新四軍への「寄付金」、さらには廟会を行う際の費用が徴収される時も、漁行が前払いしていた。

そのため、漁民たちの陸上との関係においては、漁行とのつながりが最も緊密であったと考えられる。漁民に対して高利で金を貸し付けた漁行の経営者は多かったが、漁民は漁行を選ぶ自由があった。そのため、漁民にとって漁行は金銭が調達できる場所でもあり、いわば銀行の役割を果たしていたといえる。漁民たちは、特に匪賊に略奪されたり、国民政府や新四軍に金銭や物資が徴収されたりすることがあったため、彼らにとって漁行は大切な存在であった。

(2)「拝先生」と「認寄爺」

共産党政権の確立後、共産党政府は漁民たちの中から民国期に国民政府と関わっていた人物を見つけ出して処刑しようとした。このために、「呉県太湖人民公社HZ大隊における階層の序列表」〔T35　一九六九〕が作成された。表の中の「社会関係」の欄には、一〇〇戸の大型漁船漁民のうち、八戸の船主が民国期に光福鎮の「偽鎮長」周春生に対して「拝先生」をしていたことが記録されている。「拝先生」とは、船主が自分の名称を書いた書状と米二担を持って「先生」のところに挨拶に行くことである。

聞き取り調査によると、実際には、かつては「拝先生」は多く行われており、周春生以外に他の「先生」もいたという。「先生」や「寄爺」とは、陸上で権力や声望のある人物のことである。そのため、「拝先生」をすると、匪賊に脅される危険がなくなり、またもし脅されることがあれば、「先生」に頼んで助けてもらえた。そのかわり、毎年「先生」に魚を献上する必要があった。また、漁行の経営者に対して「拝先生」をすることもあった。

陸上の権力者と関係を持つには資金が必要であった。一部の漁民は、陸上の権力者たちとアヘンを吸ったり賭博をしたりすることを通して、彼らに信用されたという。副保長になったのは、このような、陸上の権力者と関係を持った漁民たちであった。前述したＬｚｘもこうして一九四八年に副保長になったという。Ｌｚｘは長男で父親にかわいがられており、その父親が陸上の権力者との交流を後押しした。

実際には、「拝先生」という行為は決して漁民に独特な選択ではなかった。民国期には、「青幇」や「紅幇」[12]などの民間秘密結社が多く存在しており、一般民衆も、財産や安全を求めてそうした秘密結社に入会していた。民国期の上海市における郵便職員のうち、およそ二〇％が秘密結社に入っていた。上海市全体の工場や会社の秘密会社に加入した職員の比率はさらに高いと推測されている〔河北文史資料編輯部　一九九二：一六〕。入会する時も、名称が書かれた書状を渡す必要があった。漁民が拝した「先生」が秘密結社の成員であったかどうかは確認できないが、このような選択の目的と加入儀礼には共通点が認められる。

また、一部の漁民は陸上の農民出身の人たちに対して「認寄爺」という擬制的親子関係を構築していた。「認寄爺」は地域によって「認乾親」とも呼ばれた。これは、子どもが無事に成長できるようにとの願いを込めて「寄爺」を探し出し、その人に対して周囲の人々が承認儀礼を行うことによって、その親子関係が成立する、というものである。親子関係が成立すれば、自分の家に経済的な困難がある時、陸上の親からの援助がなされるのである。話者Ｊｈｇは、一九四〇年代末の結婚の際に、陸上の農民出身の親から一〇担の籾を借り、それを金銭に替えて結婚の費用に充当した。「寄爺」から借りれば、利子は不要だったという。そのかわり、Ｊｈｇの家は、節句の際に獲った魚などを「寄爺」の家に送っていた。

つまり、民国期の激動する社会環境は、陸上から離れていた漁民たちにも影響を及ぼしていたのである。このような社会で生き残るために、漁民は、積極的に「拝先生」や「認寄爺」を通じて陸上の権力者と関わり、保護を求める戦略を選択していたのである。

小括

以上のように、民国期の激動する社会環境は、太湖における船上生活漁民に大きな影響を及ぼしていた。太湖における大型漁船漁民の日常生活から見ると、彼らは陸上から離れており、陸に上がる機会も数えられるほど少なく、比較的自律した集団であったかのように見える。しかし、実際に彼らの暮らしのありかたや、彼らが置かれた民国期の社会環境を考察すると、明らかに彼らは陸上の世界と関わらざるを得なかったことがわかる。「太湖は江蘇省と浙江省に跨り、日本軍と国民党のコントロールが弱い地域であり、これまでも兵家の争奪対象となっている要地」［江蘇省太湖漁業生産管理委員会　一九八六：五八］というように、民国期の太湖はきわめて不安定であった。上述のように、匪賊は太湖を根拠地として、その周辺地域を騒がせていた。同じく太湖で生活していた漁民たちも、匪賊の被害から逃れることはできなかった。漁民たちは匪賊に利用され、その漁船は匪賊たちの交通手段となり、さらに略奪物を運搬する手段にもされた。また、一部の漁民は匪賊と組んで強奪行為をしていた。一方、国民政府は匪賊を鎮圧するため、水上保甲を通して漁民を管理しようとした。さらに、日本軍との戦いの中で、漁船は国民軍や匪賊に徴用され、漁民たちも戦争に巻き込まれた。また戦時中は、国民政府も新四軍も最大限に軍備を増強することを目的としていたため、国民政府は漁民を徴兵する代わりに米を徴収し、新四軍は漁民から「寄付金」や物資を徴収していた。匪賊が多く、さらに複数の政治権力が併存する複雑な社会環境において、漁民たちが最も強く求めていたものは、「安定した生活」だったと考えられる。そのため、漁民たちは漁行により経済面での保障を獲得し、陸上の権力者たちに対しては「拝先生」を行い、社会地位の上昇や安全の確保を求めた。このようにして、漁民たちは陸上との関係を構築していたのである。

注

（1）漁民と契約して魚を買い取り、金銭を貸すなどをした魚問屋のような業者である。詳細は本章の第四節(1)を参照。
（2）原文「呉俗以斗数魚、今以二斤半為一斗、売買者都論斗、自唐至今如此」。
（3）原文「光福又瀕太湖、漁者十有三四、漁者尤多」。
（4）引用文中の鍵カッコはそのままにした。
（5）太湖周辺地域においてはカトリック信者の漁民が多かった。一九四〇年代の統計によると、無錫においては、カトリック信者の八六％が漁民であった［無錫市地方史編纂委員会　一九九五：二九八七］。蘇州のカトリック信者の五〇％以上は漁民であった［蘇州市地方史編纂委員会　一九九五：一一五五］。ここでいう「漁民」には、太湖の小型漁船漁民だけではなく、内陸河川の小型漁船漁民も含まれている。このような状況は、江南地域の漁民が明代からカトリックを受け入れていたのが始まりといわれている。漁民がカトリック信仰を受け入れた原因として、貧困だったため経済的な利益の確保を求めたこと、政治的地位が低く、差別されていたため、政治的保護を求めたこと、教養水準が低下して、自然災害や病気の面で援助を求めたことが挙げられている［李・池　二〇〇六］。
（6）原文「当夫白浪滔天、奔濤如駛之時、商民船隻不敢行、而罛船則乗風牽網、縦浪自如。若風恬浪静、行舟利渉、罛船則帖伏不能動。故太湖漁船為盗者鮮聞」（巻十六「雑記」）。
（7）「馬山事件概況」は、大型漁船漁民が定住するY・G村の資料保管室に保管されている調査報告である。
（8）国民政府軍事委員会調査統計局の略称。
（9）中国共産党の国民革命軍新編第四軍の略称。
（10）詳細は第五章表14―2「太湖公社における紅三教道首や中堅人物の名簿」を参照。
（11）『工商半月刊』は南京国民政府の配下にある実業部貿易局によって出版された経済関係の雑誌である。雑誌では各地の各種の商工業の現状報告、国民政府や行政院などが公布した工商業に関する法令、実業部とその所属機関の報告や計画などが登載されている。
（12）清代に成立した民間秘密結社である。「青幇」は太平天国期に安慶を拠点として活躍した安徽省糧船幇水手（等の労工）集団で、江浙両省の糧船幇の清門羅教幇に連なる漕私的塩梟集団である［酒井　一九九七：一八］。民国期には国民党や日本と関わり、大きな影響力をもっていた。清末以降、天地会・三合会と哥老会は「青幇」に対して、「洪門幇」、「紅幇」と呼ばれ、二〇世紀初には、「青幇」と並んで「紅幇」の呼称が定着し、辛亥以後は長江流域、特に長江デルタ地域では、「紅幇」は哥老会を主とする幇の名称となった[酒井　一九九八：三七七]。長江中下流一帯の哥老会は清末の上海社会の流氓層および長江デルタ地域の氓・無頼層を糾合して辛亥革命に協力した[酒井　一九九八：一〇一]。

第二章　船上の居住生活（一九五三年まで）

はじめに

第一章では、民国期における、太湖流域の漁民を取り巻く社会政治状況を考察し、彼らと匪賊や政治権力との関わりや、民国期の混乱した社会政治環境の中で生き抜くために「漁行」や「拝先生」、「認寄爺」のような陸上との関係を構築していたことを明らかにした。ここまでは大型漁船漁民社会とその外部との関係に着目していたが、本章では視点を変え、漁民社会の内部に注目し、彼らがどのような社会構造を有しており、どのような日常生活を送っていたのか、また、その社会構造がいかにして民国期の厳しい環境に対応することを可能にしたのかを問う。本章では、主に聞き取り調査データを用い、それに地方文献、民国期の雑誌も加えて、民国期の太湖における大型漁船漁民たちの船上での暮らしの様子、つまり彼らの生産様式、家族形態、親族関係を明らかにする。

第一節　共同操業の生業形態

(1)「漁幇」

太湖流域には、古来、漁法ごとに様々な漁船が存在していた。清代にはすでに網罟船、江邊船、敞稍船、小鮮船、剪網船、絲網船、剗船などの漁船が見られた［金友理（清）一九九八：一七六］。また、漁船や漁具、漁法、出身地などの要素によって、「漁幇」という漁民集団が形成されていた。「我々のような船上人には村がないが、漁幇は村のようなものだ」ということを何人もの漁民が語っている。漁船には、大ざっぱに分ければ、大きさによって大型漁船と小型漁船がある。小型漁船漁民には、江北釣子幇、放鴨幇、糸網幇、大罾幇などの漁幇があった［T29 一九六四］。また、大型漁船漁民は漁船の所属地や出身地によって分けられていた。『太湖備考』の記録によれば、清代、政府はすでに大型漁船に対して番号を付け、所属地を明確にして、その数を把握していたという。

毎年彼らに整理番号を付与し、所属する県を明確にする。蘇州府に属するのは四八隻、常州府に属するのは五二隻である。約一〇隻の、三つの大きい篷がある漁船は、近年六つの帆柱も建てた。(1)［金友理（清）一九九八：五六六］

この記述からは、大型漁船はその数が一〇〇ほどあり、蘇州府と常州府に属していたことが分かる。このことが、現在一部の大型漁船漁民が彼らの祖先の出身地を蘇州か常州であると語り、他の大型漁船漁民と自分たちを区別している根拠だと考えられる。

2　船上の居住生活（1953年まで）

表2　大型漁船漁民が属する漁幇の特徴

	出身地	漁船の種類	漁船の数	主な漁具
大船幇	蘇州	7つの帆柱	約40	檣纜網（大きい魚を獲る）など
北洋幇	海から移住＋常州	5つの帆柱	約70	檣纜網など
興隆幇	常州	やや小さい5つの帆柱	約10	小兜網など

聞き取り調査により筆者作成

また、民国時代を経験した漁民によると、民国期、大型漁船漁民には、表2で示したように、出身地や漁船の種類によって、大船幇、北洋幇、興隆幇と呼ばれる三つの幇があったことがわかった。『太湖備考』に記録された蘇州府、常州府、そして三つの大きい帆柱の漁船と、現代の漁民たちが語る大船幇、北洋幇、興隆幇を、一つ一つ対応させることはできないが、民国期における大型漁船の数は、清代からやや増加したのみで、ほとんど変らなかったことがわかる[2]。

これらの三つの漁幇は、漁船の形は違ったが、普段から共同操業を行っていた。しかし、習俗はやや異なっていた。特に興隆幇と他の二つの漁幇の差異はやや大きい。たとえば、「七月半」祭礼[3]においては、興隆幇の祭礼の作法が、他の大型漁船漁民と異なっていた。その差は、祖先の出身地に由来すると考えられる。興隆幇の由来については、かつて祖先が豆腐屋を開いていたが、漁の商売のほうが稼げると考え、漁に転業したのが始まりだという。現在は第六代目である。四代目までは、祖先祭祀の時に小麦粉で象った豆腐を作る甕を供物にしたと語られている。興隆幇は、大船幇や北洋幇と比較すると、漁に携わる歴史が短いということも言える。

さらに、民国期の『工商半月刊』の記録からも、当時の太湖における漁幇の実態が、ある程度窺える。具体的な記述を引用してみよう。

太湖における漁民はいずれも江蘇省と浙江省の両省出身である。焦山、洞庭山から西側には浙江省出身が多い。洞庭山、焦山から東側には本省（江蘇省）出身が多い。太湖で魚を獲ることに関しては、政府による規定がないので、漁民は自由に捕獲することができる。（中略）馬跡山（現在の馬山）の辺りは湖面が広く、水も深いため、六櫓大網船（六つの帆柱を持つ大型の漁船）が多い。常に湖の真ん中に停泊しているが、接岸はできない。（中略）魚を獲る時、しばしば一家に属する数隻の船は、分業して協力する。また、各船は各自で仕事をして、夜間、決まった場所に集合する。また、仕事の都合上、お互いが常に同じ場所に集合できない時でも、特定の停泊場所があり、お互い往来することが可能である。［実業部貿易局　一九三〇：四一］

上述の「六櫓大網船」は大型漁船のことで、後に七つ帆柱の大型漁船に改良された。この記述からは、太湖には水面権というものが存在しなかったことが窺える。しかし、通常、地理的環境、漁船の大きさや特定の漁法によって、漁幇は特定の漁場で漁を行い、特定の場所に船を泊めており、漁業範囲はある程度決まっていた。聞き取り調査によれば、太湖全体を「大太湖」と「小太湖」に区分する見方がある。すなわち、図7のように、太湖の東南部に位置する西山、東山などの島が多く分布する場所から陸上との間、無錫の馬山や濱湖、蘇州の鎮湖などの陸につながる半島によって囲まれた部分は「小太湖」と呼ばれ、太湖の真ん中の水面が広がる部分は「大太湖」と呼ばれるのである。大型漁船は主に「大太湖」で操業していたという。このことは、上述の『工商半月刊』で描かれる「湖面が広く、水も深いため、六櫓大網船が多い」という記述や、下記の『太湖備考』［金友理（清）一九九八：五六六］に記録された「常に太湖の西北の深いところで操業する。東南の浅いところには向かわない」という記述で裏付けできる。

また、大型漁船は、船体が大きいため、接岸できなかった、という記述があるが、聞き取り調査によると、当時の大型漁船漁民は、休漁期に太湖東岸に位置する光福鎮の近くに停泊しており、陸上にあがる時はサンパンを使っ

2　船上の居住生活（1953年まで）

図7　大太湖と小太湖

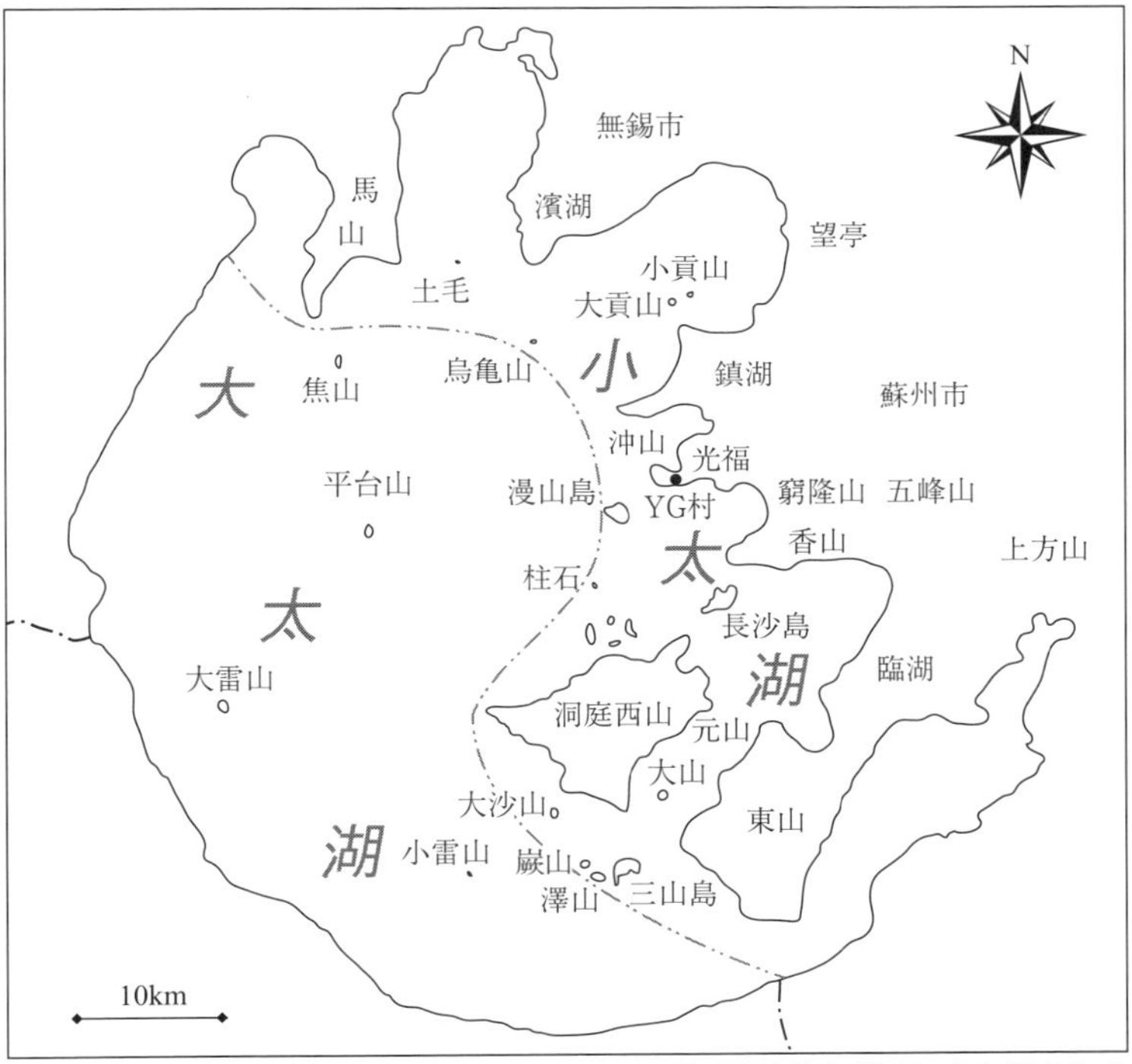

google map 及び聞き取り調査により筆者作成

ていた。第一章で述べたように、普段は「行帳船」が魚を買い付けに来るため、特に用がないかぎり、陸上にあがることはなかった。陳は、大型漁船漁民たちは外部との接触が少なかったため、漁幇内部での通婚が多く、血縁関係が強固であったと指摘している［陳俊才　二〇〇五：一八一、二四三］。さらに上述の引用にあるように、大型漁船はほとんど同じ場所に停泊していたため、相互に往来が可能であった。この往来によって、互助関係や仕事の協力についても、漁幇内部で調整できていたと考えられる。

一九八〇年代に共産党政権が太湖漁船に対して行った調査によると、当時の太湖全体の漁船種類の概況は以下のようである。

表3で挙げたデータのように、太湖

表3　太湖漁船の概況

漁船の名前	類型	大きさ	帆柱の数	対応できる風力（単位　級）		漁具の種類
				航行最大風力	作業風力	
大船	大型一級	60 t 以上	7	7～9	3～8	小兜網、蝦拖網、牽糸網（檣纜網）[1]
大船	大型二級	50～60	5～7	同上	同上	同上
北洋船	大型三級	40～50	5	6～8	2～6	同上
北洋船	大型四級	30～40	5	同上	同上	同上
四桅船（4つの帆柱）	中型	20～30	4	6～7	3～4	銀魚（シラウオ）網、小兜網、蝦拖網、糸網
三桅船（3つの帆柱）	中型	10～20	3	6	3～4	銀魚（シラウオ）網、蝦拖網、閘蝦網
二～三桅船（2～3つの帆柱）	小型	5～10	2～3	5～6	3～4	閘蝦網
二桅船（2つの帆柱）	小型	3～5	2	5～6	2～4	背網
他	小型	0.5～2.5	1～2	5以下	2～4	蝦拖網、背網、踏網、糸網

1）牽糸網は、本来は江蘇省南通の漁船が使う漁具である。それに対して檣纜網は、太湖の大型漁船が、「一帯」という共同操業を行う時に使われていた、伝統的な漁具である。1965年、南通の漁船が太湖で操業を始めてから、牽糸網は太湖に広まり、檣纜網より漁獲量が高いということが分かった。それ以来、檣纜網は廃棄され、牽糸網が代わりに使用されるようになった。

『太湖漁業史』［江蘇省太湖漁業生産管理委員会　1986：79］より転載

における漁船の種類は様々で、操業形態も様々に異なっていた。詳しく見てみると、五つの帆柱を持つ「北洋船」と、七つの帆柱を持つ「大船」の大型漁船が使っていた漁具は、全く同じである。しかし、大型漁船の漁具と中型、特に小型漁船の漁具はいろいろと異なっている。また、操業形態の違いは、漁民の信仰にも、それぞれの特徴を与えていた。現在でも、小型漁船漁民は多くがカトリックを信仰しているが、大・中型漁船漁民は無数の神仏を信仰している。また、小型漁船漁民と大型漁船漁民は滅多に通婚しなかったが、大型漁船の三つの幇の内部では通婚関係が聞き取り調査によって確認された。そのため、太湖の漁民社会を論じる場合には、一括して取り扱うのではなく、大型漁船と小型漁船とに分けて考察する必要がある。以下では、大型漁船漁民の事例を中心として考察を行う。

(2)「対船」と「一帯」

上述のように、大型漁船漁民は、お互いに往来し

図8 「対船」の操業形態
『呉県水産志』［呉県水産志編纂委員会　1989：193］
より転載

て協力して漁を行っていたが、具体的な共同操業の方法としては、「対船」と「一帯」という形が見られた。聞き取り調査によれば、図8のように、大型漁船は常に二隻で共同操業していた。二隻で共同操業する船は「対船」と呼ばれる。彼らは春から秋までシラウオ、梅鱭魚（エツ類の魚）、白エビなどを獲り、「対船」で漁撈活動を行っていた。対船の操業で使われていた網は「小兜網」（図8）と呼ばれていた。小兜網は太湖の特有な漁具であり、主に旧暦四月から九月まで使われ、小さい魚を獲るのに有効であった［江蘇省太湖漁業生産管理委員会　一九八六：八六］。冬になると、青魚《アオウオ》や鰱魚《レンギョ》などの大きい魚が目標となる。このような大きな魚を獲るためには、船の速度を上げる必要がある。そのため漁民たちは、二隻の船を、それぞれ一隻の船で引っ張るという形態で、四隻による共同操業を行っていた。この四隻はまとめて「一帯」と呼ばれた。「一帯」の操業においては、「櫓纜網」が伝統的な漁具であった。「一帯」は、旧暦の九～一〇月から翌三月まで操業していた。『太湖備考』には、大型漁船の「一帯」の操業形態について、以下のような記録がある。

魚を獲る時は、漁船が連なって「一帯」となり、二隻の船が艫綱《ともづな》を引き、前方で引導して岩礁を避ける。（別の）二隻の船が網を引っ張って後に付き従う。常に太湖の西北の深いところで操業する。東南の浅

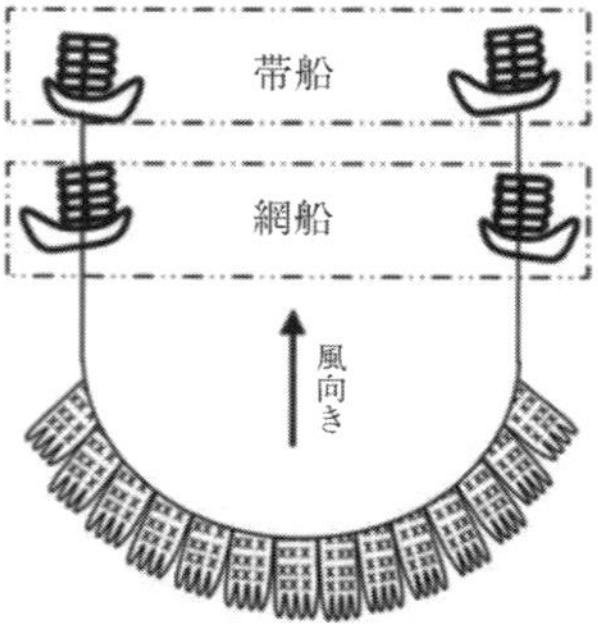

図9　「一帯」の操業形態
「呉県太湖人民公社委員会の経営、管理等の状況に関する報告」［T17　1959年］により筆者作成

いところには向かわない。停泊地点は決まっていない。風が止まると、いかりを下ろす。三つの大きい桅は常に立てている。[4]［金友理（清）一九九八：五六六］

図9のように、前方の二隻の船は「帯船」と呼ばれ、艫綱を牽引する。後方の二隻の船は「網船」と呼ばれ、網を牽引する。

「一帯」の共同操業の際、風向が変化すると、網を引っ張る「網船」と艫綱を引く「帯船」が入れ替わった。また、網を引き上げる際は、各「帯船」の漁民一人が各「網船」に乗り、網の引き上げを手伝ったり、獲った魚を監督したりした。この漁民は「矯人」と呼ばれた。「対船」の間での連絡は、帆柱を昇降することによって行われた。例えば、船頭にある「招篷」（「招桅」とも呼ぶ）[5]を降ろすのは、網を引き上げる準備をしなさい、という知らせである［陳俊才　二〇〇〇：四二］。船尾の「小篷」（「小桅」とも呼ぶ）を降ろすのは、網の引き上げが始まる、という意味である［陳俊才　二〇〇〇：四二］。

一九三〇年の『工商半月刊』には、太湖流域の漁業状況に関する報告が掲載されている。その中で、大型漁船の生産様式について、以下のような記述がある。

株式経営が認められる。毎年の正月には対船を組織する。株式経営の場合、全員が均等に出資し、利益も各人に均等に配分される（一隻四人、あわせて八人）。独立経営の場合、一人あるいは二人の船主が一年間の支出を負担し、その年の利益の三〇％を受け取る。残りの七〇％は共同で働く「伙友」が所有する。また漁夫を雇用した船主は、漁夫に飲食を供し、一人当たり毎年四〇～五〇元の給料を払う。利益は、船主が三／四、漁夫が一／四というように配分される。［実業部貿易局　一九三〇：四二］

しかし、聞き取り調査によると、株式経営は少数で、ほとんどが独立経営であったようである。独立経営では、船の家族成員が多い時は、「伙友」や「漁夫」をほとんど雇わなかった。また、これらの「対船」や「一帯」には、現実には先代の船から分かれた家族成員や親戚による繋がりが多く見られた。

このような「一帯」での、漁撈活動における相互協力は日常的な漁業のみならず、危険な出来事の発生時や突発的な問題の時も共同で対応した。第一章で言及した、新四軍の軍人四人が金銭を徴収に来た時の話では、彼らは漁民と揉め事を起こし、結局四人とも「一帯」の漁民たちに殺された。また、前述のように、太湖には水面権は存在しないが、各漁幇の漁民たちは、漁法ごとにある程度固定された範囲内で漁を行っていた。ある大型漁船漁民の話によれば、彼らは、他の漁民集団との間では、普段、紛争は起こさない。しかし、稀に「一帯」で操業する網が、湖岸で「簖」（梁のようなもの）という魚を獲る仕掛けの鉤にひっかけられた時は、「簖」を行う小型漁船漁民との間で紛争が発生することがあった。しかし、一隻の小型漁船では人数が少ないため、「一帯」に代表される大人数の大型漁船漁民に対抗することはできず、小型漁船漁民のほうが大幅に譲歩する結果に終わった。この「一帯」の漁民は、お互いに親戚である場合が多かった。「一帯」の団結力を強めるためには、その成員が親戚であることが効果的であった。そのため、親戚であることが、共同操業のパートナー選択の時、優先されていたと考えられる。

また、前述したように、大型漁船の共同操業は、三つの漁幇の間で行われていた。しかし、同類の漁船を持つ漁幇内部の漁船が、最も理想的相手であった。操業相手がいったん決まると、漁獲量が平均以下になったり、他の理由があったりしない限り、対船や「一帯」の組み合わせは八～一〇年以上も変わらなかった。頻繁に変わることは、操業に悪影響を与えるのだという。元の相手と分かれて新しい相手と組むのは「拆帯」と「合帯」(方言の発音に基づいた、筆者による当て字。「拆」は分かれ、「合」は組む)と呼ばれた。操業相手を変える日は、毎年決まっていた。片方が変わると、もう片方も変わらざるを得なかったからである。具体的には、毎年の旧暦の三月一日は大船幇、二月一五日は北洋幇、正月一五日は興隆幇における、「拆帯」と「合帯」の日とされていた。この場合は、基本的には幇の内部で操業相手を探すことになるが、どうしても見つからない時は、他の二つの幇から相手を見つけ出し、ペアを組んだ。

第二節　船を単位とする家族と生活

(1)　大型漁船の構造

太湖で操業する大型漁船は、中国内陸漁撈で見ても最大のものである。この大型漁船は、八〇〇年前に遡る南宋時代の岳飛の戦船に由来するという伝説があるが、陳はこの説を歴史文献に基づいて考察し、その可能性が高いことを論証した[陳俊才　二〇〇〇：三六—三七]。大型漁船に関する最も詳細な記録は、清の『太湖備考』まで遡ることができる。そこでは、大型漁船は「罛船」と呼ばれ、操業の様子が記載されている。

太湖の漁船は大きさが異なる。概ね船を家として用いている。(船は)子が父から継ぎ、(彼の)妻や娘も乗る。衣食は粗悪である。水面を生涯の地としており、陸地の住民とは競争がない。中でも最も大きいものは「罛船」、あるいは「六桅船」と呼ばれる。（この船は）接岸できず、港にも入れない。また、棹や櫓で漕ぐことができないので、ただ暴風を待って船を移動させるのみである。（中略）天を突くほど高い波が疾走する時は、商船や民船は波を恐れて出航しないが、罛船は風に乗って網を引っ張って漁をし、波を意のままにコントロールする。もし風もなく波も静かであれば、普通の船を進めるのには問題ないが、逆に罛船は走ることができない。[6]［金友理（清）一九九八：五六五］

後代の大型漁船は、清の「罛船」が発展変化したものである。漁船は大きいため、接岸できず、港にも入れなかった。また、一般の漁船と異なり、棹や櫓で漕ぐことができなかったため、風で前進していた。

また、『太湖備考』には、大型漁船の大きさについても詳しい記録がある。

その船の形は全長が八丈四～五尺、面梁が一丈五～六尺、落艙の深さは約一丈、そして中央部に三つの大きい帆柱が立つ。高さは五丈の物が一つ、四丈五尺の物が二つ。船首の帆柱は一つであり、高さは三丈、船尾の帆柱は三つあり、それぞれ高さ約二丈である。製造する時は、（船主の）出生日時に合わせて日時を選ぶ。[7]［金友理（清）一九九八：五六六］

この記録によると、清代の大型漁船は現在の帆柱七つの大型漁船とは異なり、帆柱が六つだった。船の長さは約二八m、幅はおよそ五m、深さは約三・三mであった。六つの帆柱の内、中央の三つの帆柱が最も高く、高さ約一六・五mの物が一つ、一五m弱の物が二つ。船首の帆柱は約九・九m、船尾の二つの帆柱は最も短く、約六・六mであった。

写真 2-1　大型漁船〈2011/8/27〉

写真 2-2　漁民が作った大型漁船の模型〈2015/3/25〉

　民国期になって、大型漁船は帆柱七つに変化したが、船の構造はほとんど変らなかった（写真2―1、2―2）。一九六〇年代の水産部の調査［陳俊才　二〇〇〇：三三］によると、全長は平均二四・六五m、船幅四・九六m。船首の高さ二・六七m、船尾の高さ四・〇八m、重量は六〇トンであった。図10のように、真ん中の三つの帆柱「头（頭）桅」、「大桅」、「二桅」の高さはそれぞれ一四・八m、一四m、一五mであった。船首の帆「招桅」の高さは九・六mであった。「七桅」という帆柱は、民国期に加わった七番目の帆柱なので、「七」という数がつけられた。その高さは八mであった。「四桅」は七m、最後の「小桅」は六・八mであった。船の甲板には「煙棚」（「船楼」とも呼ばれた）が建てられた。「煙棚」は船の左舷に設置され、右の方に通路がある場合は「右船」と呼ばれ、逆の場合は「左船」と呼ばれた（図11）。共同操業における二隻の「対船」はこの「左船」と「右船」の組み合わせである［陳俊才　二〇〇〇：三三］。

　大型漁船には、船首から船尾まであわせて一三の船室が設けられている。陳俊才［二〇〇〇：三三―三四］によると、各船室の機能は以下のようである。

①「尖船頭」：船頭が浸水した部分を調整する「圧艙石」や雑物を置く。

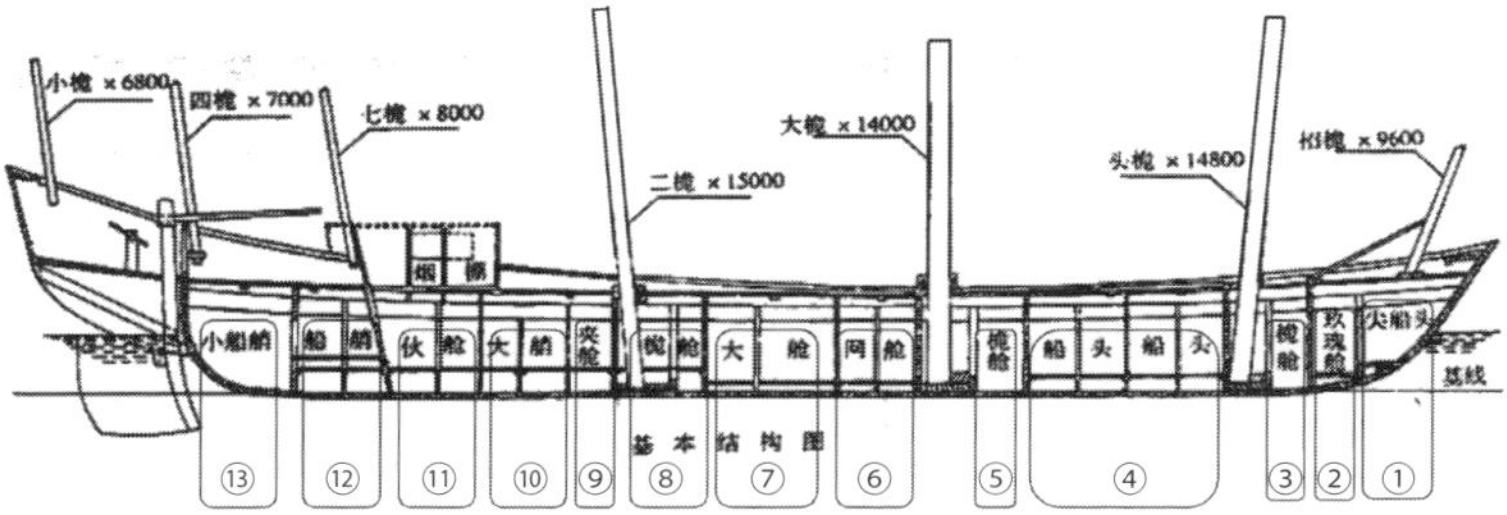

図10　大型漁船の基本構造図
『情系太湖』［陳俊才　2005：185］を参照、聞き取り調査により修正

②「玫瑰艙」：錨、チェーン等を置く。

③「頭桅艙」：網、艫綱等の漁具を置く。

④「船頭」：「前船頭」と「後船頭」がある。雇われた工人(8)の寝室。

⑤「大桅艙」：「圧艙石」を置く。ここの「圧艙石」の調整後は、移動させてはならない。移動してしまうと、船の沈水部分が変わるので、転覆する危険もある。

⑥「網艙」：網や魚などを置く。

⑦「大艙」：重要な活動の場所である。かつては陸上の先生を招いて、子どもの授業を行う場でもあった。子どもたちもそこで寝ていた。

⑧「二桅艙」：「大桅艙」と同じく「圧艙石」を置き、船の浸水の部分を調整する。

⑨「夾艙」：生活用品を置く場所であり、祖父母の寝室となる。

⑩「大艄」：主要な寝室であり、新婚夫婦の寝室となる。次の新婚夫婦ができるまで、前の夫婦はずっとそこで寝る（写真2―3）。

⑪「伙艙」：小型の竈が設置される（写真2―4）。上の「煙棚」とつながっており、上に行くのに便利なため、竈の正面には「高床」が作られる。「看風」(9)の寝る場所である。

⑫「大船艄」：父母の寝室、あるいは他の夫婦の寝室となる。

⑬「小船艄」：薪などの生活用品を置く。

また、甲板の上にある「煙棚」（写真2—5）は前方と後方に出入り口があり、両方から入れる。食事や休憩、接客など、全員が活動する場所である。

以上は陳が調査した内容であるが、話者によって状況が異なるため、以下では筆者の聞き取り調査によって補足し、その共通点と相違点を考察する。

大型漁船には「大船幇」と「北洋幇」の区分があり、細部も異なっていた。まず、帆柱五つの「北洋幇」漁船の船室は、帆柱が七つある「大船幇」漁船より一つ少ない。また、船室の設置もやや異なる。北洋幇漁船の二番目の船室は「頭桅艙」であり、三番目の船室は「玫瑰艙」である。それに対して、「大船幇」の二番目の船室は「中浪堂」であり、三番目の船室は「頭桅艙」である。

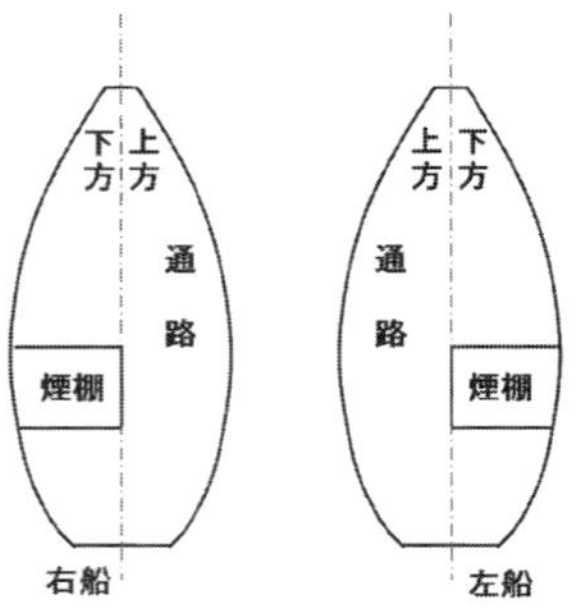

図11　左船と右船（聞き取り調査により筆者作成）

漁船全体の空間利用法から見ると、漁具はほとんどが船の前半に置かれていたことが分かる。①「尖船頭」には薪を置いていた。②「中浪堂」にはロープやそれを作るつむぎ車などを収納した。③「頭桅艙」には竹で作られた「網杠」を収納した。⑤「大桅艙」には網を引っ張るための、船と船を連結して牽引するために必要な艫綱を置いていた。艫綱は、粘り強い竹の皮を細長く割って紡いだ太いロープである。⑥「網艙」と⑦「大艙」には最も重要な漁具を保存していた。「網艙」には各種の網、「大艙」には帆や帆を揚げる艫綱などを保存し、魚などもここに貯蔵された。

船の生活空間は⑨の「夾艙」を境にして、「夾艙」より前方の船室の多くは未婚の男性や工人たちの寝室になった。未婚の女性は「夾艙」より後方の船室で寝ていた。子どもは親の寝室で寝ていた。「夾艙」は、一般的には老人の寝室とされた。「夾艙」には出入り口がなく、出る時は後方の⑩「大艄」と⑪「伙艙」を経由し、「伙艙」に設置された甲板に上がる階段を使うしかなかったため、労働力を持たない老人の寝室となっていたのである。

④「船頭」という船室は「前船頭」と「後船頭」に分けられ、それぞれ二つの寝台が設置されていた。船には主

要な四つの職種を担う四人の船員がいたが、そのうち「老大」は「後船頭」の「上方」、「看風」は「後船頭」の「下方」、「揺櫓」は「前船頭」の「上方」、「下肩艙」は「前船頭」の「下方」で寝ていた。「上方」、「下方」は「左船」「右船」によって違う。「煙棚」が船の左舷に設置され、右の方に通路ができる場合は「右船」である。この時「上方」は船の通路の側、「下方」は船の「煙棚」がある側を指した。

⑨「夾艙」、⑩「大艄」、⑫「大船艄」にも「上方」と「下方」の二か所に寝台が設置された。人数が少ないときには、一つの船室が夫婦二人および彼らの子どもの寝室となった。人数が多いときは、夫婦二組が一つの船室を共用する場合もあった。新婚夫婦は必ず「大艄」の「下方」の寝台を使わなければならないという決まりがあったが、この時、新婚夫婦の前の夫婦は「下方」の寝台から「上方」の寝台に移った。

写真2-3　「大艄」の様子〈2010/8/16〉

写真2-4　小型の竈〈2010/8/16〉

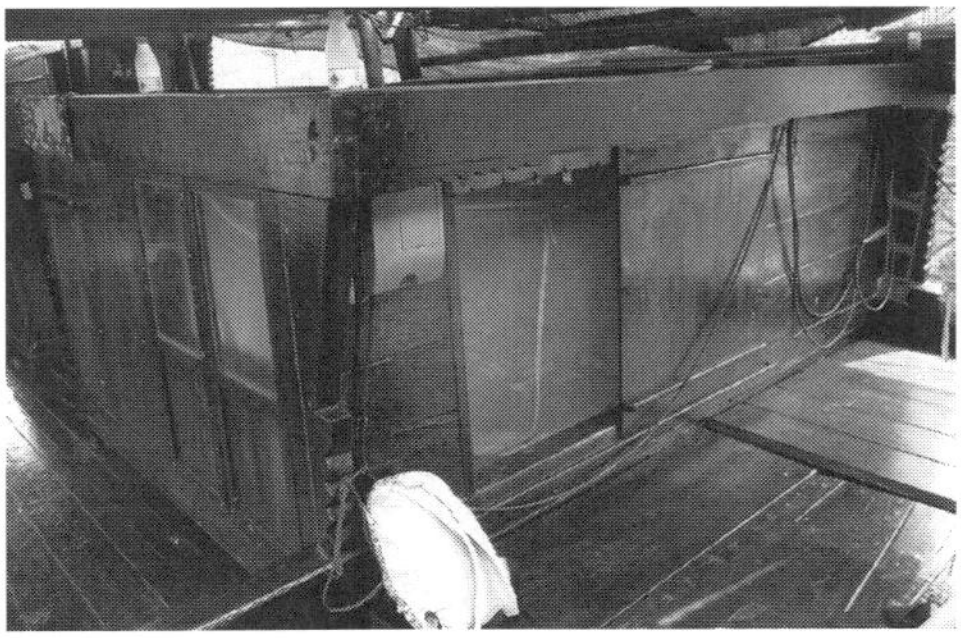
写真2-5　煙棚〈2010/8/16〉

(2) 船を単位とする家族

日常生活において、大型漁船漁民の家族[10]や生業の形態に見られる最も顕著な特徴は、家族や親戚が共同で漁を行うことである。民国一九(一九三〇)年に刊行された雑誌『工商半月刊』には、太湖における大型漁船漁民の生活の様子が記録されている。

大多数の漁民(の船)はどれも浮かぶ家のようであり、湖と港を往来している。漁民の組織は、家庭を単位とする。父母妻子には、同じ船で生活する者もいれば、別の船で生活する者もいる。兄弟も、同じ船で生活する者もいれば、別の船で生活する者もいる。一家は同じ船で生活するか、複数の船で生活している。さらにお互い共同で(漁を行う)親戚や友人もいる。大家庭の漁船における権利はすべて、家長一人の手に握られており、普通の家庭と同じである。[実業部貿易局 一九三〇:四二]

一般的な小型漁船の船上生活者においては、一組の夫婦を中心として、父・母・妻・子が船に同居するが、太湖における大型漁船漁民の状況はやや複雑であった。大型漁船では、基本的に父・母・妻・子、兄弟姉妹、兄弟の妻・子などが生活していたのである。陸上の人々からすれば、このような、大勢の人数が同じ漁船で生活するのも「家庭」の一つである「大家庭」であった。兄弟が多くなると、新しい船が作られ、一部がそこに移って生活するようになる。このように、それぞれの船に分かれて生活する場合は、父・母・妻・子や兄弟が「別の船で生活する」ようになっていた。

各大型漁船には、役割分担によって四つの職種が必要であり、その役割を担うために少なくとも四人の男性の労働力を必要とした。四つの職種とは、先述のように、「老大」、「看風」、「擋櫓」、「下肩艙」のことであり、仕事の難易度は前者から後者へと減っていく。「老大」は、かじ取りから網作りまであらゆる仕事をこなせる漁民が担当する。一般的には、船主が「老大」を担当する。「看風」は、風に乗って漁をするため、風向きを見ながら、船の方向を変え、また網を投入してから引き上げるまで、網の様子を見守る漁民である。「擋櫓」は主にサンパン（写真2―6）に乗って網を引き上げる。「下肩艙」は「擋櫓」と共にサンパンに乗って網を引き上げ、「擋櫓」の手伝いをする。また、前述の「矯人」は基本的に「下肩艙」が担当していた。通常、男性は一五歳になると、約二年「下肩艙」として仕事をしながら、漁の見習いをする。二〇歳程度になると、「擋櫓」になる。「看風」はほとんどが四〇歳以上の熟練した男性が担当する。

写真2-6　大型漁船とサンパン〈2015/3/25〉

四つの職種を担う漁民の身分は、担当する仕事の難易によって決まる。「老大」は絶対的な権力を持っており、船の操舵、投錨、網の上げ下ろしや突発的な事件に遭ったときはすべて「老大」の命令に従うべきとされる。「看風」は主に「老大」を引退した老齢の漁民が担う。新しく「老大」になった息子が一人前になるまでは、この「看風」が船主の役割を果たす［陳俊才　二〇〇〇：四〇］。

現実には、人数が多い家も同じ船に家族全員が乗っていた。ここでいう「家庭」は核家族のことではなく、三世代まで拡張された、兄夫婦と弟夫婦からなる拡大家族のことである。その成員は、多い時には二〇人にもなる。四つの職種はほとんどが家族成員で占められ、特に労働力を持つ男性が担当した。上述の引用にあった「兄弟は同じ船で生活する」とは、こうした状況のことである。

複数の兄弟夫婦が同じ船で生活することから、陸上の人々にとっては、それは

「大家庭」だったということになる。兄弟が多くおり、家族の労働力が余っていると、他の漁船に労働者として雇用されることになる。既婚者である場合は、雇用先の漁船と親族関係があれば、妻子も一緒に他の漁船に乗る。労働力が足りない時は、労働力が余った船から「工人」[11]を雇い入れる。工人を雇う時は、工人に月給を払うことになっていた。

また、人手が足りない場合は、工人を雇うのではなく、娘のために夫を探すほうが賢明だとされた。この方法は、「幇女婿」と呼ばれるものである。普通の工人と比べると、娘の夫は、給料は同一だが、より責任感を持って仕事に尽力していた。また、不満があっても娘の関係によって漁船で長くいることができた。大型漁船にとっては、人手が足りないと、漁業を続けることができなくなり、漁船を売って漁を廃業するか、他の漁船で工人として働くのか、という境遇に落ちぶれてしまう危険性があったのである。

ある話者によると、ある船主は娘と息子が一人ずつしかいなかった。もともと工人四人を雇っていたが、ある年、四人の工人が同時期に辞めた。そのため止むを得ず、娘のために夫を探した。幸い、見つけ出した娘の夫は漁船を持っておらず、さらに二人の兄弟がいた。この男性と娘を結婚させると、兄弟も含めた三人が漁船で働くようになったので、なんとか漁業を続けることができた。この事例に見られるように、人手が不足すれば、「幇女婿」を行う場合が多かった。一九六〇年代地方政府の調査報告では、「九六人の工人の内、二二人が船主の婿（娘の夫、日本語の「婿」の意味とは異なる）」［T32　一九六八］であったと記録されている。

船主になるのは、基本的に長男である。また、船の収入はすべて船主が管理する。「大家庭の漁船における権利は、すべて家長一人の手に握られている」［実業部貿易局　一九三〇：四一］。兄弟や甥など、主要な職種を担う成員には給料が支給されないが、生活費は船主によってすべて賄われる。子どもが成長し、労働力が充実し、貯蓄が増えると、船主は新しい船を作り、兄弟や甥をその船に乗せ、独立させる。上述の引用にあった「父母妻子は別の船で」や「兄弟も別の船で」生活するとは、こうした漁民の家族および生業の形態を意味するものである。

2　船上の居住生活（1953年まで）

図12　1948年のL家の家系図

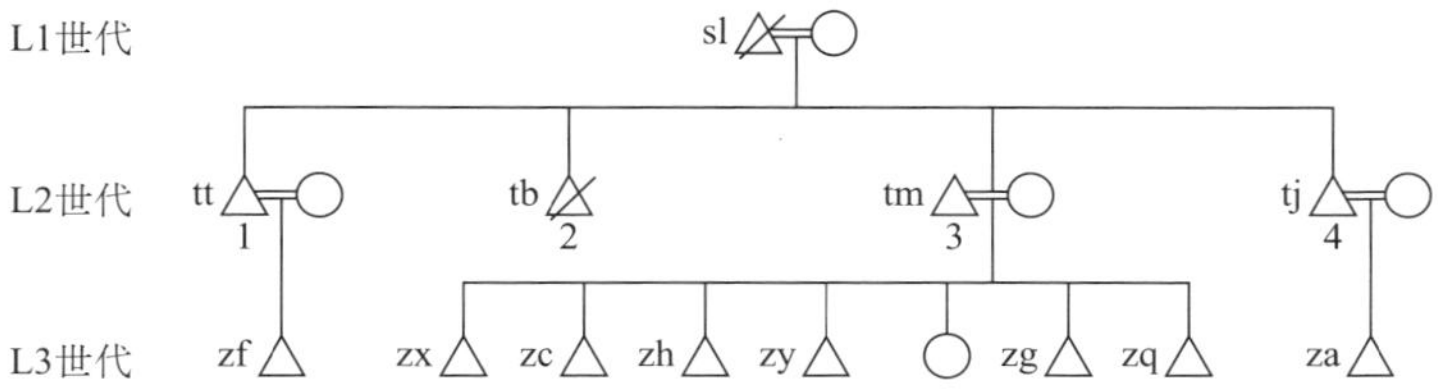

聞き取り調査により筆者作成

具体例を見てみる。Ｌ家の事例を取り上げて、一九四八年に大型漁船で同居していたこの一家の成員を家系図で説明する。

一九四八年の時点で、Ｌ家（図12）はＬ１、Ｌ２、Ｌ３の三世代の成員が同居していた。Ｌ２世代には息子が四人いたが、次男が早くに夭折した。ｓｌは船主であったが、ｓｌが亡くなると、ｔｍが船主になった。こうなると、一般的には長男が船主になるのだが、Ｌ家の場合は三男が船主になったのである。何故ｔｔではなかったのだろうか。話者ｚａの話によると、Ｌ１世代の長男には息子がおらず、ｔｍは現実にはＬ１世代の長男の養子として取られたのだという。また、漁業の技術の面や性格の面でもｔｍは優れていたという。ｔｍが船主になると、彼はすべての収入を管理して、一九五四年に得た収入でｔｔとｔｊの息子たちのために新しい船を一隻建造した。そのおかげでｔｔの息子ｚｆは新船の船主になった。古い船に関しては、ｔｍが亡くなる前に、船主をｔｍの長男であるｚｘに継がせている。一般的には、長男が最も早く漁業技術を習得するため、そのまま船主になると考えられるが、この事例からは、船主になるためには性格が適切かどうかも一つの条件であったことがわかる。

(3)　日常生活における男女の役割分担

民国期の『工商半月刊』で描かれた大型漁船漁民の日常生活では、男女の役割分担ははっきりしている。

仕事の時は老若男女を問わず、共同で行う。漁具の購入や市場での魚の売買や食糧の購入は、男性が担当する。女性にも市場に行く人がいるが、少数である。一般的に女性は船上での飲食、子どもの教育、網の修繕などを管理するので、俗に「網船婆」と呼ばれる。〔実業部貿易局　一九三〇：四一—四二〕

聞き取り調査によれば、漁の仕事は共同で行うが、男性はその他に、主に漁船や漁具の修理、保管、食糧の購入および魚の加工、売買を担当し、女性のほうは、基本的には食事の準備、育児、洗濯などの家事をしていた。その他に、網の制作、網をおろしたり引き上げたりする時の手伝い、魚の仕分けなども女性の仕事であった。

漁獲量の大半は、漁の技術によって決まる。この技術は、単に魚を獲る技術だけではなく、漁船や漁具の使用、保管および修理の技術も重要だとされる。こうした作業はいずれも男性が担当していた。漁船や漁具は、適切に保管できれば、利用が簡便になり、長期的に用いることができ、費用を節約できるという。漁船は木造であるため、板が裂けないよう、一年間に二〜三回ほど、桐油を全体に塗って管理する必要があった。亀裂のあるところは専門の職人を招いて修理してもらっていた。また、三〜四年に一回、大規模な修理を行っていた。

民国期には、麻で作った網を使用していたので、その保存には非常に手間がかかっていた。麻の網は、水の中に長く入れると腐ってしまうので、定期的にマングローブの樹皮と豚の血で網を二回染めて、最後に高温で蒸してから保存する必要があったのである。染めた網は丈夫で水をはじくので、扱いやすくなるという。この作業は夏には約一〇日ごとに、冬には一か月ごとに行われていた。

また、帆の使い方にもコツがあった。一般的に、大型漁船には三セットの帆が保管されていた。裕福な家は四セットを持ち、貧しい家であっても二セットを持っていた。帆は綿の厚い布で造られており、冬の降雪で帆が凍ってしまうと、昇降が難しくなるため、できる限り新しい帆を使っていた。新しい帆は、三～四年ほど使うと古くなって破れてしまう。破れた帆は、また継ぎ布を当てて使い続ける。継ぎだらけの帆は、春の梅雨季節に使われるべきだとされた。秋は、新しい帆と古い帆の中間にあるものを使った。帆を切り替えるときは、マングローブ樹皮が入った熱湯の中で染めてから干して保管していた。

民国期には、まだ冷蔵や冷凍施設がなかったため、漁行に売るものは干物が大半であった。秋から冬にかけては気温が低くなるので、大型の魚は行帳船がそのまま買い取っていたが、春から夏の間は、対船で獲ったエビや小魚は、自分の食べる分を除いて、すべて石灰で干物にしていた。干物を作るのも男性の仕事であった。

女性の担当については、慣例として、船全員のご飯を炊き、料理を作る仕事であった。船上で最も新しく結婚した嫁（一番目の嫁）が担当していた。次の新しい嫁（二番目の嫁）が来るまで、この担当は続いた。二番目の嫁が来ると、一番目の嫁は魚の仕分け、食後の掃除など二番目の嫁を手伝うようになった。その次にまた新しい嫁（三番目の嫁）が来ると、二番目の嫁は三番目の嫁を手伝い、一番目の嫁は自分の子どもの育児、自分と夫や子どものための洗濯、網の修繕（金銭が稼げる）など、核家族のための仕事だけを中心にすればいいとされた。

食事の際は、男性と女性に分かれ、男性は船の前方、女性は船の後方で食事した。核家族の洗濯はそれぞれの嫁によって行われた。育児に関しては、主に自分の子どもの世話だけを行った。例えば、話者Ｚａｐ（女性、一九二四年生まれ）は一九歳の時（一九四三年）母親が急死した。彼女には兄が一人、弟が三人いた。最年少の弟は当時まだ一歳だった。当時は叔母がいても弟を世話しなかったため、彼女は一九歳の時に行う予定だった結婚を延期し、母親のかわりに弟を三歳まで育ててから結婚した。

女性は、基本的には個人収入はなかったが、仕事がない時は、網を制作して船主に売り、金銭に変えた。そして、受け取った金銭で布や針などを購入し、衣服を制作した。結婚の際は、嫁入り道具として、大量の服を制作した。

Zapは母親が早逝したため、一人で一〇か月以上かけて、一二八着の衣服を制作したという。

網を引き揚げる時には、女性も皆手伝いをしなくてはいけない。特に新しい嫁は最後方で綱を速く引きながら輪にしてきれいに巻く、という作業を担当するのが決まりであった。そのロープは指三本ほどの太さがあり、体力が弱い女性にとっては困難な作業であった。また、船が風に乗って出発するときに、帆を揚げたり、いかりを上げたりするときも、女性が手伝っていた。船首にはいかりを上げる神楽桟が二つあった。いかりの一つは一五〇kg、もう一つは六五kgで、上げる時にはそれぞれ二人が必要であった。

(4) 識字教育

大型漁船漁民たちは、上手く商売ができるよう、子どもたちに識字教育を受けさせていた。教育期間はおおよそ一~三年であり、また男児に限られていた。男児が一三歳前後、早い時は一二歳、遅くても一四歳になると、教育が始まる。一四歳からだと一年間しか受けられない。それが終わると、ただちに正規の漁に携わることになる。

識字教育はおよそ一〇隻前後の大型漁船の船主の合意に基づき、船主たちが共同出資して、陸上の塾から先生を招き、船上で行われた。共同出資した漁船で生活する一二~一四歳の男児が集まって一隻の漁船で共同生活し、勉強していた。当番の漁船は一か月ごとにかわり、場所として「大艙」の船室を教室として提供するだけではなく、先生と生徒たちの毎日の食事も賄っていた。先生と生徒たちの衣服の洗濯は、その漁船の女性の担当だった。次の漁船が当番になると、教師と生徒たちは次の漁船に移った。このように、識字教育は漁業の生産をできるだけ妨げずに、合理的に行われていた。

また、授業料は均等だったが、食事の基準は決まっていなかった。そのため、当番漁船の経済状況により、一日の食事の回数や食事の良し悪しは違っていた。子どもたちは、その家が提供した食事を評価の対象にしていたので、面子を重んじる家は、できるだけこの学習活動に合わせて季節の祭礼を行い、供物を子どもたちに御馳走していた。教科書は、陸上の子どもたちと同じものを使っていた。それには『百家姓』、『千家文』から四書の『論語』、『大学』、『孟子』、『中庸』までが含まれた。他には、「神歌」という神を祀る時に読み上げ神を喜ばせる歌の写本も教科書として用いられた。また、魚の売買に必要な珠算も習っていた。

しかし、全体から見ると、教育を受けた漁民の数はかなり限られていた。一部の大型漁船漁民の男性は一～三年間の教育を受けただけで、日常生活における商売関係や祭礼関係の知識を具えることはできても、時代の変動や政権交代への理解は漠然としていた。こうした状況は、その後漁民に対して社会主義改造を実施しようとする共産党政権に困惑を与えた。

(5) 家族内部の関係

一つの船に、兄夫婦や弟夫婦の三世代まで広がった家族成員が同居していたことから、家族内部の関係が複雑であったことは容易に推測できる。実際には、家族内部の関係は穏やかで、船上空間も十分にあり、人々の生活が維持可能な場合は、あえて船を新築して家族を分けることもない。逆に家族内部の関係が緊張関係にある状態は、船を分ける主な原因の一つとなる。船の栄枯盛衰は家族成員の団結に大きく依存している。経済的に裕福であった漁民を調査すると、その頃の家族成員の関係は良好であったという。家族の団結は何よりも重要であると認識されているのである。家族成員はほとんどが船主に従っていた。兄弟間で揉め事があった場合も、新しい船を建造するまで我慢するしかなかった。嫁同士でも、できるだけ揉め事を避けていた。

また、年少者は基本的に年長者に従うものだった。特に船主である年長者は孫の結婚相手の選定まで行った。船主は最も権力を持っていたが、これには同時に義務も伴っていた。船主が評価される基準の一つとして、資金を蓄積し、兄弟や兄弟の子どものために新しい船を建造して、分かれて生活させることができるかどうかというものがある。つまり、自分の子どもだけではなく、兄弟の子どもの世話をする必要もあったのである。船主は家族成員に対してできるだけ公正な振る舞いをした。

団結が重要であることはわかっていても、一つの「大家庭」において揉め事を回避することは困難だった。このような揉め事を自分の家庭で収拾しにくい場合は、家族外の人によって判断してもらうこともあった。

例えば、Ｋｓｆは祭祀活動を組織する声望の高い人物であった。彼は船主であり、自分の甥に、散髪代以外に、普段は金銭を全く渡さなかった。そのため、甥は常に不満を抱き、ある日（一九四九年前後）とうとう堪忍袋の緒が切れ、叔父のＫｓｆを殴った。そして、甥とＫｓｆは、それぞれ声望があると思う人物を呼んで、茶館で「喫講茶」[12]を行うことにした。茶館に行くと、人数に関係なく、急須五〇個分のお茶代が要求された。茶館にいる人たちによって正当性が認められないと判定された場合には、その金額を支払わなければならなかったのである。Ｋｓｆは声望がある人とされ、また甥が叔父を殴るのは正当性がないとされたため、Ｋｓｆが勝ったと判定された。負けた甥はお茶代を払う義務があったのだったが、金銭を全く渡されていなかったため、結局Ｋｓｆがそれを払うことになった。この事件は漁民の間で笑い話として語られ、吝嗇な船主はからかわれた。

第三節　共同操業に結ばれた親族関係

(1)　血縁関係の親族優先

共同操業の相手としては、常に捕獲量が多く、漁船の規模や建造年代が自家の漁船と似ているものが求められた。そのため、実際には大型漁船漁民内部で相手を見つけるしかなかった。また、漁獲量が多ければ、その漁船の船主の能力や家族成員全体の能力、協力度が認識されるため、このような漁船と協力すれば、自分の漁獲量も多くなると考えられていた。それでも、求める条件を満たすか、その条件からさほど外れないような、元の船から分かれた近い親族の漁船が存在すれば、そちらを優先して考えることになる。また、そうした親族が苦難の状況に陥れば、年長者たちは同族だからと考え、できるだけ共同操業によって助けていた。

前述のL家に関わる事例について述べると、ｔａ（船1）、ｔｆ（船2）、ｔｇ（船3）の父親とｔｔ、ｔｍ（船4）の父親ｓｌは兄弟であり、そのうちｔｔ、ｔｍは兄弟である。ｔａとｔｆは早逝し、また、ｔａの息子ｚｌ、ｔｆの息子ｚｏも二九歳の時に伝染病で亡くなった。二人ともまだ一八歳にならない子どもを残していた。子どもはまだ自立できず、仕事の指導を受ける必要があった。当時ｔａ、ｔｆとｔｇはそれぞれ一隻の船を所有していた。ｔｔ、ｔｍは一隻の船を所有していた。ｔｔ、ｔｍは当初姻族の船と「対船」になって共同操業していたが、ｚｌの息子を助けるため、船1と「対船」になった。また、ｔｇの船3はｚｏの船2と「対船」になっていた。冬に大きい魚をとる時は、この四隻の船は「一帯」として共同操業した。

図13　血縁関係を持つ親族の共同操業

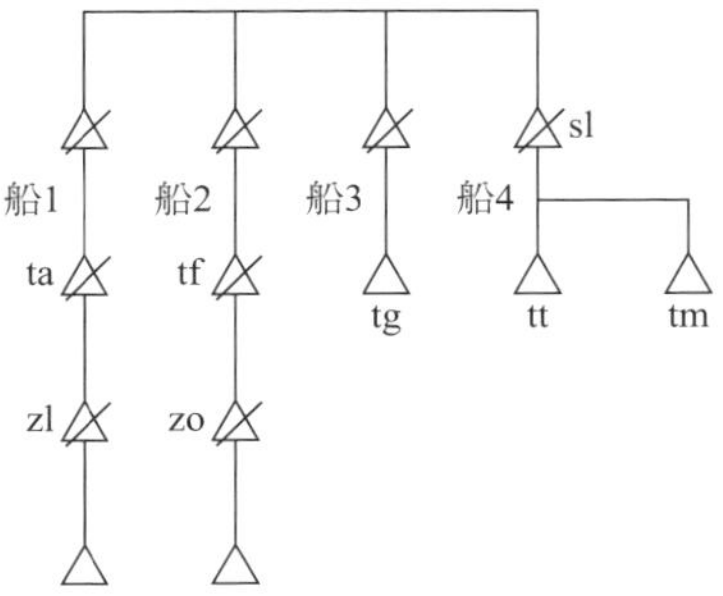

聞き取り調査により筆者作成

（2）　姻族優先

血縁関係が近い親族の他には、姻族の親戚が共同操業の対象として優先された。ここでは、Ｊ家とＺ家の事例を挙げる。Ｊ1（一九二六年生まれ）は長男である。一九四〇年前後にＪ1とＺ1は親同士の取り決めにより婚約した。その後Ｊ1家はＺｓ1家と「対船」になり、一〇年間も共同操業した。数年後Ｊ1の妹はＺ2と結婚し、さらにＪ1家は今度はＺｓ2家と「対船」になり、また一〇年ほど共同操業した。

14　姻族関係を持つ親族の共同操業

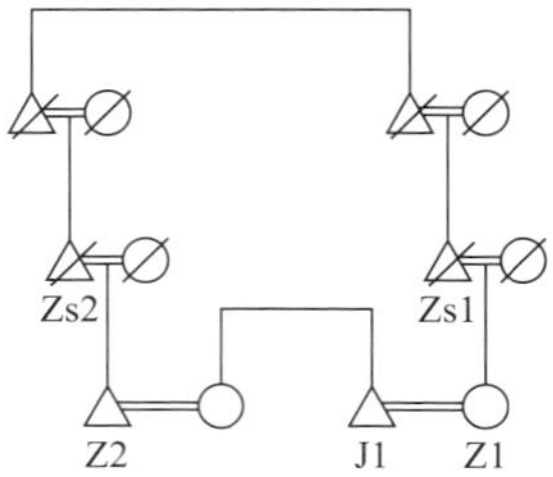

聞き取り調査により筆者作成

以上のように、対船は結婚してからの場合が多数であるが、対船になるために、意図的に姻戚関係を作った家も少なくなかった。共同操業以外には、冠婚葬祭や年中行事においても、姻族との関わりが見られた。

結婚してから一か月後、新婦は実家の漁船に戻り、四か月滞在してまた婚家の漁船に赴く。その後はほとんど実家に帰らない。この四か月間、新婦の実家の女性達は新婦を手伝い、新郎を含めた婚家のすべての家族成員のために靴を制作した。

女性は、最初の子どもが生まれた時は、子どもを連れて実家に帰る。そして子どもの鼻に黒い墨を塗る。子どもは女性の実家に泊まることはできないので、その日のうちに婚家に戻る。この時は、子どもの鼻に赤い墨を塗る。女性は母親が作った一九個の大きい団子を持って帰る。子どもが一歳になると、夫の家は餅で作った一〇個の桃を女性の実家に贈る。

葬式においては、男性が亡くなると、主要な親族である兄弟姉妹が参加する。妻の家族成員が葬式に参加することもあるが、参加しないこともある。女性が亡くなると、実家の親族と夫の親族の両方が葬式に参加する。また、遠い親族の場合は（例えば、祖父の兄弟が多くいる場合）、祖父の各兄弟の長男が代表として葬式に参加する。親が亡くなった時の葬式の費用は主に息子によって賄われる。中でも、道士を招いて儀礼を行うための費用負担は娘の夫と娘の義務である。

また、年中行事については、結婚してから一回目の正月に、新郎は新婦の実家に盛大に「拝年」（新年の挨拶）をしなくてはいけない。新郎の家庭では新婦の実家にいる年長者に一人四kgほどの大きな餅を贈る。餅を受け取った年長者はナツメ、クルミ、団子、粽などが載った皿四枚を新郎に与える。また、新郎の家庭は新婦の親族を招いて「拝年酒」という食事を振る舞う。結婚してから一回目の中秋節には、新郎の家庭は、新婦の実家の漁船で暮らすすべての夫婦（両親が含まれる）に、一組につき四〇～六〇個の月餅を贈る。月餅を受け取った夫婦は、上述した正月の時と同じく皿四枚分の食品を返す。翌年の正月と中秋節からは、新婦の家庭全員ではなく、両親や叔父叔母などの近い親戚だけに餅や月餅を贈るようになる。このような年中行事における煩雑な贈答から、姻族との親密な関係もうかがえる。

小括

民国期の太湖の大型漁船漁民の社会は、一隻の漁船を基本単位としており、そこで共同生活していた父・母・妻・子、兄弟姉妹、兄弟の妻・子などは陸上の人々にとって一つの「大家庭」であった。

「大家庭」では、男女の役割が分業して、家族全員が共同で操業に参加しており、団結が求められていた。基本的には長男が船主になり、絶対的な権力を持った。「大家庭」の人数が増えると、新しい船を建造して、一部の成員が元の船から出ていき、新しい船で生活を始めた。新しい船は元の船と「対船」となって共同操業した。このように元の船からさらに一部が分かれ、分かれた船からまた一部が分かれる。元の船から分かれるということが次々に繰り返されていった結果として、親族関係にある船が多くなった。また、「対船」や「一帯」の構成は、血縁関係や姻戚関係を持つ船が優先されていた。さらに、同じ操業形態の漁民たちは協力し合い、一つの漁幇を形成し、漁幇内部で通婚を行った。そのため、一隻の船の中においても、「対船」や「一帯」においても、さらに「漁幇」においても、血縁的・姻族的な繋がりが強かったといえる。こうした繋がりが強い内部構造があるからこそ、漁民たちは、民国期の複雑な社会環境に対応することができたのである。また、外来からの大きな影響がもたらされたとしても、血縁的・姻族的繋がりは容易に潰すことはできなかったと考えられる。このような家族形態や生業形態は漁民たちの信仰生活にも反映されていたが、これについては次章で改めて論じる。

注

（1）原文「其毎年編號烙印、各在所属縣分。蘇属四八隻、常属五二隻。近年有大三爿篷一〇余隻、亦装六桅」（巻十六「雑記」）。
（2）『太湖備考』で記録した漁船の数は第一章で述べた戦争に巻き込まれて日本軍に漁船が二八隻焼かれる以前の数である。
（3）下記の第六章を参照。
（4）原文「其捕魚聯為一帯、両船牽大縄、前導以駆石、両船牽網隨之、常在太湖西北水深処、東南水淺不至也。其住泊無定所、風止則下錨湖中、三大桅常竪不眠」（巻十六「雑記」）。
（5）図10を参照。
（6）原文「太湖漁船、大小不等、大概以船為家、父子相承、妻女同載、衣粗食悪、以水面作生涯、與陸地居民了無競争。其最大者曰罛船、亦名六桅船、不能傍岸、不能入港、篙櫓不能撑揺、（中略）専候暴風行船、当夫白浪滔天、奔濤如駛之時、商民船隻不敢行、而罛船則乗風牽網、縦浪自如。若風恬浪静、行舟涉利、罛船則帖伏不能動」（巻十六「雑記」）。
（7）原文「其船形身長八丈四五尺、面梁闊一丈五六尺、落艙深丈許、中立三大桅、五丈高者一、四丈五尺者二、提頭桅一、三丈許、梢桅二、各二丈許。其製造也、択時日、配八字」（巻十六「雑記」）。
（8）本節(2)を参照。
（9）四つの職種の一つ。本節(2)の内容を参照。
（10）以下で使う「家族」とは、基本的に同じ漁船で共同生活する血縁関係、姻戚関係を持つ家庭全員を指し、親子、夫婦、兄弟姉妹の関係も含まれる。
（11）自分の家族が船を持たず、他人に雇われる漁民をさす。
（12）衝突があれば、法廷に持ち込むのではなく、かわりに茶館で事の是非を論議し、地位や声望がある人を招き、その人たちが裁判をした。負けた側は茶代を払った。「喫講茶」の習俗は王笛の『茶館』［王笛　二〇一〇］に詳しく述べられている。

第三章　「漁業社会主義改造」以前の信仰生活（一九五三年まで）

はじめに

前章までに明らかになったように、船上生活を営んでいた漁民たちは、漁行や陸上の権力者に関わり、陸上との関係を構築することによって、民国時代の複雑な社会環境を生き抜いてきた。また、漁民集団内部では、漁幇のような血縁的つながりが強い集団による「対船」や「一帯」などの生業形態が存在し、生業面においては漁船がお互いに協力し、生活を営んでいた。しかし一方で、漁民たちはどのように信仰を実践し、社会環境や生活環境に対応してきたのだろうか。

これまで論じてきた大型漁船漁民の家族形態や生業形態を踏まえて、本章では、聞き取り調査で得られたデータに檔案史料、前述した地方史家・陳俊才の研究成果を参照し、漁民たちの信仰生活の実態を明らかにする。具体的には、集団で行われる「焼香」活動や「廟会」への参加、生業に関わる祭礼、年中行事における祭礼、人生儀礼、および病気を治療する儀礼などを取り上げ、さらに祭礼や儀礼にかかわる宗教職能者についても論述する。

第一節　廟・寺・道観を巡る信仰活動

太湖流域の江南地域は「魚米之郷」と呼ばれる豊かな地域であり、また、古くから宗教文化も発達してきた。江南地域において古来より数多くの寺廟が建てられていたことは、「南朝四百八十寺、多少樓臺烟雨中」つまり「南朝時代以来のたくさんの寺や廟が立ち並び、春の霧雨の中に煙っている」という唐詩からも窺われる。太湖周辺には山々が連綿と続き、太湖には多くの島が点在している。それらの山や島の大半に寺や廟が建てられている。地元の寺や廟を巡って参拝する農民と異なり、太湖の漁民たちは大漁や安全祈願のために、このような太湖周辺の数多くの廟を巡って参拝していた。この参拝は現地で「焼香」と呼ばれる。

(1)　太湖周辺の廟

「焼香」とは、廟に赴いて神々に線香や蠟燭を上げ、跪拝することである。漁民たちの焼香活動は基本的に、個人によって行われるものと、その廟の「廟会」の際に行われるものに分けられる。個人が行う場合は、供物を捧げるか線香や蠟燭を上げ、跪拝して終わる。

「廟会」とは、神の誕生日の前後数日間にわたって行われる祭礼である。その期間は、廟に縁のある信仰団体や職業組合が参加して演劇などを奉納する。また、露天商人、参拝者、演劇や祭礼の見物人など、大勢の人が集まって賑わいを見せる。廟会の場合、漁民たちが所属する信仰団体の「香社」が存在し、それぞれの香社が、成員から徴収した資金で廟の敷地に神を祀る祭壇を作り、そこに供物を供える。香社の成員は廟で神を拝むだけでなく、自分の香社の祭壇でも跪拝する。

3 「漁業社会主義改造」以前の信仰生活（1953年まで）

表4　4つの衙門

衙門名	地名	廟名
「大衙門」	浙江省嘉興市王江涇	劉王廟
「頭衙門」	平台山	禹王廟
「二衙門」	蘇州市西山鎮元山	元山（五老爺）廟
「三衙門」	浙江省湖州市南皐橋	興華（黒虎大王）廟

聞き取り調査により筆者作成

民国期の太湖における漁民たちは、主に一八か所の廟の神を信仰対象としていた［陳俊才 二〇〇〇：一〇四］。観音を祀る有名な廟である天竺寺や霊隠寺が杭州にあるのを除くと、他の廟はすべて太湖周辺にある。(1) 中でも大型漁船の漁民たちが重要視したのは、四つの「衙門」(2)と呼ばれる四か所の廟である。

(2)「香社」（「香会」）

大型漁船漁民たちの焼香活動は、個人と集団に分けられる。彼らは漁をしつつ、廟がある湖岸に近付くと、サンパンに乗って陸に上がり、その廟で焼香を行った。個人の焼香活動にこれといった決まりはなく、各自が自由に行っており、やり方はその時の都合や気持ちによって左右される。それに対して、集団の焼香活動は時期が決められており、それを組織するリーダーの「香頭」も存在していた。

民国期、こうした焼香を行う集団は「香社」（あるいは「香会」）と呼ばれていた。当時太湖には数多くの「香社」が存在していた。陳俊才の記述によると、香社の数は二〇にものぼった［陳俊才 一九九二：八四―八七］。これらの香社は漁船の大きさや種類別に組織されている。大・中型漁船の香社は、元々は公門社（「宮門社」とも表記）と公義社の二社であったが、漁船の増加とともに、公門社は新公門社（「新宮門社」とも表記）と老公門社（「老宮門社」とも表記）とに分かれた。小型漁船には長生社、興隆社、先鋒社などの一六の香社があった［陳 二〇〇五：三〇六―三〇七］。この二〇の香社の具体的な内実については陳［一九九二：八九―九二］の記述を翻訳して整理した表5を参照のこと。

先鋒社	1906	14戸	呉県横涇林渡港の瀋姓の漁民		1961
義務社		10戸	東太湖で操業する呉江八圻の漁民		1961
金家社		18戸	東太湖で操業する呉江平望の金姓の漁民		1961
石湖大社	1864	8戸	石湖で操業する呉県蠡墅の漁民	香頭は交替で担当する	1949
北六房社		80戸余	東太湖で操業する呉江八圻の小型漁船漁民		1961
大鑼班	1930	50戸余	蘇州市近郊の河川で操業する蘇北出身の漁民が多数	5人の香頭がおり、蘇州市の近郊、呉県の越渓、斜塘などの地域の香客を管理する	1951
公興班		55戸	新長生社から分かれた組織。多数は呉県光福あたりの糸網幇の漁民		1961
打槍会		30戸	呉県横涇毛岐港のマガモを捕る槍幇の漁民		1951
姑娘会		28戸	嘉興長生社から分かれた組織、東太湖で操業する蘇北出身の未婚女性	観音、太母などの神軸を供えて船で祀る	1961
花会	1930	8名	大型漁船の女性		1949

「太湖漁民信仰習俗調査」［陳俊才　1992：89-91］により筆者作成

以上のように、陳は二〇の香社に関する情報を詳述しているが、一九六〇年代には、こうした信仰組織を弾圧するために、政府もこれらの香社の調査を実施し、情報を整理して、檔案として保管した。ここでは、陳の記述と檔案史料とを比較しながら、その違いや檔案史料特有の記述について分析する。

「老宮門社」は約三〇戸の北洋船から構成される［陳俊才　二〇〇五：二八七］。北洋船とは基本的に五つの帆柱を持つ大型漁船のことであるが、檔案史料［T29　一九六四］の記録によると、「老宮門社」はほとんどが太湖の中型漁船漁民が参加する香社であった。聞き取り調査からは、一部の漁民が大型漁船から独立して新しい船を造る時は、経済的理由のため同形でやや小ぶりの中型の漁船を造っていたことがわかる。このことから、老宮門社には大型の北洋船より小さな中型北洋船[3]の漁民が参加していたと推測することができる。

また陳は、「新宮門社」には七七戸が所属し、大きさが六〇トン前後の、七つの帆柱を持つ大型漁船から構成されていたとしているが［陳俊才　二〇〇五：

3　「漁業社会主義改造」以前の信仰生活（1953年まで）

表5　太湖流域の漁民の「香社」

社名	成立年代	香客	漁民出身地や漁船・漁法・漁幇	信仰活動	活動停止年代
老宮門社	1930	30戸余	北洋船の漁民	西山衙里の天妃・連泗蕩の劉王の廟会に参加	1961
宮門社		65戸	大型漁船から分かれた20～30トンの中型漁船漁民	禹王などを信仰	1961
太湖新宮門社	1936	77戸	約60トンの大型漁船漁民	平台山禹王祭・南皐橋大王の廟会に参加	1952
呉江新宮門社		17戸	東太湖で操業する蘇北出身の漁民	香頭は「神漢」を担当し、祭礼の時に巫術「封口」、「跳神」を使う	1961
太湖長生社	1919	34戸	南太湖で操業する小型漁船漁民が中心	連泗蕩の劉王・東山楊湾の四親伯の廟会に参加	1961
嘉興長生社	1915	28戸	東太湖や蘇州市近郊で操業する蘇北出身の漁民	連泗蕩の劉王・上方山の太母の廟会に参加	1961
新長生社	1935		2人の弟子の下に2つの組織がある。糸網幇からなる公興班と放鴨幇からなるもの		1962
太湖公義社	1928	55戸	南太湖の浙江の境内で操業する10トンの中型漁船漁民	連泗蕩の劉王・南皐橋大王の廟会に参加	1958
横塥公義社		50戸余	東太湖の呉江の境内で操業する小型漁船漁民		1961
興隆社	1932—1937	140戸以上	太湖小型漁船漁民の間に最も影響力がある組織。香客には太湖の漁民だけではなく、蘇州近郊の河川の漁民もいる	5人の香頭がいる、1961年の取り締まりの後、大規模な活動はなくなったが、香頭の活動は1963年に停止	1961～1963

二八七〕、檔案史料では五〇隻余りの大型漁船漁民が参加していたということが記録されている。また、檔案史料によると、「新宮門社」は、一九三六年に組織されて以降、社首は主にJ姓の漁民によって担当されていた。また、社内のL姓の漁民によって平台山の禹王廟が増築され、当時の国民党政府官員から寄贈された「天下第一山」の扁額が廟に掛けられていた〔T29　一九六四〕。筆者の調査によると、新宮門社の主な活動は清明節と旧暦一〇月五日に行われる「禹王祭」と、浙江省の劉王廟等の廟会への集団祭祀であった。

他には、陳により、「興隆社」が小型漁船漁民の中で最も大規模で、影響も最も大きい組織であったことが明らかにされている〔陳俊才　二〇〇五：二八八〕。また、太田により、「興隆社」には、江蘇省北部から太湖に移住してきた漁民が入っていたことが明らかにされた［太田　二〇〇七b：二〇四―二二八、二〇〇九］。一方、檔案史料からは、「興隆社」が主に太湖東岸で活動しており、太湖長生社と共同で楊湾に廟を建て、その廟を巡って活動していたことや、「先鋒社」には全員が濤姓の一族の漁民がおり、上方山の廟会に参加していたということが読み取れる［T29　一九六四］。

以上のことから、香社の特徴を分析すると、この集まりは出身地、漁船の規模、一族などによって構成されていたことがわかる。前章で論述した漁幇も出身地、漁船、漁法、血縁関係などによって形成されていたが、香社は漁幇という集団を基盤として成り立っていたと考えられる。

(3)「香頭」

ある漁民の語りによると、「香頭」と呼ばれる香社のリーダーは民国期の大型漁船漁民集団において二～三人しかいなかった。香頭は廟会の際に香社の成員を集め、太湖周辺の廟に行き、焼香を行った。

大型漁船漁民たちは、杭州にある観音祭祀で有名な天竺寺、湖州にある劉王廟への焼香のときには、香頭に集められて集団で行っていた。基本的には、一隻の船につき一人の船主が代表として集団の焼香活動に参加していた。杭州までの道は遠く、交通が不便であり、費用も多くかかったため、行くのは三～四年に一回だけだった。(4) 劉王廟へ行く際にも、狭い水路があり、大型漁船は入れないため、香頭に集められて、小さい「香船」に乗り換えた。

また香頭は、各船に対して焼香する際の神への供物代、神を喜ばせるために上演される演劇の劇団を招く費用、廟の修繕費などを徴収した。また、廟会が行われる際には、廟の近くに各香社の「社棚」が建てられ、その中に神への供物が供えられ、漁民たちは各自が属する香社の「社棚」で神を拝んだ。「社棚」を作る費用も各船から徴収された。香社で必要とされる支出は、香頭が船一隻ごとに徴収していた。

共産党政権の確立以降に、政府が宗教職能者を弾圧するために、彼らについての調査を実施し、それを記録した

表6　廟会の場所と会期

場所	神	会期（旧暦）
王江涇蓮泗蕩	南堂大老爺（劉王）	3月清明節前、8月13日開光（開眼供養をする）
平台山	禹王	10月、秋、正月8日（上嶋）
西山元山	五老爺	3月、春
湖州南皐橋	黒虎大王	正月12日、7月12日
上方山	太母	8月18日
楊湾	西海四親伯	正月12日、7月12日
北十涇	北堂小城隍	3月28日
衙里	天后娘娘（天妃）	3月23日開光
蒲桃湾	三大先鋒	7月7日開光
杭州	観音	2月19日、9月19日

「紅三教主要廟会期」［T29　1964年］により筆者作成

檔案史料があるが、その中には香頭が香客に対して、金銭を徴収する時の不正行為についての記述も見られる。例えば、「興隆社」の香頭と「太湖長生社」の香頭は、自分の香客からそれぞれ費用を徴収し、共同で集めた費用で楊湾に廟を造った。さらにこうして徴収した金銭で生活していたのだという［T29　一九六四］。以上をまとめると、香頭は信仰団体のリーダーとして、信仰活動がうまく遂行できるように、様々なことに携わっていた。その中には、私利私欲に熱心な香頭もいたが、信仰活動に熱心である点は、彼らの共通な特徴だと考えられる。

(4)　「廟会」

民国期における、太湖漁民が参加していた主な廟会とその会期は、表6に示したとおりである。その内、大型漁船漁民は劉王、平台山の禹王、西山元山の五老爺、衙里の天妃、湖州南皐橋の黒虎大王などの廟会に参加した。それに対して、小型漁船漁民は劉王、上方山の太母、楊湾の四親伯の廟会に参加した［陳俊才　二〇〇〇：一〇七］。聞き取り調査では、衙里の天妃の廟会には、全ての大型漁船漁民が参加することはなく、一部の海から移民した大型北洋船の漁民のみが参加していたことがわかった。以下では、上述した、大型漁船漁民全体が重要視した四つの衙門の廟会を詳しく記述する。

1　禹王廟

大型漁船漁民が最も重要視していた廟会は、太湖中央に位置する平台山の「頭衙門」禹王廟の廟会である。本来禹王廟は、太湖周辺に全部で四か所あったが、他の三か所は時間の経過と共に廃れていき、当時は平台山にある禹王廟だけが盛んであった。

禹王廟が重視された理由は平台山の地理環境に関わるという指摘があり〔陳俊才　二〇〇五：三〇二〕、以下のように説明されている。まず、平台山が位置する太湖中央は、漁撈における要衝である。平台山の面積は約二万七〇〇〇㎡、標高五・六mである。また、平台山は太湖の中で最も深い水域に位置し、平台山の周辺で操業する際、風と波が荒れると、船が転覆する恐れがある。そのとき、平台山は目に見える唯一の目標として避難場所となる。さらに、平台山には小さな玉石が多くあり、人が盗ると船が事故に遭うことになる、という話が地方文献の『太湖備考』に記録されており、この言い伝えも漁民の信仰を強めた。そのため、漁民たちは平台山に上陸すると、必ず禹王廟に入って、禹王に線香を捧げた。

聞き取り調査によると、禹王廟の廟会は旧暦正月、清明節の前後、一〇月と、年間に三回行われた。中でも、清明節前後の禹王祭が最も盛大に行われた。陳の記述によると、禹王祭は次のような次第であったという〔陳俊才　二〇〇五：二九四〕。

禹王祭の儀式は主に各香社の香頭によって組織され、七日間も続いた。最初の三日間は祭祀を行い、次の三日間は演劇を行い、「酬神」（神への謝礼）する。具体的には、初日に漁民が供物などを準備する。二日目は神を招く儀礼を行う。三日目は神を祀る儀礼を行う。四日目から、参加者が「官服」（古代の官員の礼服）を着て、良好な天候や商売繁盛などの祈願を込めて一種の踊りを行う。その後に京劇が演じられる。最終日は、禹王廟に安座する劉王（猛将）

の神像をかついで平台山を回り、巡行する。祭礼の間、各香社は広場で「香棚」を建て、中で神禡（神像が描かれた紙）、線香、蠟燭、供物を用意する。この際、各香頭は、自分の香社の祭祀をできる限り盛大で立派なものにするよう、力を尽くしてお互いに張り合っていた。各香社も、香社の集団の名義で旗や鎧兜などの衣服を廟に寄贈していた［陳俊才　二〇〇五：二九四］。

漁民たちの話によると、祭礼の日には、各香社の香客の多くが家族総出で廟に参拝する。事情があってどうしても来られない場合は、他の香客に頼んで、代わりに線香を捧げてもらう。これは「帯香」と呼ばれる。また、神に捧げる銭糧や元宝の上に、「〇〇（人名）が用事で来られないので、元宝を持って捧げる」と書いた赤い紙を載せるが、これは「香牌」と呼ばれ、神に事情を告げるための手段である［陳俊才　二〇〇五：三〇八］。

旧暦正月に行われたのは、「一帯」の四隻の漁船が共同で行う祭礼である。この「一帯」を単位とする祭礼は「上嶋」と呼ばれ、旧暦正月八日以降の半月間に行われた。これは「一帯」の共同祭祀の中でも供物が最も多く準備され、盛大に行われる祭礼であった。祭礼の方法も、文献には次のように詳しく記述されている［陳俊才　二〇〇五：三〇五―三〇六］。一帯の船主は共同で出資し、豚一頭、羊一頭、豚の頭七つ、豚の足八本、鶏七羽、干鯉七尾の他、大量の神禡、線香、蠟燭等を用意する。彼らは船で平台山まで航行し、祭祀の順番を待つ。祭祀が終わるまでは漁業できない。祭祀の順番が来ると、供物を廟の中に運び、祭壇を設える。そして宗教職能者の「太保先生」に祭壇の前で祭礼を司会してもらい、神歌を歌ってもらう。この時「太保先生」は、禹王廟を管理する「廟祝」が担当した。祭祀が終わった後は、供物の一部を廟に置いていく。供物の残りを使い、四隻の船の家族、工人と共に、宴会を三日間にわたって行う。最後の食事は最も豪勢で、祭祀の順番を待つ次の一帯の主な祭祀者を招いて、ともに食事をすることになる［陳俊才　二〇〇五：三〇六］。正月の祭礼のときも、神像を担いで平台山を回って巡行していた。

話者によると、この祭祀は供物を用意するため、かなりの財力が必要とされ、経済的に裕福な船主だけが行うことができた。その年の経済状況にもよるが、多いときには一一帯の船が「上嶋」を行いに来たが、少ないときには五～六帯の船しか来ないこともあったようである。

また、このような祭礼は労働市場を提供するのみならず、親族や友人を訪問する機会も提供した［陳俊才 二〇〇五：三一八］。「上嶋」が行われるのは、ちょうど正月の漁の閑散期であり、なおかつ一年の始まりの時期でもあった。ある話者によれば、この時期に四隻の漁船が新たな「一帯」になったり、工人が船主を変えたりもした。一般的には、船主は工人を雇う場合は正式な契約を交わさないが、大晦日に工人を誘って家族と一緒に夕飯を食べるのは、来年もこの工人を雇うという意味だとされている。工人を夕飯に誘わないときは、雇用関係は今年限りという意味であり、その関係について、船主と工人には互いに暗黙の理解があった。雇用については、次のような逸話もある。禹王廟の前に、一本の古い倒木があった。正月の禹王祭のときは、まだ雇用されていない工人たちは多くがこのぼろぼろの丸太に座り、雇用されるのを待っていた。ベテランの工人はいつもすぐに雇用されるが、残ったのはほとんどが怠け者か、稚拙な工人だったという。そのため、喧嘩の時に相手をおとしめる言葉として、「ぼろ丸太で座る奴だ」という言葉がよく聞かれていた。

一部の大型漁船漁民の話によると、旧暦一〇月の祭礼は、毎年ではなく隔年で行われていた。その翌年は道観で、道士によって「打醮」の祭礼を行っていた。旧暦一〇月の祭礼は五日に、保長・甲長・香頭等を中心に、平台山禹王廟で行われていた。この時、禹王の周囲を巡行することはしなかった。参りに行かない漁民もいたが、それでも香頭から経費が徴収された。陳の記述によれば、旧暦一〇月には「献頭魚」という祭礼があった。冬になると、魚が成長して、豊漁になるため、旧暦一〇月の初め頃、最初に採れた大きな魚を禹王へ贈献し、禹王への感謝とこれからの大漁の願いを込めたのだという［陳俊才 二〇〇五：三〇八―三〇九］。

2 劉王廟

劉王廟の主神は劉王であり、「猛将」とも呼ばれる。「猛将」は農業のために蝗を退治する、または稲作や養蚕をつかさどる神と伝われている。「猛将」への信仰は、江南デルタにおいて古くから根強く存在しており、漁民だけではなく、陸上の人々も信仰している。光福鎮における湖辺の農村で確認されたことであるが、ほとんどの自然村には「猛将」の小さい神像があり、普段は大きい宗族の祠堂や裕福な家に保管されていた。「猛将」の縁日には、村人は神像を担いで村を回っていた。この日、家々は入口の外に祭壇を用意し、供物、蠟燭や線香を供えた。村人は、神像が回ってくると、祭壇に向かって跪拝していた。

「大衙門」の劉王廟は、江蘇省と浙江省の境界にある蓮泗蕩という沼の辺りに位置する。そのため、漁民たちは廟会の際に、香頭の組織する集団で船に乗り、行っていた。廟会は清明節前後と旧暦八月一三日の二回行われていた。清明節前後になると、嘉興周囲の江蘇省、浙江省、そして上海などから、それぞれの香社に属する漁民が集まって参拝に来た。これは「網船会」と呼ばれている。現在、劉王廟は観光地として宣伝されており、宣伝パンフレットには「網船会」の歴史が次のように書かれている。「網船会」は明代からすでにあった。『聞川志稿』（一九一一）には「江蘇省や浙江省から来た数万の漁船が並び、演劇を上演し、犠牲を供える。二、三月になると漁船が最も多くなる」と記録されており、この網船会は、清末には大規模な祭礼となった[5]。民国期になると、「祭礼はさらに盛んになり、五〇〇〇以上の船が集まった。民国三六（一九四七）年には、祭礼に参加した大型漁船は約八〇〇隻、大型の汽船は二四隻、漢口からの船は三隻、青島と香港からの船は一隻ずつ、他の小型漁船は数えられないほどだったとされている。劉王に捧げる供物には豚の頭が必要であるが、その年は、一八万三千個もの豚の頭が神座に献上された[6]」。

ある漁民の話によると、民国期、各香社には数隻の船が並び、そこで各々の香棚を建て、供物を用意する。劉王の神像が巡行する時は、劉王を香棚に招いて祀り、陸に送る。廟会の演劇にも各香社は金額を出していた。この祭礼は、清明節の前後で同じ日に平台山の禹王の廟会があるため、漁船一隻につき一人が代表して祀りに行った。

実際、劉王は、平台山にある禹王廟でも祀られていた。漁民たちは日中戦争期や匪賊が頻繁に活動していた時期、遠くへ行くのは危険だったため、禹王廟で劉王もまとめて祀っていた。そもそも、民国一三（一九二四）年、大型漁船漁民が蓮泗蕩の劉王廟の廟会に参加した時、太湖南部で操業していた「呉江新宮門社」という漁民たちに排斥されたため、禹王廟に劉王の神像も安座されるようになり、そして毎年の清明節と八月一三日の劉王廟会の日に、禹王廟で劉王と禹王を同時に祀るようになったという［陳俊才 二〇〇五：三〇三］。しかし、聞き取り調査によると、大型漁船漁民たちが劉王廟の廟会に参加する時は、陸上のヤクザにゆすられることもあったため、禹王廟で劉王も祀ることにした、という言い伝えもある。いずれにしても、劉王は漁民にとっても深く信仰される神であった。清明節の禹王祭においては、祭礼の最終日は劉王の神像をかついで平台山を回り巡行していた。その後は禹王廟に戻り、太保先生の司会に従い、漁民たちは劉王の腕（木造の神像で、腕の関節は可動式）を持って、禹王の神像に対して九回の拱手の礼をしていた［車錫倫・周正良 一九九二：一一三］。

3　他の廟会

「二衙門」の五老爺が鎮座する廟は、太湖の西山という島に位置する元山という場所にある。主神は「五老爺」という神であり、漁業をつかさどる。廟会は旧暦の三月に行われ、無病息災と大漁の祈願のため、漁民たちが参加していた。普段も大型漁船漁民が元山の辺りを通る時は、船頭で蠟燭や線香をともし、「五老爺」に捧げていた［陳俊才 二〇〇〇：一〇二］。また、元山のあたりには、共産党政権以前「五老爺」の神像を納めた一隻の船があった。一帯の漁民が、共同で行う「接太保」(7)祭礼の時に、この船が四隻の船の間に並んで停まり、船上に祭壇を設えて「五老爺」を祀った。祭礼が終わった後、再び元山のあたりを通ったときは、元山にあがって廟で焼香をした。この五老爺もまた、大型漁船漁民が深く信仰していた神であった。

「三衙門」の興華廟は、太湖の西南部の湖州の南皐橋にある。主神は黒虎大王であり、顔の黒い獰猛な神とされる。太湖では、暴徒を排除し民衆を安んずる神だと言われている〔陳俊才 二〇〇〇：一〇一〕。聞き取り調査によると、廟会には主に浙江省の漁民と湖州の陸上の人々が参加していた。また、大型漁船漁民たちもこの廟会に参加していた。廟会の日は、黒虎大王の巡行回りの距離が長いため、漁民たちは神像を船まで担いでもらい、船で拝んでいた。

(5)「打醮」

「打醮」は道士によって行われる儀礼で、二種類ある。一つは一般的な祖先を祀るための「太平醮」である。もう一つは、病気や事故がある時に行う醮である。「太平醮」は「祖先を祀る」という意味であるが、健康や商売繁盛の願いも込められているといわれている。一部の大型漁船漁民によると、民国期には、三年に一回打醮を行ったというものと、旧暦一〇月の禹王祭と打醮が一年交代で行われていたというものの両方がある。打醮の時は、一族[8]の長老が人を集めた。各漁船につき一人が代表として道観に集まり、道士に儀礼を行ってもらった。代表のほとんどは船主だった。

民国期には、大型漁船漁民は、蘇州市穹窿山にある上真観[9]で「太平醮」を行っていた。穹窿山にある上真観は江南地域における有名な道観であり、その歴史は漢代まで遡ることができる。清末には、上真観の部屋は二〇〇〇以上あった[10]。打醮の儀礼は七日間かかるが、漁民たちはこの間は穹窿山の上真観に泊まっていた。打醮の間、上真観では素食（精進料理）しかでなかったが、同時に船にいる家族員も素食しなければならなかった。また、この七日間、船では赤い灯篭を掲げ、七本の蠟燭を昼夜灯していたという。

第二節　船上で行われる祭祀儀礼

(1)　船の空間と信仰生活

第二章で言及したように、大型漁船には七つの帆柱があり、船首から船尾まで順番に「招桅」、「頭桅」、「大桅」、「二桅」、「七桅」、「四桅」、「小桅」と呼称されていた。聞き取り調査によれば、船上の日常生活においては、それぞれの船室や甲板上の空間が果たす機能は異なっていたが、それだけではなく、信仰生活上の機能もまた異なっていた。例えば、甲板の上の「大桅」前方の空間は、神の祭祀儀礼や結婚式を行う場所である。「二桅」の前方は祖先を祀る場所である。船首の甲板の上は「船頭土地」を祀る場所である。

船室に関しては、大型漁船には一三室あり、それぞれの部屋には異なる役割があった。工人の寝る場所である「船頭」には「三官菩薩」を祀る「仏龕」が掛けられ、毎月の一日と一五日に線香があげられていた。「大艙」は「家堂」を納める場所であり、そこで「家堂」を祀っていた。「大艄」は祖先を祀る場所であり、死者の位牌を死後二年半の間収める場所でもあった。「伙艙」は「外姓」（妻の親など）を祀る場所であった。

女性たちには、「家堂」を納める場所の真上の甲板を踏むことに禁忌が課せられており、このことからも、「家堂」が大切にされていたことが分かる。家堂を中心に祀るのは年に二回で、大晦日と「焼路頭」[11]の時に「老爺」（神）を祀った後に行われる。

江南地域の家堂は、祖先の位牌が置かれる、家屋の形をした木製の箱であった。太湖周辺の農村である光福鎮TD村出身の老人によると、家堂は玄関を入ってすぐの部屋の壁に掲げられていた。家堂の中には祖先の位牌が置かれていた。また、祠堂にも位牌が安置されているが、それは「長生牌位」と呼ばれる。祠堂に置かれる位牌のほうが多く、一族の代々の位牌が収められていた。家堂に置かれる位牌は、核家族の三〜四代分の位牌しかなかった。家堂を祭るのは、年越しの時と清明節、そして結婚の時であった。また、北京では、「家堂は家廟、祠堂、家祠などといわれて、金持ちの家では邸内または邸外に別に一棟の、祖先の霊を安置する祠堂を設ける。貧しい家では、家の中に祖先の位牌をしまっておき、事あるごとに取り出して祭る」という［内田・青木　一九八六（一九六四）：一二二］。いずれにしても、陸上では、家堂は祖先の位牌を収めるところを指し、さらに祖先のことも意味していた。

それに対して、漁民の語りによると、家堂は「祖先」ではなく、「老爺」のことである。大型漁船において、家堂は神像が描かれた布の軸あるいは神像を刻んだ木の板であり、漁船によっては木で作られた金メッキの神像の人形であることもある。布に描かれた神像や木の板に刻んだ神像は総勢で二四あり、複数列に並んでいた。この二四の神が具体的に何の神であるのかについては、漁民の多くはすでに忘れ去っているものの、八〇代の漁民の中には神に関する記憶のある人もいた。それによると、最上部の第一列中央にいるのは観音である。観音の両側は「善在」「龍女」という神などが鎮座する。第二列は「太母」と「肖王」である。第三列は「五相公」「五夫人」「本府」「本船」「七相」「西府」「劉王」「上方」「宋相」「馬公」「竈君」などである。

中でも「本船」は、その船が頼りにする神であり、具体的な神格は、漁民の出身地や姓によって異なる。L姓の漁民の「本船」は、「李王」という神である。一部のJ姓の漁民の「本船」は、「居相」という神である。他の一部のJ姓の漁民にとっては「徐公」である。また、「本府」は城隍神のことであり、漁民の出身地によって異なる。L姓の漁民たちは、自分が蘇州の出身であるため、自分の「本府」は蘇州の城隍神であると語る。一部のJ姓の漁民は常州出身のため、常州の城隍神が本府だという。

(2) 生業に関わる祭祀儀礼

生業に関わる祭礼は、主に年中行事である、各種の「賧老爺」(「賧仏」)であった。漁民たちは神々を「老爺」や「仏」と呼ぶ。「賧」は「祀る」という意味である。賧老爺は船ごとに行われるものと、四隻の一帯の船で行われるものがある。

季節の移り変わりとともに、湖の水温や水深などは変動し、漁獲物の種類、漁獲量も年間を通じて変化する。大型漁船はそれに合わせて一年単位で漁具を調整し、「対船」や「一帯」といった生業形態をそこに組み合わせた。凡そ旧暦の三~九月の間は「小兜網」を使って「対船」で漁を行い、九~三月の間は「檣纜網」で「一帯」で共同操業をしていた。そして、大漁の願いを込めて、船上では、一年間に何回も神を祀る祭礼が行われた。その祭礼が行われる時期も、季節の変化に伴う漁獲の変化や、漁具や生業形態の調整に合わせて決められていた。

春になると、特に清明節の後は漁獲高が減るため、漁の閑散期となる。この時期には「過長年」という祭礼が行われた。立秋以降は漁盛期になるが、この時期は生活にゆとりがあったため、「焼路頭」という祭礼が行われた。立冬あたりになると、四隻の船が「一帯」を組んで大魚を獲った。この時期には「春網利市」、「早出利」、「接太保」などの祭礼が行われていた。冬は水面が凍り、休漁期になる。冬が終わる頃には、氷が早く融けるようにという願いを込めて、「氷開」という祭礼が行われた。

1 「過長年」、「焼路頭」

「過長年」は船ごとに行われる祭礼である。陳によると、過長年は目的によって「太平長年」、「喜事長年」、「願心長年」という三種に分けられるが、祭礼の方法は同じであるとしている〔陳俊才 二〇〇〇:一一三〕。「太平長年」は秋の漁期の後に行われた。「喜事長年」は結婚儀礼の際に行われた。「願心長年」は病人がいる場合に行われ、「僮子」を招き、巫術で病気を治療する儀礼であった。こうした過長年の祭礼はいずれも「太保先生」が司会をしており、昼夜をかけて行われたとされる。しかし話者によると、実際には、支出を抑えるために、大型漁船では「過長年」と「焼路頭」を同時に行ってしまうことが多く、小型漁船では二年間に一回しか祭礼を行わないこともあったという。

また、話者が語った「過長年」の祭礼は、漁業生産に密接に関わる祭礼という性格が強く、主に春に行われた。清明節の後は魚が減り、したがって漁撈活動もそれほど行われず、時間に余裕ができたため、「過長年」が行われた。そのため、「過長年」は「春長年」とも呼ばれた。「過長年」は年間に行われる生業関係の祭礼において、最も重視されていた。「過長年」の供物として、豚一頭が供えられた。

秋は最も魚が獲れる時期である。一年間で最も裕福なこの時期に「焼路頭」が行われた。そのため、「焼路頭」は「秋路頭」とも呼ばれた。「焼路頭」の際には、豚の頭と豚のもも肉が供えられた。この祭礼は神への大漁の願いと大漁後の感謝の意味を持っていたと考えられる。太湖周辺に位置する蘇州には、正月五日に「接路頭」（路頭を迎える）という習俗があった〔顧（中村） 一九八八：四〇〕。正月五日は「五路神」（あるいは「五路財神」）の誕生日といわれていたため、「路頭」は「五路神」のことを指すと考えられる。また、「路頭」は財神であるため、有名な「五日財神五日求、一年心願一時酬、隄防別処迎神早、隔夜匆匆搶路頭」[12]の詩に描かれているように、人々は「路頭」を重んじていた。また、蘇州には神を迎える供物として、中に包丁が供えられ、その包丁の上に塩が置かれる習慣があった。これは、「塩」と「包丁」（刀）が「現（塩）到（刀）手」（すぐに手に届く）と発音が似ているからで、縁起を担ぐために行われた〔周振鶴 一九八九（一九二八）：三〇〕。現在でも太湖の漁民たちは神を祀る際に、包丁を供える。以上のことから、漁民たちの「焼路頭」は蘇州の陸上の人々における「接路頭」の習俗と関わるものであり、豊漁を財神に求める祭礼だったと考えられる。

本来、過長年と焼路頭は漁期前と収穫後に行うものだったが、漁民たちはその時の経済状況に応じて祭礼の時間を調整した。例えば、春に経済状態が逼迫している場合、過長年の時期を夏に延ばすことがあった。また、春に過長年と焼路頭が二日連続で行われることもあった。供物を使い回せるからである。

2 「春網利市」・「早出利」・「接太保」

四隻の船が同時に行う祭礼は、一年に四回ほど行われる。前述した旧暦の正月の「上嶋」祭礼のほかに、旧暦の九～一〇月の間に行われる「春網利市」、旧暦の一〇月の「早出利」(「早得利」とも呼ぶ)、そして冬至前後の日に行われる「接太保」があった。他に、年にもよるが、冬が終わる頃に太湖の水面が凍って漁ができないときは、氷が早く融けるようにという願いを込めて「氷開」の祭礼が行われた。「上嶋」、「春網利市」、「早出利」、「接太保」という四回の祭礼は、「一帯」の船の操業中に必ず行うべき重要な祭礼であると漁民たちは考えていた。「一帯」の船は、順番にそれぞれの祭礼を担当していた。どの船がどの祭礼を担当するのかは、くじを引いて決めた。「氷開」と「早出利」は、他の祭礼よりやや簡単であるため、時には一隻の船でこの二回の祭礼を担当していた。

祭礼の際には、四隻の船を並べて、祭礼を担当する船で祭壇を設けた。甲板の上の「頭桅」と「大桅」の間がこの祭壇の場所となった。この祭礼は、「太保先生」(「祭司先生」とも呼ぶ)という宗教職能者が司会を担当し、「発符」(神に知らせる)、「請神」(神を招請する)、「宴神」(神を宴会に招待する)、「送神」(神を送る)の順番で祭礼を進めた。それぞれの手順において、「太保先生」は七文字の句の歌詞を唱え、歌の形で司会をした。特に、「宴神」では神の事績を称賛する神歌を歌うため、最も時間がかかった。この三つの祭礼で歌う神歌はほとんど同じであった。主な供えものとしては、豚肉が大きな支出であった。実際、漁民は豚肉を食べる機会が少なかったため、船主は祭礼の場で工人に豚肉を振る舞った。祭礼の後、通常は、各船主および家族、工人など総勢三〇～四〇人で供物を食べて宴会をした。祭祀経費は四隻の船で等分された。

3　太保先生と神歌

廟会で行われるもの、船ごとに行われるもの、「一帯」で行われるもの、いずれにおいても「太保先生」が司会を担当し、「発符」、「請神」、「宴神」、「送神」の順番で神歌を歌いながら、祭礼を進めた。「上嶋」の祭礼を除き、船上で行われる祭礼においては、「太保先生」は、家族のなかで文字が読める漁民が担当し、脚本に従って神歌を歌った。かつては、太湖にあった約一〇〇隻の大型漁船のうち、六〇隻の漁船に神歌を歌える漁民がいたという。祭礼の数が多かったため、家族成員に歌える者がいるほうが便利だったのである。

また、各祭礼において重要となる神は違ってくるので、神の事績を歌う神歌も違ってくる（写真3―1〜3―4）。

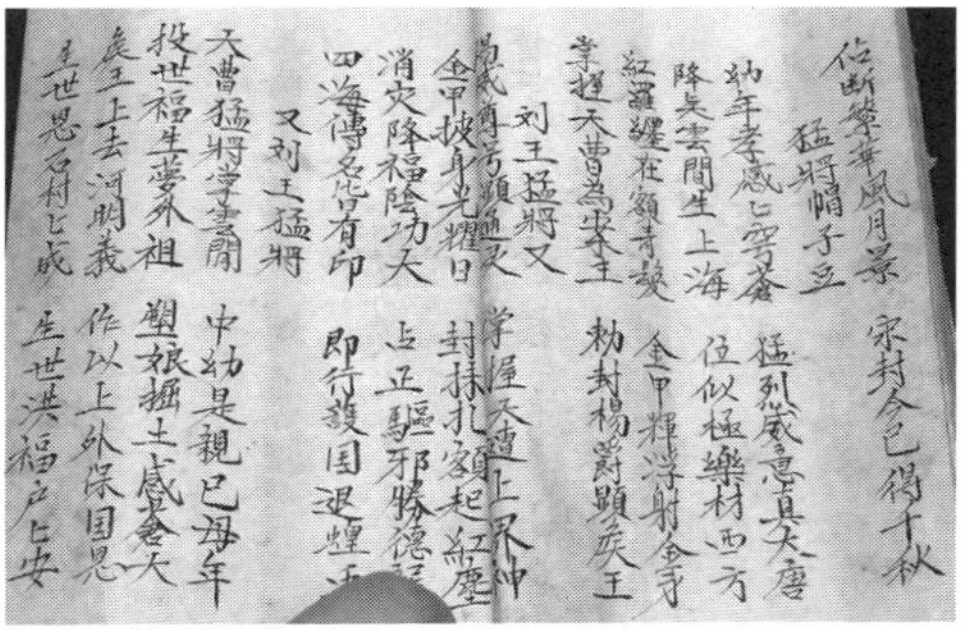

写真3-1　神歌のテキスト（劉王）〈2012-3-9〉

ここではまず、聞き取り調査を元に、祭礼ごとに重要な祭祀対象となる神を以下のように整理した。

過長年：劉王、五老爺、三相
焼路頭：奇龍湾の大相、三相、肖王
春網利市：禹王、五老爺、奇龍湾の大相、墅里湾の二相[13]、三相
早出利：禹王、水路、天后娘娘[14]、五老爺、三相、大相
接太保：五老爺、三相、王老爺、肖王
氷開：二老爺

以上のように、各祭礼においては、重要となる神がそれぞれ異なり、それぞ

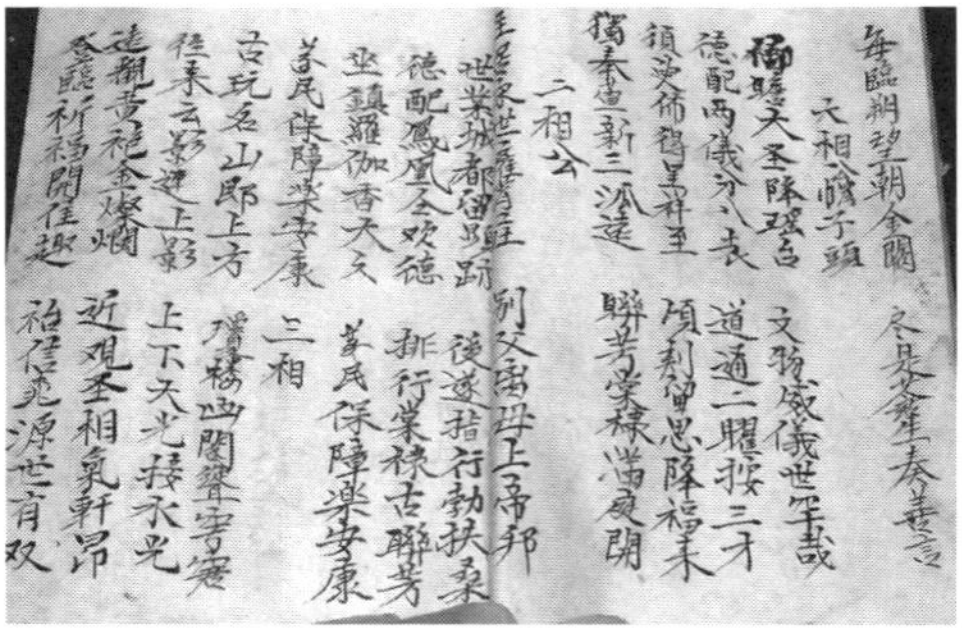

写真 3-2　神歌のテキスト（二相）〈2012-3-9〉

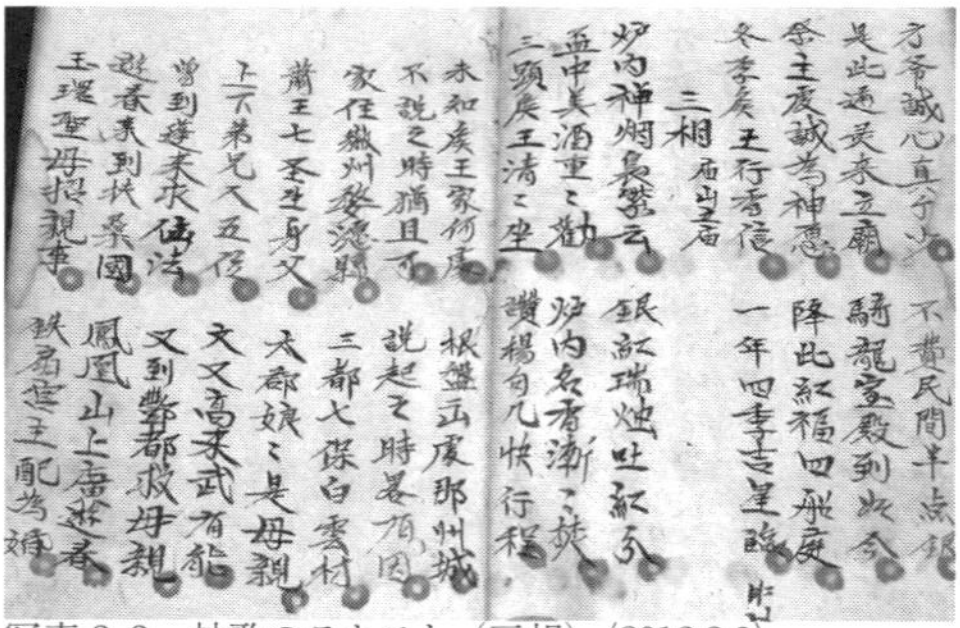

写真 3-3　神歌のテキスト（三相）〈2012-3-9〉

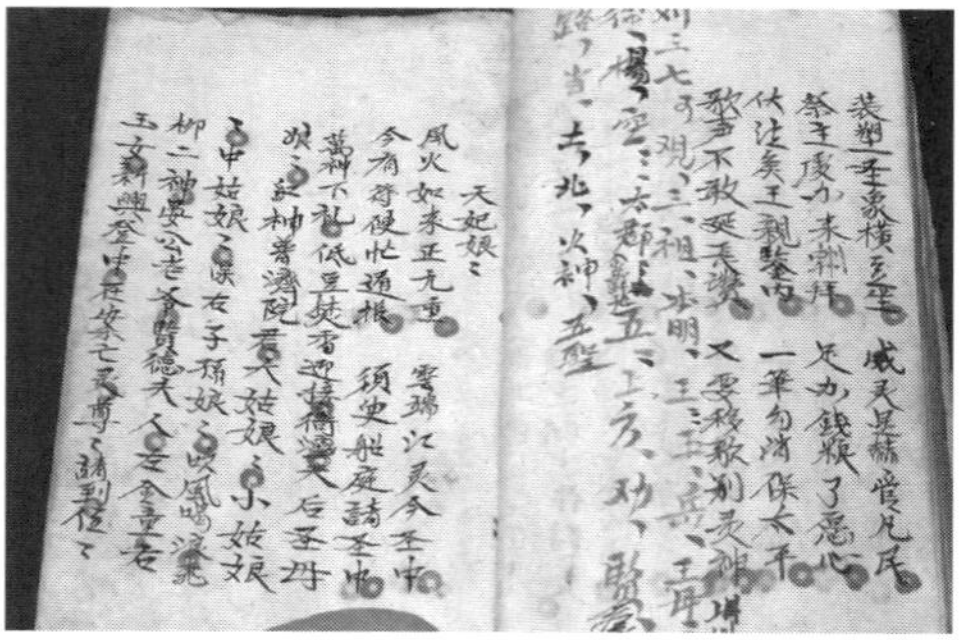

写真 3-4　神歌のテキスト（天后娘娘）〈2012-3-9〉

れの祭礼において何らかの神が中心に祀られていたことが分かる。また、「早出利」の際、船での祭祀が終わった後は、必ず平台山の禹王廟に鎮座する「水路」神に対して焼香を行っていた。「接太保」の場合には、祭礼が終わった後日に、元山を通るとき「五老爺」が鎮座する元山の廟に上がって参拝していた。このように、「早出利」は「水路」、「接太保」は「五老爺」という神を大切に扱っていた。次に、それぞれの祭礼で歌った神歌を、Ｌｚｘへの聞き取り調査を元に、以下のように整理した。

過長年、焼路頭：観音、関帝、劉王

春網利市、早出利、接太保：観音、関帝、大相、劉王、七相、王将軍

写真3–5　神禡　五相公〈2013-9-21〉

写真3–6　神禡　五夫人　2013-9-21〉

写真3–7　神禡　観音〈2013-9-21〉

写真3–8　神禡　劉王 2013-9-21〉

禹王祭：玉皇、禹王、観音、劉王、七相、
水路、五聖、太君、岳王、胥王

劉王廟の廟会：観音、劉王、七相、太君、
范老先鋒

結婚：観音、太母求子、五相朝陽揭宝、
劉王、七相、馬公

以上からすると、複数の祭礼で重複する神歌が見られるので、この点から重要な神が明らかになる。まず、観音、劉王はどの祭礼でも歌われた。禹王は前述したように、

写真 3–9　神禡　太母〈2013-9-21〉

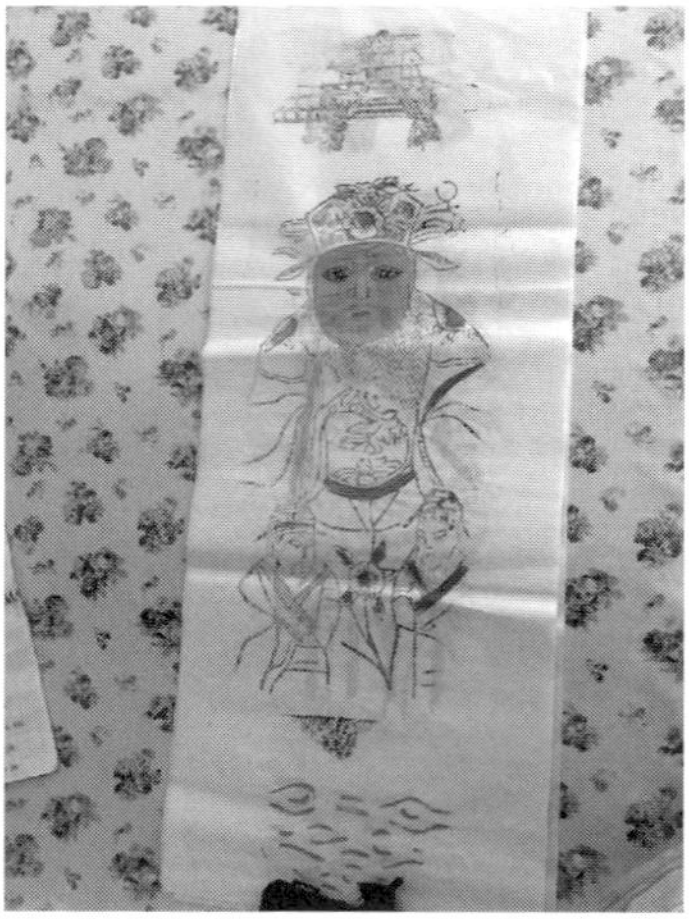
写真 3–10　神禡　馬公〈2013-9-21〉

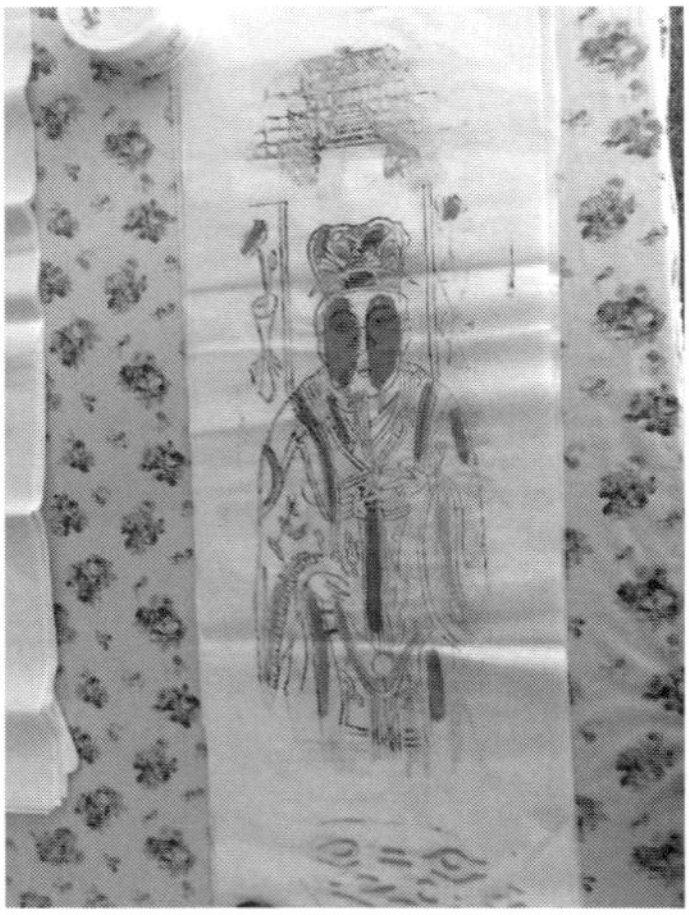
写真 3–11　神禡　竈君〈2013-9-21〉

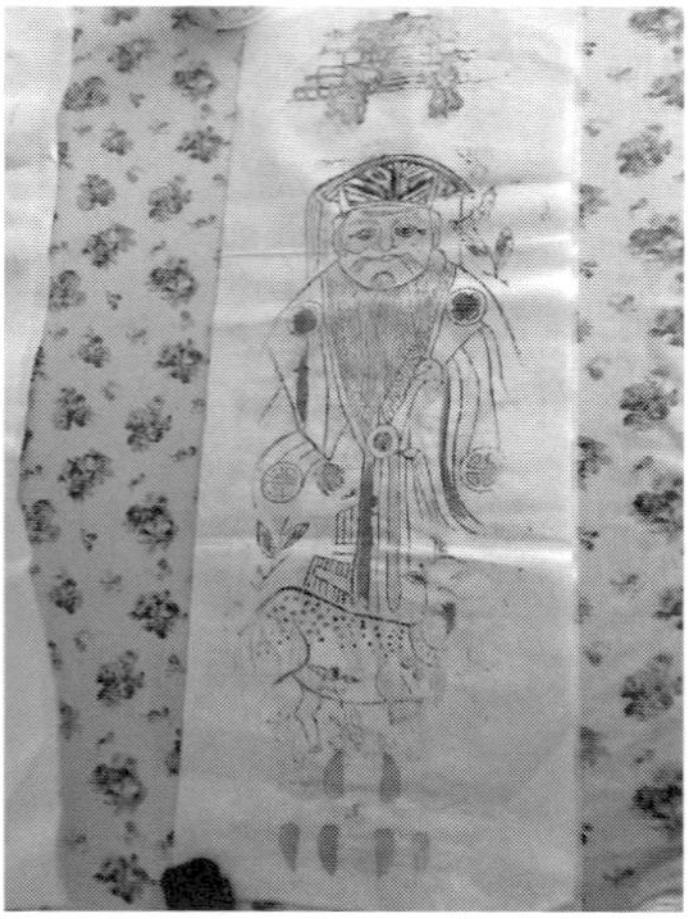
写真 3–12　神禡　土地公〈2013-9-21〉

漁民たちにとって重要な神であるが、聞き取り調査によれば、禹王の神歌は実際に禹王廟で禹王祭が行われる時しか歌われなかった。

さらに、それぞれの祭礼において、祭壇に設えた神を代表する「神禡」も異なっていた（写真3—5～3—12）。過長年の時には、神禡が専用のセットで用意された。まず劉王のための四〇枚程の神禡（本府、五相公、五夫人、上方、観音、肖王、太母、黒虎大王、劉王、本船、宋相、馬公、路頭菩薩、七相など）が設置された。これらの神はいずれも祀る必要があるが、主役は劉王だといわれた。この儀礼が終わった後は、神禡を全部燃やした。次に、五老爺のための二五枚ほどの神禡（五老爺、王老爺が最も重要）が設置された。このように、神禡の交代によって、祀られる主役の神が変化した。「過長年」においては、三回の神禡の交代が行われた。

「焼路頭」にも、専用のセットの神禡があった。焼路頭は主に元山五老爺、肖王、三相、天后娘娘を祀った。神禡は三回に分けて祀った。これは、一回のセットごとに二五枚程あった。次いで家堂を祀った。家堂には軸や板があるが、それでも家堂のための二四枚の神禡も必要であった。

セットの神禡が祭壇に設置されるときには、観音はいつも中央に置かれていた。劉王はいつも観音の隣に並んでいた。これも観音と劉王の重要性を証明するものだと考えられる。祭礼に使われるセットの神禡はまとめて買える。セットの種類によって、神禡の枚数や組み合わせが異なる。よく使われていた神禡は二四枚セットのものである。「上嶋」の時の神禡が最も多く、一〇〇枚以上必要で、七回に分けて祀り、焼いていたといわれる。

4　祭礼における会食

話者にそれぞれの祭礼の詳細な執行方法を聞くと、供物の一つ一つについては語らないものの、豚をどの程度供えるかは必ず語ってくれる。このことから、祭礼における豚肉の重要性が窺える。

豚肉は供物として欠かせないものだったが、例外もあった。少数の大型漁船漁民は、過長年の際に豚肉を使わず、道士を招いて儀礼を行ってもらうこともあった。これは豚肉を供える「葷長年」と対比して「素長年」と呼ばれた。「素長年」を除くと、廟でも船上でもほとんどの祭礼において豚肉が大きな支出であった。肉の使用量はその祭礼の規模を評価する指標ともなっていた。上述のように、春の祭礼では、「過長年」の際は豚一頭を供えた。「焼路頭」の「五老爺」を祀る時は豚の頭を供え、「三相」のためには豚のもも肉を供えた。それ以外にも、端午節に神を祀るため、一頭の豚を使っていた。「一帯」で行われる「春網利市」と「早出利」は、それぞれ一頭の豚を使用していた。「接太保」は豚と羊それぞれ一頭、鶏と豚の足二つずつを使っていた。さらに前述した禹王廟の「上嶋」の祭礼では、豚一頭、羊一頭、豚の頭七つ、豚の足八本など、大量な供物に費やしていた。このように、一頭の豚を使用するのは、主に「一帯」の船が共同で行う祭礼であると分かる。また、廟会の時の祭礼は盛大なものであり、必ず豚肉を以て神に捧げていた。

漁民たちは普段は豚肉を買わないので、豚肉が食べられるのは一年のうち祭礼が行われる時期だけである。裕福ではない大型漁船漁民は豚肉が買えず、祭礼も期日通りには行うことができなかった。そのような船主は、工人に肉食を振る舞うことができず、彼らを雇うことも困難であったといわれる。祭礼ではない普通の日に豚肉を買ってワンタンや他の肉食を作る時は、必ず「家堂」に供えてから食べる。江蘇省北部から移民してきた漁民たちは、豚肉の料理を作った時は、最初に船主に食べさせた。

毎日魚を食べていた漁民にとって、祭礼後の会食は、賄を改善するいい機会であった。話者がそれぞれの祭礼に対して豚をどの程度供えるかをよく覚えているのは、祭礼に関する豊富な知識を持っていたからではなく、子ども時代に会食で食べた、おいしい豚肉の料理が記憶に残っていたからだと考えられる。つまり、供物としての豚肉の多少は、会食で食べられる豚肉の量に直接に関わっていたのである。

ある話者によれば、会食は男性と女性がすべて参加する「大頓」（頓は食事の回数を数える数詞）と男性のみが参加する「小頓」に区別されている。「大頓」の際には、六卓分の宴席が用意されていた。その六卓分の宴席には、男性と女性が分かれて座り、四卓分は男性、二卓分は女性であった。そして、「小頓」の際には男性だけの四卓分の宴席が備えられていた。大量な供物を使う「上嶋」では二回の「大頓」、五回の「小頓」の会食が行われた。「接太保」

と「早出利」では、それぞれ一回の「大頓」と二回の「小頓」が行われた。

会食は四隻の漁船のうち、その祭礼を担当する漁船で開かれた。船上に設置される宴席の場所は決まっており、漁民たちは必ず各自の身分によって着席する決まりがあった。第一卓[15]は頭桅の後方に設えられ、主に四隻の漁船の船主や「老大」が座る席であった。時には、船主の息子や他の漁船から招いてきた「太保先生」も入っていた。第二卓は第一卓のすぐ後ろ、二桅の前に席を設けて設置され、四人の「看風」および彼らの息子が座っていた。第三卓と第四卓はそれぞれ四人の「揺櫓」と「下肩艙」が座る席であり、さらに煙棚の前方と後方で料理を用意していた。第五卓と第六卓は女性たちが食事する席であった。第五卓は「大艄」という船室に設置され、船主の妻たちと彼らの赤ちゃんや子どもがそこにいた。第六卓は竈のある「伙艙」に設置され、残る女性たちが赤ちゃんや子どもと共に食事をしていた。

それぞれの卓の料理はほとんど同じであったが、豚肉と魚には区別があった。例えば、鯉の料理が出るときは、鯉の頭の半分は必ず第一卓に回されて船主たちが食べ、他の半分は第五卓に出され、船主の妻たちが食べていた。そして鯉の身の真ん中の部分は「看風」に、鯉の尾の部分は「揺櫓」に渡った。また、豚肉の部位は、神ごとに分けられていたが、漁民の身分に応じて豚肉の部位も分けられていた。第一卓の船主と「老大」、第三卓の「揺櫓」および第五卓の船主の妻たちのためには、前ずねの部位の豚肉料理が出された。第二卓の「看風」、第四卓の「下肩艙」、第六卓の女性や子どもたちには、ともずねの豚肉料理が提供された。

「上嶋」、「接太保」、「早出利」のときは、「大頓」翌日に男性だけが参加する「小頓」も開かれた。「春網利市」と「氷開」では「大頓」を開かずに、一回の「小頓」だけを開いた。そのため、「春網利市」と「氷開」は、一隻の漁船が担当していた。「大頓」では豚のすね肉、「小頓」ではバラ肉を食べる習慣があった。

このように、祭礼においては、神を祀るために豚肉が必須品であり、それゆえ、現実の食生活での貴重品でもある豚肉が、大型漁船漁民の信仰生活において重要であったということが分かる。

(3) 年中行事における信仰活動

祖先祭祀は多くの場面で行われる。例えば大晦日、「七月半」などの年中行事、そして船の新築、結婚祭礼の時などである。これらの祭礼は、漁船で共同生活や生業を営む漁民たちによって行われていた。

1 「過年」（年越し）

陸上の人々は、大晦日の何日も前から仕事をやめて年越しの準備をするが、大型漁船漁民たちは冬の漁の盛期には休まなかった。大晦日でも午後四時頃まで漁を行い、それから祭礼の準備を行った。まず、「大艙」で「家堂」を祀り始めた。その次は、神に供える酒杯を一旦祭壇から撤去して、再び「大艄」に祖先に供える酒杯を置き、祀った。祖先の位牌はなく、酒杯の数が祖先の人数を表した。次いで、「接天」という祭礼が行われた。ここでは劉王、観音、三官、寿星、王母などの七枚の神禡を設けて祀った。また、竈神もこの日に迎えた。以上の終了後、家族全員と「工人」が共に食事会を開いた。前述の通り、工人が食事会に招待されるのは、来年も契約を続けるという意味であった。

正月四日の夜から五日の朝にかけて、「大艙」では「接財神」（財神を迎えること）という祭礼が行われた。これは前述したように、蘇州における同日の「接路頭」の習俗と関わると考えられる。この日は、財神を迎えるために、蠟燭を徹夜で灯していた。おかず、お菓子などの供物以外に、容器で飼う小さな鯉も供物と共に並んだ。鯉は財神を迎えた後に放生した。

2 「七月半」

「七月半」とは、旧暦七月一五日のことである。『清嘉録』によると、「中元を俗に「七月半」と称する（中略）この日には貧富を問わず、皆祖先を祭る」［顧（中村訳注） 一九八八：一八四］。この記述から、江南地域では「七月半」に祖先を祭るのを重視していたことがわかる。太湖漁民も同じように「七月半」のとき祖先を祭っていたが、加えて「家堂」や船主の妻の亡親も祭っていた。「七月半」祭礼は一般的に七月一五日の前に行われ[16]、大晦日と同じように、最初に「大艙」で「家堂」を祀り、次に「大梢」で祖先祭祀を行った。そして最後に「伙艙」で船主の妻の亡親を祀った。

漁民たちは、船主を「当家人」と呼んでいた。中国語の「当家」には、家族の生活について決定権を持つという意味が含まれる。民国期の雑誌『工商半月刊』では「大家庭における権力はすべて、家長一人の手に握られている」と記述されていた［実業部貿易局 一九三〇：四二］。ここでいう「家長」は陸上の人々による呼び方であり、陸上の人々の視点からは、大型漁船の船主は陸上の「家長」と同じような権力をもつ人であった。実際、船主は漁船の収入や支出、工人の雇用、漁船の新築、甥を含む子どもの結婚などすべての物事について決定権を持っていた。

信仰生活に関していうと、前述した集団の焼香活動においては、船主が基本的に代表として参加していた。また漁船で行われる祖先祭祀には、船主の妻の亡親も祀られていた。兄弟の何人かが同じ漁船で操業する場合は、長男が基本的に船主になった。だが、船主の兄弟の妻の親は祀られなかった。そのため、子どもが娘しかいない漁民は、死後無事に祭祀されるよう、婿選びの時に船主の長男を優先した。新しい漁船が作られ、兄弟たちが元の漁船から別れて独立する場合は、次男と三男がいれば、次男が船主になった。祖先祭祀では、祖先を祭った後に、船主になった次男の妻の亡親を祀ることになった。

船主の妻の親が祖先であるかどうかはそれとは別の問題だが、このような、元の船から分かれた後の祭礼の作法からは、祭礼が船を単位として行われていたことが窺える。末成は、台湾の漢民族に関して、祖先祭祀単位を「竈」を共にするレベルと「屋敷」を共にするレベルの二つから論じた［末成 一九七八］。太湖における大型漁船漁民の祖先祭祀の単位は「漁船」である。一隻の漁船には竈が一つしかないため、これを「竈を共にする世帯」ということもできる。そのため、船上生活は一見すると陸上と異なる存在だが、実際には共通している部分もあると考えられる。

漁民の祭祀と太湖周辺の陸上の人々の祭祀との間に見られる大きな違いは、「当家人」の妻の亡親を祀っている点である。太湖周辺の陸上の人々による祖先祭祀では、父系の祖先だけを祀った。それに対して漁民たちは「当家人」の妻の親を祀っていたため、彼らにとって妻の親が重要だったことが窺える。第二章第三節（2）で論じた共同操業における姻族優先の点からもこのことは類推できる。大型漁船漁民にとっては、共同操業のできる対象がないと、生業が成り立たない。したがって、生業を成り立たせるためにも、姻族との関係は血縁関係以外に最も大事なつながりだったのである。共同操業以外で問題が生じた場合にも、姻族から多くの援助があったといわれている。例えば、漁船が暗礁に乗り上げ、別の漁船に引っ張ってもらわなければならない時には、姻族の漁船に手を貸してもらった。漁船の修理や新築、冠婚葬祭など大金が必要な時には、姻族から現金を貸してもらった。様々な困難に際して助けを求める相手は、一般的には最も近い血縁関係を持つ親戚、具体的には自分の兄弟、親などが想定できる。しかし、大型漁船漁民の場合には、兄弟たちが同じ漁船で生活しているため、他に頼れる関係としては姻族関係しかないということになる。

また、大型漁船漁民集団においては、内部通婚が多く見られる。内部通婚が多い理由としては、漁民たちが陸上とのつながりをあまり持たないため、漁民同士での結婚にならざるを得ないという点がある。さらに、最も重要な理由として、大型漁船の仕事は体力的にも技術的にも難しい面があり、大型漁船漁民出身の女性でないと船上での生活に慣れず、男性を補助する労働力として働くことができないという点があげられる。また、太湖においては、小型漁船の操業方法や生活習慣は大型漁船と大きく異なり、大型漁船漁民集団は小型漁船漁民集団とも通婚を行わなかった。これは大型漁船漁民が姻族との共同操業を重視した結果でもある。また、漁船の共同操業において労働力が必要な場合には、別の大型漁船の余った労働力を工人として雇った。小型漁船出身の漁民は仕

図15　代々の通婚

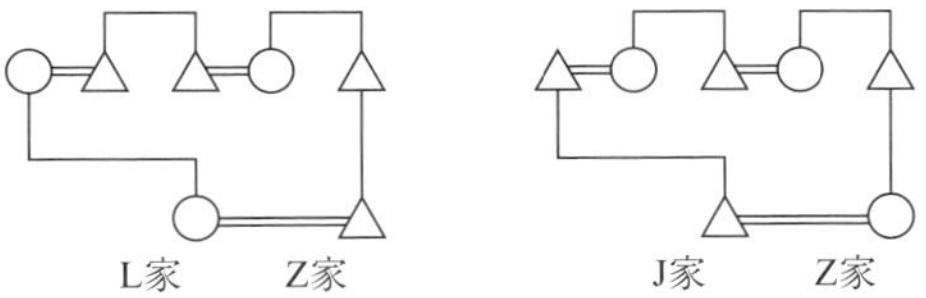

聞き取り調査により筆者作成

事をこなせないため、小型漁船漁民を雇うことは稀だったという。他の大型漁船出身の工人は、しばしば働いている漁船の船主の娘と結婚し、その漁船の家族の一員となった。

このような大型漁船漁民集団の内部通婚の習俗は、共産党政権初期の政府による調査報告からも確認できる。「一〇〇戸の船主の内、七〇戸の船主が親戚である。少数の姓を除くとすべてJ姓、L姓の天下である。九六人の工人の内、二二人が船主の婿（娘の夫）になった」［T32 一九六八］。約一〇〇戸の船主のうち「七〇戸の船主が親戚」であること、「すべてJ姓、L姓」であることは、大型漁船漁民の内部通婚の事実を明らかにしている。また、雇われた労働者の四分の一弱が船主の娘と結婚していた。このように、内部通婚によって、大型漁船漁民集団は親族のつながりが強い集団となったのである。また、このような内部通婚が、一世代だけではなく代々続いている事例も少なくなかった。例えば図15に示したのは、L家とZ家、J家とZ家の関係である。このように代々繰り返す通婚によって、姻族との関係を維持し、強めることができたのである。

以上のように、祖先祭祀の祭礼において、船主の妻の親が祀られていた理由としては、姻族が共同操業の重要な対象だったこと以外に、内部通婚によって姻族との繋がりが緊密だったことも挙げられると推測できる。

3　清明節と正月の墓参り

漁船を単位とする祖先祭祀には、清明節や正月の墓参りもあった。漁民たちは、墓については陸上の農民から土地を購入して建てていた。当時土地は安かったため、より広い土地を買えば、一族[17]の墓は、すべてそこに建てることができた。墓参りの時は、清明節の直前のある日を選んで、おかずや酒、線香を持って墓の前に供え、紙銭を燃やし、最後に一人一人順番で跪拝して終了する。陸上の人々は、墓前ではなく家屋でおかずや酒を供えていたらしく、この点は漁民たちと異なっていたということは、漁民出身の話者と農民出身の話者の両方から確認できた。しかし『清嘉録』によると、清代蘇州の墓参りの作法として、「糖菓・お茶・果実を入れた盒を携えて、墓に参る」［顧（中村訳注）一九八八：二二］、あるいは「墓が遠い者は舟で饌を持って行く。近い者は壺を提げ盒を担っていく」［顧（中村訳注）一九八八：八五］とされている。「饌」や「盒」の言葉からは、清代には陸上の人々も供え物を墓の前で供えていたことが窺える。

また、大型漁船漁民には、その年に結婚した夫婦がいると、清明節の直前ではなく、正月の時に墓参りを行った。新婚夫婦は必ず出席した。これは「上花墳」と呼ばれる。この習俗は現在でも続けられている。蘇州には「上花墳」という習俗も見られるが、意味がやや異なっている。蘇州では、「一般に新婦を娶った家では、かならず新婦を同行する。これを「上花墳」という」［顧（中村訳注）一九八八：八六］。

(4) 人生儀礼

1 城隍廟への「還願」と「遺子簿」

男の子が産まれると、年末に必ず「賧老爺」（「賧仏」）を行い、子孫が増えたことを神に報告した。この時、寿星の神禡を貼って精進料理を供えた。女の子が生まれると、王母の神禡を貼って精進料理を供えた。

子どもが誕生して三日目あるいは一週間後には「過三朝」の祝いを行った。「過三朝」では祖先を祭るだけである。

男女問わず子どもが産まれると、「遺子簿」（方言の、発音による当て字）という折り畳まれた用紙に、子どもの名称を記入した。「遺子簿」は船ごとに保管されるものである。新しい船を造って息子が船主になると、その船に新しい「遺子簿」が作られた。

「遺子簿」には出生年月日、時刻、干支が記録されている。結婚相手の干支と合うかどうかを判断する時や、船を新築する際に船主の干支によって吉日を選ぶ時、打醮において出生年月日を読み上げる時などにこの「遺子簿」が使われた。「遺子簿」に出生年月日、時刻、干支などが記録され、祭祀儀礼は、それに合わせて行われた。「遺子簿」は戸籍のようなものといわれる。しかし、一つの「遺子簿」には三代程度の子孫しか記録されない。ある漁民の話によると、船には陸上のような族譜はないが、「遺子簿」によって一族の血縁の距離が分かるという。

男の子が生まれると、祖先の出身地にある城隍廟に参りに行き、そこで子孫の名称を登録した。祖先が蘇州出身の漁民は蘇州城隍で、常州出身の漁民は常州城隍廟で登録した。このような出身地による区別は、出身地による「家堂」の中の「本府」神の区別と一貫している。また、たとえ子どもが生まれない年でも、大型漁船漁民たちは毎年蘇州城隍廟に一回「還願」に行った。城隍廟では、各家族の成員が記録された名簿を保管していた。「還願」に行くと、廟の役人に子どもが生まれたかどうか、新しい船を作ったかどうかを聞かれた。漁船を単位とする家族の一つは、城隍廟に「還願」の金を出した。漁船が新築されれば、その増加した漁船も新しく金を出す必要があった。その年に何らかの事情で城隍廟に行けなかった場合は、次の年に二年分の金を出した。

2 結婚

結婚の習俗については陳によって詳しく記述されているので〔陳俊才 二〇〇五：二五八―二六四〕、ここでは信仰に関わる部分のみを取り上げる。聞き取り調査によると、大型漁船漁民の結婚式は陸上の人々より複雑で、三日かかった。陳によれば、初日は「敬神」といって神を祀り、次の日は「祭祖」といって祖先を祭り、最後の日は「拝堂」[18]を行った〔陳俊才 二〇〇五：二六一〕。

初日の「敬神」は、前述した「過長年」の「喜事長年」という祭礼にあたる［陳俊才　二〇〇五：二六二］。ある漁民の語りによると、これは普段の「賧老爺」の方法と同じように、太保先生が神を迎える、招待する、送るという手順で神歌を唱えた。この時は、前述した生業関係の祭礼で歌う神歌とは異なり、必ず「太母」という神に子孫を求める「太母求子」という縁起のいい神歌が歌われた。新郎は祭壇の前で太保先生と共にそれぞれの「老爺」を迎えて送った。

また、もし新婦の親がすでに亡くなっていた場合には、新郎の家は一卓分の料理を用意して新婦の実家の漁船に運び、亡くなった親を祀る習慣があった。船上での儀礼が終わると、新郎新婦は船を泊めた場所から最も近い廟に上がって焼香を行った。ただ、その前に必ず陸上の土地公を拝む必要があった。近い場所に土地公の廟があれば、そこの土地公を拝むが、土地公がなければ、陸上の適当な場所で線香や蠟燭、おかずなどを用意して、土地公を簡単に祀っていた。最後に、先祖の墓地に赴いて、「墳頭土地」という墓の土地公を祀った後に墓参りをした。

3　葬儀

太湖漁民の葬式のやり方は陸上の人々の葬式と大きな違いはないが、漁業の性質や船上生活の特徴によって異なる点も見られる。漁民の葬式において最も特徴なのは、僮子によって行われた「巡船」儀礼である。

漁民は、息をひきとる直前に、必ず新婚夫婦の船室「大艄」に移され安置された。このときは、頭を船首に向け、足を船尾に向けて寝かせた。陸上では頭を入り口に、足を部屋の中へ向けていたが、船上の処理方法も陸上の方法と共通していると言われる。つまり、死者が出られるようにするのである。逆に、普段船で寝るときは、頭を船尾に、足を船首に向かせなければならない。子どもたちが甲板で遊ぶときに、逆の向きで寝そべると、大人たちに怒られたという。

死の際は、船を湖岸に向け、親戚が多く集まる湖岸に停泊する。そして二隻の対船を並べ、船で覆いを張る。漁民が息をひきとると、体が軟らかいうちに、死者に「寿服」を着せる。陸上では、この前に、息子や娘が死者の体を洗うために、川で取ってきた水を買う「買水」という儀礼が行われていたが、船では、周囲が水に囲まれているため、特にこの儀式を行う必要がなく、そのまま湖の水を汲んで死者の体を洗っていた。「寿服」は全部で五枚と決まっていた。この服は、まず長男が五枚すべてを自分で着て、身なりを整える。次いで、漁民の一人が秤を持って、服を量るふりをして、長男に「この服は誰が着るのか」と聞く。長男は「私のお父さん（お母さん）だ」と答える。この対話が行われた後に、整えた五枚の服をまとめて死者の体に着せる。この部分のやり方は陸上の習俗と同じである。

死者に「寿服」を着せた後に、納棺する。運ぶときは、長男が頭、末子が足を持つしきたりがあった。棺に安置すると、死者の口の中に銀の指輪の一部と飯を少し入れる。また、死者の手や服のポケットに紙銭を入れる。そして棺を船前半の甲板に置く。

湖岸に着くと、親戚に葬儀を知らせる。弔問に来る親戚たちに、ご飯を振舞う。陸上では納棺した後に、棺を三日から一週間程度安置していたが、船ではその期間が短く、一、二日しかなかった。生活を維持するために、またすぐ漁を再開しなければならなかったからである。

納棺後は、陸に棺を運ぶ。そして、すでに買った土地に埋葬する。そのときは、陰陽先生に風水を見てもらい、具体的な方向や場所を決めて、棺を埋葬した。船に戻ると、陸上の道士を招いてきて、船上で儀礼を行ってもらった。陸上のやり方と異なり、同時に僮子も招いて、「巡船」儀礼を行ってもらった。

この儀礼は「洗船」とも呼ばれた。これは「船を洗う」という意味で、「巡船」儀礼が船を清める役割を果たしたことが推察できる。儀礼は、鶏の頭を切断して、出た血に酒を混ぜて飲んでから始まる。鶏の血と酒を混ぜたものを飲むと、神が体に下りてきて、体に異変が起こる。急に高く跳べるようになり、赤く焼けた鉄の鎖を手で握れるようになるのである。次いで、大きい鍋（網を染める時に使う）の中に薪、銭糧、鉄の鎖、はかりの分銅を入れ、薪を燃やし、鎖と分銅が赤くなるまで熱する。僮子は、手で何十枚もの黄色紙銭を握り、その紙銭で挟んで分銅を握る。赤熱した分銅を握ると、紙銭はすぐ手の中で燃えてしまう。そして、赤い分銅を甲板に置いてある銅のボウルに落としては拾い、これを三回も繰り返す。これは印鑑を押すという意味である。その次に、僮子は熱い鎖を握って船尾から船首という順に、それぞれの船室で鎖を振りまわし、また跳びながら、漁民が日常的に信仰しているそれぞれの神の名前を呼んで「体に下ろしなさい」と叫ぶ。同時に死者の息子は分銅が入ったボウルを持って、僮子の後ろに付き添う。また、もう一人の若い家族成員がその後ろに付き添い、長さ約一メートルの木の棒を持って振り回す。その棒に度数の高い酒をかけて、火を燃やすと、赤や緑の炎が出てくる。

最後にそのボウルを船首まで持ち、甲板に伏せる。一回で静かに伏せることができれば、それはいい兆しだという。しかし、分銅が中で転がる場合もあり、もしボウルもそれによって跳んでしまうと、これはいい兆しではないといわれる。

儀礼が終わった後は、謝礼として僮子に米何斗かと紅い布地半匹を贈っていた。葬儀には道士を招かない家もあるが、僮子を必ず招いて「巡船」儀礼を行う。この儀礼は一九六一年まで行われていた。しかしそれ以降、儀礼で僮子の巫術が使われるということで、迷信として禁じられるようになった。

陸上では、死後四九日までに、裕福な家は七日ごとに道士を招いて儀礼を行うが、普通の家では「五七」という第五週の七日目に道士に読経礼拝してもらう。船上では漁を中断することができないので、「五七」と「断七」（第七週の七日目）に道士を招いていた。他の日には儀礼を行わないが、七日ごとに決まった食べ物を供える習慣がある。第一週の七日目に団子（餡があるもの）、第二週の七日目に麺類、第三週の七日目に糕、第四週の七日目にワンタン、第五週の七日目は飯、第六週の七日目は圓子（コメ粉を丸めた餡なしもの）、第七週の七日目はお酒を供える。四九日をすぎると、陸上の場合は死者の位牌を家堂あるいは祠堂に収めるが、大型漁船漁民は位牌を船の「大艄」の「下方」の寝台のあたりに二年半収める。この期間が終わると、道士を招き「除霊」の儀礼を行い、位牌を燃やす。この間は、毎日の食事の時に、位牌の前に同じご飯や料理を供える。また、この間に、死者の配偶者が生きていれば、配偶者はその寝台で寝て喪に服する。配偶者がいないときは、長男夫婦がその寝台で喪に服する。この寝台は新婚夫婦が寝る場所ともなるが、もし二年半の間に結婚儀礼が行われる予定があれば、位牌を早めに燃やしてしまい、その寝台を新婚夫婦に譲った。

(5) 船の新築

船の新築の際には「開工」「定圓」「扎喜釘」そして「下水」という四つの儀礼がある。「開工」は着工式の意味である。その日は、「魯班」という大工の神を祀った後、船大工や親族に宴を振舞う。そして、船大工が一本の木を赤い紙に包み、船主に渡す。船主はこれを保管する［陳俊才　二〇〇五：一八二］。

漁民の語りからは、「定圓」と「扎喜釘」が、船の新築中における重要な儀礼であったことが分かる。「定圓」を行う日時は、必ず陸上の陰陽先生に、船主の生年月日に合う吉日を選んでもらった。「定圓」は、家屋が新築された時の棟上の儀式に相当するという。船が木造であった時は、船の底板が最初に造られた板と見なされ、船主と船大工がその上に墨つぼで直線を引いた。その線によって船の高さと幅が決められ、それに基づいて造船されるのである。船が完成すると、「扎喜釘」が行われた。これは、木造の船の船首に四つの穴が開けられ、その穴の中に釘を打つ儀式である。釘を打つ人の干支は、儀式の日時の干支と衝突してはいけない。これを避けないと、病気になってしまう。また、縁起の良い言葉を唱えながら釘を打たなくてはならない。

「定圓」の際には、墨つぼで引いた線のあたりで「斎利市」という祭礼を行い、船主が工人と親族に宴を振舞った［陳

俊才　二〇〇五：一八一〕。「扎喜釘」の日の朝は、船首で「財神」を祀っていた〔陳俊才　二〇〇五：一八一〕。「下水」は船をおろすことを指す。この日に「大艙」で「財神」を迎える祭礼を行った後、また船大工と親族に宴を振舞わなければならなかった〔陳俊才　二〇〇五：一八二〕。ある話者によると、この日時も陰陽先生が決めたという。船首では「船頭土地」も祀っていた。

船が新築された後も神を祀る必要があった。具体的には、船首で供物を用意して「南北四朝老爺来喝杯紅酒」（南北四朝の老爺、縁起がいい酒を飲みに来てください）と書いた赤い紙を焼いた後に神を祀った〔陳俊才　一九九二：一〇七〕。この時も太保先生が司会し、神歌を歌った。

船が新築されると、新しい船主が城隍廟に参りに行き、船主の名前を城隍廟に登録した。その年から毎年、この漁船分の金額を城隍廟に寄贈することになった。

(6)　僮子の霊力と病気の治療

民国期の太湖には二〇～三〇人の僮子がいたといわれている。大型漁船漁民の中にもかなり存在し、特に六、七人が有名であった。前述したように、葬儀がある家は必ず僮子を招き、「巡船」という儀礼を行っていた。僮子は神を自分の体に下ろし、神を介して鬼や悪魔を祓う霊力を持つと信じられていた。当時、Ｊｍｒはこの儀礼を行う有名な僮子であった。彼は細長い赤い布を頭で縛り、鶏の血とアルコール度数の高い酒を混合したものを飲んだ後、気が触れたかのように、急に高く跳び上がることができた。彼は漁船上で跳び上がりながら、太湖周辺の神を自分の体に降ろすため、神名を一つ一つ叫んだ。Ｊｍｒはしばらく寝てから起き上がり、赤くなるまで熱した鎖を手で持ちながら、各船室で振り回した。そして、同じく赤くなるまで熱した分銅を紙銭に敷いて手で持った。紙銭は、分銅と接触するとすぐに燃えてしまった。

Ｊｚｒは大型漁船漁民の間で最も有名な僮子である。彼の霊力に関する逸話は漁民の間で広く知られている。その不思議な行動を五歳の頃（一九三八年頃）に目撃したＬｚａの話によると、Ｊｚｒ僮子は自分の父親の母方のオジである。ある日、Ｊｚｒ僮子が自分の漁船に来た。ワンタンを作っていた母親は、Ｊｚｒ僮子にワンタンと酒を御馳走した。Ｊｚｒ僮子は酒を飲み、最後には酒杯も食べた。Ｊｚｒ僮子が酒杯を食べたのを目撃したＬｚａは驚いたという。また、Ｊｚｒ僮子は霊力を持つだけでなく、漢方医学の一部の治療もできた。

また、Ｌｚａが一二歳の頃（一九四五年頃）には、Ｚｓｒという僮子の不思議な行動も目撃した。Ｚｓｒが自分の漁船で過長年の祭礼を行った時のことである。「王老爺」という神を祀っている最中、Ｚｓｒは突然激しく跳び上がった。目撃していた家族成員は、Ｚｓｒが傷つかないように甲板に三枚の布団を敷いた。彼は跳び上がった後、王老爺を祀るための酒杯、燃えている線香などを食べた。Ｌｚａはこれを思い出すたびに驚きの表情を示し、「でたらめじゃなくて、本当にこの目でじかに見たんだ」と強調した。

こうした能力を持たない僮子もいたが、「跳菩薩」はどの僮子もできる能力である。「跳菩薩」とは、神を祀る際に神が僮子の体に降りてきて、僮子の口を借りて要求を人々に伝えることであり、廟会の祭礼でよく見られるものだった。中には、自分に都合のいいことを話す僮子も存在していたという。

僮子ができる巫術は他にも様々あった。例えば、赤くなるまで熱した分銅を口に入れたり、焼いた鉄の鎖を背中に背負ったりする者もいた。共産党政権以降は、僮子などの宗教職能者を弾圧するために、地方公安局がこのような巫術を「いかさま」と見なし、調査報告をまとめた[19]。

巫術に長けていて影響が大きな僮子には、死後「先鋒」という最も低位の神名が授けられ、漁民が祀る神軸に一席が与えられた〔陳俊才一九九五：一五九〕。「先鋒」は「賧老爺」の際、最も下位の神として他の神と一緒に祀られた。太保先生が祭礼を司会する際は、神名を読み上げて神々を迎えるが、そのリストの最後に先鋒も読み上げられるのである〔陳俊才一九九五：一五九〕。上述の、霊力が強いＪｚｒ僮子は、死後蒋老先鋒になったので、禹王廟の廟会の祭礼にも読み上げられた。劉王廟の廟会の祭礼では、Ｈ姓の范老先鋒が読み上げられた。范老先鋒は巫術が得意であり、また劉王廟を建造するために駆け回り、劉王廟に貢献した人物であった。

僮子になるためには、師匠について学ぶ必要があるが、それだけではなく、霊力も身につけなくてはいけない。霊力を得るためには、体に降ろしてくる神、すなわち自分の「靠身老爺」を探す必要があるという。「靠身老爺」がいないままでは、神と交流することができないのである。「靠身老爺」は僮子自身によって選ばれた。最も多く選ばれたのは劉王廟の劉王であった。次に東岳大帝や元山の五老爺などが多く選ばれた。僮子は選んだ神を自分の「靠身老爺」にする儀式を行うため、師匠と共に、その神が鎮座する廟に赴いて神を跪拝する。その時、僮子は新しい白い服を着て廟で跪拝を行い、終わると師匠が僮子の服に神の印を押した。大型漁船漁民では、僮子になる漁民はほとんどが病気にかかり、信仰儀礼によって治癒した者であった。また、江蘇省南通には、僮子になるための秘密儀式もあった。それは神に自分の霊を売るというものである。その儀礼の方法として、まず、東岳大帝に霊を売る証文を書く。後日、ある日を選んで、その夜に墓場でお参りをした後に素早く墓場を退出する。その時、最初に見つけた昆虫が自分の身代わりとなる。そして、その昆虫と霊を売る証文を一緒に、自分しか知らない場所に埋める。このように、僮子は霊を売らないと霊力を使って病気の治療ができないのだという〔車錫倫　二〇〇二：三七〇〕。南通の僮子が神に霊を売ることは、太湖の僮子がいう「靠身老爺」を探すことと共通していると考えられる。つまり、僮子の霊力は自分の霊を受け取る神や「靠身老爺」から由来するのである。

霊力を使って病気を治療するのは「僮子」の主な役割であった。大型漁船漁民の日常生活においては、病気になった際は、医者を看てもらう以外に、僮子にも頼んで、治療儀礼を行ってもらっていた。僮子は「篤筶」を通して「靠身老爺」とのコミュニケーションを行った。「篤筶」とは、「青竜」「白虎」「玄武」「朱雀」が書かれた四つの占い道具「筶筶」を投げ、その組み合わせによって占いをすることである。例えば、三つが下を向き、一つが上を向いた時は、神がすでに臨在していることを意味する。二つが下を向き、他の二つが上を向いた時は、神と相談する必要があることを意味する。上を向いたときは、どの道具かによって意味が異なる。また、子どもたちが風邪を引き、発熱や寒気の症状が出れば、僮子は漢方医学の「推筋」という方法で治療することができた。

漁民の話によると、病気の原因は神や祖先、あるいは鬼などの妨害である。病気の理由を知らずに何もしないと、薬を飲んでも治らないとされた。治療の際は、まず「篙筶」を通して「靠身老爺」に誰が妨害しているのかを聞く。妨害している神や祖先あるいは鬼が特定されると、「靠身老爺」を通して、どのように対応すればいいのかを尋ねる。よく使われていた解決法は、妨害しているものに供物をして祀ることである。場合によっては、「靠身老爺」は僮子の体に憑依し、僮子の口を介して治療法を告げた。

僮子たちは、稼ぐために病気を治療していたわけではなく、大型漁船漁民には家族や親族の間のみで病気を治療する僮子が何人か必要であったという。僮子自身も漁民で漁業を行うため、治療する暇がなかったのである。病気の治療を頼まれると、依頼してきた家の漁船に乗り込み、治療儀礼を行うが、儀礼が終わるとすぐに自分の船に戻った。また、儀礼の後に食事の時間になれば、僮子が食事に招待された。現金を受け取らずに、アヘンや菓子、衣服などを謝礼として受け取ることがあった。

第三節　江南地域における「太保先生」と「僮子」

(1)　歌唱のある祭礼の種類

上述の神歌が歌われる祭礼や僮子の巫術は、漁民特有のように見えるが、実際に太湖の位置する周辺地域の文化と比較すると、それらと関わりを有することは一目瞭然である。太湖周辺の民間信仰に関する姜の研究は、江南デルタにおける、歌唱のある祭礼が手順によって分類され、詳細に紹介されている。具体的には「賛神歌」、「太保書」、「僮子会」の三種がある〔姜彬 一九九二：一〇四―一二二、一七一―一九四〕。以下では姜の記述に基づいて、太湖の大型漁船漁民の祭礼を江南デルタの文化の中で考察し、位置づけを明らかにする。

1 「賛神歌」

「賛神歌」という祭礼が最も広範囲、具体的には江蘇省の蘇州、浙江省の嘉興、寧波、麗水、長江河口の横沙、長興などの地域で見られる。地域によって、祭礼の司会である歌い手は「祝司」、「道士先生」、「賛神歌先生」、「騒子先生」、「伝香人」、「奉香先生」、「太保先生」などと呼ばれる。祭礼は主に四種の状況に分けられる。まず、神に祈願して、成就した時に家で祭壇を設けて感謝する「賧仏」である。次に、病気の家族のために災いを追放する祭礼の「禳災」である。そして、誕生日、満月、養子を取る時など慶事の「賧仏」である。最後に、江南デルタの東南部における嘉善の農村で行われる、「斎天」という村全体での祭礼である。

浙江省の平湖、上海の金山や松江などの地域には「太保先生」がおり、祭礼を司会する。太保先生が司会する祭礼は主に「倣社」である。「倣社」は正月と七月の二回行われる。「倣社」をする前には、村における一部の家が自由に「結社」して、一つの祭礼単位を構成する。各家は当番になると供物や神禡を準備し、太保先生を招くことになる。当番の家は「社主」と呼ばれる。当日、他の社員は社主の家に集まり、供物や神禡を「社廟」という村の廟へ持っていく。祭礼はこの社廟で行われる。

長江河口の長興や横沙などの地域の漁民たちは、神歌を歌う先生を招いて、安全祈願の祭礼を行う。船が狭いため、このような祭礼は主に船ごとに行われる。

2 「太保書」

上海市の市郊外の各県および浙江省の平湖や嘉興の農村では、「太保書」という祭礼形態が見られる。祭礼はその機能によって主に「做社」（村落レベルの大祭）、病人のための「敲木梢」（厄災を祓うもの）、葬儀の一部である「完船」に分けられる。

3 「僮子会」

僮子会は主に江蘇省の北部の農村で流行っており、太湖漁民の間でも流行っていた［姜彬 一九九二：一七二］。これは、祭礼の規模によって、団体で行われる「大串」と個人の家で行われる「焼紙」の二つに分けられた。「大串」では主に豊作や年間の安寧などを祈願した。「焼紙」は病気の治療や災いの追放などを目的とした。

南通では、僮子が祭祀活動の司会者であり、神と人との仲介者でもあった。僮子は能力によって文と武に分けられた。文の僮子は文章を書くことや演劇などを得意とし、武の僮子は「上刀山」や「跳九台」、油鍋から物を取り出すなどの能力があった。南通における僮子の主な活動は「做会」であった。これは人のために災いを払い出し、太平や安全を願う目的で行われた。

以上の祭礼において共通しているのは、まず、司会者の宗教職能者が歌を歌う形式で祭礼を司会する点である。次に、祭礼の流れとして、様々な神を迎える、招待する、送るという手順で執行する点である。これらの神々の多くは道教の神格であるが、地方の神格や仏教の尊格も見られる。また、神々はその位格により上中下の三界に分けられる。神を迎える時には、序列に沿って神名を読み上げる［姜彬 一九九二：一八一—一九四］。

陳は、太湖漁民の事例を通して、「太保先生」を二種類に分けることができると考えている〔陳俊才　一九九五：一五九〕。一つは一般的な「太保先生」である。祭礼を司会し、「神歌」を担当する。もう一つは「僮子」とも呼ばれ、巫術ができ、祭礼の司会も担当するものである。

(2)　太湖の漁民社会における祭礼の特徴

祭礼中は、太保先生によって神を喜ばせる「神歌」が歌われる。神歌は基本的に神の事績を称賛するものなので、「賛神歌」とも呼ばれる。祭礼の全体的なプロセスにおいては、太保先生が順番に、神を招請する「発符」の神歌、神を迎える「請神」の神歌、神を招待する「宴神」の神歌、神を送別する「送神」の神歌を歌う。中でも神を招待する神歌が最も長く、各神の由来や事績が歌われることになる。例えば、禹王祭の時は、必ず禹王の治水の事績が歌われた。禹王の他には、玉皇、観音等の神歌も序列に従って歌われた。

また、車錫倫によると、江蘇省の北部では「僮子」(「香火僮子」あるいは「香僮」とも呼ぶ)によって「香火会」[20]が行われ、「神書」が唱えられるという。このような「香火会」の「神書」は古代の「郷人儺」に由来するとされる。それに対して、「神歌」は主に太湖流域に伝わっており、古来江南地域で伝われている「社祭」に由来するという。いずれも由来は違うものの、神歌と神書の双方とも、地方で流行る神の事績を唱えるという点は共通している〔車錫倫　二〇〇二：序言〕。例えば、劉王の事績に関する内容は香火会の神書にも見られるが、神歌にも見られる。それは、香火会が江南地域の社祭から影響を受けたからである。江蘇省の南部と浙江省の北部には、神歌を歌う祭礼と神書を唱える「香火会」の双方が存在している。なぜかというと、車錫倫の解釈によると、まず大きな理由として、前章で言及した北洋船の大型漁船によって伝わってきたからだという。北洋船は本来、江蘇省の北部の海で操業しながら、長江を渡って太湖に入り、太湖でも操業していた。その後、海と太湖の往来する河に橋が架かると、北洋船の帆柱は橋より高いため通過することができず、海に出られなくなった。そのため、太湖に住みつくこととなった。これにより、江蘇省の北部の「香火会」の習慣も太湖に伝わってきた。もう一つの理由として、江蘇省の北部から上海への移民が伝えたという点があげられる［車錫倫　二〇〇二：序言］。

太湖の漁民社会には江蘇省の北部から移住してきた漁民がいたため、僮子会や香火会の影響があったと思われる。大型漁船漁民の社会では、巫術ができる漁民は「僮子」と呼ばれ、神歌を歌う先生は「太保先生」や「賛神歌先生」と呼ばれた。僮子と太保先生を比較すると、まず、僮子は病気の治療や厄払いなど様々な巫術ができる。それに対して、神歌を歌う太保先生は主に祭礼の司会を担当し、神歌を歌う。神歌が歌える「僮子」も存在したが、「僮子」が歌う「神歌」は「香火会」の「神書」と関わっている可能性も考えられる。

また、陳によると、太湖漁民における神歌は、江南地域の「宣巻」(21)に基づいて、漁民の歌謡「漁歌」、民話や伝説を吸収して成り立った独特なものであり、内容によって神を祀る神歌、祖先を祀る神歌、祝宴の時の神歌に分けられる［陳俊才　二〇〇〇：八〇］。また、神歌の曲調は湖歌（漁歌）と宣巻の中間であり、呉歌の一種である［陳俊才　二〇〇〇：一四八］。このように、太湖における漁民社会の信仰が、太湖北部の僮子会や香火会と南部の宣巻の両方の影響を受けたことは明らかである。

小括

以上、大型漁船漁民たちの信仰生活を考察することによって、信仰生活のあり方が彼らの生活や生業形態に基づいていたことが明らかになった。廟会の際、集団での「焼香」活動の単位となる「香社」は、漁民集団の「漁幇」に基づいたものである。香社に加入する時は漁船を単位としていた。船上の祭礼は、「一帯」を単位とする生業に関わるものもあれば、「漁船」を単位とする年越しや祖先祭祀などの祭礼もあった。そして、城隍廟への「還願」や「遺子簿」の作成も「漁船」を単位として行われていた。このように、船上生活の場合、大型漁船漁民の信仰生活を担っていた基本的単位はこの「漁船」であった。この基本的単位は、第二章で考察した生活や生業の基本単位でもある。そのため、生活、生業、信仰のすべての要素を担う漁船での拡大家族は漁民社会の伝承主体となるのである。

この漁船での信仰生活を担う拡大家族には陸上の人々の家族形態と共通している点が見られる。すなわち、陸上の人々でいうところの竈を共にする世帯が、大型漁船漁民にとって、漁船（一隻の漁船に一つの竈がある）を共にする世帯なのである。

そして、水上生活を続け、陸上との接点が少なくとも、その信仰には陸上の影響を受けた部分が見られる。例えば、「焼路頭」や「上花墳」のような、蘇州の習俗と共通しているものが指摘できる。また、宗教職能者の「太保先生」や「僮子」による信仰活動も、太湖周辺地域の影響を受けていた。したがって、大型漁船漁民たちの信仰実践は、独自の生活や生業形態に基づくものであるが、陸上の影響を受けながら、生活や生業環境に適応して作られてきたものであったとわかる。

注

（1）表4で提示する四つの廟の他に、水平王廟（主神：漢郁使君、漁民たちからは「水路老爺」と呼ばれる）、天后宮（主神：媽祖）、北堂城隍廟（主神：北朝湖神、旧暦三月二八日の廟会には太湖北部の漁民が参加する）、四親伯廟（主神：呉姓の神、旧暦正月一二日・七月一二日の廟会には小型漁船漁民が参加する）、太湖神廟（主神：湖神老爺、太湖の出入り口に位置するため、漁船が太湖に出入りする時に参拝する）、五通神廟（主神：五通神、五通神の母である上方山娘娘〈太母とも呼ばれる〉。旧暦八月一八日は太母廟会と呼ばれ、小型漁船漁民は必ず廟会に参加する）、王二相公廟（主神：王二相公）、利済候廟（主神：金七相公）、馬当廟（主神：風神老爺）、水仙廟（主神：柳毅、旧暦一〇月二日は神の誕生日のため、漁民たちが参拝に行っていた）、三大先鋒廟（主神：禹王の治水を補佐する三人の大将、旧暦七月七日の廟会は大型漁船漁民が参加する）、胥王廟（主神：伍子胥）、関帝廟（主神：関帝）、観音廟（主神：観音、漁民たちが毎年旧暦の二月一九日・九月一九日前後に自ら集団で杭州にある観音を祀る廟〈話者により天竺寺や霊隠寺〉へ焼香に行っていた）がある［陳俊才　二〇〇〇：一〇四］。

(2) 「衙門」は官衙の意味であるが、ここでは廟を指す。太田が研究対象とする太湖南岸の呉江市の小型漁船漁民にとって、最も重要なのは劉王廟、荘家圩廟（主神：劉王）、楊爺廟（主神：楊震）、上方山娘娘の廟の四つである［太田　二〇〇七b：一九一―一九二］。

(3) ここで提示する檔案史料や陳の研究結果、および聞き取り調査を、政府の調査である表3の内容と照らして考えると、「老宮門社」の漁船は表3の中の「大型四級」の北洋船の一部にあたる可能性が高い。

(4) 「春の観音の誕生日になると、水路が発達する江南地域の人々が杭州に集まる。官吏の家は船を借り切って参りに行き、一般の人々は香頭に率いられ、船を借りて参りに行く」［姜彬　一九九二：三〇四］という記述から、漁民だけではなく、陸上の人々も香社に所属し、香頭に率いられ、水路で焼香を行っていたことがうかがえる。

(5) 劉王廟は現在「中国非物質文化遺産」として認定され、観光化されている。観光客に劉王廟の歴史を宣伝、紹介するために、『中国非物質文化遺産―網船会』というパンフレットが作られた。本稿の劉王廟の歴史に関する記述はパンフレットの一部を転載した。

(6) 同前、パンフレットの一部を転載。

(7) 本章第二節の(2)の2を参照。

(8) およそ四代以内の同姓の親族関係を持つ、漁船で生活する人々のこと。後述する、共同で墓参りを行う人々の範囲と同じだといわれている。

(9) 清代蘇州の年中行事を記録した『清嘉録――蘇州年中行事』に掲載された「斎天（玉皇大帝の祭り）」の項目では、正月九日は玉皇の誕生日であり、穹窿山の上真観まで焼香に行く者があると記述されている。中村喬の訳注では、「上真観は城外西方の穹窿山三茅峯に在り、後漢の初平中の創建と言い伝えられている。久しく廃れていたものを清の順治七年に道士施道淵が復興し、十五年に上真観の額を賜った」とされている。

(10) 「蘇州市呉中区道教協会」http://www.sztaoism.com/qls.htm、二〇一五年三月一一日参照。

(11) 詳しくは本章第二節の(2)の1を参照。

(12) 『清嘉録――蘇州年中行事』のなか「接路頭」という項目に下記のように書かれている。「五日は路頭の生誕生である。銅鑼・爆竹を鳴らし、牲醴《にくさけ》もちゃんと整えて、先を争って利市《ごりやく》を求める。この神は必ず朝早く起きて迎える。これを「接路頭」という。

蔡雲の「呉歈」にいう、「五日は財源にして五日に求《いの》り、一年の心願を一時に酬《まつ》る。隄防別処　神を迎えること早く、隔夜《ぜんや》より匆匆として路頭に搶《あつま》る」と。また注によると、「路頭神は財神で、一般には五路神・五路財神といわれている」［顧（中村訳注）一九八八：四〇］。

(13) 伝説によると、元山の五老爺廟の主神である五老爺は、肖王という神の五男である。彼の長男～四男も同じく神である。その廟も太湖周辺に分布していた。長男は大相奇龍という神であり、廟は奇龍湾にある。次男は二相福龍で、廟は墅里湾にある。三男は三相肖龍で、四男は四相満龍である［陳俊才　二〇〇〇：一〇二］。大相、二相、三相という神は肖王の長男、次男、三男を指すと考えられる。

(14) 媽祖を指す。

(15) 卓といっても実際の卓ではなく、甲板の上に数人分の皿を並べるだけである。

(16) 家族が亡くなった後の初めての「七月半」祭礼は必ず七月一五日に行われる。

(17) 聞き取り調査によれば、およそ四代までさかのぼった親族集団のことを指す。「打醮」と同じ範囲だという。

(18) 新郎新婦が天地を拝し、次に夫の両親を拝し、最後に互いに礼をすること。

(19) 詳しくは第五章を参照。

(20) 「香火会」は前述した「僮子会」と同じものであると考えられる。両方とも江蘇省の北部で流行っており、僮子によって行われる。

(21) 「宣巻」とは、日本の説経節に似た、物語を歌い語る芸能形式の一種である。「宝巻」という仏教の故事を宣ずるため「宣巻」と呼ぶ。

第四章　「漁業社会主義改造」の時代（一九五〇〜一九七〇年代）

はじめに

中国の漁民研究について、太田［二〇〇八］、長沼［二〇一〇］、藤川［二〇一〇］などは漁民が定住するまでの歴史を整理し、分析を行った。どの議論にも「互助組」→「合作社」→「人民公社」→「陸地の定住」といった社会主義改造のプロセスが確認できる。彼らの研究によって、漁民が定住するまでの歴史的なプロセスの中で、漁民の特殊性に由来する農業社会主義改造と異なる点が明らかになった。例えば、太湖流域の漁民社会では、一九四九年に共産党政権が確立した直後に成立した漁民協会や互助組は、農民協会や農民の互助組と比べると、共産党による漁民の組織化の初期的な試みにすぎないように見える［太田　二〇〇八：五七］。それに対して、広東省中山市の漁民の集団化は、共産党政権が確立した直後は一部の定住漁民に対してしか進められず、内陸河川流域の漁民や流動的な生活をしていた漁民の集団化が本格的に進められるのは、一九七〇年代になってからである［長沼　二〇一〇：一一二］。つまり、共産党政権が船上生活する漁民を統治していくにあたり、陸上と並行して政策を進めることができなかったということが明らかにされた。しかし、なぜ漁民の集団化は遅れたのだろうか。これまでの研究は主に漁民集団に注目しており、漁業社会主義改造には重点を置いていなかった。船上生活をしていた漁民はどのような社会主義改造を通じて共産党政権に管轄されるようになったのか、漁業社会主義改造において何が行われたのか、そして漁民はどのように反応していたのか、そのプロセスにおいてどのような問題が起きたのかといった点は、まだ明らかにされていない。

本章では江蘇省の檔案史料を中心に、聞き取り調査を加え、まず漁業社会主義改造の実態を明らかにする。そして、太湖における漁民社会が社会主義改造によって漁業生産や生活の面において如何に変容したのかを考察する。

まず、ここでの「漁業社会主義改造」の定義を改めて示す。

一九四九年、共産党政権確立以後、共産党政権は政権を維持するために、さらに社会主義工業化を実現する準備をするために、中国各地で各産業に対する「社会主義改造」を行った。その「改造」とは農業、手工業、資本主義商工業の三大改造を指す。社会主義改造の内容は、主に人々を組織して集団で労働に従事させ、集団で収入を分配するなどの集団化、そして個人所有の生産手段を、集団所有、国家所有の形に変えることである。社会主義改造を通して地域社会の伝統的な社会組織、生産様式が変化し、地域社会は共産党政権により厳密に統治されるようになった。

これまでの社会主義改造に関する研究においては、農業、手工業、資本主義商工業に対する社会主義改造が主に議論されてきた［張垚蕾　二〇一二］。三大改造に関わる研究においては、主に社会主義改造の原因、必然性、評価への注目が多く、各地域別の個別事例の研究は不足していた［房中　二〇〇七、姫麗萍・閻夏　二〇〇九］。その一方で、漁業などのマイナーな産業における社会主義改造に関する検討は未だになされていない［太田　二〇〇七：一〇九］。

これらの研究においては、「三大改造」は、単独経営を集団経営にする生産関係の面での改造や、個人所有を集団所有や国家所有にする生産手段の面での改造が一九五六年までに完了したため、社会主義改造の時期は、一九五三年から一九五六年までと見なされている。しかし、太湖漁民の事例を見ると、漁業社会主義改造の時期は一九五六年までに完了したわけではなかった。また、長沼の研究によると、広東省中山市の一部の漁民の集団化も一九七〇年代に本格的に進められたことが分かる〔長沼 二〇一〇：一一二〕。そのため、漁業社会主義改造は必ずしも三大改造と同じ速さで展開していたわけではなかった。さらに、一九六〇年代後半の檔案史料には、漁民の「陸上定居」の政策が「漁業社会主義改造」の一環として語られていた〔T31 一九六七、T34 一九六八〕。つまり、漁業社会主義改造には、集団化と所有の変化だけではなく、「陸上定居」なども含まれていることがわかる。そのため本章では、漁業社会主義改造は単に生産関係や生産手段などの形式の面での改造だけではなく、一九五七年以降、漁民社会で行われた生活様式、思想の改造もその一部として含まれるものであると考える。本章は従来の見解と異なり、認識されている「漁業社会主義改造」の期間を長く設定し、「漁業社会主義改造」を太湖流域における漁民の生産様式の改造、様々な会議による漁民の思想の改造、「陸上定居」による居住の仕方の改造などを含めたものとして捉える。一九四九年に太湖流域で共産党政権が確立してから、漁民の間で民主改革が行われるようになった。この改革は、漁業社会主義改造に向けての第一歩であったと考えられる。一九六五年から「連家船漁業社会主義改造を加速する」という政策が実行されたが〔江蘇省太湖漁業生産管理委員会 一九八六：六二〕、その改造の主な内容の一つは「陸上定居」であった。その政策に従って、一九七九年までにほとんどの漁民は定住するようになった〔江蘇省太湖漁業生産管理委員会 一九八六：一七二〕。したがって、太湖流域の漁業社会主義改造の過程に関しては、一九四九年から一九七九年までの歴史を検討する必要があると考えられる。「陸上定居」の過程は第六章で詳しく記述するため、本章では「陸上定居」以外の漁業社会主義改造の内容を考察する。

第一節　建国初期における様々な運動

建国初期、共産党政権が統制しようとした江蘇省における水上居民の社会はどのようなものだったのだろうか。かつては中国共産党の内部でしか入手できなかった参考資料である『内部参考』(1)には、それに関する報告が見出される。一九五三年、「江蘇省における船民・漁民の生活は困難であり、政治思想が遅れている」という表題で、以下の報告が掲載されている。

一九五二年末の統計（不完全ではあるが）によると、この時点で、江蘇省において、船数は計一八万四二六隻であり、その中で運搬業に携わる船は六万八九九四隻、漁船は九万三三〇九隻、他の船は一万八一二三隻であった。少数の大型漁船以外は、多くの漁船が久しく修理されていないため、ぼろぼろになっている。また、南京、揚州、長江沿岸の船は商売の利益が少なく、生計を立てられていない。漁民は一日でも魚を獲らなければ、その日は食べられない状況になり、一部の漁民は乞食になったり、盗みを働いたりしている。（中略）船民・漁民の水上人口のうち、文盲が九〇％以上を占める。太湖では、六〇〇人の漁民のうち、三人しか識字者がいない。江南各地の船民や漁民は、カトリック信者が八〇％以上である。金壇、無錫、蘇州などの市や県の漁民は同姓間で結婚しており、また、兄妹結婚の風習も見られる。

以上のように、不完全とはいえ、統計からみると、一九五二年時点の江蘇省における船の数は一八万隻にのぼっており、水上生活者の人口は少なくともその二倍になると考えられる。このような彼らの生活は経済的に苦しい状況であった。また、非識字者がほとんどであり、カトリック信者が多かった。この報告では、こうした状況が、彼らの政治思想が遅れている理由であるかのように書かれている。以下では、以上の状況認識を踏まえて、共産党政権がどのような政策で政治思想が遅れているとされた水上生活者を統治したのかということを明らかにする。

(1)　行政機構の移り変わり

共産党政権の成立以降、政府は太湖の漁民を管理するために、行政機構を次々と投入したが、頻繁に移り変わったため、組織関係は複雑になっていった。漁業社会主義改造を論じる前に、これらの行政機構の変遷を整理する必要がある。

まず、一九五二年七月一日に「蘇南行政公署太湖弁事処」という行政機構が設立され、太湖が七区（第二区～第七区は水上区）に分けられ、それぞれに区政府が置かれた。民国期の水上保甲制度は、漁民を戸籍で把握し、物資徴収の役割を果たすにすぎなかったのに対して、「蘇南行政公署太湖弁事処」の設立は、漁民社会において初めて行政体制が確立され、漁民が行政的に管理されるようになったことを意味していた。翌一九五三年にこの「弁事処」は撤去され、かわりに「震澤県」（「震澤」は太湖の古い名前）が設立し、五つの水上区は三つの区（湖東区、湖西区、湖中区）に統合された［江蘇省太湖漁業生産管理委員会　一九八六：八］。大型漁船漁民は湖中区に所属していた。一九五三年の春、漁民の間で普通選挙が行われ、このとき漁民は「歴史上初めて自身の政権機構ができ、自己管理ができるようになった」と評価された［江蘇省太湖漁業生産管理委員会　一九八六：六〇］。また、水上戸籍制度、郷・村の支配機構もこの時期に確立され、青年団、婦聯、民兵団も組織された［呉県水産志編纂委員会　一九八九：六〇―六一］。

一九五七年になると、区が撤去されて郷が設立された。大型漁船漁民が所属していた湖中区は湖中郷に替わったが、依然として震澤県の管轄下にあった。一九五八年一〇月に、三つの水上郷が合併され、「震澤県太湖人民公社」

が成立した。人民公社の管理は、軍隊のように、漁民たちが漁具の種類によって分けられ、それぞれの軍営に所属した。大型漁船漁民は当時第一営に所属していた。間もなく、一九五九年の後半に、軍営が撤去され、大隊に変更された。第一営は第一大隊になった。そして、一九五九年末、震澤県は呉県と合併し、「震澤県太湖人民公社」は「呉県太湖人民公社」に名称が変更された〔江蘇省太湖漁業生産管理委員会　一九八六：八〕。

一九六〇年末に、大隊の規模が縮小され、大隊の数は一〇まで増えた。大型漁船漁民の所属は第一大隊から太湖大隊に変わった。一九六一年一〇月から太湖大隊の一部の漁民と他の大隊の漁民は太湖周辺のそれぞれの地域（無錫・常州・湖州）に所属することになり、それぞれの地域によって管理されるようになった。しかし、漁船がそれぞれの地域によって管理されたため、漁民が漁業生産の禁令を犯した場合の問題の解決は困難になった。そのため、一九六四年に、「太湖漁業生産管理委員会」という漁業管理専門の機構が設立された。文化大革命中、「太湖漁業生産管理委員会」は一時的に停滞したが、文化大革命以降は、現在に至るまで、漁民は「太湖漁業生産管理委員会」によって管理されている。

一九六〇年、多数の大・中型漁船漁民は呉県太湖人民公社の太湖大隊に属していた。一九六一年にこの太湖大隊はHZ・HS・HFという三つの大隊に分けられた。それ以来、太湖における大・中型漁船漁民はこの三つの大隊に所属する形に固定された。その中でも、大型漁船漁民はHZ大隊に所属していた。

(2)「剿匪」と「鎮反」運動

前章で明らかにしたように、民国期の太湖には、匪賊が多く存在していた。彼らは主に国民党の敗走兵、陸上のごろつきであったが、少数の漁民も匪賊のために船を漕ぎ、匪賊に与していた。共産党政権成立以降、檔案では「水田にある稗は抜き取りきれない、太湖にいる匪賊は捕らえきれない」という言葉で民国期の匪賊が多かった状況を表現した［T22　一九五九］。このような状況に対して、共産党政権は太湖の匪賊を粛清する必要があることを認識した。

また、一九五〇年一〇月からは全国規模で「反革命鎮圧運動」（「鎮反運動」）が行われた。その対象は主に国民党政権の残党、スパイ、匪賊などであった。その中には、武力抵抗を試みた者も含まれていた。こうした政治的背景の中で、太湖地域の地方政府は、「反革命分子」(2)が船に潜伏して付け込まれないよう、「鎮反運動」を強める必要があると認識した。この認識に基づき、太湖「解放」の初期過程において、地方政府は水上戸籍を作り、水上の公安を重視するようになった［T8　一九五二］。また、太湖が「解放」された直後には「蘇南行署太湖剿匪指揮部」が設立され、間もなく「太湖水上公安局」に改名されたが、一九五一年末に撤去された［江蘇省太湖漁業生産管理委員会　一九八六：八］。この間、太湖の匪賊や反革命分子などに対して「剿匪粛特」の運動が行われた。Ｌｚｘによると、「剿匪粛特」の運動では、彼も協力を命じられ、匪賊を捕えるために一年半ほど軍隊に入隊した。また、地方幹部となった大型漁船漁民Ｊｈｇによると、「蘇南行署太湖剿匪指揮部」は主要な匪賊たちだけを捕えていた。匪賊の首領たちは捕えられ、銃殺刑に処されたが、ほかの匪賊には主に教育などをして寛大な処置をとっていた。それでも、第一回の運動においては七〇人以上の匪賊の頭目が捕らえられ、処刑されたり、拘禁されたり、あるいは釈放されたりした。一九五二年には、最後の武装匪賊が粛清され、治安が回復したという［江蘇省太湖漁業生産管理委員会　一九八六：五九］。

(3)　「漁民協会」

各地に農民協会が組織されたのと同様に、漁民協会を組織する必要もあるという認識が共産党政権にあった。一九五〇年から一九五二年の間、各地で漁民協会が成立したが、まだ組織化されていない漁民も多くおり、それが問題視された。一九五二年に開かれた江蘇省政府の檔案「水産工作研究の会議」によると、江蘇省の三〇の県や市には、漁民組織（総分支会、船運業の船員工会も含まれる）は九三しかなかった。組織されていた場合でも、その状況は満足できるものではなかった。組織の現状は三種に分類された［T12　一九五三］。その分類によれば、一つ目は整頓された健全な組織である。すなわち、改造教育を受けたことがあり、地盤が固まった組織である。例えば、江蘇省興化県では、鎮反運動において、帮会、会道門、特務、匪賊など四三〇人が摘発され、処罰された。また迷信に対する宣伝を通して、「封建迷信」が漁民を害することが告発されたため、漁民たちは教育を受け、自覚を強めた。二つ目は漁民が放任状態で、リーダーを欠いている組織である。三つ目は「悪分子」に掌握された不純な組織である。例えば、宜興県などの漁民協会では、過去の封建漁覇、匪賊やカトリック信者などがリーダーとなっており、政治状況が非常に複雑であると報告された。

また、同巻の檔案［T13　一九五三］によると、一九五三年時点で漁民たちの組織化の状況は、共産党政権にとって依然として望ましくなかった。「江蘇省の淡水地域における漁民は三〇万六三八四人、その内漁撈漁民は二六万九七七五人、養殖漁民は三万六六〇九人である。漁民協会に加入した漁民は九万三二〇五人である。漁工会に参加している漁民は一万二二一三人である。互助組は七〇七である。漁業供銷合作社は四一、社員は二万七七〇八人である」と報告されている。しかし、これらの組織は形式的なものにとどまり、問題が山積していると指摘された。例えば、漁民たちを管理するリーダーがいないため、漁民に対する教育が進んでいない点が挙げられた。調査によると、漁民の九五％以上は文盲であり、政治思想の面での遅れは想像しただけでも恐ろしい、かなりの漁民は「毛主席」が誰かさえも分からないのだという。かわりに「毛先生」や「毛主任」と呼んでいるという。そのため、省の農業委員会は漁民組織、漁民生活、漁民に対する教育を重視すべきであり、この面での指導を強める必要があると提言した。

実際に、「一九五二年の漁民協会の幹部に関する基本情況統計表」［T9　一九五二］を見ると、太湖漁民協会には幹部が一五人おり、そのうち、県レベルの幹部は一人しかいなかった。他の一四人は「一般幹部」であった。同様に、無錫県の漁民協会には幹部が五人いたが、五人とも「一般幹部」であった。建国初期、長江以南の新占領地域に対して、共産党の幹部を任命する規則においては、基本的に戦時中の土地改革など各種の運動や戦争の体験がある党員が望ましく、この条件を満たす地元出身の幹部が優先された。そうでなければ、政権の強化が第一の目的であったため、実際には地元以外出身の幹部も多く任用された。省レベルの幹部は、軍部出身の幹部が半分以上を占めた。しかし、このような望ましい幹部の数は限られており、県レベルの幹部には、一部は建国以前から北にあった共産党の本拠地で訓練された幹部が、一部は軍区で設立した「党校」や「軍政学校」から選ばれた人々が任に着いた。かつ、このような幹部の中には、地元出身ではない幹部が数多く存在していた〔楊奎松　二〇〇九：三一－三九〕。したがって、漁民協会における「県レベル」の幹部は、上述した人々に当たる可能性が高い。

「一般幹部」の性質については、はっきりとはわからないが、「県レベル」の幹部のような様々な条件を満たす幹部の数は限られていたため、漁民の中から選出された漁民出身の幹部が相当数いたと推察できる。実際、当時漁民の中から幹部を選ぶのには一定の基準があった。「漁業生産における互助・合作に関する問題の総合意見」（以下「総合意見」と略）〔T16　一九五四〕では、漁民協会と後の互助組において、中堅に該当する漁民階級があることが指摘された。すなわち「漁工（工人）を漁民協会の中堅」とし、「漁工および貧困漁民を互助組の中堅とする」ことである。また、互助組に加入できる漁民については、漁工と貧困漁民のほかに、「漁工を雇っている一般漁民は、漁工を雇うことをやめるならば、互助組への加入を許可する。しかし、幹部を務めることはできない」とされた。つまり、漁工と貧困漁民以外の一般漁民は幹部として望ましくなかった。しかし、現実には政府側の要求を満たすことができず、上述の檔案で指摘された過去の「封建漁覇」や匪賊、カトリック信者が幹部となった可能性もあった。

これらの漁民出身の「一般幹部」の中に、漁民協会で何を行うべきかが分かっている人がいたのかどうかという疑問が残る。つまり、上述の檔案で述べられたように、共産党政権から見ると、こうした漁民協会には共産党側の立場に立って漁民を指導できる幹部が少なかったと推測される。

実際に漁民協会ではどのような活動が行われたのだろうか。一九五四年五月三一日に江蘇省武進県の漁民協会が主催した「武進県における三回目の漁民代表大会の総括報告」にその内容が少しではあるが窺える。この報告によると、大会は三日間続けられ、また、一二七人の漁民代表が参加していた。初日は、武進県の漁民たちに対して社会主義建設の総路線が宣伝され、それをめぐって議論がなされた。二日目は、漁民協会の仕事の報告と江蘇省水産会議の内容の報告であった。三日目は、四名の漁民代表がいかに組織化して漁撈するのかという典型的な事例を報告した。その次に、大会を開いたことによる効果がまとめられている。その内容は以下のとおりである。

まず、この大会を通して、漁民たちに新な国家の展望を知らせた。すなわち、我が国は一五年のうちに幸福な社会主義国家になることができる。そのために、共産党と人民政府の指導の下で、社会主義の工業化、農業・手工業に対する社会主義改造および資本主義商工業への社会主義改造という三つのことを行う必要がある。それが達成されれば、ソ連人民と同じような幸福な生活が享受できる。社会主義工業化が重要であるため、漁民たちが漁業生産をうまく行い、「統購統銷」(3)の政策に従い、また水上治安を守れば、社会主義工業化を支える具体的な活動になる。

そして、その年(一九五四年)漁業生産高を増加するために互助組を組織して、漁業生産の競争運動を行う予定であることを漁民たちに知らせた。また、漁民たちに次の内容を認識させた。幸福な生活を享受するためには、漁民を組織して社会主義の道を歩まなくてはいけない。組織化されれば利点が多い。例えば、民主改革では封建漁覇や反革命分子が弾圧され、皆が政治の面で解放された。普通選挙も組織化されてから行われた。組織化された互助組から見ると、漁獲は二〇%上昇した。漁具が増加して生産を拡大でき、さらに生活の面でもお互いを助け合うことができるようになった。

しかし、このような教育や宣伝が受けられるようになっても、漁民たちは自分たちの生活に密接に関わるところからしか考えることができなかった。社会主義工業化といっても、我々漁民とはあまり関係がない、我々は川で魚をとるだけで、機械などはいらないと発言した漁民代表がいた。そして統購統銷についても、面倒だと思い、理解できない漁民が多くいた。また、民主改革以降、水上に治安問題はないという「麻痺した考え」を持つ漁民がいた。さらに、漁民協会による管理面では、漁民への教育が不足しており、漁民の生産の状況を十分に把握できていないという。したがって、今後の課題として、漁民に対して総路線の教育と宣伝を続けること、互助組を増やすこと、漁民を教育して政策に従わせること、公安部門に協力して水上治安を維持することが報告で挙げられた。

以上から窺えるように、建国初期に開かれた会議の重要な目的は、漁民たちに新国家の展望をさせること、これからの具体的集団化政策を理解させ受け入れさせることであった。また、水上治安の問題も繰り返し言及された。当時の国際情勢から考えると、一九五三年までの建国初期の段階で、「抗美援朝」や台湾との緊張関係による脅威のある国際環境に置かれた共産党政権にとって、国内での政権の地盤を固めることが第一の目的であった。これも一九五四年の檔案記録によって裏付けることができる。「漁業生産の場所は、まさに敵と闘争する緊迫した場所である。海洋方面において、我々は米（アメリカ）や蒋（台湾）と闘おう。また、漁場を侵略する日本の漁船と闘おう。江・河・湖・泊・港・汊は、かつての反動勢力の生き残りが身を隠す場所である。それゆえ、漁業社会主義改造における各手順は、海防の強化、治安の強化、人民民主の治安の強化と関連付けなくてはならない」［T16　一九五四］。そのため、国民党の残余勢力や旧来の勢力を排除するために、「反革命鎮圧運動」などを含む民主改革が行われてきた。こうした背景をもとに、漁民社会において、地方政府は各種行政組織を設立することと、権力を脅かす反革命分子や匪賊等を粛清することに力を注いだ。特に、漁民社会に隠れた匪賊を徹底的に鎮圧した。

(4) 民主改革」

「剿匪」と「鎮反」運動の結果、治安がやや回復した後、一九五三年二月から一九五四年三月の間、「水上民主改革」が行われた。漁民の他にも、船で暮らしながら運搬業に携わる船民などのすべての水上居民が水上民主改革の対象となっていた。しかし、陸上の「民主改革」はおよそ一九五〇年から一九五二年まで都市部で行われ、「鎮反」と合わせて展開していった。その目的は封建覇頭[4]や「封建主義の残滓」など旧来の権力者を排除することであった。なぜ陸上の民主改革が終わった後の一九五三年から「水上民主改革」を行う必要性があったのかについて、蘇州市地方政府は以下のように認識していた。

建国以来、陸上の改革は続々と行われており、ほぼ完了したといってよいが、水上の改革はいまだに始まっていない。大衆は各種の運動の中で少し教育を受けたが、まだ動員されていない。漁民協会などの組織が設立されたが、幹部が足りず、その組織はまだ健全ではない。（中略）加えて、船は各地域に散らばっており、流動性が極めて高いので、管理しにくい。そのため、水上の状況は基本的に組織化されておらず、混乱状態にとどまっている［T10 一九五三］。

つまり、水上の民主改革は陸上の改革と比べて遅れていたということである。さらに、流動性の高い水上生活者の管理は困難であった。

「水上民主改革」（船民）の方針は、船工や貧困労働層の船民に依拠して、一般船民や船主と団結し、反革命分子や封建覇頭に打撃を与え、水上の人民民主の専制を確立するというものである［T10 一九五三］。さらに、漁民民主改革の方針は、漁工と貧困層の漁民に依拠し、漁民全体と団結し、力を結集して漁覇や漁業封建的搾取者（「漁業封建剥削者」）を打倒することである［T16 一九五四］。比較してみると、「船民」を「漁民」に置き換えただけであることが分かる。つまり、民主改革の段階においては、船主が団結の対象とされ、逆に、反革命分子や封建漁覇は主に弾圧される対象であった。

ある檔案には、一九五三年一〇月九日の蘇州市内一部地域における漁民民主改革の状況が記録されており、この記録から当時の共産党政府が漁民社会の現状に対する認識が窺える。

漁民民主改革は船民民主改革に続いて行われた。漁民には宗教や迷信の思想が根強く残っている。多くの漁民は「老爺」を信じるが、カトリックを信仰する者もいる。漁民協会は「悪分子」に掌握されていた。たとえば、漁民協会の会長や秘書はすべてスパイである。主任、副主任は覇頭であり、財政、文教の組合長は反革命分子である。その下の分会の主任の一人は国民党員、一人は匪賊である。漁民協会は漁民に対して金銭を要求し、汚職と腐敗の集団となっている。（中略）そのため、漁民における主な反動勢力は匪賊と封建覇頭であるといえる。（中略）鎮反運動において、一部の反革命分子が捕らえられたが、いまだ水上の公安機構が設立されていないため、他はまだ打撃を受けたことがない［T11 一九五三］。

このような状況に対して、民主改革は漁民協会にいる「悪分子」の封建覇頭、反革命分子、国民党員、匪賊、あるいは宗教を信仰する人たちに対して打撃を与える必要があった。

実際には、蘇州市内の漁民民主改革はどのように実行されたのか。それは、政府の戦略として複数の段階に分けて行われた。まず準備段階で、船の数を把握し、船の数によって一定の人数の幹部を派遣する。漁民たちに対して新旧の社会状況を対比しながら、愛国教育を行い、漁民たちの民主改革への認識を是正する。すなわち民主改革が漁具を分け、「喫大鍋飯」（全員が同じ待遇で働く平等主義）、「悪分子」を懲罰するという認識である。同時に、積極的に他の漁民のことを指摘する「積極分子」を採用、審査、訓練して、彼らに民主改革を協力してもらう。次は集中的に動員する段階である。いわゆる反動派と帝国主義に対する憎悪を引きだし、さらに最も苦しめられた人を探し、「苦主」（苦しみを訴える者）として養成し、苦みを訴えるモデル大会を開く。大会で漁民たちが記憶、比較、苦しみを訴えることを通じた階級的な自覚の向上に基づいて、自白すれば寛大に扱い、反抗すれば厳罰に処すという政策を漁民たちに伝える。また、典型的な自白対象を探し出し、自白や告発の大会を開く。漁民を抑圧する匪賊、覇頭たちを皆の怒りの火の下で自白させ、謝罪させる。最後に批判と自己批判を通して漁民協会を整理するという。その効果として、三人の反革命分子が逮捕され、匪賊三人、覇頭一人が大会で闘争（＝批難・排斥）された。また民主改革を通して、政府は漁民の政治社会状況を把握することができるようになった。漁民の中でも積極的な人が見出され、その中から漁民代表、婦女代表、治安委員、行政組合長が選出され、今後の水上での仕事の展開に有利な条件を備えた、漁民たちの政治的自覚が強められたという［T11　一九五三］。

各地の水上民主改革では、主に封建漁覇、反動幇会首領[5]、反革命分子といった人々が粛清された。太湖においては、漁覇と反革命分子二八人が処刑され、一三二人が刑罰を受け、三九人が管制され（二七七頁参照★）、二六人が監督下で労働した［呉県水産志編纂委員会　一九八九：六〇―六二］。

ここで陸上の土地改革と漁民の民主改革を比較してみると、陸上の土地改革の路線は貧農と雇農に依拠し、中農と団結し、富農には中立的に、段取りを追って、区分を設けて封建的搾取制度を一掃し、農業生産を発展させるのが目標であった［中共中央文献研究室　一九九二：三〇三］。その一方で、漁民民主改革は、土地改革のやり方を真似たことがわかる。つまり、貧農と雇農は貧困漁民と漁工に、一般漁民は中農に、漁業資本家は富農に、封建漁覇は地主や陸上の封建覇頭に相当するのである。

以上のことから、漁民協会や漁民民主改革は土地改革の行い方を真似て行ったことが分かる。しかし、次のような問題が現出した。建国初期、農村では農民協会が成立され、土地改革が行われていた。土地改革の前提として、農民協会を通じて階級区分が行われていた。その後、農民協会の運動によって地主や「土豪劣紳」に対する闘争が行われ、階級の区分に従って、土地改革において土地が再分配された。それに対して、一九五〇年に漁民協会が成立したものの、また一九五三年に水上民主改革が行われた後、地方の漁民協会や民主改革に関する檔案には、階級区分についての言及はなされなかった。また、筆者の聞き取りのどの話者からも、太湖漁民において、この時期、階級区分と階級闘争は行われていなかったことが確認できた。

幹部としてつとめていた漁民Ｊｈｇによると、水上民主改革では「いい人」と「悪い人」が分けられ、偽保長、強盗や漁覇などは「悪い人」の範疇に入り、会議中に闘争（＝批難・排斥）されていた。彼らは当然のように漁民協会に加入できなかった。実際は、漁民協会や水上民主改革は、わずか一部の漁民にしか影響を及ぼさなかった。一般的な漁民から見ると、一九五三年までの建国初期においては、生活や生産の面ではほとんど変化はなかったのである。ただ、直接的な経済的損失に関わることは変化が大きかったため記憶されている。それは船の徴用である。太湖が「解放」された直後、舟山を「解放」するため、政府はＨＺ大隊の漁民に一四隻の良質な大型漁船を徴用しようとした。副保長Ｌｚｘは共産党幹部にどの家の船の質がいいのか、どの家が裕福で二隻の船を持っているのかと聞かれた。二隻の船を持つ家なら、その船を一隻徴用する規則であった。このとき、副保長を担っていたＬｚｘが正直に報告した。そのため、船を提供することになった人々はＬｚｘを恨むようになった。しかし、船上の荷物は陸上に引っ越したが、舟山が早くに「解放」されたため、船の徴用はうやむやになってしまった。また、「剿匪粛特」の運動において、匪賊を捕えるのに協力していたＬｚｘは、この時期「副保長」を務めた「悪い人」として、水上民主改革において批判され、「教育」された。しかし全体として、この時期に行われた運動や設立された組織は漁民生活に直結する役割を果たさなかった。以上のようないくつかの対立と衝突以外は、大型漁民全体への影響は少なかった。そのため、建国初期、「水上民主改革」を通して匪賊や反革命分子とされた人は告発されて批判・闘争（＝排斥）の対象になったが、漁民の階級区分が行われたかどうかは疑問である。

実際に、一九五四年、上層部の政府が出した「総合意見」［T16　一九五四］では、漁業生産における階級問題を正しく認識する必要性や、漁業社会主義改造において党の階級政策を正しく実行する必要性が指摘され、漁民の階級区分の基準が検討された。

生産手段の占有量、労働搾取の状況および被搾取状況を基準にすると、漁民民主改革の前には五つの階級が存在していた。それは漁覇、漁業資本家、一般漁民、貧困漁民、漁工（工人）である。民主改革で漁覇を打倒した後では、残りの四つの階級が存在する。漁工は漁具を持たず、労働力を売る。彼らは全体の一〇～三〇％を占め、互助の集団化の道を歩む社会主義的進路を堅く擁護する。貧困漁民は少量の漁具を占有するが、自分だけで生活を維持することが出来ず、時には漁具を賃貸し、労働力を売る。彼らは漁民総数の四〇～五〇％を占める。彼らの漁船の占有量は漁船全体の二〇～三〇％を占める。彼らは教育を受けていれば、互助の集団化の道に対して熱心であり、積極的に擁護する。一般漁民は多くの漁具を占有し、主要な生産の技術を掌握し、自分が重要な労働に参加して生産する者である。その中には、小規模の独立労働者や重要な技術、大型網、多くの工人を有し、漁民の労働を搾取する者も含まれた。一般漁民は全体の一五～三〇％を占める。彼らは漁民民主改革においては積極的であったが、漁民民主改革以降、彼らの潜在的な資本主義が顕在化してきた。互助の集団化運動においては、彼らも互助組に加入したいと思っているが、懸念事項が多い。彼らは漁業社会主義改造において信頼できる同盟者であり、必ず団結させる必要がある対象となる。漁業資本家は大型漁船や漁具を持ち、自分では労働しない。工人の雇用や漁具の賃貸によって生活を立てる。彼らの割合は現在大きくない。南の漁業資本者の数は北より多い。東北にある漁業資本家の数は平均的である。漁業資本家の割合について、華北は一％、華東は二％、南海は三％である。彼らが所有する漁船はすべての漁船の一〇％程度である。彼らは互助の集団化運動を恐れる。漁業資本家に対しては、彼らの漁業生産への積極的態度を利用し、国家の経済や人民の生活を破壊することを抑えるように、具体的状況によって多様な方法で社会主義改造を行う。沿海の漁区は内陸の漁区と異なり、漁工と漁業資本家が多く、また内陸のほうは少ない。

以上のように、上層部の政府は、こうした漁民階級区分に対して区分の基準と方法を考案したことがある。すなわち、生産手段の占有量、労働搾取の状況によって、漁覇、漁業資本家、一般の漁民、貧困漁民、漁工に分けたのである。しかし、なぜ地方政府では実際には階級区分と階級闘争を行わなかったのだろうか。「総合意見」のなかには、以下のような指示もみられる。

漁業資本家を漁民協会から除外する。ただし、あえて除外を宣伝する必要はない。漁民協会において、漁工を独立した組として組織し、また、漁工が多い場合は漁民工会を組織してもいい。しかし、工業に対する方法を模倣してはならないし、漁業における階級関係を緊張させてもならない。互助組の対象となるのは漁工、貧困漁民、そして漁工を雇っていない一般漁民である。そして漁工と貧困漁民を中堅とする。自分で漁業労働を行うが、漁工を雇ってもいる一般漁民は、漁工の雇用をやめるならば互助組に参加することも許可される。しかし、幹部を務めることはできない。かつて漁村で行われた階級区分は、農村の階級区分の基準に従っていたため、階級が多く、かつ混乱していた。ある地域では一般漁民を漁業資本家とみなしたことで、漁村における階級関係に混乱をもたらし、漁民の団結に影響を与えていた。そのため、漁業生産の発展に支障があった。現在は、漁村において各種の改革も行われており、階級区分を再び行う必要はない。以上の意見は、互助組をすすめるときに、状況の分析や政策の実行の参考できる。要するに、多数の漁民を勝ち取り、団結して敵に立ち向かい、漁業生産と社会主義化改造に有利なようにすることを目的とする。

以上の「総合意見」においては、民主改革以降の漁民協会に対して、漁業資本家を漁民協会から除外すること、漁民工会を成立させる方法が提案されている。ただし、「階級関係を緊張させてはいけない」、「階級区分を再び行う必要はない」という点も注意されている。つまり、政府上層部は漁業の特殊性をある程度認識し、漁業における階級関係を緊張させるのを避けようとしていることがうかがえる。この点は、地方政府も理解したようである。実際に、幹部を務めたＪｈｇの話によると、江蘇省の沿海部の一部地域では階級区分が試行されたが、太湖漁民の間では行われなったという。それでは、沿海部ではどのように階級区分が展開されたのだろうか。一九五五年の「江蘇省の漁民における階級区分の仕事が混乱している」という表題の『内部参考』中の資料に、以下のような記述が見られる。

江蘇省のある地域では、漁民階級区分に関する作業が非常に混乱している。ある地域は、漁船や漁具などの生産手段を占有する船主を漁業資本家として、労働する船主や独立労働者を区別せず、あらゆる船主を漁業資本家とみなし、彼らの漁船で働くことを許可せず、漁民協会に加入することも禁じた。さらに、一部の技術がある船主や「老大」が漁を行うことも許可していない。（中略）また、ある地域は、工人が新しい船を作ることを許可しない。常熟県滸浦港のある漁工は稼いだ金で漁船を買ったが、所属していた海員工会から除名されただけではなく、漁業資本家とみなされた。そのため、漁民間で緊張関係をもたらし、船主と工人の大きな反感を買ってしまった。そのため、彼らは船の修理や購入を恐れるようになった。また、他の地域では、漁業資本家が互助組に加入し、かつ幹部を担っている。ある地域では、漁業資本家に金を貸付けたため、まじめに漁業生産を行わず、逆に投機売買をしてしまっている。

「総合意見」と対照してみると、華東地方の漁業資本家の割合は二％と推測されているが、実際にここで挙げられているように、江蘇省のある地域では船を占有する漁民はすべて漁業資本家と認定され、漁民の間で緊張関係をもたらしていた。これは明らかに「総合意見」に背いたものだった。それとは逆に、前述した漁民協会における幹部の任用について、「総合意見」では一般漁民は漁工を雇うことをやめれば互助組に加入できるが幹部を務めることはできないと指示されていたが、現実には、ある地域では一般漁民より資本主義要素を持つ漁業資本家が互助組に加入し、幹部も務めていた。このように、共産党政権からみると、地方政府で行われた漁民の階級区分は、かなり混乱しており、うまく進められていなかった。また、すでに挙げた資料からも、水上民主改革が陸上の改革と比べて遅れていたことの特殊性が窺える。その理由として、一つは、地方政府の認識の通り、水上生活者の流動性が高く、管理が困難だったこと、もう一つは、漁民社会には知識人がほとんど存在しておらず、漁民協会のように、成立しても指導できる幹部がいなかったことが、資料から読み取れる。

以上のように、政府上層部が考え出した漁業社会主義改造の意見や政策は、それらが実行された段階で、水上生活者の特殊性を含めた地方の様々な状況に直面し、望ましい成果が出なかったと言える。そもそも、階級関係を緊張させないことと階級を細かく区別することは矛盾しており、その度合いを把握することは困難であった。同様に、漁民協会や漁民民主改革の段階で、太湖漁民において階級区分や階級闘争が行われなかったのは、地方政府が上層部の意見に従い、階級関係を緊張させようとしなかったことが想定されるが、陸上社会と異なる水上生活者の複雑な状況に対して政策を実行するのは容易ではなかったから、とも考えられる。

第二節　生産手段および思想の改造

建国初期、政権を固める以外に、経済の回復と発展も共産党政権が目指した目標であった。一九五三年までにいわゆる「新民主主義革命」の段階(6)が完了し、その次は社会主義革命の段階に入っていくと予測されていた。そのため、一九五三年以降、経済体制の面での社会主義革命が本格的に進められ、「第一次五カ年計画」も開始した。「第一次五カ年計画」とは、一九五三年から一九五七年にかけて、社会主義工業化の実現を目的とし、全力をあげて重工業の発展に努め、同時に農業、手工業、資本主義商工業に対して社会主義改造を行う計画である。また、一九五三年一〇月から加速された工業化を支えるために、共産党政権は農村で食糧と農産品を計画食糧として買い上げ、都市部で一定的に食糧を配給する「統購統銷」という食糧資源管理の計画経済政策を開始した。しかし、個々の農民を説得しての食糧の買い上げは困難だったため、農民を合作社に加入させて食糧を買い上げるほうが容易になるという認識に基づき、共産党政権はこの時期、合作社の組織も重要視していた〔林蘊暉　二〇〇九：一一〇―一一一〕。そして、中央政府は一九五四年から一九六〇年前後までに全国範囲での合作社の組織を完了しようとしたため、地方政府は合作社の組織を急ピッチで進めなければならなかった〔林蘊暉　二〇〇九：一五二〕。

一九五七年に第一次五カ年計画が終わると、一九五八年から一九六一年まで「大躍進」運動が行われ、大規模な人民公社が組織された。「大躍進」運動の失敗により、「整風整社」、「四清運動」が続いて実行され、社会に大きな影響を与えた。「四清運動」のもとでついに「文化大革命」が引き起こされ、中国社会に大動乱をもたらした。こうした背景のもとで、漁民社会はいかに「改造」され、「改造」に対応してきたのかという問題を時系列的に考察していきたい。

(1)「供銷合作社」の設立

農村部で設立された供銷合作社とは、農民の必要とする生産資材や生活資料を提供し、農民が生産した食糧や他の農産品を集荷して売りさばく、国家経営の性質を持つ共同組合のようなものである。太湖の漁民社会では、一九五二年以降に供銷合作社が設立された。初期の供銷合作社は、魚の買い入れや販売をしたり、漁業生産や生活必需品を供給したりしていた〔江蘇省太湖漁業生産管理委員会　一九八六：一五五〕。大型漁船漁民の話によれば、供銷合作社が設立されると、大型漁船漁民はそこに出資し、株主となった。一株あたり六元一角で、漁民はおよそ一～二〇株を買った。しかし、民国期に「副保長」をつとめたことがあるＬｚｘは、最初は供銷合作社の株も購入したが、その後の「整編供銷合作社」の運動のなかで、「悪分子」と認定され、購入した株を没収された。

供銷合作社はどのように運営されていたのか、なぜ漁民たちは供銷合作社に加入したのかは、供銷合作社を設立した初期の檔案〔T14　一九五四〕から窺える。

江蘇省における漁民は総計で約四〇万五〇〇〇人（沿海漁民は約七万一〇〇〇人）であるが、一九五三年の時点で江蘇省全体の漁業供銷合作社は三六あり、六万三二一〇人が加入し、一九五二年からは漁業供銷合作社が四つ、社員が約二万三〇〇〇増加したという。供銷合作社に加入した漁民は江蘇省の漁民全体の一五％を占めると報告されている。この数は決して大きくはないが、重要な港に属する供銷合作社の漁民社員たちは社員全体の八五％を占める、という点が強調されている。供銷合作社の業務は、漁民たちに漁業生産に必要な木材、アサ、ブナ、綿糸などや、生活面で必要な米、麦粉、綿布、食用油などを提供することだった。また、漁民たちを助けて漁獲の販路を広めた。具体的には、「漁民たちが過去の仲介人の価格を抑える行為、魚の量を差し引くなどの搾取行為を回避できた」という成果があった。ここでは、大型漁船漁民が属する震澤県の事例が挙げられている。一九五三年に震澤県の漁業供銷合作社が販売した魚は四万四八七〇担だったが、中間搾取行為がなくなったため、漁民の収入は増加した。また、震澤県の漁業供銷合作社が漁民のために「船上で店を開き、必要な貨物を漁民の船上まで送った」。そのため、「漁民たちの漁業生産の時間が節約できるようになり、漁獲も増加した」と称賛されている。また、「震澤県の漁業供銷合作社における指導者たちは、漁民を指導して漁具を改善し、漁獲を二〇％以上あげた」。そのため、漁民の漁業生産と生活も改善したと報告された。例えば、「Ｗｓｌという漁民が所属する互助組は新たに一隻造船した」。「ずっと貧困であった漁民は今年すでに船を一回修理し、船に桐油を塗り、網を増やし、新しい帆に交換した。その後、残った資金は銀行に預けた」。「老齢の漁民Ｊｚａは、七〇歳まで生きて、いくつかの時代を経験したが、今のようない生活になったことはなかった、これは毛主席の指導がよく、優れた合作社ができたからだ」という発言も報告されている［T14　一九五四］。

供銷合作社に加入する理由を、話者はいくつか挙げた。当初は供銷合作社のほうが漁行よりもいい値段で魚を買ってくれた。また、供銷合作社で安価な買い物もできた。しかし後に利益配当が行われるようになったため、安価な買い物はできなくなってしまった。漁具などについては、初期の漁業供銷合作社は、確かに漁業生産に利便をもたらし、漁民の生活や生産の面で一定程度役に立っていた。そのため、一部の漁民が引きつけられ、自発的に加入することになった。以上の供銷合作社の具体的な業務からみれば、供銷合作社は漁行と似たような役割を果たしていたことが分かる。一方、漁行については、鎮反運動において、一部の漁行経営者は「漁覇」として打倒され、他の漁行は供銷合作社の成立によって、経営を維持できなくなった。供銷合作社の成立以降、漁行は終に歴史の舞台から立ち去ったのである。

(2) 集団化運動

一九五一年一二月に、中央政府は最初の「農業生産の互助合作に関する決議(草案)」を下し、農業の集団化を進めた。一九五二年からは各地で互助合作の運動が行われるようになり、『人民日報』には各地の経験が続々と紹介されていた。一九五四年までに各地の互助合作の運動が急速に進み、農民と地方政府、および共産党との間に緊張関係が生じた。そのため、一九五五年一月には、中央政府が急進を抑えるために、「農業生産の合作社を整頓し、強固にする通知」を下した。しかし、互助合作の発展状況に対する毛沢東の楽観的判断に基づいて、五月には、中央政府の方針は逆方向に変わってしまった。一〇月、中央政府は「農業合作化に関する問題の決議」を公布することによって、各地の合作化の指標を決め、すでに急速に進んでいた互助合作運動をさらに加速させてしまった。一九五五年後半からは、互助合作化が急加速し、一九五六年六月の統計によると、全国九一・七%の農民は農業合作社に属していたという[林蘊暉 二〇〇八:二三三]。

こうした背景のもとで、太湖漁民の集団化運動が農業の集団化運動に影響を受けたことは疑うべくもない。しかし、漁業生産の特殊性のため、農業と比較すると、同じ前提のもとで同様な進度で進むことになったわけではなかった。

1 互助組

一九五三年から、農民と同じように、江蘇省の漁民も「互助組」として組織されるようになった。一九五四年末の統計データによれば、江蘇省において、組織された互助組は二二八四であり、組織された漁民戸数は全体（九万六六三二戸、四二万三一四九人、そのうち淡水漁民は七万三三八戸、三〇万七四三三人）の一九・三％を占めた［T18 一九五五］。しかし、「一九五四年江蘇省における水産仕事を執行する情況に関する報告」［T15 一九五四］によると、各地域における互助組の発展状況は不均衡であった。例えば、震澤県で互助組に加入した漁民たちは全体の六〇％を占めるが、丹陽県などの地域の漁民は、互助組を一つも組織していない。組織された互助組は初級と中級の二種類があった。初級の互助組では、船と網は個人所有であり、漁を協力して行う。所得は個人の所有と均等配分の二つの方式が見られる。中級の互助組では、船と網は個人所有であり、集団で漁をする。そして労働力の大小や技術の高低、労働の進捗度によって点数が付けられ、それに応じて収入が得られる。中級の互助組に入った漁民たちの意識は他の漁民より高く、漁業生産高は二〇％上がった。こうした中級の互助組は組織された互助組の二〇％を占めており、中央政府が発布した「農業互助合作決議を分ける類型」と対照して見ると、現段階では中級レベルの互助組に対する要求は高すぎ、生産合作社とほとんど変わらなかった。そのため、一般的な初級の互助組は中級に昇級しにくく、将来的に生産合作社の発展にも影響する可能性があるので、注意して改めるべきだと報告されている。

以上のように、初期の政府の仕事の重心は、漁民を互助組として組織することにあった。そのために、互助組に入った漁民たちの「漁業生産高が二〇％上がった」という互助組の優越性が強調されていた。実際には、「組織」といっても漁を協力して行うのみであった。太湖の大型漁船漁民においては、元から「対船」や「一帯」に組み込んで漁を行うため、互助組に組織されても生業形態はほとんど変わらなかった。当時、大型漁船漁民が組織された互助組では、一組は八隻から一六隻の船から構成されていた。最初は一部の船が自発的に互助組に入った。互助組の場合、船や漁具などの生産手段はまだ個人所有だったが［江蘇省太湖漁業生産管理委員会 一九八六：六〇］、収入は船単位で均等に配分した。また、互助組の初期には、民国期と同じく、船主は工人に毎月一定の給料を払った。

太湖における初の互助組を組織し、かつ組長も担当していたＪｈｇによれば、生活が困難で、優良な漁具を持たない漁民には、互助組が共同で稼いだ金を出して、新しい漁具を買い与えた。船の修理や保管にも、共同で稼いだ金を使っていた。そのうえ、漁業技術の面で漁獲量が高い漁船からの助けもあり、もともと生産高が低い漁民の収入は確かに上昇した。このような利点を知った漁民たちは、互助組に自発的に加入しようとした。Ｊｈｇが組織した太湖における第一の互助組は一九五三年の一一月に組織され、初期は一六隻しか入っていなかったが、後に二四隻、さらに三二隻にまで増えたという。しかし、各地で漁民を互助組に強制参加させる事例も見られる。漁民を自発的に互助組に参加させるのが中央政府の規定であるが、これに従わない例もしばしば見られた。震澤県では、地方政府は「漁民に対して連日会議を開いて互助組に参加するように説得し、参加しない漁民は資本主義思想を持っていると批判した」。また、一部の漁民は「闘争されること、工人の雇用が禁じられること、さらに今後単独で漁を行うときに生産手段が供給されないこと、金銭を貸し付けてくれなくなることなどを恐れて、互助組に加入するしかない、と考えて加入した」［T18 一九五五］。

また、以上の報告から分かるように、地方政府は漁民社会で互助組を組織するとき、中央政府が発布した「農業互助合作決議を分ける類型」を参照していた。つまり、中央政府は漁業を農業に包括されるものと考え、漁業に対して専門な実施方法を作成しておらず、漁業の特殊性を重要視していなかったと推察できる。それに対して、地方政府は中央の政策を実践するにあたって、農業政策を参照しながら、漁業に対する具体的な実施方法を模索することしかできなかった。

2 合作社

一九五四年の江蘇省には、生産合作社は七つしかなかったが［T15 一九五四］、一九五五年になると、その数は三〇に増加し、震澤県だけでも一五が存在した［T18　一九五五］。この時期、農業生産の合作社が急速に進んでいたのと同様に、一九五五年末までに漁業生産の合作社の数が一気に増えて、三六二にまでなった［T19　一九五六］。

しかし、この状況は政府にとってまだ好ましいものではなかった。「一九五五年末までに、漁業合作社の数は三六二となり、入社戸数は一万三一三四戸で、全体の一三・五％を占める。しかし、漁業社会主義改造の進度は遅く、現在の情勢よりもはるかに遅れている。そのため、漁業への指導を強めるべきである」という指示が出た［T19　一九五六］。

大型漁船漁民に関しては、一九五五年に互助組の規模が拡大され、生産隊になり、数個の生産隊が一つの大隊になり、そして数個の大隊が合作社として組織された。当時、大型漁船はすべて「初級合作社」として組織され、漁船や漁具は「折価」（金銭に換算）して株式化され、社の全体が共同で使用、管理されるようになった。しかし漁船はまだ各家の所有で、各家で保管されていた。収入の分配方法としては、いわゆる「評工記分」（労働量によって点数をつける）という、漁船や漁具と労力による配当金があった［太湖漁業生産管理委員会　一九八六：六〇］。漁具や漁船によって、配当金の分配方法が決まっていた。まず、漁民の語りによると、漁船の質によって一等、二等、三等が認定され、それぞれの等級の船に四七～四九点（一等）、四五点（二等）、四三点（三等）の点数がつけられた。収入は生産隊を単位として計算して分配した。政府に出す「積累金」（貯蓄額）、「公益金」、幹部の「補助金」などを差し引いた後に、船の点数によって収入が分けられた。そして、船一隻分の収入は、労力の点数によって各人に分配された。主要な労働力、すなわち四つの職種に、「老大」は九・八点、「看風」は九・五点、「擋櫓」は八・八点、「下肩艙」は七・八点という点数がついた。船の点数は四種の職種の点数を引いたもので、他の人員、主に女性の収入は、ほとんどが残った点数で等分された。

そして、間もなく一九五六年には二～三の「初級合作社」が合併し、一つの「高級合作社」になった。一九五七

表7　太湖全体の漁業合作社の概況（1956年）

郷別	湖東郷				湖中郷								湖西郷						
番号	1	2	3	4	5				6	7	8	9	10	11	12	13	14	15	16
社名	光明	新聯	紅旗	紅光	HZ	HS	HF	HM	火箭	衛星	沖山	漫山	湖光	新光	光明	光明一社	躍進	同心	憲光
戸数	180	202	195	238	300				279	249	158	109	174	128	54	38	43	47	103

『太湖漁業史』［江蘇省太湖漁業生産管理委員会　1986：76］により筆者作成

年には、太湖全体の三つの漁業郷には一六の高級合作社ができた（表7）。大型漁船漁民はHZの初級合作社に所属し、他のHS、HF、HMと合併して、一つの高級合作社になった。この時期、漁船や漁具は「折価」して高級合作社が所有するものになり、漁船や漁具による配当金の分配はなくなった。この時期の分配方法は合作社を単位として計算され、労働力のみによる、「多労多得、按労分配」によってなされた［江蘇省太湖漁業生産管理委員会　一九八六：六〇］。一九五五年以降、合作社の数は一気に増えたが、現実に何の問題もなく組織されたかどうかは別問題である。合作社の基礎を成す互助組も、強固な組織ではなかった。例えば、江蘇省の「如東県における合作社・互助組の大半は強固なものではなく、一九五四年末の調査によると、組織された臨時的互助組のうち、五〇％は、いつ、いかなる互助組も瓦解する可能性がある」と指摘されていた［T18　一九五五］。

また、漁業合作社・互助組における様々な問題点も指摘された。例えば「沿海の漁民の階級区分を行ったが、混乱している」、「漁民を強制的に互助組に参加させるような例が見られる」などである。合作社・互助組への指導については、「明確な生産目標を持たず、目標があってもそれは幹部が勝手に作ったものであり、民主的な議論を尽くしていない」という問題があった。さらに、「財務制度は不健全で、漁民には文盲が多くおり、会計業務が可能な人材に欠ける」。漁民に対しては、「政治的思想の教育が足りず、迷信やカトリックを信じる漁民が多い」ことや、「総路線に関する教育を受けたことがない漁民もいる」といった問題が指摘された［T18　一九五五］。

政府側もこうした問題の原因を探っていた。政府側の考えでは、その原因として、以下のような点が挙げられた。党内（中央政府を指すと考えられる）では、漁業社会主義改造に関する系統的な計画が立っておらず、下の人たち（地方政府を指すと考えられる）はやりようがなくて困る。また、ある県や地区の幹部は、農業の生産・社会主義改造に精を出しているが、漁業の生産・社会主義改造は無視していた。漁業の仕事に関する討論や手配が少なかった。例えば震澤県が管轄する七つの区には三つの漁業区があるが、漁業生産に関わる幹部たちは漁業に関する仕事を行なわず、漁業以外の仕事ばかりが指示された［T18　一九五五］。

以上のように、農業における実績を参考にして漁業互助組を組織するような、漁業の特殊性に沿った系統的な計画は存在していなかった。また、農業が国家建設の基礎とみなされたため、幹部たちは農業に傾注していた。実際に、一九五四年、漁業が軽視されているという問題は、共産党政権によってすでに認識されていた。このことは、中央農村工作部が開いた漁業座談会でのD秘書長の発言から窺える。

> 現在、多くの地域は、漁業に関する仕事を、あってもなくても問題ないものとみなしている。これは間違いである。民主改革以前は、漁民の管理はなされていなかったが、民主改革以降も、その一部はいまだに管理外にある。（中略）今年の第四回漁業会議の後、漁業を重視することとなったが、一部の地域では十分ではなく、別の地域ではまだ重視すらされていない。特に、淡水区の漁業は重視されていない。現在、各部門が私たちの仕事の心配をしている。例えば海防部隊、公安部門は次々と私たちに意見を言ってくる。（略）そのため、漁業の重要性を宣伝する必要がある。［T17　一九五四］

民主改革において、沿海漁民の階級区分は行われたが、太湖などの淡水漁民の間では行われなかった。沿海部と比べて、淡水区の漁業がほとんど重視されていなかったことは事実であると考えられる。そこで省政府は、一九五六年、太湖漁民を管理する震澤県政府が漁業の仕事を軽視している問題に対して、以下の方法を提案した。

一九五三年に、中央政府の「按湖設治」（湖ごとに行政機関を設立して管理すること）の指示に従って震澤県を設立したが、現在当県には四つの農業区と三つの水上区があり、幹部たちは農業だけに力を注いでいる。そこで、農業区を周辺の農業中心の県に組み込み、震澤県を漁業の指導に集中できる専門的漁業県にすることを提案する。〔T19　一九五六〕

以上見たように、民主改革期における漁民の階級区分と同様に、互助組・合作社を組織する初期段階においても、政府側は農業の政策を参考に漁業集団化運動を進めていた。そのため、文盲や迷信を信じる漁民が多いというような、漁民社会にあわせた「漁業社会主義改造に関する系統的計画」は存在せず、現実に「不健全な財務制度」や「政治思想の教育が遅れる」などの様々な問題が起こった。また、各地における組織状況も不均衡であった。地方政府の仕事は農業に傾いており、漁業は重視されていなかった。また、沿海部と比べても、内陸の湖や河川の漁業は軽視されていたのである。

3　「大躍進」政策と「人民公社運動」

一九五八年、第二次五カ年計画を策定するにあたって、中央政府は当時世界第二位の経済大国であったイギリスを一五年で追い越す（その後、三年に修正）という計画を立案した。この計画に従って、「大製鉄・製鋼運動」が全国の都市や農村で行われ、人々は生活必需品のあらゆる鉄製器具を原料として供出した。

鉄鋼増産と並んで農村の共産化が進められた。「高級合作社」は合併が進められ、五〇〇〇戸から二万戸を一つの単位として、「一大二公」の人民公社が作られた。「一大」とは、人民公社の規模が大きいことを意味する。「二公」とは、家畜、農機具などあらゆる私有財産が共有化されること、人々の生活必需品がほとんど供出され、生活費が均等に分配されることを意味する。そして、人々は軍隊のように組織され、管理される一方、人民公社にある公共食堂、保育院、老人ホームなどの公共施設の利用は一切無料となった。つまり、組織的には軍事化され、生活のうえでは集団化された［林蘊暉 二〇〇八：二〇九―二一六］。これが「人民公社運動」と呼ばれるものである。また、集団化されていたため、農作物はすべて国家に徴収され、人々の農業の能率は低下した。同時に、農村でも鉄鋼生産が優先され、あらゆる労働力や物資が鉄鋼生産に投入され、農業に大きなダメージを与えていた。結局、人々は公共食堂で食料備蓄を食べ尽くし、食糧増産にはつながらなかった。しかし、人々は毛沢東が始めたユートピアのような共産主義に煽られ、地方幹部は嘘をついて食糧増産の誇大宣伝競争を行った。これをマスコミは、「放衛星」（衛星打ち上げ）[7]と呼んだ。さらに、その他の分野でも「放衛星」が争われた。食糧増産の報告に従い、中央政府の食料徴収の量も増えていった。その結果、中国全土で食糧不足が発生し、一九六〇年から六一年にかけて、中国史上まれにみる大飢饉をもたらした。

太湖の漁民社会は、一九五八年一〇月に、大躍進政策に基づき、一六の高級合作社が合併して一つの「震澤県人民公社」になった。陸上の人々が軍隊のように管理されたのと同様に、漁民においても、漁具の種類に従って、軍隊のように、五つの軍営が組織され、そのなかで大・中型漁船漁民は第一営に属させられた［江蘇省太湖漁業生産管理委員会 一九八六：八］。

ある話者によると、当時、大型漁船を含め、一部の漁船は太湖東山に集められ、軍隊のように編成され、「太湖漁場」となった。採った魚は、大躍進政策以前は計量してから上に引き渡していたが、大躍進時代に入ると、計量されず、そのまま納入された。そして、定期的に漁獲高の報告会議が行われたが、会議では「放衛星」のような報告が多かった。当時の農民と同じように、漁民も定期的に漁獲高を報告していたのである。農民が意図的に米の生産高を何倍にも偽って報告したように、漁民もまた、漁獲高を偽って報告した。

この時期、絶対的な平等主義の思想に基づいて、あらゆる漁民は年齢や男女によって規定された、毎月三、五、七、一〇元の四つのレベルでの分配方法で、生活費が交付されたが［江蘇省太湖漁業生産管理委員会 一九八六：八、六〇］、漁民社会でも食費、医療費、子どもの教育費は無料であった。漁民の教育のため、一九五四年に「震澤県漁民子弟小学」という小学校が設立された。学生は全員学校の寮に寝泊まりし、生活は「保母」（保育士のような者）に世話をしてもらった。一九五八年には教育が無料化されたため、学生が一気に一〇八人から六二〇人にまで増え［朱・陳 二〇〇六：一一九］、問題になった。

さらに、漁民もこの時期の全国「大製鉄・製鋼運動」に巻き込まれていった。話者によると、大型漁船には三つの錨があったが、その中の一つか二つが徴収された。船にある鉄製の鎖、鉄鍋、銅製の洗面器なども徴収された。かつては、女性が結婚する際、金の指輪やイヤリングが贈られたが、一九五八年の春、大型漁船漁民も会議で動員され、家にある金製品が一両（五〇g）九八元の安価で強引に国家に買い上げられた。ある女性は会議のその場でイヤリングを外させられた。売ることを強く渋る漁民に対しては、会議が際限なく行われ、最終的には応じざるをえなかった。ある漁民は金製品の供出を拒否したが、幹部が一人一人交替で彼に面談し、それが三日間も続いたため、結局彼は耐えられずに妥協し、供出した。

この時期、各地で「放衛星」ができるような優れた生産高を目指して、各業種で「技術の革新」が行われ、地方幹部が様々な非現実的で無謀な政策を出した。ある話者によれば本来は五月がシラウオ漁の最盛期だった。しかし、農業生産を支えるため、地方幹部の命令で大型漁船はシラウオではなく大量のタニシを採り、それが田の肥料に回された。普段の大型漁船は風にのって魚を採るが、生産高の目標達成のための漁獲高を上げねばならず、幹部に命令され、風が弱い日にも、網を入れてから船が停泊し、滑車のようなもので網を引き上げ漁を行うようになった。このようなやり方は幹部に「技術の革新」として檔案［T21　一九五九］で報告された。

「大躍進」後期、試行錯誤の政策のうえに自然災害にまで襲われ、全国各地で飢饉が発生し、餓死が報告され、社会は大混乱を来たした。ある話者によると、当時漁民には本来毎月三六斤（一斤＝五〇〇g）の米が提供されていたが、この時期、大型漁船漁民の男性の成人（全労力）への米の供給は一人当たり米二四斤にまで減らされた。米が不足したため、山芋も主食になったという。農民と比較すると、漁民たちは少なくとも魚を食べることはできたため、餓死者は出なかった。

一九六一年以降、大躍進期の浮わついた雰囲気や試行錯誤の政策への反省として、中央政府は「整風整社」運動を起こした。この運動によって、過去の出納が総合的に計算された。計算の結果、大躍進期は支出のほうが多かったため、各生産隊は赤字であったということになった。この危機を解決するため、様々な政策が施された。例えば、大躍進期に共有された私有財産を人々に返還し、あるいは金銭で弁償した。劉少奇らは「三自一包」(8)の政策を打ち出した。大躍進期には禁止されていた「自留地」が再び利用できるようになり、農村の自由市場が再び開放された［林蘊暉　二〇〇八：六八四―七一二］。

ある話者によると、大型漁船は一九五八年に「折価」したが、一九六一年までの間、漁民は「折価」した分の金額を受け取っていなかった。大躍進後、漁船は一時的に個人に返還されたが、生産隊は赤字だったため、前年度の漁具の支出は個人が支払った。分配方法は再び生産隊単位で計算された。

4　文化大革命と「大寨式」

一九六二年から、インドやソ連との国境問題や、台湾が大陸へと反撃を仕掛ける危険性といった国際情勢において、毛沢東は修正主義[9]に対して不安になり、再び階級闘争の必要性を強調した〔銭庠理 二〇〇八：二六八〕。そのため、個人生産の様式や自由市場はすべて資本主義的として批判された。

一九六二年に劉少奇が提唱した「自由市場」政策により、漁民は一定の漁獲を政府に徴収された後、残った部分を自由に販売することができるようになった。漁民の生活は一時的にはある程度回復したが、長続きはしなかった。一九六六年に文化大革命が始まると、劉少奇は実権を握る資本主義派と批判され、彼の政策も「資本主義という毒」と見なされ、否定された。このため、こうした資本主義的な方法は完全に停滞し、文化大革命中は「政治思想」の基準で「大寨式評分[10]」という分配方法が行われた〔江蘇省太湖漁業生産管理委員会 一九八六：六〇〕。

また、ある大型漁船漁民によると、当時、魚の私的販売や労働点数のごまかしなどの不正を防ぐために、共同で操業する工人を船主の意志で選ぶことができなくなり、船主たちは自分の船を使って漁をすることもできなくなった。あらゆる労働力が幹部の意志によって統一的に各船に派遣された。さらに、本来陸上で家を借りて居住する工人の家族（若い女性たち）も労働力として船に派遣され、かわりに船主の家族の高齢女性たちは陸上に定住させられた。

一九六八年、「大寨式」の政策に基づいて、漁船は再び折価され、社の所有になった。一部の話者によると、折価した金額は年ごとに返還されるといわれていたが、実際には返還されなかった。この時期、船の修理費用や整備する費用については、船ごとに政府から決められた補助金が一年ごとに提供された。余った金額は配分されることはなく、超過する部分は船主によって補填しなければならなかった。この様な方法を「専款専用」という。

(3) 思想の改造

政府は、生産手段や生産様式の改造だけではなく、常に会議を通して党と国家のイデオロギーを漁民に教え込んだ。一九五四年の、漁業における互助・合作に関する問題の「総合意見」では、漁民に対して次の内容を教育する必要があるという主張がなされた［T16　一九五四］。具体的には、国家の過渡期の総路線、社会主義（追憶・比較による）、工業化による漁業機械化の方向性、集団化運動（組織された互助組の優越性を説明できる事例を用いる）、技術改善による労働効率の向上、労働規律の遵守と労働競争、国家法律の遵守と国家の呼びかけへの応答、公共財産の重要性、浪費せず資金貯蓄を行う生産拡大、水産資源の保護、相互団結と反自己中心についての教育などがあげられた。また、漁業生産における互助・合作の管理については、「互助・合作の代表の会議、漁業技術に関する会議および各種の座談会を行うことができる」という意見を出した。

以上のように、最初の会議の内容は、多くは国家の政策や精神を漁民に伝えるものであった。そして大躍進以降、会議では上述した漁民の誤解に対する弁論や批判、「教育」もあった。国家の政策に反対する漁民の意見に反駁するために、貧困家庭の漁民や工人たちは、過去と現在の生活レベルの対比や、かつて匪賊や漁覇に抑圧されたことを話させられた。そうして、反対する意見の漁民たちを批判した。また批判中の表現や批判後の態度なども檔案に記録された［T25　一九六〇］。

大型漁船漁民の語りによれば、一九五四年前後の水上民主改革の時期、船主と工人はそれぞれ一か月に一回の会議を行った。一九六〇年代からは、社会主義教育運動や文化大革命と共に、会議が徐々に頻繁になっていった。ひと月に工人会、船主会、青年会、「積極分子」会などの会議があった。また三か月に一回、婦女会が開かれた。一月に三つの会議に参加する人もいた。積極的に会議に参加するのは工人だった。普通は、一般の人々にとって、際限のない会議に参加するのは気が進まないはずであったが、漁民の中でも工人たちは会議へと熱心に参加した。なぜならば、会議に参加すると、漁業をやらなくても会議中分の給料が受け取れるからだ。

大型漁船は常に陸から離れた水面で漁をするため、通常、漁民はほとんど陸に上がらない。行帳船(11)で魚を陸上に運び、また、生活や生産のための必需品を運んでもらっていた。大型漁船は風に乗って漁をするため、漁船のほとんどは風下のひとつの場所に集まっていた。そのため、漁の場所は行帳船によって簡単に発見されてしまい、会議があると、行帳船がそれを知らせに来た。会議場は陸上にあるため、会議がある時、漁民は行帳船に乗って会議場に行った。天候にもよるが、時には漁の場所から会議場まで行くのに片道だけで一週間もかかった。会議は少なくとも二日間は続いた。引き続き会議がある工人は船に戻らず、陸上で待機した。ある船主の話によると、共同操業した工人は一年のうち一四六日を会議に費やし、船上では一二〇余日しか働かなかった。会議に行かせる場合、船主は一日二・六角の金額を工人に補助し、逆に工人が船上で働く場合、工人は船主に一日一角の食費を出す。その船には船主夫婦と船主の親夫婦、女の子二人が乗っていた。家族内に男性の労働力がほとんどいなかったため、「評工記分」では収入はわずかであり、三〇元あまりの補助金を出すのは不可能であった。これを帳消しにしようと考えて工人と相談すると、上層部に報告され、幹部から「工人を搾取する」と批判された。

一九六九年三月に工人、農民、軍人のそれぞれの団体によって組織された「毛沢東思想宣伝隊」（「三宣隊」と略称[12]）は、呉県太湖人民公社に進駐し、「闘、批、改」（闘争、批判、改造）の運動を行った。この時期、会議も頻繁に行われた。当時の状況について、ある漁民は以下のように語った。

「三宣隊が来たばかりの時は、私は緊張していた。最初は騒がしかった。その後は徐々におさまっていた。何か月間もいた。五月から引き上げ始めたが、完全に撤退したのは八月だった。最初の何日間かは、私たちは緊張していた。夜に会議を行う場合は、全員が会議に参加しなければいけなかった。おばあさんたちも、足が不自由でも陸に上がって会議に参加したよ。船には誰も残らなかった。全員が行く。最初は全公社の会議、次は大隊の会議、それが終わった後に船に戻ってまた小隊（一二隻の船からなる）の会議があった。小隊の会議では全員が発言しなくてはいけない。五月以降は緩んできて、若者だけが会議に参加するようになった。名簿があるから」。また、「彼らは船に住みこんでいた。私たちは仕事が忙しくて疲労していたのに、毎日「朝に指示を仰ぎ、夕べに報告する」（「朝請示夜匯報」といい、朝は『毛沢東語録』を持って毛沢東に祝福の言葉を述べ、夜は会議で感想を報告すること）をしなきゃならない。会議では大体文化大革命についての毛主席の指示を勉強して、それに対してどんな意見があるのかを話した」。このように、三宣隊の唐突な進駐は漁民の間に大騒ぎを起こし、不安を広げた。数多くの会議も漁民にとってはストレスであった。

第三節　「階級区分」と「階級闘争」

階級区分と階級闘争は、主に一九五〇年から一九五二年にかけての土地改革の前提として行われていた。一〇年後の一九六二年には、修正主義に反対し、資本主義の復活を防ぐために、毛沢東は階級闘争の必要性を再度提起し、全国で「社会主義教育運動」（以下「社教運動」と略称）を展開した。具体的には、農村では人民公社において労働点数、帳簿、倉庫、財産の再点検という「四清運動」を行い、都市では汚職・窃盗、投機、浪費、分散主義、官僚主義に反対する「五反運動」を行った。一九六三年に、中央政府は「階級闘争を要とする」という「社教運動」の方針を決定し、一九六四年に「全党および全民の社教運動を徹底して行うことへの指示」（「全党全民社教運動進行到底的指示」）を下した［銭庠理　二〇〇八：三〇〇―三〇五］。その後、「四清運動」は労働点数などの再点検から人民公社内部の政治・経済・思想・組織を清浄化することを目的とする内容に転換し、全国範囲で階級闘争を再び盛り上げた。江蘇省政府は、一九六四年九月一〇日以降、六万人ほどの農村社教運動の実行チームと二万人程度の都市社教運動の実行チームを組織して派遣した［銭庠理　二〇〇八：三二六］。

太湖の漁民社会では、建国初期の農民協会や水上民主改革のときは階級区分がなされなかったが、「四清運動」の影響で、一九六四年から漁民の階級区分の記録が見られるようになった。一九六四年一二月に作成されたＨＺ大

表８　HZ 大隊漁民の階級表

戸主の名前	年齢	階級成分		本人成分	家の人口（男＋女）		民改期雇った工人の数	搾取の内容	本人の経歴	社会関係
		民改期	現在（1964年）		民改期	現在				
Zcq	56	4	2	漁民	13 (6+7)	24 (13+11)	0			
Jzr	58	3	3	漁民	11 (4+7)	21 (8+13)	1	工人を雇って搾取	1人の小型漁船漁民を殺した	おじは兵士、ごろつき
Jhf	38	3	4	漁民	15 (9+6)	27 (10+17)	2	工人を雇って搾取		
Jjx	51	1		漁民	4 (2+2)	5 (2+3)	4	工人を雇って搾取	偽保長	
Zcx	33	4	3	漁民	5 (3+2)	12 (5+7)	2	工人を雇って搾取		
Ltm	58	2	2	漁民	26 (14+12)	20 (13+7)	0	金貸しで搾取	偽保参議員	息子は偽保長
Zjj	16	1		漁民	8 (3+5)	15 (8+7)	2	工人を雇って搾取		祖父は偽保参議員

階級構成説明：1 漁業資本家（地主相当）、2 富農相当、3 上中農相当、4 中農相当、5 貧農相当、6 漁工

「呉県太湖人民公社 HZ 大隊階層排隊表（1964 年 12 月）」［T35　1969 年］の一部より転載

隊漁民の階級表（表８）を見ると、漁民は「漁業資本家（地主相当）」、「富農相当」、「上中農相当」、「中農相当」、「貧農相当」、「漁工」の六つの階級に分けられており、農民の階級区分の方法を参照したことが分かる。しかし各階級の正式な名称はまだなかった。この表によると、民主改革期（表８で「民改期」と略称）に、太湖漁民の間では階級闘争が行われなかったにもかかわらず、この時期に、農民階級に相当する漁民階級認定の結果が記入されている。この矛盾について考えられる可能性は二つである。一つは民主改革期に、全国的な階級区分の流れに応じて幹部たちは太湖漁民についても農民階級に相当する階級を認定したが、公開しなかった。もう一つは、そもそも民主改革期には階級区分の認定が行われなかったが、一九六四年に階級区分が必要だと指示されたときに、過去の漁民に対する調査データに基づき民主改革期の階級区分の認定を遡及的に行い、一九六四年の階級区分と同時にまとめて認定した。そして、表を見ると、民主改革の時に漁業資本家と見なされた漁民は二〇戸だったが、一九六四年の「現在の階級構成」では空欄である。空欄

となっているのは、当時区分するための明確な基準がまだなかったためと推察される。

しかし、このような階級表が作成されたとしても、それぞれの階級が、陸上の人々のように、階級闘争を行ったかどうか、影響があったかどうかは明確ではない。その答えは、後の一九六八年と一九六九年の、大型漁船漁民に対する再度の階級区分の檔案から判明する。

一九六六年から文化大革命に入り、一九六八年には文化大革命で現れた混乱について、毛沢東は、階級敵が陰で操っているのが原因であるとして、文化大革命の性質を「プロレタリア階級のブルジョア階級と搾取階級に対する政治的大革命」と認定した。そして、プロレタリア階級の「異分子」摘発を目的とした「清理階級隊伍」(階級の隊列整理)の運動が行われた[下　二〇〇八：六七一―六七四]。こうした全国的な運動と歩調を合わせるために、その時点ではまだ階級区分を行ったことがなかった漁民社会では、まず階級区分を新たに行うことが必要となった。

こうした中央の意図を受け取った省政府は、一九六七年に次のような指示を出した。

> 文化大革命は漁業戦線の階級闘争の蓋を開け、淡水漁撈における社会主義革命を大きく推進した。(中略)漁業社会主義改造には、最重要の任務がある。それは民主改革に対する「補習」として、漁民の階級区分を行うことである。建国から一八年経ったが、漁民にはいまだに階級成分がない。これは、中国のフルシチョフをリーダーとする、党内における一部の資本主義の道を歩む実権派が漁民に対して犯した重い罪である。(中略)漁業社会主義改造は民主改革の「補習」、社会主義革命、社会主義建設の三大任務を含むものである。[T31 一九六七][13]

これに対して、地方政府は具体的になぜ再び大型漁船漁民に対して階級区分を行う必要があったのかについて、以下のように説明している。大型漁船漁民の「政治・経済状況は極めて複雑で、階級区分はまだなされておらず、船主と工人の間の問題も処理しがたい、（中略）（大型漁船漁民は）資本主義商工業家に類似しているが、農村の富農にも類似している」［T33　一九六八］としている。また、「階級敵人は漁民の同郷、親戚、教徒等の関係を利用し、封建宗教、迷信、「邦会」の統治を用い、大衆を籠絡している、（中略）呉県太湖公社のＨＺ大隊では、一〇〇戸の船主のうち、七〇戸が親戚である。少数の姓を除くと、すべてＪ姓、Ｌ姓の天下である。九六人の工人の内、二二人が船主の婿（娘の夫）になっていた」［T32　一九六八］。つまり、船主は自らも労働しており、主要な労働力であったため、これが階級区分の類型化における困難の一つの原因とされた。また、同郷（地縁）、親戚（血縁）、教徒（宗教）などの問題があったため、階級闘争がやりづらいことも原因として挙げられた。地方政府は船主と工人を強く対立する階級としてみなし、農村における貧農や雇農と地主、都市における工人と資本家との闘争のように、工人の船主に対する闘争も期待されていた可能性があった。しかし、船主のほとんどは工人と共同で労働し、共同で生活していたため、船主と工人の対立は貧農や雇農と地主、工人と資本家のように顕著なものではなかった。さらに、一部の工人は船主の娘の夫として、船主と姻族関係を持っていた。そのため、以上の檔案には「船主と工人の間の問題も処理しがたい」、「九六人の工人の内、二二人が船主の婿（娘の夫）になっていた」という地方政府の困惑した表現があった。一九六八年の檔案から推測できるのは、一九六四年の時点で階級区分は農民の基準を参照して行おうとしたが、大型漁船漁民の特別な事情により、階級区分と階級闘争を従来の基準通りに行うことはできなかったということである。

漁民に適用される階級区分の基準は、一九六九年五月に呉県革命委員会と工・農・兵毛沢東思想宣伝隊が共同で作成した「聯合調査報告」［T36　一九六九］から見られるようになる。この基準によって、漁民は「漁工」、「貧漁」、「下中漁」、「中漁」、「漁業資本家」の五種類に分けられた。その中で、「漁業資本家」の基準は「比較的すぐれた多くの漁具と漁船を所有し、総額が七〇〇〇元以上であること。自分も労働するが、解放直前に三年間連続で工人三人を雇ったことがあること。搾取した収入が総収入の三〇％以上であること」［同前］であった。

ここでは第二章で言及したL家のことが例として挙げられ、以下のように記述されている。

Ltm[14]は二隻の総計一二六トンの大型漁船、約二万元位の価値がある漁具を占有し、民国期には自分も労働し、工人を雇っていなかったが、解放後は工人二人を雇った。自身は偽参議員、息子Lzxは一九四八年に国民党の保長を担当し、銃を持って徴兵の代わりの米を徴収していた。また、徴収した米を着服していた。漁民を残酷に圧迫したので、民衆の憤激は極めて大きい。解放後、親子二人は反動的な思想を持ち、工人を圧迫しているので、漁業資本家として認定すべきである［T36　一九六九］。

前述したように、Lzxは民国期には副保長として漁民から米を徴収し、また共産党政権成立直後には、船の徴用の件で政府に誰の船がいいと報告したため、一部の漁民の不満を招いていた。また、第二章で論じたように、民国期、L家は一隻の漁船を持ち、Ltmが船主であった。一九五四年には新しい船が造られ、Ltmの甥LzfとLzaがもとの船から独立して新造船で操業するようになった。その後、この二隻の漁船が「対船」として操業するようになった。しかし、ここではLtmが「二隻の大型漁船を占有する」のように書かれている。一隻の漁船の時、Ltmは船主であり、自分も労働していた。一九五四年に甥たちが二隻の漁船に分かれた後に、元の船の労働力が足りなくなったので工人を雇ったと推察できる。しかし、工人を雇うのはここでは「工人を圧迫する」と解釈され、漁業資本家の基準の一つとなっている。

さらに注意すべきなのは、表8によると、一九六四年の時点でLtmは漁業資本家ではなく富農に相当する階級と認定されていたものの、一九六九年の時点では、漁業資本家と認定されてしまったということである。かつ、彼は基準の説明として、第一の例としてあげられていた。なぜこのような変化があったのか、詳しい事情は不明であるが、階級区分の決まった基準がなく、地方政府が模索の中で階級区分を行おうとしていたことがここで確認できた。

このような基準に従って、大型漁船漁民が属していた「HZ大隊の中で漁業資本家は三〇％を占める」〔同前〕ということが報告された。しかし、この報告を読んだ上級の幹部は、その文章のそばに「書き直す」というコメントを書いた。その次には、階級区分の難点と計画が書かれている。というのは、「漁民の間で階級区分を行うのは色々な面に関わる仕事であり、他の地域でも行ったことがないため、実践の中で模索しながらやっていくことしかできない。（中略）七月上旬から一か月を費やし、階級区分を行い、階級の集団を整理する」〔同前〕とされている。しかし、檔案だけを見ても、基準に従って階級区分や階級闘争を行ったかどうかは判断できない。また、報告を読んだ幹部はなぜ「書き直す」とコメントしたのかもわからない。こうした問題について聞き取り調査から探りたい。

なぜこの時期、階級区分と階級闘争を太湖の漁民社会で行わなくてはならなかったのだろうか。政府側は「太湖は各回政治運動の死角である」〔同前〕ため、「一部の階級敵人は長期的な政治面での衝撃を受けておらず、経済面でも処分されておらず、思想も改造されていない」〔同前〕と説明されている。漁民たちは、一九六九年三月、三宣隊がHZ大隊の属する太湖公社に進駐することの目的について、「陸上にはいろんな運動があったけれども、ここにはあまりない。死角だから。三宣隊は私たちを支援して運動を行うためにきた」と解説した。この解説は檔案での説明と一致している。

また、階級区分については、ある漁民の説明によると、省から派遣された幹部は彼らに対して事情聴取を二度行ったという。一回目は一九五一～一九五二年の間で、水上民主改革の時期に工人を調査した。この工人は「船主は工人と一緒に労働し、一緒に食事をする」と忠実に答えた。そのため、船主からの搾取を見出すことはできなかった。二回目は一九六九年三宣隊がきてからで、彼らは工人や船主に対して別々に会議を行い、事情を聴取した。また、工人だけを呼んで玄墓山で秘密会議を行い、階級区分の認定をしたという。上述した檔案資料は一九六九年六月に提出されていることから、事情聴取や秘密会議の後に報告されたものだと考えられる。しかし、秘密会議の結果としては、ある漁民によると、特定の人しか批判や闘争を受けなかったという。「階級闘争はしなかった。区分されたと聞いたけど、その影響はなかった。当時一〇〇くらいの船主の家から三六家が出されたけど、上層部の幹部はこの比率に対して不満だった」。漁民の話と檔案を対照してみると、漁民の話の「三六家」は「漁業資本家は三〇％を占める」の「三〇％」に近いことが分かる。漁民の話によれば、上層部の幹部は「資本家」の比率が高すぎ、その比率に対して不満を持っていた。このことから、檔案に、その比率に対して「書き直す」というコメントがあった理由もわかる。つまり、漁民自身だけではなく、上層部の幹部もその比率に対して疑問を持っていたのである。このように、漁民の階級区分は「実践の中で模索しながら」行い、地方政府が農民の階級区分の基準に従って作ったものが大型漁船漁民には適用できず、上層部の幹部もそれを認めなかった。その結果、階級闘争が行われなかった。

第四節　漁民たちの反応

以上のように、建国初期と比較すると、太湖漁民社会は一九五三年以降、様々な運動の影響を受けざるを得なかった。まず生産様式の面について見ると、初期の互助組への組織化では、依然として自由に「対船」や「一帯」を互助組に組み込んで漁を行うことができたが、合作社や人民公社になると、自由に組み込むことが許されなくなった。つまり、平等主義の思想に基づき、生産高が高い船と低い船という組み合わせが地方幹部によって決定されるようになった。さらに、文化大革命中の統一的な労働力の派遣によって、一つの船の成員が基本的に家族だという基本的な生産様式も変化を被った。

生産手段の所有について見ると、漁船と漁具の所有は、互助組の段階では、まだ個人所有ができたが、合作社や人民公社の段階になると、合作社や人民公社の所有になった。ある漁民の話によると、船は合作社になってからはほとんど集団で使うようになった。船は一九五八年と一九六八年の二度折価したことがあるが、農具の処理方法と比較すると、船の処理はうまくできなかったことが分かる。政府側は一九六〇年一一月に「船は生産手段であるが、また生活手段でもあるため、船の処理は人民公社に組織されてから今に至るまで適切に解決していない」［T24一九六〇］と問題視した。さらに、船が折価されても、政府が船主に返還した船の使用料はわずかであり、船が壊れると、不足する修理費用は船主の負担になった。

収入の分配について見ると、互助組の時は、一部の所得はそのまま個人所有であったが、合作社が組織されてからは、船主と工人は労働力の点数によって給料が配分されるようになり、特に文化大革命中は、「政治思想」の基準で労働点数が評価されたため、船主と工人の雇用関係も失われてしまった。

以上の様々な政策や運動がもたらした変化について、漁民は強い不満を抱いていた。例えば、船主たちは「評工記分」の分配方法について不満を持っていた。「評工記分」が実施されてからは、船主が家族全員の収支を管理することによる伝統的な分配方法が廃止され、男性でも女性でも老人でも、漁民ならば個人の労働に応じて一定の給料が与えられるようになった。この時期、漁民に対して、自己本位ではなく、団結する必要があるという教育が会議で行われた。しかし、この場でＺｍｄは「何が団結だ。本来一家族の金は八人が分配するというのに、どうやって団結できるのか」として不満を述べ、理解できないと言った。Ｚｍｄの父親は五人兄弟であり、漁船を持っていなかったため、民国期に五人とも工人として雇われていた。兄弟たちは、髪が伸び放題でも散髪代を節約したり、漁以外の時間で網を作って売ったりして、共同で一隻の漁船を購入した。建国初期、兄弟たちは三隻の大型漁船を所有していた。この兄弟たちの物語は漁民たちを激励する話として語られていた。したがって、Ｚｍｄにとって、先代が工人から船主に変身できた理由は「団結」があってこそであったのだが、共産党政権が宣伝する「団結」は、Ｚｍｄが知っていた「団結」ではなかった。

このような不満は、人民公社運動の時期に一度頂点に達した。地方政府は漁民の不満を察知して、一九六〇年までに一部の漁民の政策に公に反対する行為や発言を収集し、「錯誤事実」として報告した〔T25　一九六〇〕。これらの漁民には、党員や漁民出身の幹部も含まれていた。彼らの不満は人民公社への反対、大躍進への反対、統購統銷への反対、共産党や毛沢東への反対の四種の内容に分けられて報告された。

互助組に組織された際、すでに一部の漁民は互助組に参加することを固く拒んでいた。大型漁船漁民の一人の船主は「死んでも互助組に参加しない」と宣言し、他の三人の船主を説得して互助組から抜けた〔T25　一九六〇〕。大型漁船は冬に四隻での漁船しか操業できないからである。

人民公社になると、極端に拡大した公社の規模について、ある漁民は「今、社はだんだん大きくなって、毒蛇になった」（「社」と「蛇」は同音）〔T25　一九六〇〕と揶揄した。人民公社の毎月の生活費は年齢によって分配された。一～三歳は三元、四～七歳は五元、八～一五歳は七元、一六歳以上は一〇元という規定であった。それに対して、漁民社会には「生産不生産、小人三五七、大人十元頭」（労働してもしなくても、子どもは三・五・七元、大人は一〇元）というように、仕事を怠けようとする全体的な傾向があった〔T22　一九五九〕。

そしてこの時期、漁船の集団所有について「なぜ農民たちは自留地を持つことができるのに、我々は漁船を所有できないのか」として理解できない漁民が多く存在していた〔T25　一九六〇〕。また、すべての財産が一切集団所有化されることを恐れて、一部の漁民は時刻が識別できないのにもかかわらず、高額の腕時計を買ってしまった。一部は自分に必要のない衣服を買って親戚に送った。さらに、獲った魚をできるだけ自分の食用にして、生活費を節約した。あるいは、農民と野菜や柴を交換することもあった［T22 一九五九］。

また、統購統銷に反対し、「瞞産私売」といって、獲った魚をひそかに売った漁民も多かった［T25 一九六〇］。大躍進期、生活必需品はすべて個人に対して一定量が提供された。春節に備えて、人々が豚肉を受け取るために長い列に並ばなければならないことについても、「肉を食べるためにこんなに列に並ばなければならないとは、刑務所に入ったのと同じようなものだ」という不満の発言があった。布が七尺分配されたことについても、「これくらいでおむつをつくるのか」という不満の声があった。人民公社の分配方法や集団所有に対しては、「人民公社に入れるものばかりで、出してもらうものがない」［T25 一九六〇］といった発言があった。一部の漁民は他の漁民を煽動して退社した。

私有物はすべて集団所有ということになったため、わざと私有物を破壊する人も多かった。漁具や漁船などの私有物は共同使用になってから、大切に保管されることがなくなった［T25 一九六〇］。こうした事態は、大躍進期の後期になると、一層悪化した。集団労働に対する漁民たちの消極的な態度のせいで、当時の太湖の状況は「船は湖に浮いている、漁具はあちこちに放置されている、柔らかいものはお金に換わる、硬いものは柴にして燃える」［T25 一九六〇］と語られた。つまり、漁船・漁具は共同使用のため、誰も大切に保管しなかった。私有物は集団で分配される恐れがあるため、むしろ自分で使ってしまったほうがいいというわけだった。

大躍進後期に中国全土で食糧や物資の不足が深刻となり、農村では飢饉が発生し、大量の餓死が方々で目立つようになった。漁民たちも周辺の農民が餓死した事情を理解して、自分たちの以前の生活を懐かしみ、共産党政権に対する不満をさらに増していった。大躍進期の食糧や物資の不足について、漁民たちは「どんな物も買うことができないのが大躍進だ」と揶揄した。これまでは、網が腐らないように、豚の血で染めていたが、豚の血が不足したため、幹部に桐油を代わりに使えといわれた漁民が「桐油で染めるくらいならば漁をやめたほうがいい」と反論した。

船を修理するための木材がほしいと漁民が幹部に尋ね、「ない」という返事をもらった漁民は「中国中に一本も木がないのか」と不信と不満を漏らした。大躍進期に幹部たちが作った誇大目標についても、「気ままに口から出すんだ」や「恥知らずだ」と批判した。大躍進期の誇大目標を完成するため、幹部は漁民に命令して昼夜問わず漁をさせたため、ある漁民は「貧しいけど、命が大切だから、命を惜しまないことはやらない」と反対した。会議での「放衛星」についても、「ただの空言を吐くんだ」といい、裸の王様を指摘した漁民もいた。さらに、大躍進期政府に金のものを売らされたことに対して、「昔の強盗は銃で奪ったが、今の共産党は銃を使わずに奪う」と指摘した［T25　一九六〇］。

こうした政策に対する不満はどんどんエスカレートして、漁民たちは直接毛沢東や共産党への文句をいい始めた。「人民政府は強盗に負ける」、「毛沢東がいる時は食うものがないが、死んだら天下太平になる」、「共産党は人を追いつめて死なせる、食うのは不自由、着るのは不自由、寝るのも不自由」、「以前の強盗はたまに同情心があったが、今の共産党は同情心もない」［T25　一九六〇］など、政府にとって極端に反動的な発言があった。

一九五八年から一九五九年にかけて、漁民の不満を弾圧するためか、あるいは公安部門や人民法院などの政府機関が刑事処理の件数で「放衛星」するためか、詳しい理由はわからないが、大量の刑事判決が報告された。一部の漁民は集団化運動への反対行動をしたため、一～三年の「管制」という判決が下された［T20　一九五八］。具体的には、「嘘言を流布し、「変天」（共産党政権が崩壊する）思想をまき散らし、合作社の強固を破壊する」行為、「大躍進の指標に対して、消極的な言論をまき散らし、皆の生産の気持ちに消極的な影響を与える」行為、「解放後の新政府に対して不満を持ち、幹部を口汚く罵り、統購統銷の政策に反対する」行為などが挙げられた。言葉のうえで不満を発散するだけではなく、「他の漁民を扇動して、合作社から抜けて、漁業合作社を破壊する」漁民もいた。

大型漁船漁民の中には、一人が政策に反対したため、二年の管制が科された者もいた。判決書によると、彼は普段「幹部に対して不満を持ち、工人を軽視している。常に社会主義改造に消極的に抵抗している。例えば、一九五七年に公の会議中に騒ぎを起こした。「合作社は何蛇」と皮肉った。幹部が彼と相談すると、彼はいい返し、「工人は私の手の内にある」と強調した。一九五五年に船を修理するため、木材を一本盗んだ。法律に従えば、二年の管制を懲罰すべき」とされている。

また、一部の漁民には三年以上の懲役が科せられた〔T23 一九五九〕。これらの判決が下された漁民は、ほとんどが民国期に窃盗、強盗、殺人などの犯行を犯したことがある。彼らは「解放」以降も一部が窃盗を続け、一部が「迷信」活動に従事し、「人々の財貨を詐取した」という。また、「瞞産私売」行為、「賭博をして、社会秩序を破壊した」行為、流言行為なども「解放」以降の犯行として挙げられた。特に「解放」以降も窃盗を続ける報告が多く見られる。窃盗の対象は米、野菜、芋などの農作物、柴、油、家畜、魚、漁具、竹などの生活や生産用品がほとんどであった。こうした漁民はほとんどが「中華人民共和国の反革命を懲罰する条例」に従って、軽い場合は懲役三～五年、重い場合は一二年から無期の判決が下された。

小括

ここまで、「漁業社会主義改造」を建国初期の運動、生産手段の改造、漁民の思想の改造といった側面から通時的に考察した。改造においては、政策の変遷の中で様々な運動が実施され、漁民はそれらに逐一対応していった。建国初期の水上民主改革までは、共産党政権を強固にすることを目的として、漁民社会では主に行政組織の確立や反革命鎮圧運動が展開された。この時期、漁民の日常的生活への影響は少なかった。しかし一九五三年以降、互助組が組織されてからは、漁民社会の生産関係や生産様式は大きく変化した。特に、漁民たちは大躍進や文化大革命などの大規模な運動に巻き込まれ、試行錯誤を繰り返す政策に翻弄された。民国期までは国民党政府に実質的に統治されていなかった漁民たちは、漁業社会主義改造を通して共産党政府に掌握されていった。

太湖における漁業社会主義改造は、基本的には農業社会主義改造の手法を模倣して行われていたが、以上のように、漁業社会主義改造のプロセスを考察することで、農業社会主義改造と同様に進んだわけではなかったことが明らかになった。漁民社会に施策を施すとき共産党政権がぶつかった障害は、農民社会と異なる社会状況であり、彼らは、それに応じた適切な政策を立てることができなかった。

まず、生産手段の改造においては、漁船は生産手段だけでなく、居住場所でもあったにもかかわらず、農具のように共同で使用させられた。漁船は、生産手段としては共同使用ができたが、居住場所としては共有できなかったため、結局共同所有は困難であった。そのため、漁船は農具と同じように扱えなかった。したがって、漁船は個人所有にすべきか集団所有にすべきかという問題について、政府側にも一定の見解がなかった。また、漁業生産は、集団化しても漁船が常に移動するため、監視が困難だった。そのため、再三の禁止にもかかわらず、「瞞産私売」は根絶することができなかった。

さらに、農村において農民協会や土地改革の早い段階で始まった階級区分と階級闘争についても、一九五〇年の漁民協会の設立から一九五三〜一九五四年の水上民主改革に至るまで、沿海部の階級区分は混乱し、太湖漁民の階級区分は行われていなかった。さらに、四清運動や文化大革命中、政府は漁民の間で階級区分や階級闘争を行おうとしたが、順調に進まなかった。その理由としては、伝統的な漁民社会が地縁、血縁、宗教などの関係で緊密に結ばれていたことが挙げられる。工人の中には、船主の「婿」になる人も多かったため、船主と工人は姻族関係を持っていた。さらに、漁は共同労働だったため、船主、船主の家族成員と工人はお互いに協力して作業していた。そのため、船主と工人の間の対立は顕著ではなかった。漁民社会に対して、建国初期に階級区分が行われなかったのは、政府側にその意図がなかったからではない。建国初期、政府側は漁民の状況を調査して、階級区分をしようとしたが、漁業の生産様式では、船主も一労働力として働き、工人と一緒に生活していたため、階級区分の基準が明確にできなかったのである。文化大革命中には、階級を整理する運動が行われ、階級区分が再び必要になった。しかし、無理やり基準が作成されたものの、結局のところ階級闘争は基準通りに行われないまま、運動自体が終息した。

以上のように、漁業社会主義改造は、漁業側の特殊性と共産党政権側の適切な政策の欠如によって、農業社会主義改造と異なった様相を呈した。つまり、共産党政権は様々な運動を通して太湖の漁民を統制しようとしたが、農業社会主義改造と比較すると、順調に行うことができなかったのである。一方、漁民たちは突如襲来した様々な運動に対して適応することが困難で、その状況に不満を持っていた。漁民と共産党政権との対立が高まる中で、共産党政権にとって漁業社会主義改造は一層困難な課題となったのである。

注

（1）『内部参考』は、新華社内部参考編集部により、中国国内では非公開のニュースを編集し、党内の高級幹部に閲覧させるための資料である。その中には、政治的に敏感な情報も常にあり、中央幹部による政策決定の際の参考にするため、地域社会の情報を上の幹部に伝える機能（「下情上達」）を持っていた［黄成楷　二〇〇六：五―六］。本論では香港中文大学中国研究服務中心所蔵のものを用いた。

（2）社会主義革命を反対する人々は普通に「反革命分子」と呼ぶ。政府の政策に反対する人々、特に国民党のスパイ、国民党と関係を持つ幇会の親方なども「反革命分子」とされ、処分された。

（3）一九五三年から実施された、農村で食糧資源をコントロールする計画経済政策である。農村部に対しては強制的に食糧を買い上げ（「計画買付」と呼ぶ）、都市部に対しては一定の食糧を配給する（「計画供給」と呼ぶ）［田錫全　二〇一三：六六］。農村部の政策と同じように、漁民に対する統購統銷は、漁民が獲った魚を計画的に買い上げ、漁民に対して食糧を一定的に配給する政策だったと考えられる。

（4）一般的にいえば、ある領域や地域で支配力を持ち、不正をはたらく中心的な人物を指す。

(5)「幇会」とは、外部に対して秘密の宗旨や入会儀礼、隠語・暗語などを有し、社会の公的な秩序に外れる活動を行う団体である。本来は民間における互助的な同業団体や地縁団体、宗教団体であり、反社会的な団体とはいえないものも多くあった。しかし、王朝期から現在に至るまで、政権の側では、しばしば民間独自の組織活動に敏感に反応し、厳しい取り締まりを繰り返しており、そのためやむなく秘密結社となった場合も少なくなかった［天児 一九九九：一〇六九］。ここでいう「反動幇会」とは、共産党政権や政策に反する団体、秘密結社を意味する。

(6) 一九三〇年に毛沢東が提唱した「新民主主義論」によると、中国革命は二段階を経る。第一段階は「ブルジョア民主主義革命」、第二段階は「プロレタリア社会主義革命」である。第一段階の革命の形態は従来の民主主義革命と異なり、中国に特徴的な新しい型の民主主義革命である。従来の民主主義革命では成功するとその経済体制は資本主義社会へと進むが、新型の民主主義革命は資本主義社会を経ずに社会主義革命に移行するとした。「新民主主義革命」とは、中国プロレタリア階級が中心となり、労農同盟を基礎として、反帝国主義・反封建主義の革命を行い、民主的な諸階級の連合政権を作ることが主な内容であった［天児 一九九九：五八五―五八六］。

(7) 一九五七年にソ連が二つの衛星を打ち上げたため、一九五八年に中国のメディアは農業生産高が歴史的な最高記録を破ることを「放衛星」（衛星を打ち上げる）と称した［林蘊暉 二〇〇八：一三三］。

(8) 自留地（自主的に経営できる土地）、自由市場、自負盈虧（損益の責任を自己負担）および包産到戸（家族で生産を請け負う）の略称である［天児 一九九九：五五二］。

(9) マルクス・レーニン主義の正統的理論に修正を加えたもので、このような正統的理論に反対する理論や運動は「修正主義」とされる［天児 一九九九：四九二］。

(10)「大寨」は山西省昔陽県大寨鎮に位置する村である。大寨村は一九五三年からの集団化運動で山地を切り開いて耕地とし、ダムや灌漑水路も築くなどして、食糧の大幅増産や水害からの復興などの成果を出し、貧しい山村を自力更生で開拓した精神と高く評価された。一九六四年に毛沢東が農業は大寨精神に依拠するようにとの指示を下し、文化大革命がはじまると、階級闘争の一環として大寨の経験が宣伝され、全国農村の見本とされるようになった。その後、全国で「大寨式」農業が推し進められた［天児 一九九九：六八四―六八五］。「大寨式評分」では、仕事の種類と労働力のレベルだけではなく、政治的思想や階級身分も労働点数の多少にかかわっていた。

(11) 第二章で言及したように、行帳船はそもそも大型漁船漁民から魚を買い付け、漁行に売る仲介のようなものであったが、共産党政権以降、行帳船は供銷合作社所有となった。大型漁船漁民から魚を受け取って陸上に集めたり、漁民が必要なものを陸上から運搬してきたりしていた。また、漁民に陸上の通知を知らせる役割も果たしていた。

(12) 文化大革命中、各組織や機関の武闘派が引き起こした混乱に対して、労働者による毛沢東思想宣伝隊が学校や文化部門、政府機関などで彼らの闘争や批判に参加し、指導するようにという毛沢東の指示である〔天児　一九九九：一二一四―一二一五〕。工人、農民および軍人によって組織された工人毛沢東思想宣伝隊、農民毛沢東思想宣伝隊、解放軍毛沢東思想宣伝隊を「工・農・軍（兵）毛沢東思想三宣隊」、さらに「三宣隊」と略称する。

(13) 劉少奇のこと。文化大革命中、劉少奇は「資本主義の道を歩む実権派」の中心とされ、毛によって打倒の標的とされた。一九六七年四月一日付の『人民日報』は、中央文化革命小組の戚本禹が共産党の理論誌『紅旗』一九六六年第五期号に発表した評論「愛国主義か売国主義か――歴史映画『清宮秘史』を評す」を転載した。この評論で劉少奇は「中国のフルシチョフ」と名指しで非難され、これをきっかけに劉に対する攻撃が激化した。

(14) ここでいうＬｔｍは表８におけるＬｔｍ、そして第二章の図10におけるＬｔｍである。

第五章　「迷信」に対する弾圧と秘密裏の信仰生活（一九五〇～一九七〇年代）

はじめに

共産党政権は、漁業社会主義改造を実施することによって漁民の生産手段や生業形態などの「改造」を行ったが、それに加えて、漁民たちの思想についても、数多くの会議を通しての「改造」を実施した。漁民たちの信仰生活は、政策の変化によってどのような直接的影響をこうむったのだろうか。また、政策によって変化した漁民の生業や生活は、信仰生活にどのような間接的影響を与えたのだろうか。本章では、聞き取り調査と檔案史料に基づいて、集団化運動の時代における共産党政権の漁民の信仰活動の弾圧、特に太湖漁民に関わる「紅三教」の弾圧および漁民たちの具体的な対応を明らかにする。

第一節　江蘇省における「紅三教」の概況

共産党政権は、成立以降、反動会道門「紅三教」を取り締まるという名目で、太湖漁民に対して信仰活動の弾圧を行った。『中国会道門史料集成』（以下『史料集成』と略）〔中国会道門史料集成編纂委員会　二〇〇四〕によると、「紅三教」は「紅門三教」、「紅三堂」（「洪三教」、「洪門三教」とも書く）とも呼ばれ、主に江蘇省を勢力範囲としていた。『史料集成』は、中国各地域における秘密結社組織「会道門」の研究のために、地域ごとの地方誌や檔案史料から抜粋された、様々な会道門に関する史料をまとめたものである。その中の江蘇省内各市・県の会道門の記録からは、三〇余りの市・県に紅三教があったことが確認できる。全体的に見ると、ほとんどが漁民からなっていた。漁民の他には、いくつかの地域において、船民や少数の農民が所属していた。

紅三教の発生と伝来の時期について、各地域の報告は一致しない。最も古いのは呉県の報告で、それによると紅三教は唐の時代に興り、民国期の一九一二年に呉県に伝来したという〔同前：四一五〕。海安県の報告によると、清代の中頃、海安県に伝わった〔同前：三九七〕。他の地域に伝来したのはほとんどが民国期であるとされる。

地域によって異なるが、紅三教の頭目は「道首」、「堂門」、「堂主」、「香主」、「香頭」と呼ばれ、下の成員たちは「道徒」や「香客」などと呼ばれた。組織形態については、「以幇設堂」が多数報告されている。これは、幇を以って堂が設けられるという字義的な表現であるが、高郵県の報告では、紅三教の「信者のほとんどは漁民であり、居住地域、家族と漁具によって幇に分かれ、各幇に堂口が設けられており、統一的な組織を持たない」とされる。報告されているのは漁民がほとんどであるため、ここの「幇」というのは漁幇のことであり、それぞれに、一つの堂口が設けられていたと考えられる。その一方で、各堂口を統轄する組織がなかったことは窺える。また、沙洲県の報告によると、「その組織の上層には「大堂門」（道首）、「小堂門（小道首）、「仙姑」がいて、下層には「香客」、「香姑」がいる」〔同前：四二二〕。つまり、一つの堂口には、上と中間の頭目がおり、一般の道徒を管轄していたのである。[1]

堂と道徒の数が最も多いのは、宜興県、常州市、高郵県である。一九三七年の時点で宜興県には堂口が五〇か所以上あり、香客は二〇〇〇人以上いた〔同前：四一二〕。日中戦争期には、常州の道徒は七〇〇〇人以上にのぼった〔同前：四〇五］。一九六四年の時点で高郵県には堂口が一〇五か所あり、香頭が一〇五人、香客が二一〇九人いた［同前：三八七］。他の地域では数十人から数百人までと数字に幅があった。

また、『史料集成』では、いくつかの県における紅三教の状況が詳しく記述されている。海安県についての記述では、紅三教は清代半ばに周辺地域から伝来した。海安県の六つの郷鎮の漁民の中では、堂門が二一人、香客が九六人だった。紅三教の規定では、線香をあげたり、堂門に病気治療を依頼したり、「赤事」[2]について堂門に尋ねたりする漁民は、堂門の香客であるということであった。また、漁民に子どもが生まれたときは、堂門に寄名した。そのため、結果として、ほとんどの漁民が堂門の香客だということになってしまった。香客の家では、堂門が、結婚や出産、病気の治療、紛争の解決など、重要なことに関する儀礼をほとんどすべて行った［同前：三九七］。

常州市において、紅三教の「三紅」とは、①「跳馬痺」の際に臂の肉を切って病人に食べさせる、②臂を切って血で符を描く、③唇を刺して病気を治療するという三つのことを指していた。民国期、常州の道徒はわずかに二〇人だけだった。日中戦争中には、香主が日本軍と結託し、水上漁民を中心とした武進県漁医会を設立した。この会では、漁業証明書を持つ者が庇護されたため、入道者は七〇〇〇人以上にのぼった。一九五八年には一度取り締まりを受けたが、一部の道首が武進県まで逃亡したので、一九六四年に再び取り締まりがあった、とも記述されている［同前：四〇五］。

常熟市の記録では、紅三教は水上で活動する違法組織であり、「邪術」で病気を治療し、人命を粗末にし、財貨を詐取し、婦女を強姦するとされた。当地では取り締まり運動が行われたが、活動は停止しなかった。一九五五年には、堂門を担当した漁民が、自分の血が付着した布を焼き、その灰を「仙丹」に仕立て上げ、それで病気を治療した。彼は「四清運動」の際に政府によって批判されたが、処刑はまぬがれ、一九六七年から一九七一年にかけて活動を再開したと記録されている。一九七四年～一九八八年には、市内の多くの漁業村で、紅三教の活動が復活する事件が多発した〔同前：四一九―四二〇〕。

沙洲県の記録によると、紅三教とは、文教、武教、僮子教の三教が一つになった組織である。教内では鬼神を信仰し、水上漁民の間で活動が行われた。家族のうちの一人でもこれに参加すれば、家族全体が入道したことになり、さらに子孫も自動的に入道することになった。「解放」以降は、紅三教も秘密裏に活動していた。沙洲漁業社では、道首とほかの頭目は合わせて一五人おり、漁業社の漁民もほとんどが入教していた。堂門や仙姑は、鬼や神が憑依するふりをして、財貨を騙し取った。一九六五年には取り締まりがあったという〔同前：四二二〕。

宜興県では、一八九五年、陰陽学訓（紅三教のこと）が設立された。しかし一九三七年に、国民党県政府によって、江蘇省宜興県道教会に改名させられた。県内には堂は約五〇あり、道徒は二〇〇〇人以上いた。道徒たちは、三主（星主、神主、冥主）や四菩薩（東、南、西、北朝菩薩）を信仰しており、漁船で活動していたという。堂主は鬼や神が憑依するふりをして、邪術で病気を治療し、財貨を騙し取り、婦女を強姦した。この活動は一九五三年に一度取り締まられたが、一九八二年に県内三七の郷において再び活動しているのが発見され、一五人が逮捕され、二人が銃刑に処されたとされる〔同前：四二二〕。

呉県の報告によると、紅三教は漁民の中でも大きな勢力を持つ活動の一つであった。県内には、老宮門社、呉江新宮門社、長生社、加興長生社、新長生社、興隆社、先鋒社、石湖大社、大鑼班、公興班、打槍班、花会、姑娘社などの基層組織があった。「解放」初期は、堂門以上の道首は五六人、香頭二八人、仙姑一九人、会計担当二二人であった。道首は悪勢力に従属し、「看香頭」、「篤筶」、「封口」、「站双刀」、「咬秤砣」、「放猖」、「趕鬼気」、「過仙気」、「趟油鍋」等の巫術でもって道徒を食い物にし、婦女を強姦した。一九五三年に一度取り締まられたが、一九八二～一九八七年の間に活動が復活し、そのため再び取り締まられたとされる。

このような各県の状況をまとめてみると、紅三教が弾圧された主要な理由は、以下のような大きな弊害があると

表9 江蘇省内一部の県・市における紅三教の取締年

県・市	初回取締年	2回目	3回目	4回目
高淳県	1960	1964	1966	1984
淮安県	1953	1964	1983	
淮陰県	1953	1964	1983	
金湖県	1953	1964	1984	
洪澤県	1964	1972	1984	
塩城市	1964	1979		
江都県	1951	1952	1960	1964
高郵県	1964	1983		
泰興県	1954			
泰県	1964	1983～1986		
海安県	1953	1983		
常州市	1958	1964		
宜興県	1953	1982		
呉県	1953	1982～1987		
太倉県	1960			
常熟市	1966	1969	1988	
沙洲県	1965			

『中国会道門史料集成』［中国会道門史料集成編纂委員会 2004：338-423］により筆者作成

されたからである。それは、各種の「邪術」を伴う「迷信活動」である。例えば、様々な名目の「做会」（「了願会」、「家譜会」、「年頭会」などがある）、「跳馬痺」（「跳馬皮」、「跳馬飛」と書く）、「捉鬼」、「発仙方」、「走陰差」、「看香頭」、「撥陰箭」、「放猖」などの「迷信活動」が実践されており、それに託《かこつ》けた詐欺行為、人命軽視、婦女強姦などの被害があったという［同前：三三九、三八七］。ほかにも、常州県と宜興県の場合では、日本軍と結託したことや国民政府の操作があったことなどが、紅三教は反動勢力を潜ませ、共産党政権を脅かすものであるとみなされ、弾圧された理由であると考えられる。

また、各県の報告からわかるように、地方政府は主に一九五〇年から一九六〇年代まで紅三教を断続的に取り締まっていたが、一九八〇年代に入って、多くの地域で紅三教が復活するようになったため、再び取り締まりを厳格にして、一九八〇年代の活動を終息させたとされている。『史料集成』で言及された県・市ごとの取り締まり年を、表9にまとめた。地域によって紅三教が弾圧された回数や時期は異なるが、注意すべきは、弾圧が頻出した一九五三、一九六四、一九八三年前後である。なぜほとんどがこの三つの時点なのだろうか。この点を明らかにするためには、当時の政策や政治的・社会的背景を探る必要がある。

『史料集成』によると、一九五一年、江蘇省の蘇南・蘇北政府は「反動会道門を徹底的に取り締まる」布告を発した。それは、土地改革に合わせ、演劇・展覧会において、人々自身の経験に基づき苦しみを訴え、告発するという形で、全面的に反動会道門の罪悪を宣伝し、暴露するように、という地方政府への指示であった〔同前：三四〇〕。さらに、この反動会道門の取締り後も、道首が潜伏している地域や運動が徹底されなかった地域があったので、一九五三年にはもう一回取り締まりが行われた〔同前：三四一〕。また、金湖県では一九五三年に、県内漁民の民主改革の一環として、紅三教が取り締まられた〔同前：三七四〕。第四章で述べたように、一九五三年における各地の水上民主改革では、主に封建漁覇、反動幇会（反動会道門）首領、反革命分子といった人々が引き出され、処刑された。陸上では土地改革に合わせて、水上では民主改革に合わせて、それぞれ反動会道門の取り締まり運動が行われていたのである。一九六〇年に江蘇省政府は「反動会道門を徹底的に取り締まる指示」を出し、取り締まり対象外の者や、既に取り締まられ、表面上は改善したが内面は変えずに活動を再開した者をすべて取り締まるとした。そして、異なる状況に応じて、適切な規模・形式の大衆運動を行うとした〔同前：三四二〕。一九六三年に、省政府は「巫婆・神漢などの迷信活動の阻止・処置に関する意見」を出し、反動会道門の復活を厳しく処置し、それを防止する指示を下した〔同前：三四三〕。一九六四年には、省政府は各県・市に「武進県における紅三教の復活の取り締まりに関する報告」を送付し、紅三教を明確に反動会道門として認定した。翌年、省政府は「反動会道門の復活に対する闘争に関する計画」を下し、当時の社会主義教育運動と結びつけて、反動会道門の復活を徹底的に取り締まるように、指示を出した〔同前：三四三〕。さらに、下って一九八三年には、中央政府は「刑事犯に厳しく打撃を与えることに関する決定」（中国ではこの運動を「厳打」と呼ぶ）を下したが、活動を再開した反動会道門の道首もこの対象とされた。

翌年、省政府は紅三教に対して明確な規定を設け、「活動が猖獗を極める紅三教を打撃の重点対象」とした〔同前：三四四〕。このように、江蘇省において、一九五三、一九六四、一九八三年に紅三教の取り締まりがなされたのは、全国規模での水上民主改革、社会主義教育運動、「厳打」と連動していたからである。

以上、全体的に史料から読み取れる情報をまとめてみると、以下の点が指摘できる。①紅三教は江蘇省の内陸の漁民社会に普遍的に存在していた。②紅三教内で実践された「危険な」巫術が、共産党政権に弾圧された主な理由であった。③各地の事例から分かるように、結婚や、出産、病気、個人間の諍いといった無学な漁民たちの問題を解決する役目を、紅三教の道首が担っていた。④紅三教への弾圧は一回だけでは終わらなかった。弾圧後に復活した地域もあったので、五〇年代から八〇年代まで、断続的に弾圧が実施された。しかし、いったい何をもってある組織を紅三教としたのか、なぜ紅三教を弾圧しなくてはならなかったのかといった問題については、さらに深く探っていく必要がある。そこで次に、檔案史料をもとに、呉県における紅三教への弾圧の実態を分析することによって、これらの問題についての考察を行う。

第二節　取り締まり運動

建国初期、共産党政権は鎮反運動の中で、政権を脅かす反動会道門を殲滅したが、漁民社会にある宗教や信仰に対しては、主に宣伝や教育を通して「迷信」をやめるよう、漁民たちを説得する形をとっていた。例えば、鎮反運動において、「封建迷信が漁民を害することを暴いたため、漁民たちは教育を受け、自覚を強めた」という報告がある〔T12　一九五三〕。水上民主改革において、民主改革が直面する難題については、「漁民には宗教や迷信の思想が根強く残っている。多くの漁民は「老爺」を信じているが、カトリック信者もいる」という問題が指摘された〔T

11　一九五三]。また、互助組や合作社に存在する問題点として、漁民に対する「政治的思想の教育が足りず、迷信やカトリックを信じる漁民が多い」との指摘もあった［T18　一九五五]。要するに、大躍進までの建国初期は、宣伝や教育が、漁民の「迷信」をやめさせるための主要な方法であった。単なる「迷信」に対しては、明確かつ厳格な禁令は下されていなかったのである。しかし、大躍進時代に入ってからは、地方政府による漁民の迷信活動に対する態度が厳しくなったということを、何人かの大型漁船漁民は筆者の聞き取りの時に話してくれた。前述したように、一九六〇年から江蘇省政府は反動会道門の復活を取り締まることについての指示を出した。その関連で、太湖漁民における大規模な取り締まり運動も、一九六〇年以降に見られるようになったのである。

(1)　初回の運動（一九六〇年）

筆者が発見した檔案史料の中で、太湖漁民の信仰活動に対する最初期の大規模な取り締まり運動に関する報告は、一九六〇年一〇月のものである［T26　一九六〇]。これは、当時、大型漁船漁民が所属していた太湖人民公社に属する太湖派出所が、人民公社の党委員会と呉県公安局に提出した報告である。この報告には、取り締まり運動のための準備から効果までのプロセス全体が記録されている。その内容は以下のとおりである。

準備は五月から始めた。まずは、漁民における反動会道門の内情を探った。次に、公社のZ書記を指導者として、「反動会道門・巫婆・神漢」を取り締まる一三人の組をリーダーとして、約一二〇人の各階級の幹部たち、すなわち「党委員会の委員、大隊の書記、郷の幹部、小隊長」などを組織した。さらに、一九五八年に宣伝員や報告員を加え、反革命分子を粛清する運動における積極分子六人を加えて、専門部隊を設立した。彼らに対しては、一日かけて業務内容を訓練し、人民公社に属する公社を単位として、登録場を設立した。

準備終了後、九月末から一〇月末までの一か月かけて、三段階に分けて取り締まり運動を行った。この運動は各漁業大隊を単位としたもので、太湖全体の各港の漁民たちに対して「壮大な気勢で、広範かつ深い」宣伝や教育を行った。具体的には、まず九月二五日から一〇月五日までの第一段階で、会議を通して漁民に取り締まり運動を宣伝した。そして一〇月五日から一五日までの第二段階で、巫婆や神漢の情報を登録させ、大会で一部の巫婆や神漢に犯罪行為を自白させることで漁民たちに対して宣伝・教育を実施した。第三段階の一〇月一五日から二五日までの間には、巫婆や神漢に対する批判や闘争のための様々な会議を開くことによって、漁民たちに対して宣伝・教育を行った。「幹部会」（幹部のための会議）、「群衆会」（民衆のための会議）、「専門控訴会」（訴える会）、「坦白認罪与現身説法会」（自白会）、「批判闘争組織処理会」（批判闘争の会）などの名目で会議が開かれた。その結果、宣伝や教育を受けた幹部と民衆は一万三一八一人、告発した民衆は一三七人、自白した巫婆や神漢は二八人、批判され、闘争された巫婆や神漢は八人にのぼった。

同時に、他の形での宣伝や教育も利用された。例えば芸能人、学校の教師や学生らを組織して、街頭で地方演芸の形で、彼らに歌わせながらスローガンを掲げさせ、宣伝を行った。また、巫婆や神漢から没収した道具を利用して、反動会道門の道具展覧会も開かれた。さらに、四人の巫婆や神漢に、歌わせながら犯罪行為を自白させた。また、あちこちに八〇〇枚のスローガンを張った。

報告では、その次に、取り締まり運動の効果が述べられている。具体的には、七〇％の小隊で会議を通して討論を行い、周知徹底させることができたという。また、巫婆や神漢に対しては、「搞深（運動を徹底する）、搞透（真実を明らかにする）、搞臭（名声を地に落とす）」という上層部の要求を基本的に満たすことができたという。さらに、一般民衆はその道理を理解し、反動会道門が反革命組織であること、巫婆や神漢が反動会道門の同盟軍であることを認識することができたともされた。次に、宣伝や教育を受けた各大隊の漁民たちの発言が、例として記録されている。例えば、ある大型漁船漁民は、「迷信を信じると、三つの不利益がある。生業によくない。金銭を浪費する。社会治安が悪くなる」と発言したという。他の発言の内容も、巫婆や神漢がいかに病気治療の名目で自分の財産を詐取したのか、治療しても治らず財産を無駄にしたのか、また、政府のこのような取り締まり運動がいかに正当なのか、というものばかりであった。

さらに、巫婆や神漢が宣伝や教育を受ける前に持っていた懸念や思想が報告されている。九月二七日、巫婆や神漢が集められ、個人情報や迷信活動の履歴などを登録させられた。この登録を通して、巫婆や神漢たちが次の四種の懸念や態度を持っていることを政府側は把握した。つまり訴えられることへの恐れ、「老爺」が憑依してくれるため自分が制御できないという弁解、諦めの態度、登録から逃れて抵抗する行為という四種である。ここには、大型漁船漁民の中で僮子として活動していたWykの「どうしよう、今回は捕まえられてしまう」という語り、Zcl の「以前は(活動を)行っていたが、現在は行っていない」という語りが記録されている。

病気療養中の者と逃走中の者を除いて、このとき登録させられた巫婆や神漢は合わせて四二人(巫婆四人、神漢三八人)であった。この四二人の取り締まり運動に対する態度も記録されている。良好な態度で積極的に罪を認めたのは一三人であった。態度が中庸で、自白したのは一四人であった。態度が少し悪く、面従腹背であったのは七人であった。態度が悪く、頑強に罪を否認したのは八人であった。自白の内容については、ある神漢は自分の行っていた巫術は自分の考案であり、誰でもできると自白した。ある神漢はこうした「迷信活動」の三つの「秘密」を自白した。すなわち、①神禡や紙銭の売店と裏で通じることにより、店から口銭を受け取ることができる、②「老爺」が憑依するのは演技である、③病気を治療する時、治療後の状態を断言すると自分の責任になるため、わざと言葉を濁す、というものであった。

そして、取り締まり運動の成果が総括された。まず、巫婆や神漢の「迷信道具」を一一四件没収した。そして、「迷信活動を行う「反動迷信組織」の「太湖公誼社」、「太湖公益社」、「太湖興竜社」、「長勝社」、「太湖老公門社」、「先鋒社」

などの六つの反動迷信組織を発見した。これらの社は長い歴史を持っており、社の頭目はいずれもが「神漢」や「漁覇」であり、漁民を騙して迷信活動を行っていたという。さらに、幹部の中にも神漢を発見した。公社党委の副書記一人、副大隊長一人、飼育係一人である。最後に一般の漁民を動員して、巫婆や神漢を摘発した。その摘発書類は二四八件、口頭での摘発は約四〇〇件で、この摘発によって新たな巫婆や神漢が発見されたと記録されている。ここで注意すべきは、「反動会道門」という言葉を使わず、「反動迷信組織」という言葉が選ばれていることである。つまり、これらの香社は単なる迷信組織であり、反動会道門の「紅三教」とは認定されていなかったということである。

その次に、拘留した六人を除いて、登録した三六人（うち一人に「監督労働」、一人に「管制」という刑罰が処せられた）の巫婆や神漢の観察所見と彼らの態度が記録されている。その中で、承服した従順な者は一九人であり、やや従順な者は一二人、逆にわざと労働せず、反抗的な態度の者は五人であるという。ここに、大型漁船漁民Ｌｔｆの事例が挙げられている。彼は神像を隠匿し、提出を拒んだという。

この報告の最後には、大隊ごとに宣伝と教育の度合いが異なる、逃走した個々の神漢もまだ逮捕されていない、一部の道具はまだ没収できていないといった、今回の運動における不十分な点や問題、さらに今後の仕事がまとめられている。

(2) 再調査（一九六一年）

一九六一年、呉県公安局太湖派出所は一九六〇年に名前を登録した巫婆や神漢を再調査し、その状況をまとめて「反動会道門・巫婆・神漢を取り締まるための再調査に関する報告」［T27　一九六一］を作成した。この報告によると、今回は四六人の巫婆や神漢について、一人ずつ再調査を行った。調査と言っても具体的には、各種の会議を開いて漁民たちにより強力な宣伝や教育を行い、巫婆や神漢を自白させ、一般民衆に呼び掛けて摘発を行い、さらに巫婆や神漢を個別的に訪問するというものであった。

その次の部分には、再調査の際に発見された五つの問題が詳述されている。①三人の神漢は神像などの道具を引き渡すことを拒んだ。例えば神漢Ｓｂｃは登録するときに、「老爺」の像を捨てたと述べていたが、他人の摘発により、隠し持っていた五個の「老爺」が見つかった。Ｊｙｘは迷信組織の「太湖新公社」の印鑑と名簿を提出した。②六つの「迷信組織」[3]、すなわち「太湖長生社」、「先鋒社」、「太湖老宮門社」、「太湖公益社」、「太湖新公社」、「太湖公義社」[4]を徹底的に調査したところ、これらの組織はすべてが神漢を頭目とした、民衆の参加する「迷信組織」であり、神漢は一定の地域で組織を利用して財貨を騙し取っていることが判明した。歴史的な背景を洗い出したが、敵側のスパイに関わる問題は発見されなかった。また、毎年一月と七月に「老爺」を担いで「仏事」を行う「迷信」活動を行い、それによって財貨を騙し取っている。③三人の神漢の登録に遺漏があった。発見後、ただちに派出所に出頭して教育や補習を受け、登録するように伝えた。しかし、重大な罪悪は発見されなかった。④四六人の巫婆や神漢のうち、三六人が闘争（＝罪の自白の強要）されたが、まだ「臭くなる」（名声を地に落とす）までは闘争（＝罪の自白の強要）されていない。さらに、罪を認めていない巫婆や神漢が八人残っており、うち二人はまだ自白していない。神漢Ｌｇｄは運動中には自白していたが、帰ると不平を愚痴り、蜜柑や薪を窃盗するという行為が見られた。さらに、他の漁民の前では「名前を登録するのは仕方がないから。「老爺」は存在するよ、作り出したわけじゃない」と弁解していた。⑤運動の後期には、五人を管制し、二人を監督して労働させ、一人を拘留した。しかし、処罰された巫婆や神漢を個別に監督する組は、依然として足りない。たとえ監督する組が存在しても、その役割を果たせていないところがある。例えば、巫婆Ｃｐｊを監督する組合員は全員が女性なので、厳格な監督は不可能である。

次の部分では、以上の問題に関して、やり直しを行ったときの状況が書かれている。まず、再調査のための内情を探った後、三二人の幹部からなる組織を構成して、四三人の巫婆や神漢との座談会を、総計一一回開催した。再教育、再討論を通して、この時点までに三八人が罪を認めたが、五人がまだ充分には罪を認めていなかった。「充分ではない」のがどういうことかは、その次に挙げられた事例の説明からわかる。Ｓｂｃという神漢が道具としての神像を引き渡さず、失くしたと弁解した事例、Ｘｔ.ｊという神漢が一九六〇年の取り締まり運動以降も「迷信活動」を継続し、発見されたが、当初は否認し、具体的な時間と場所を突き付けられた後に認めた事例である。

そして、巫婆や神漢がいる大隊では、幹部、積極分子、一般民衆など合計七八人を集めた座談会が、計八回にもわたって開催された。その際、試験も行われており、それを通して、七八人の中で、反動会道門と巫婆や神漢の本質および、彼らの具体的な罪状を理解していた者は二五人、中途半端にしか理解できていない者は四六人、全く理解できていない者は七人ということであった。この七人のうちの一人である漁民の話は、「今、毛主席は皆に指示して迷信を信じるなという。一体「老爺」があるのかどうか。これは先代から伝えられてきたので、必要だよ」として引用され、「全く理解できていない者の思想」を説明する時に用いられた。

さらに、大衆を動員して闘争会と白状会が開催された。闘争会は五回行われ、民衆九九五人が参加、そして六人の巫婆や神漢が闘争された。白状会は四回行われ、民衆七三〇人が参加し、四人の巫婆や神漢を自白させ、罪を認めさせたとされる。四三人の巫婆や神漢のうち七人が処罰され、五人が「管制」、二一人が「監督」された。そのため、七人を監督する組が設立された。この組は一一人の党員と三一人の積極分子から構成されていた。監督する組のおかげで、この七人を「臭くなるまで」闘争できる、厳しく監督できる（「包而緊」という）と言われた。

七人の各々に個別の監督の組が設立され、四六人の巫婆や神漢への再審査が行われた。審査の結果、一八人の態度は穏健で、労働に積極的であり、思想が進歩しており、普段から他の社員と「神と交流できるというのは全くの嘘だ」といっていると評価された。態度と労働が一般的であり、表面的に承服しているとされたのは一五人であった。劣悪な思想を表現し、労働にも積極的ではない、又は幹部の指示に従わず仮病を使うとされた者は一〇人であった。

表 10　巫婆や神漢に対する再調査の状況①

項目	巫婆・神漢の総数	所属組織の白状			罪の白状			道具・犯罪の証拠の提出			臭くなるまで闘争したか否か			処理の状況			監督の状況 1)		
		した	したが、明確でない	していない	した	したが、明確でない	していない	した	したが、全部でない	していない	した	臭くなるまでしていない	闘争していない	管制	監督	計	「包而緊」	「包而不緊」	「未包」
数字	46	46	／	／	45	1	／	43	2	1	36	8	2	7	2	9	4	4	1

1)「包而緊」とはきつく包むという意味で、監督の組を設立し、一人の巫婆や神漢を厳しく監督することを意味すると考えられる。「包而不緊」とは、一人の巫婆や神漢のために監督の組が設立されたが、組合員が厳しく監督できなかったことを指す。「未包」とは、その巫婆や神漢を監督する組まだ設立されていないことを意味する。

「巫婆神漢復査験収情況表（1)」［T27　1961 年］より転載

表 11　巫婆や神漢に対する再調査の状況②

項目	白状させる各種会議			再調査を行う人数	巫婆・神漢を対象とする座談会		罪状を認める人数	大衆を対象とする座談会		反動会道門の本質と具体的な罪悪が理解できる人数	中途半端にしか理解できない人数	全く理解できない人数	闘争会			監督のため設立された組			新たに発現された巫婆・神漢
	会議	参加者数	巫婆・神漢		会議	参加者数		会議	参加者数				会議	参加者数	闘争された巫婆・神漢	組の数	組員の数	党員・団員の数	
数字	4	730	4	32	11	43	5	8	78	25	46	7	5	995	6	7	42	11	3

「巫婆神漢復査験収情況表（2)」［T27　1961 年］より転載

登録後に、依然として迷信活動を続けて財貨を騙し取る者、薪を盗んだ者、春節に豚肉を分配された後に「その程度の肉を鬼の供え物にしても足りない」とデマを流し、道具もまだ引き渡していない者は合計三人とされた。

最後に、残された課題がまとめられた。名称の登録に遺漏があった神漢三人、神像をまだ引き渡していない神漢一人、逃走中の神漢一人のそれぞれの所属と名称が記録された。この報告の最後には「巫婆や神漢に対する再調査の状況」についての表（表10、表11）も添付され、四六人の巫婆や神漢に対する処罰の方法、および処罰された状況が項目と数字でまとめられている。

(3) 三回目の調査（一九六四〜一九六五年）

一九六四年に「太湖紅三教の内情調査に関する報告」〔T29 一九六四〕が作成された。冒頭には以下のように、三回目の調査の背景が記録されていた。「県の指示に従い、本年度の九月末までに、紅三教の内情調査を完遂しなくてはいけない。我々は集まって地元の具体的な状況を勉強し、以前から行っていた巫婆や神漢の取り締まり運動の内容を確認したところ、県からの指示に基本的に一致していた。しかし、これまでの運動は今考えると目的は明確ではなく、組織の壊滅までは行わなかったため、系統的なものではなく、隠れた道首を逃すことになった。今回は民衆の社会主義の覚悟を強めたことによって、仕事の方法を明確にし、水上紅三教の活動の規則を明らかにした。これは強力な組織を持つシステムであり、封建反動統治の基盤になっている。指導者の権力を奪い、我々が党の仕事を順調に進めるのを妨害している」。

以上のように、初回の運動で取り締まられた「反動迷信組織」、再調査で認定された「迷信組織」は、一九六四年になるとエスカレートして反動会道門の「水上紅三教」になってしまった。また、再調査の際には、「迷信組織の歴史的背景には敵側のスパイの問題は発見されなかった」が、ここでは「封建反動統治の基盤」と意味づけられた。

さらに、三回目の調査はそれまでと異なり、系統的に組織を叩き潰すことを目的としていたことが分かる。そのため、次の部分には組織のある八つの香社の状況が詳しく記録されている。「先鋒社」、「太湖長生社」、「興隆社」、「蘇州葑門長生社」、「嘉興長生社」、「太湖公義社」、「太湖老宮門社」、「太湖新宮門社」がそれである。(5) 初回と二回目の運動では、それらの香社について、長い歴史を持ち、頭目たちは漁民を騙し取って迷信活動を行っている、といった簡単なことしか書かれていなかった。しかし、今回の報告では、香社の創立年代、主な成員、道首（神漢、僮子および香頭）、道首の継承方法などが詳しく記述されている。例えば、今回新たに入れ加えられた大型漁船漁民の信仰団体である「太湖新宮門社」に関する記述は以下のようになっている。

（この団体は）一九三六年七月一二日に、神漢Ｚｆａによって組織された。道首はＺｙｌ（死亡）、Ｊｈｄ（死亡）、Ｊｈｑ（死亡）の三人であった。約五〇の大型漁船が参加し、毎年の正月一二日、七月一二日の二回、湖州で「老爺」を担いで活動した。一九五二年からは「老爺」を担がなくなった。その次の道首はＪｙｆ、Ｚｙｌである。船で「老爺」を担いでおり、七七隻の大型漁船が参加した。大・中型漁船漁民は平台山でＬ氏の呼びかけによって禹王廟を建造した。当時、国民党政府官員によって贈られた「天下第一山」の扁額が廟に掛けられていたことから、封建統治の基盤が窺える。

以上のように、大・中型漁船漁民が所属していた香社と国民政府のかかわりという過去も掘り返され、批判されることとなった。他の香社については、道首がいかに病気治療の名目で漁民たちの財貨を騙し取り、人命を軽視したのか、道首が騙し取った財貨で、いかに恥も外聞もなく酒や女におぼれる生活を過ごしているのかといったことが記述されている。そして、全部で約八八〇の道徒がおり、一五人の道首がいるという統計が示されている。

次に「紅三教に類似する、組織を持たない巫婆や神漢」という項目があり、組織を持たない巫婆や神漢の活動が記録されている。ここでも同様に、巫婆や神漢による焼香活動や治療活動が記録され、財貨を騙し取っていると評価されている。興味深いのは、その中に「新たに発見された巫婆や神漢」の活動記録があり、彼らが一九六二年、一九六三年、一九六四年に活動した事例が挙げられている点である。言い換えれば、一九六〇年の初回の取り締まり運動や一九六一年の再調査にもかかわらず、漁民たちの「迷信活動」は依然として続けられていたのである。

「太湖紅三教の内情調査に関する報告」の次に、一九六五年に作られた「太湖公社における紅三教の資料、刑事の判決、治安状況に関する報告」［T30　一九六五］がある。まず紅三教の組織が表で示されている。以下のように、香社などの各信仰団体の創立者、創立年、道首の名前、香客の戸数、道具の引き渡しの有無、道首の居場所などがまとめられている。「太湖紅三教の内情調査に関する報告」では、表12の上から九行目までに挙げられた香社が詳細に記述されている。その中でも、「蘇州葑門長生社」の記述によると、長生社の創立者はＺｊｃであり、弟子Ｌｙｘがいたという。そしてこの表では「蘇州葑門長生社」の名前がなくなり、Ｚｊｃが創立した「模□《不明》新長生社」とＬｙｘが創立した「公興班」に分かれて記録されている。それ以外に、各香社の間にはこれといった関係性が見られず、系統立っていないことが分かる。

次に、「長生社」などの香社が事例として挙げられ、さらに香社の香頭と六人の弟子の名称が挙げられ、弟子も香客を持っているといったように、「紅三教」の組織層の階級が説明されている。また、「紅三教」と認定された香社に参加する漁民たちが信仰する神々、船で祀られる「家堂」の形、祭礼に使う占い道具である「筶筶」、その他の道具、漁民たちの焼香活動の時期と場所、大型漁船漁民の「一帯」で行われる祭礼までが詳しく記録されている。これらの、漁民たちが日常生活において行っていた信仰活動も、「紅三教」の活動と認定されていたことが分かる。

さらに、神漢や巫婆が使っていた巫術についての自白や民衆の摘発による内容も、「紅三教のいかさま」という項

表 12　紅三教組織の概況

分布	組織の名前	創立者・創立年	活動の停止時間	最後の道頭	香客数	資産の状況	備考
HJ	先鋒社	Sys 第二代・1906 年	1961 年	Sjc（逮捕）	14 戸	引き渡す	
NH	太湖長生社	Zdx・1919 年	1961 年	Zgl（死亡）	34 戸		
HD	太湖興隆社		1961 年	Xsj（死亡）	140 戸余		
XK	模□[1] 新長生社	Zjc	1952 年	Zjc	14 戸	引き渡す	
GF	公興班	Lyx	1961 年	Lyx	55 戸	引き渡す	長生社
HJ	嘉興長生社		1951 年	Lcg	28 戸	引き渡す	
HZO	太湖公義社	Wxx・1928 年	1961 年	Xdf	33 戸		迂撃[2]
HX	老公門社	Qjy・1930 年	1961 年	Ngy	30 戸余		迂撃
HZ	太湖新宮門社	Zfa・1936 年 7 月 12 日	1961 年	Zyl、Jyx	77 戸	引き渡す	
BC	義務社	Zdf		Zdf	10 戸		外地
PW	金家社	Kjc		Kjc	18 戸		外地
LS	石湖大社	1864 年	1949 年	□l	8 戸		
BC	北六房社	Sjf（死亡）		Slg	80 戸		外地
WLQ	大鑼班	Jfg・1930 年 8 月	1951 年	Jfg（逮捕）	40 ― 50 戸	引き渡す	
MQ	打槍会		1951 年	Wbx（死亡）	30 戸		
HZ	花会	Zan（女）・1930 年	1949 年	Zan	8 人		婦女
HS	宮門社	Zcy	1961 年	Zcy	65 戸	引き渡す	HZ（大隊）
WJ	新宮門社	Gjt	1961 年	Cjg	17 戸	引き渡す	
HS	公義社	Khj	1961 年	Khj（逃走）	50 戸余	引き渡す	

1）手書きのため、判読できず。
2）「迂撃」は「殲撃」の誤字と推察される。

「紅三教組織簡況」［T30　1965 年］より転載

目の下で一つ一つ詳細に記録されている。具体的な「いかさま」は以下のようである。

①「看香頭」

線香の頭を見る。依頼者の香客が点した線香の頭の方向によって、誰と関係するのかを判断する。左は亡くなった人、右は西方四親伯、手前は先鋒、奥の方は劉王である。（Ｌｙｘによる自白）

②「篤筶」

大漁祈願や病気治癒願の時に、先生[6]に頼んで筶筶を投げる。四つの筶筶のうち、三つが仰向けになると凶兆である。三つが伏せれば吉兆である。仰向けが二つ、伏せたものが二つならば、再度老爺と相談しなければならない。筶筶が二つの場合、両方とも仰向けになるのは凶兆だが、両方とも伏せれば吉凶どちらでもない。一つ仰向き一つ伏せると、最も吉兆である。（Ｌｙｘによる自白）

③「跳老爺（跳神）」

老爺は先生の体に憑依してその口を借り、欲しいものを語り出す。例えば銭糧、元宝、線香、蠟燭を使う量、豚の頭や足などどんな供え物を供えてほしいか、などである。だが実際には、その先生が自分の都合によって、食べたいものを言い出す。蘇北打槍会の漁民は、僮子に依頼して鬼戯を演じる。山東籍の漁民も僮子を招いて做会し、祖先を祀る。（Ｌｙｘによる自白）

④「常年」

大型漁船漁民はこれを年に一回行う。三牲（豚一頭、羊一頭、鶏一羽）、豚の頭などを供え、神様や祖先を祀る。このとき多額の資産を浪費する。例えば船主Ｚｊｘは、一九四九年に息子の病気のために、一晩で一七石の米を支払ったので、結局人も財産もなくなってしまった。小型漁船漁民は祖先や南北四朝の老爺を祀る。二～三年に一回実施する。豚の頭や足、あばら肉を使い、酒席を用意して親戚を招いて食事する。夜から翌朝まで一晩中行う。

⑤「趕鬼気」

病人がいる家は焼香して神様を祀る。これを路頭香という。

⑥「勒鉄釬子」

三尺ほどの長さの鉄の釬子（鏨＝たがね）を燃えている銭糧の中に入れて、赤くなるまで焼く。呪文を唱えながら、それを手でつかむ。

⑦「封口」

一尺ほどの長さの銅の釬子で両頬の左から右まで抜き、口を閉じる。いつも二人ペアで行う（C・j・gによる自白）

⑧「開臂打掃」

毎年四月一日の「太平会」の時、各香客の船首に水一皿、箸一膳、一皿の半分の量の米を置いておく。堂門はまず箸を刀で切り、そして臂を切って血を流し、各香客の船首に少量の血を塗る。毎回腕に傷跡が残る。（C・j・gによる自白）

⑨「咬秤砣」（重りを噛む）

一〇年に一回、「家堂会」を行う。毎回三日間かかる。「解香」の間に、重りを燃えている銭糧の中に入れて、赤くなるまで焼く。紙銭で包んでから、それを歯で噛んで用意した洗面器の中に入れる。洗面器のなかに紙銭などを入れ、それですぐ燃やす。蟹のように横方向で歩く。そうでないと、熱気が口の中に入ってしまう。タオルで歯の水滴を拭く。二時間は水を飲んではいけない。飲むと歯が抜けてしまうからである。唇は重りと接触してはいけない。さもないと、焼けてしまう。

⑩「站双刀」

病気を「老爺」に見てもらい、治癒後に、病人と彼の家族が刀の下をくぐる。これによって、永久に災いから遠ざかるという。長さ一尺七寸、幅三寸の刀を二つ使って、砧の上に固定する。二人はそれを胸の高さまで持ち上げる。僮子は裸足で刀の刃の上に立つ。

⑪「趟油鍋」

病人は戸板に寝転んで油鍋の上を通る。通ると、鬼が祓われたことになり、病気が治る。（Zｊｃが行ったことがあるという、民衆による摘発）

⑫「篤米」

皿の中に水一皿と米半分を入れて、米の浮かぶ状態や集まる状態によって老爺か祖先、又は野鬼かを判断する。この占いを行う前に、まず数多くの「老爺」と祖先に供え物を供えて祀る。そして、米を水が入った皿に入れて、その時米が集まれば、問題がないという。米の半分が浮かび、半分が沈むと、病気が重いということになる。大半の米が一箇所に集まると、祖先や亡くなった親族に問題があるという。いくつかの米粒が皿の外にあれば、野鬼がいることになる。（Ｐｇｓによる自白）

⑬「敬神」

山東幇の僮子たちは、羊皮の太鼓をたたいて、他の家のために神や祖先を祀る。五年、一〇年、二〇年ごとの神を祀る一族の集会を行うために、豚一匹、羊一頭、鶏一羽の「三牲」を供える。跳神の際に、頭を青布に包み、羊皮の太鼓をたたき、左の腕を刀で切り、血を流して祖先を祀る。

⑭「過仙気」

老爺が体に憑依して、女性と寝たいと言い訳をして、女性を強姦する。

⑮「放猖」

他人の名前、年齢、誕生日を紙に書いて老爺の前で焼く。老爺や鬼に頼んでその人に病気や死亡などの災いを送り込む。そのため、香客たちは先生を怖がり、先生が指示することに従う。

⑯「収猖」

老爺を祀り、箸一膳を切って儀礼をする。あるいは糞尿を「放猖」された人の漁船にかける。あるいは便器を「放猖」された人の頭の上にかける。

⑰「扎針推経」

鍼灸や病人の経絡をマッサージすること。香客の間で名声を得るためのもので、普通は金銭の授受をしない。(Zdfによる自白)

⑱「過寄・許允」

過寄は、子どもの健康のため、子どもの名称や誕生日を赤い紙に書いて袋に入れ、老爺の像の前にかけること。子どもの姓もその老爺の姓に変わる。

許允は、病気になった時、治癒すれば老爺に銀の宝剣や錫の香炉を捧げると願をかけること。病気が治ったらその通りに行う。

⑲「巫医土方」

香灰や灯油、泥などを使って傷口を塗る。(Lcxによる自白)

⑳「肚丹方」

数名の女性の陰毛をお湯に入れて飲む方法で、鬼を祓う。(Jbqによる自白)

㉑「仙丹」

白い布に線香で絵を描いた後、布を焼き、その灰をお湯に入れて飲む。(Zyfによる自白)

地方政府が明らかにした二一種の「いかさま」は、第三章の聞き取り調査による僮子の巫術を裏付けるものである。この文脈において、漁民にとっての僮子の霊力は、恐ろしい「いかさま」に変貌した。興味深いのは④の「常年」で、これは第三章で言及した「過長年」のことであるが、(7) この漁業に関わる祭祀儀礼もここでは「いかさま」として報告されている。⑬の「敬神」も同じで、山東出身の漁民たちの祖先祭祀儀礼にもかかわらず、「いかさま」と認定されてしまった。他には、⑰の「扎針推経」は漢方医療方法に類似しており、⑱の「過寄・許允」は神に願をかける行為であるが、それでも「いかさま」として報告されてしまっている。以上のような祖先祭祀などの祭祀儀礼を含めた「いかさま」は当時すべて禁じられ、弾圧された。二一種の「いかさま」の後には、②の「篤筶」の具体的なやり方や、四つの占い道具「筶筶」の二四種の組み合わせのそれぞれの吉凶の結果を説明する「五聖筶詩」という詩も写されている。それぞれの詩は、依頼者の訴えの内容（商売、失物、婚姻、病気、葬儀、出産、捕獲など）に対しておみくじのように運勢を示し、吉か凶かという判断も記載されている。

報告の最後では、表13のように紅三教の道首と認定された各宗教職能者の数が整理されている。

この表では、巫婆や神漢のような曖昧な呼称ではなく、代わりに「堂門」、「先生」、「僮子」、「仙姑」、「徒弟」（弟子）、「幇主」（手伝う者）、「香頭」、「祭司先生」（太保先生）などの呼称が詳細に区別して記述されている。これらの道首は全部で八二人であるが、表の注記においては、八二人を三種類に分けて説明が補足されている。二九人がいわゆる専門的な「迷信職能者」であり、人を惑わして財貨を騙し取り、命を軽視するとされた者である。一三人の弟子や助手は祭礼を主催できないが、共犯者や手下と位置づけられる。また、四〇人の祭司や香頭は神や祖先を祀る迷信活動の頭であり、封建勢力である。さらに、報告の最後には太湖公社における八二人の紅三教道首の名簿も添付され、それぞれの道首の所属、反動的履歴、刑罰歴、登録の有無、所属香社、活動道具の没収の状況、活動の方法および

表13　太湖公社における紅三教道首や中堅人物の統計データ

呼称	人数	呼称	人数	
堂門	2	徒弟（弟子）	3	計13
先生	14	幇手（助手）	10	
僮子	6	香頭	6	計40
仙姑	7	祭司先生（太保先生）	34	
合計	29	合計	53	
総計	82			

「呉県太湖公社紅三教道首骨幹現存統計」［T30　1965年］より転載

用いられる「いかさま」、病気治療の回数、無駄にした人命、強姦した女性の人数、活動回数、活動を停止した年代、現在の活動能力の有無という、一〇ほどの項目が設定されている。この八二人の中では、当時HZ大隊に属していた大型漁船漁民における「紅三教道首や中堅人物」の二七人が登録されていた。以下の表14に整理した。

表14のように、「仙姑」の女性二人の他は、宗教職能者はいずれも男性であった。その内訳は、「僮子」が三人、「祭司先生」が二二人であった。聞き取り調査によると、民国期の「僮子」はさらに多かったが、当時三人しかいなかったということは、弾圧を恐れて一部の僮子活動が活動をやめたからか、あるいは自白していなかったからであると考えられる。「祭司先生」は、主に祭祀儀礼の際に、神歌を歌い、祭礼を司会する役職だが、一般的な祭祀儀礼が「いかさま」な巫術と認定されたため、彼らも紅三教の中堅人物として登録されることになった。彼らの「反動経歴」を見ると、ほとんどが民国期から活動を始めていたが、共産党政権以降に活動を始めた者も三人いた。一人は一九五四年に集団化運動が始まってから「祭司先生」としての活動を開始した。また、「登録されたか否か」の項目によると、「僮子」と一人の「仙姑」は一九六〇年の一回目の調査の際にすでに登録されていたが、他の「祭司先生」はほとんど登録されていなかった。言い換えれば、一回目と二回目の取り締まり運動の際に、祭祀儀礼を司会する「祭司先生」はまだ弾圧の対象となっていなかったということである。また、「活動を停止した年代」によると、停止した時期はまとまりがない。共産党政権成立以前、成立した一九四九年、一九六〇年の一回目の調査以降、という三つの時点で活動を停

表 14-1　太湖公社における紅三教道首や中堅人物の名簿

	1	類型	僮子	僮子	僮子
	2	名前	Ltf	Wyk	Jbj
	3	性別	男性	男性	男性
	4	年齢	70	72	44
	5	本籍	呉県	呉県	呉県
	6	反動経歴	1935 年から公益社の僮子として活動	1939 年に偽[1] 甲長を担当、1944 年 4 月から僮子として活動	1942 年から僮子として活動
	7	処罰		1960 年に 3 年の管制、1963 年 9 月に 3 年の管制が追加	
	8	登録されたか否か	1960 年 9 月 29 日 に登録	1960 年 10 月 1 日 に登録	1960 年 10 月 1 日 に登録
教内における活動や悪事の状況	9	所属する会社	太湖公益社	太湖公益社	
	10	弟子や香客の数	公益社に所属する香客が約 50 戸[2]、本人は香客を持たず	公益社に所属する香客が約 50 戸、本人は香客を持たず	
	11	道産・道具の状況	筶 4 つ、筶書[3] 1 つ、神歌テキスト 1 冊、吉日を選ぶために参照する本 1 冊	筶 4 つ、神歌、老爺が描かれた布軸	筶 2 つ
	12	活動の方法といかさま	篤筶、賧神[4]、看病[5]、常年[6] を行う	跳菩薩[7]、看病、常年を行う	篤筶、看病を行う
	13	「看病」（病気の治療）の回数	30 回	25 回	7 回
	14	粗末にした人命		3 人	
	15	強姦した女性			
	16	活動の回数			
	17	1960 年に登録されてからの主な悪事			
	18	活動をやめた時期	1960 年以降活動していない	1964 年以降活動していない	1946 年以降僮子として活動していない
	19	活動能力を有するかどうか	なし	ある	

1）共産党政権以外の組織に「偽」を付けて、正統的ではないことを強調している。
2）香客数が 50 戸ということで、ここでの「公益社」は表 12 で記録される「公義社」のことだと考えられる。
3）占い道具の筶筶を投げた様子によって物事を判断するために参照するテキストである。
4）神を祀ること。下の「賧仏」と同じ意味。
5）巫術で病気を治療すること。
6）「長年」と同じ発音で、第 3 章で考察した「過長年」という祭礼であり、また前述した「紅三教のいかさま」の④「常年」のことを指す。
7）「紅三教のいかさま」の③「跳老爺」のこと。

表 14-2　太湖公社における紅三教道首や中堅人物の名簿

1	仙姑	仙姑	祭司先生	祭司先生	祭司先生	祭司先生
2	Cpj	Zae	Jbc	Jbz	Lzx	Ztf
3	女性	女性	男性	男性	男性	男性
4	73	57	75	66	41	45
5	呉県	呉県	呉県	呉県	呉県	呉県
6	1950年8月から僮子Jmrと一緒に活動する	1925年にKsLを師と仰ぎ、1930年に花会の班長として活動	1915年から祭司先生として活動	1947年3月～1948年1月に偽保長を担当、1929—1949年から祭司先生として活動	1947年8月～1948年9月に偽保長を担当、1944年から祭司先生として活動	1945年から偽保長を11カ月担当、1941年から祭司先生として活動
7	1960年9月に拘留に処せられた			1960年5月に3年の管制された		1958年11月20日に2年の管制された
8	1960年9月に登録	未登録	未登録	未登録	未登録	未登録
9		花会				
10		8人の女性からなる花会				
11	無	観音・猛将[1]、どら2つ	神歌テキスト、笤2つ、赤帽子1つ、長衫[2]1枚	神歌テキスト1冊、笤2つ	神歌テキスト1冊、笤2つ	どら1つ、笤2つ
12	老爺を身に降ろす、推経[3]	看病、花会	神歌を歌う、篤笤、常年・路頭は75回、喜事[4]は30回行った。臨時収入を50回得った	神歌を歌う、篤笤、常年は3回行った	神歌を歌う、篤笤、常年は解放以前約50回、解放以降約20回行った	神歌を歌う、篤笤、常年は2回行った
13	17回	1回				
14	2人					
15						
16						
17						
18	1960年に停止	1961年に停止	解放以降停止	解放以降停止	1952年に停止	日偽[5]のときに停止
19						

1) 観音や猛将などの小さな神像を指す。
2) 単衣で丈がすそまである男性用の伝統服である。
3)「紅三教のいかさま」の⑰「扎針推経」のこと。
4) 結婚の際の祭礼を司会すること。
5) 日本占領のときを指す。

表 14-3　太湖公社における紅三教道首や中堅人物の名簿

1	祭司先生	祭司先生	祭司先生	祭司先生	祭司先生	祭司先生
2	Zcq	Jzr	Ztk	Jys	Jbs	Jhs
3	男性	男性	男性	男性	男性	男性
4	59	61	52	72	54	77
5	呉県	呉県	呉県	呉県	呉県	呉県
6	1936 年から活動	1938 年から活動	1935 年から祭司先生として活動、1946 年 12 月から偽県参議員となる	1944 年から活動	1937 年から活動	1912 年から活動
7						
8	未登録	未登録	未登録	1960 年 10 月 1 日に登録	未登録	未登録
9						
10						
11	神歌テキスト、筶 2 つ	神歌テキスト、筶 2 つ	神歌テキスト、筶 4 つ	神歌テキスト、筶 2 つ	神歌テキスト、筶 2 つ	神歌テキスト、筶 2 つ
12	神歌を歌う、篤筶、常年は 5 回行った	神歌を歌う、篤筶、常年は約 100 回行った	神歌を歌う、篤筶、常年は約 600 回行った	看病、篤筶、神歌を歌う、賧仏	神歌を歌う、篤筶、常年は 4 回行った	神歌を歌う、篤筶、常年、賧仏を行った
13				70		
14						
15						
16				2		
17				賧仏		
18	1952 年 12 月に停止	1954 年に停止	1952 年 4 月に停止	1963 年に停止	1953 年に停止	1938 年に停止
19				ある		

表 14-4　太湖公社における紅三教道首や中堅人物の名簿

1	祭司先生	祭司先生	祭司先生	祭司先生	祭司先生	祭司先生
2	Jkr	Jyf	Jay	Xsh	Zcg	Jjf
3	男性	男性	男性	男性	男性	男性
4	75	47	46	52	60	59
5	呉県	呉県	呉県	呉県	呉県	呉県
6	1910 年から活動	1947 年から活動	1940 年から活動	1933 年から活動	1935 年から活動	1937 年から活動
7						
8	未登録	未登録	未登録	未登録	未登録	未登録
9						
10						
11	神歌テキスト、筶２つ	神歌テキスト、筶２つ	神歌テキスト、筶２つ	神歌テキスト、筶２つ	神歌テキスト、筶２つ	神歌テキスト、筶２つ
12	神歌を歌う、篤筶、常年は2回行った	神歌を歌う、篤筶、常年は4回行った	神歌を歌う、篤筶、常年は約 20 回行った	神歌を歌う、篤筶、常年は約 800 回行った	神歌を歌う、篤筶、常年は4回行った	神歌を歌う、篤筶、８年[1]
13						
14						
15						
16						
17						
18	1950 年に停止	1949 年以降停止	1954 年に停止	1957 年に停止	1947 年以降停止	1951 年８月に停止
19						

1）８年間祭礼を司会していた。

止した者がそれぞれ六人である。さらに、一九四九年の共産党政権成立以降一九六〇年までの間に停止した者は九人であり、そのうち、一九五二年に三人、一九五四年に二人、一九五〇年に一人、一九五一年に一人、一九五三年に一人、一九五七年に一人が活動をやめている。一九五〇年代に活動を停止した詳しい理由は分からないが、個人的な事情や互助組や合作社に組織された時に不都合があった、などが考えられる。しかし、処罰などを恐れていたため、政府に自白した内容は一部でしかないと思われる。地方政府が報告したような宗教職能者の人数、信仰活動を行う回数、時間などは、実態としてはそれ以上あると考えられるのである。以上を踏まえて、建国初期も、漁民社会において生業に関わる祭祀儀礼

表14-5 太湖公社における紅三教道首や中堅人物の名簿

1	祭司先生	祭司先生	祭司先生	祭司先生	祭司先生	祭司先生
2	Jyq	Jsh	Kqj	Wfc	Lzf	Zah
3	男性	男性	男性	男性	男性	男性
4	52	74	38	55	36	64
5	呉県	呉県	呉県	呉県	呉県	呉県
6	1936年から活動	1920年から活動	1954年から活動	1925年から活動	1946年から活動	1940年から活動
7						
8	未登録	未登録	未登録	未登録	未登録	未登録
9						
10						
11	神歌テキスト、筶2つ	神歌テキスト、筶2つ	神歌テキスト、筶2つ	神歌テキスト2冊、筶2つ、どら1つ	神歌テキスト1冊、筶2つ、長衫1枚	神歌テキスト1冊、筶2つ、長衫1枚
12	神歌を歌う、篤筶、常年は5回行った	神歌を歌う、篤筶、常年は3回行った	神歌を歌う、篤筶、常年は約50回行った	神歌を歌う、篤筶、常年は1回行った	神歌を歌う、篤筶、年6戸[1]	神歌を歌う、篤筶、常年は1回行った
13						
14						
15						
16						
17						
18	1937年に停止	1942年に停止	1964年に停止	1943年に停止	1949年に停止	1949年秋に停止
19						

1）6戸の家のために「過長年」の祭礼を司会する。

「太湖公社紅三教道首骨幹分子花名冊」［T30 1965年］により筆者作成

や祖先祭祀などの信仰活動が続けられていたことが確認できる。

以上のように、一九六〇年、一九六一年、一九六四年と、三回にわたって取り締まり運動が行われた。初回運動の報告では、「反動会道門・巫婆・神漢を取り締まる」、「巫婆や神漢は反動会道門の同盟軍」という記述から見て、巫婆・神漢は反動会道門と並列されており、反動会道門の「同盟軍」として扱われていた。つまり、反動会道門それ自体ではなかった。二回目の報告には「反動の迷信組織」について、曖昧な言葉が使われていた。三回目の報告では「太湖漁民の迷信組織＝紅三教＝反動会道門」というロジックになってしまった。

なぜこのような変化が起こり、さらになぜ敢えてこの時期に取り締まる運動が行われたのだろうか。これは、前述した、江蘇省政府が一九六〇、一九六三、一九六四年に出した指示と直接かかわっている以上に、当時の全国規模の政治運動と関連付けることができよう。まず、一九六〇年と一九六一年はまさに大躍進政策の後期に当たる。第四章で論じたように、一九五八年から一九五九年にかけては、漁民の不満を押さえ付けるためか、地方公安局による大量の刑事判決が報告された。一九六〇年と一九六一年の取り締まり運動は、大躍進期の運動の反面で起きた飢饉の影響で、全国各地で共産党政権に対する反発が強くなり、一回鎮圧された反動会道門もこの機に乗じて活動を復活した［ディケーター　二〇一一：三二五―三二六］。そのため、再び取り締まる運動が必要となったのである。そして一九六二年以降、毛沢東は再び階級闘争の必要性を強調し、一九六三年には「社会主義教育運動」を指導する「前十条」[8]の政策を発布した。「前十条」では当時の重大な階級闘争の種類が挙げられた。特に「地主、富農は封建的宗族の統治活動を再興し、反革命の宣伝を行う。地主、富農および反革命分子は宗教や反動会道門を利用して大衆を欺き、罪悪な活動を行う」とされた［銭庠理　二〇〇八：三〇〇］。その次の一九六四年に行われた「四清運動」もこうした階級闘争の分類に基づいて行われ、一九六四年の太湖漁民の信仰活動への取り締まり運動もまた、この政治背景で行われた。そのため、一九六〇年と一九六一年の最初の二回では、漁民社会における「迷信」活動を行う香社は「反動迷信組織」とみなされたが、一九六四年には反動会道門「紅三教」のレッテルが貼られ、弾圧が行われた。そして弾圧の対象も巫婆や神漢だけではなくなり、祭礼を司会する祭司先生や焼香活動を組織する香頭にまで広がった。漁民たちの日常生活における祭祀儀礼も「紅三教」の活動とみなされるようになった。これらの香社組織は全体として系統立ったものではなかったにもかかわらず、「紅三教」と関わりがあるものとして弾圧されたのである。

いずれにしても、一九六〇～一九六一年の間に、太湖漁民社会では「迷信活動」が広範に行われていたことが確認できる。聞き取り調査によると、実際に最も厳しく弾圧された文化大革命中でも、「迷信活動」は秘密裏にではあるが、可能な限り行われていた。

第三節　秘密裏の信仰生活

ここまで論じてきたように、共産党政権初期の政策や運動は漁民たちの生活にほとんど影響を与えなかったため、この時期の信仰活動もほとんどが続けられていた。漁民たちは、一九五三年から一九五四年にかけて「互助組」という共同操業グループが組織されてからは、集団での焼香活動を減らしていった。そして、一九六〇年代からの「迷信」活動や「紅三教」という反動会道門が取り締まられることによって、集団での焼香活動だけではなく、家ごとの祖先祭祀さえも禁じられることになった。

取り締まり運動においては、各種の会議が行われ、宗教職能者は情報の登録を強制され、あるいは闘争の対象となり、自白させられた。そのようにして漁民たちは宣伝・教育された。これらの報告においては、しばしば一回目の運動後でも「迷信」活動を継続した事実などが事例として挙げられている。現実には、共産党政権は農村部で土地改革を行うとともに「階級区分」を行い、信頼できる階級の貧農や中農などと、敵対階級の地主とを区別して、作業を滞りなく進めるために、信頼できる階級の中で積極分子を育成し、その協力を望んでいた。前章で明らかにしたように、一九五〇年代から六〇年代初期までは漁民の間での「階級区分」は行われなかったが、政府側は漁船を持たない「工人」と船主とを区別して対応していた。互助組を組織する段階ですでに、「漁工を雇っている漁民は互助組に加入できるが、幹部になることはできない」［T16　一九五四］という指示があった。つまり、政府にとって「工人」は信頼できる漁民だったため、「工人」の中から人が選ばれて、幹部や積極分子として育成されたのである。

こうした積極分子の重要な役割の一つは、民衆の行動を監視し、政府に報告することであった。特に文化大革命期においては、漁民たちに対して「階級成分」の認定が行われ、階級区分をしようとする動きが見られた。同時に、工人には他の漁民、特に船主たちの行動を監視する義務もあった。他の漁民たちが「迷信」活動を行えば、工人は幹部に報告する必要があった。前述した取り締まり運動においては、各種の会議が頻繁に行われ、その際に、幹部が出席者に対して迷信活動を行う人がいるかと問うことがあったので、その時、工人が「誰が（迷信活動）を行った」と報告することもあった。したがって、幹部が迷信活動を行うことは許されず、初回運動での報告にあったように、「幹部の内部に神漢を発見した」という事実は問題視された。

民国期においては、船主は工人を選んで雇い、「対船」で二隻の船と「一帯」で四隻の船を自由に組み合わせることができたが、共産党政権成立以降は、そうした自由は徐々に奪われていった。特に文化大革命中は、すべての労働力が幹部の意思によって派遣されたため、一隻の船の共同操業員には、家族以外の者やなじみのない工人も属することになった。そのような工人と共同で働いたり、生活を営んだりしたため、各漁船においては、日常生活における祭礼を行うのが困難になっていった。それでも漁民たちは対応を工夫して祖先祭祀を続けた。当時の船主の妻Ｚａｐの話によると、彼女は漁船にいる工人のために、衣服を洗濯したり、食事を供したりして、その工人との関係を維持した。そのため、祖先祭祀を漁船で秘密裏に行っても、工人は幹部に報告しなかったという。聞き取り調査によると、現実には、政策が最も厳しかった文化大革命中にあっても、祖先祭祀、特に大晦日の祖先祭祀をひそかに実践した漁民は多く存在していたという。

また、政府側は一九六〇年の一回目の取り締まり運動に力を注いだが、一九六一年になっても集団での焼香活動は一部でまだ続けられていた。この証拠となる檔案史料が存在する。一九六一年一〇月五日、小型漁船漁民の薛姓漁民と張姓漁民が、香客の焼香のために漁船二隻を提供して三八人の香客を乗船させたが、当日は風速が一〇級以上であったため、転覆し、香客が一二人も溺死したという記録である［T28 一九六二］。さらに、村レベルでは、漁民出身の幹部たちも表面上は信仰活動を厳禁していたが、自分の家族がひそかに焼香に行くことには目をつぶっていた。

病気に罹って回復が進まないのは、漁民たちにとっては、何らかの邪神や鬼が祟っているからである。そのため、僮子に頼んで巫術で追い祓ってもらう必要があった。上述の三度にわたる取り締まり運動の後、表面上は僮子たちは「迷信」活動を停止したが、依頼者が来ると秘密裏に活動を行う者もいた。文化大革命中の一九七四年、Ｊｙｆの父親が重い病気に罹り、僮子に頼んで治療してもらった。当時は「陸上定居」政策のため、陸上の家屋が一軒分配されたが、夜中に、戸や窓を閉めきって「看香頭」などの治療儀礼を行った。治療儀礼を行っているさなか、戸を叩く音が聞こえた。自分たちを捕まえに来たと思い、Ｊｙｆと兄弟たちは戸に寄り掛かって突入を防ごうとした。しばらくすると音がしなくなった。戸を開けてみると猫がいた。驚いたという。

一般の漁民だけではなく、幹部になった漁民も、病気の時は僮子に頼んでいた。大躍進期、ある大隊の幹部が、頭痛の治療を僮子Ｗｙｋ(9)に頼んだが、彼は「迷信」活動に従事したと幹部に非難されることを恐れて断った。この幹部の腹心とされた者がＷｙｋを説得して、絶対に問題は出ないと断言した。Ｗｙｋが「篤筶」で幹部の病気の原因を探し出した。それは、民国期に新四軍を殺した漁民が、共産党政権成立後に逮捕された後、幹部がその漁民に対して悪い態度を取ったからだという。その漁民が死刑に処され、頭部を銃で撃たれたのが、幹部の頭痛の原因だという。しかし、幹部は病気が治癒せず、結局亡くなった。その直後、一九六〇年初回の取り締まり運動で、Ｗｙｋは「迷信や紅三教を宣伝する悪い分子」として三年の「管制」の罰を受けた。その後、彼に対する「管制」年数が延長され、現実には、彼は一九七〇年代に亡くなるまでずっと「管制」された。Ｗｙｋについて、他の漁民は次のように評価した。「彼はかつて二隻の船を所有していた。とても忙しかった。頼まれれば病気を治療するが、お金などは受け取らなかった。管制された時も、ひそかに病気の原因を彼に訊ねる人がいた。原因が判明すれば、彼はすべて教えた。いい人だった」。

また、文化大革命中は、漁民たちの焼香活動もひそかに続いていた。このことは、漁民たちが最重要視していた平台山禹王廟の事例から窺える。一九五八年から大躍進期に入ると、平台山の禹王廟が壊され、六〇年代には廟の敷地に灯台が作られた。灯台を作る漁民は、同時に解体された廟の木材を使って、灯台の近くに神像を納める小さな廟を作り、神像を安置した。文化大革命に入ると、信仰活動への制限はさらに厳格になり、小さな廟も破壊されていった。しかし、廟、廟会がなくなっても個人的に廟の旧跡で焼香を行うなどの現象はしばしば見られた。一九七六年に毛沢東が亡くなると、政治環境が一時的に緩和されたので、大型漁船漁民たちは再び出資して、旧跡に廟を再建した。共産党の幹部たちはこれを発見して、壊すようにと漁民に命令したが、命令された漁民たちは竹の棒で屋根の瓦をすこし潰しただけで帰り、壊したと幹部に報告した。八〇年代になってから、政策が完全に緩和されると、禹王廟は修繕され、さらに増築され、廟に鎮座する神像も徐々に増えていった。このようなことから、禹王廟への信仰には断絶がなかったということが言える。

小括

以上の分析から、漁民たちの「迷信」活動や「迷信」組織が、全国規模での政治運動の展開の中で徐々に規制されてゆき、最終的には反動会道門の「紅三教」とみなされ、厳しく取り締まられていった過程が明らかになった。地方政府側は三度にわたって取り締まり運動を実施し、様々な手段を講じた。それにもかかわらず信仰活動は秘密裏に行われていた。このことは、政府の一九六〇年、一九六一年、一九六五年にわたる「迷信」活動や「紅三教」

への再三の弾圧についての報告からも窺えるが、漁民の話によっても裏付けられた。したがって、集団化時代において、漁民たちの信仰活動は厳しい弾圧を受けたものの、断絶せず、ひそかに継続していたことが明らかになった。

弾圧の過程で、「四清運動」など全国的な政治運動の影響で、紅三教はついに反動会道門と認定されるようになった。地方政府はそれに対応するために、三度目の取り締まり運動において、漁民たちの信仰組織の「香社」を反動会道門の「紅三教」と認定した。しかし、「香社」と「紅三教」とが実際にどのように関わっていたのか、それぞれの「香社」は系統化されていなかったのになぜ一つの「紅三教」と認定できたのか、という問題が残されているが、むしろ地方政府はそこまで関心を持っていなかったと思われる。そして、「香社」だけではなく、漁民たちの日常生活の冠婚葬祭に関わる祭礼も「紅三教」の活動として記録され、弾圧されることになった。一方で、漁民たちはこのような取り締まり運動についてほとんど納得できなかった。ある漁民が疑問を抱いたように、それらの祭礼は「先代からの伝統」だから、なぜ禁じられることになったのかが理解できなかったのである。このように、漁民たちは弾圧の正当性を容認することができなかったと考えられる。漁民たちの信仰活動は、弾圧下の厳しい環境において一時的に潰されたものの、環境が緩和し、日常生活が回復するにつれ、それが再浮上してきたのは、何ら不思議なことではなかった。

注

（1）前述の「幇会」と同一か、または「幇会」の中の一派や「幇会」の集会所の所在地のこと。ここでは「紅三教」が一つの反動会道門とされているので、「堂口」はその中の一派か各地の「紅三教」の集会所を指すと考えられる。

（2）中国では、結婚や出産などの慶事を「紅事」、葬式を「白事」というため、ここで言う「赤事」も慶事のことだと思われる。

（3）初回の取り締まり運動で言及された「反動迷信組織」を指す。

（4）初回の取り締まり運動で言及された「太湖公誼社」、「太湖公益社」、「太湖興竜社」、「長勝社」、「太湖老公門社」、「先鋒社」と比較すると、方言で「義」と「誼」の発音が同じであることから、「太湖公誼社」は「太湖公義社」のことを指すと考えられる。また、「太湖興竜社」がなくなり、「太湖新公社」が増えた。

（5）初回目と二回目の報告と比べて、その中、「太湖公益社」、「太湖新公社」がなくなり、一回目の「長生社」（「長勝社」）は「太湖長生社」、「蘇州葑門長生社」、「嘉興長生社」に分けられた。「興隆社」は「太湖興竜社」に当たる。「太湖新宮門社」が入れ加えられた。

（6）「いかさま」でいう「先生」は、神漢や僮子などと呼ばれる巫術ができる宗教職能者のことである。

（7）中国語でも太湖周辺の方言でも「常」と「長」の発音は同じである。

（8）「前十条」の正式名称は「中共中央関於目前農村工作中若干問題的決定（草案）」（中共中央の現在農村における仕事に関する若干問題の決定〈草案〉）である。

（9）表14「太湖公社における紅三教道首や中堅人物の名簿」に記録された僮子Wyk、及び第七章第三節(4)で言及するWykと同一人物である。

第六章 「陸上定居」と陸上生活における祭礼（一九八〇年代〜現在）

はじめに

文化大革命後期、漁業社会主義改造の「陸上定居」の政策により、漁民たちは家屋を割り当てられ、陸上での仕事をさせられた。それと共に生活の重心は徐々に船上から陸上に移っていくようになった。また、集団化時代に弾圧を受けていた信仰活動が、改革開放以降の信仰政策の緩和とともに、復興していった。しかし、すでに漁民たちは定住生活に変化していたため、復興した信仰活動も、定住生活に適応することにより行われている。本章では、聞き取り調査を中心に、定住のプロセス、漁業技術の進歩、生業様式や家族形態の変化を概観する。そして、陸上生活において復興した祭礼、特に「七月半」祭礼の実態を明らかにし、漁民の自らの視点からそれらの祭礼の変容における合理性、そこに見出される彼ら自身の論理を考察する。

第一節　定住のプロセス

(1)　埋め立て工事と家屋の分配

「陸上定居」という政策は漁業社会主義改造の計画の一つとして提起されたものだった。一九六五年二月、中央政府が、水産部の党組が提出した「連家漁船社会主義改造を加速する」という報告に賛同し、これを下級機関に伝達した。その中で漁業社会主義改造の計画が詳しく述べられた。その第一歩は漁業生産手段の所有の改造である。第二歩は漁民の生産や生活の拠点を決め、連家漁船を打破し、陸上定居を行うことである〔江蘇省太湖漁業生産管理委員会　一九八六：六二〕。また、一九六〇年代後半以降の檔案にも「漁業社会主義改造」と「陸上定居」の言葉が同時に提起される文章がしばしば見られるようになる。一九六七年一一月に開かれた第一回「全（江蘇）省における淡水漁撈の社会主義改造に関する会議」では、「文化大革命が漁業者社会主義改造を推進し、全省約二万四〇〇〇戸の漁民のうち、約四四〇〇戸の漁民が陸上定居を達成した」という報告がなされた。また、今後の漁業社会主義改造の方針、任務および政策について、五箇条が提出されたが、その一つに「徐々に陸上定居を達成する」ことがあった〔T31　一九六七〕。このような政策のもとで、太湖漁民の定住は七〇年代から徐々に実質的に行われるようになった。

文化大革命初期、漁民の中でも労働力を持たない老人や子どもたちが最初期に陸上で定住するようになった。子どもたちは学校に通う都合上、定住したほうが便利なのである。老人は子どもの世話をするために定住したという。

一九六九年からは、漁民全体の定住のために陸地を増やす必要があり、太湖沿岸で埋め立て工事が始まった。一九七一年から一九七三年までのおよそ三年間に、漁民たちは大漁期以外は漁をやめて毎日埋め立て工事で働いた。彼らは、湖岸の山から土を運ぶため、天秤棒を担いでばかりいた。当時の漁業と同じように「評工記分」が行われたが、給料としての現金は配られなかった。これはただ腹を満たすだけのもので、大変苦労していたと語る話者が何人もいた。当時一人の男性労働力に対して月に米が一五kg配られたが、一日でも働かないと、その分の米が差し引かれた。

一九七三年には埋め立て工事が終了し、その結果、以前白浮山という島だった地域は埋め立て工事によって陸地とつながる半島になり、埋め立て地には政府によって家屋が建造された。家屋を建造するための資金は、漁業社会主義改造の「陸上定居」政策に基づいた政府からの支出金であった。一九七九年一〇月末までには、太湖人民公社だけでも、漁業社会主義改造のための家屋を全部で一二一三戸を建造した［太湖鎮志編纂委員会 二〇一四：一四〇］。HZ・HS・HFという三つの漁業大隊の大中型漁船漁民が、この土地で定住するようになった。何人かの話者によると、最も早く家屋を分配されたのは、漁船を持たない工人たちであった。次に分配されたのは、陸上の仕事を

写真 6-1 1960年代建てられた家屋〈2013/9/20〉

写真 6-2 1990〜2000年代建てられた家屋〈2013/9/20〉

写真 6-3 近年新築された家屋〈2013/9/20〉

写真 6–4　YG 村の港の様子 1〈2012/3/10〉

写真 6–5　YG 村の港の様子 2〈2011/8/31〉

するために派遣された漁民たちで、最後が、残された漁民たちであった。原則的には同じ一つの船に乗る夫婦と未成年の子どもに対して一つの家屋しか分配されなかった。

Ｌｚａ夫婦は当時四人の息子と三人の娘および母親と、合せて一〇人だったが、一つの家屋が分配された。その家屋は広さがおよそ二五㎡しかなかったため、女性は家屋で寝て、男性は船で寝ていた。食事の時は全員家屋に集まったが、食卓を置く場所もなかったため、立って食べていた。暫く経って、長男が結婚する年頃になった。そこで生産隊の幹部に家屋を申請したが、生産隊は倉庫を改装して長男夫婦と他の二組の新婚夫婦に家屋を提供した。このように、定住の仕方は夫婦を中心とする核家族へと進んでいった。

その後、政府側が漁民たちに家屋を提供することが不可能になったので、自力での建築が許可された。政府側から多少の補助金が提供されるといわれたが、最終的にはすべて自費でまかなわなければならなかった。

このように、およそ一九七〇年代後半から、漁民たちは埋め立て地に徐々に定住するようになった。一九八〇年代改革開放以降、漁民は一戸当たり六〇〇元程度を政府に支払い、家屋を私有化した。その後は、最初に分配された家屋がとても狭く簡素なものであったため、漁民たちは現金を貯蓄すると政府に建築用地を申請し、直ちに二階から四階建てほどの家屋を新築した（写真6―1～6―3）。現在までに家屋を三回新築した家もある。近年人口の増加と経済条件の改善と共に、建築用地を申請する家が増え、僅かな面積の埋め立て地からあふれ出しそうな状況となっている。そのため、YG村は周辺の農村と比べると、家屋がひしめいており、隣家との間隔が狭いのが目立っている。

二〇〇〇年以降、上述した三つの漁業大隊が合併され、YG村という一つの行政村となった（写真6―4、6―5）。現在YG村の人口は四七一八人、一三六五世帯である。一九九九年の統計によると、HZ大隊の人口は一八五八人、八二八世帯であり［太湖鎮志編纂委員会　二〇一四：三九］、一世帯あたり三人であるが、しかし、一九六一年の統計によると、HZ大隊の人口は一八四三人、一〇〇世帯であり［T37　一九八〇］、一世帯当たり一八人であった。このような推移は、定住によって漁船での拡大家族から家屋での核家族に変化したことによるものである。

(2) 転職

埋め立て工事の直後、地方政府は、漁民に「漁民不喫商品糧」（漁民は「商品糧」[1]を食わない）、「向太湖要糧」（太湖に食糧を求めよう）というスローガンを掲げ［江蘇省太湖漁業生産管理委員会　一九八六：六］、漁民たちを魚の養殖や蜜柑、桑の栽培、稲作などに従事させた。しかし漁民は農業に不慣れだったため、うまくいかなかった。

ある話者によると、稲作を二年間させられた。しかし、彼らは稲作に慣れておらず、生産量も少なかった。稲作の後は、池を掘らされ、養殖の仕事もさせられた。さらに、蜜柑や桑の栽培にも従事させられた。蜜柑を栽培するために外の技術者が招かれ、栽培の技術を教えられた。その支出はすべて漁業での稼ぎで補った。結局、どちらも成功しなかったので、すべて損失となった。当時掘削したいくつかの池だけは、その後も管理を請け負って養殖業を引き継いでいる家が何戸かある。

1　運搬業

漁民の転職先で最も多いのは、船の運搬業である。なぜなら漁民たちにとって比較的転業が容易だからである。集団化時代においては、運搬業に従事する漁民たちもいたが、それは幹部に指定されたからであり、あくまで生産隊のためだった。当時、個人運搬業は許可されていなかったため、運搬船は生産隊が所有していた。改革開放以降は、農業と同じように「請け負い責任制度」が実施され、当時運搬業をしていた漁民たちは生産隊から船を購入し、この仕事を継続するようになった。集団化時代には、大型漁船のＨＺ大隊において運搬船は二隻しかなかった。改革開放以降は、漁業より仕事が楽であることと、より儲けを得られることとを当て込んで、運搬業が一時的にかなり増えたという。現在ＹＧ村には二〇〇隻ほどの運搬船がある。運搬船に従事する人たちは三〇代から四〇代までが多い。ほとんどが若い頃に漁業に携わったことがある人たちである。

しかし、運搬業に転職した漁民がみな成功したわけではなかった。運搬業に従事するためには、まず漁船よりかなり大きな船が必要である。そのためには、ある程度の経済力を持たないと、運搬船が造れない。一隻が一〇〇トン程度の運搬船を造るためには数十万元が必要である。一般的に見ると、親戚や友人から資金をかき集めてもまだ足らないため、結局、高利貸しから借りる以外、方策はなくなる。高額の借金を背負うことによって船を入手することはできるが、すべて返済するまでには年数がかかる。また、運搬業に従事する為には依頼者を探す必要がある。陸上の人々との社会関係をある程度持たないと、なかなか依頼者を見つけられないのである。その上、船上生活をしていた漁民たちにとって、もともと陸上の人々とのつながりは薄かった。さらに、依頼者が見つからない時でも、運搬業の税金を払う必要があった。この税は非常に高額だったらしい。そのため、一時的に運搬業に転職した漁民は多かったが、不首尾に終わり、失敗した者も多かった。

L家のL.jw夫婦は運搬業に転職して成功した例として語られている。彼らはすでに三〇年以上運搬業に携わってきた。運搬船の新造には約一〇〇万元かかった。購入資金の半分は高利貸しで、半分は親戚や友人たちから数万元ずつ集めてきたものである。彼らが成功した理由としては、L.jwの妻の妹婿の兄が生産隊の隊長であり、集団化時代からL.jwに稚魚の運搬などの仕事をさせていたことが挙げられる。L.jwは長期にわたり運搬業に従事することによって社会関係を広げた。「われわれは長年太湖にいたので、外の知り合いが少ない。運搬業に転職しようとしてもできない。彼らとは違う」と、漁業に従事している話者は語る。

しかし、近年は、運搬業への転職者が漁業に回帰する現象も見られる。少し前までは、経済高度成長のおかげで建築業が盛んであり、そのため船による建材の運送も需要が多かったが、近年、経済成長が停滞するようになると、船の運搬業にも影響が及んできた。そのため、漁業の経験を持つ、一部の運搬業転職者は再び漁業に携わるようになった。

2　他の職業

その他に、漁業そのものからは離れたものの、関連する仕事に携わる人もいる。例えば、造船業や水産物の販売、運送、加工などに関わる仕事である。特に、二〇代の若者たちはほとんどが高校以上まで進学し、完全に漁業から距離を置くようになった。彼らのほとんどはそのまま企業に就職するか、大学を卒業して都市で就職する。若者たちは、漁業が大変なのでそれ以外の仕事ができれば、そちらを優先しているということが窺える。

このように、漁民たちは陸上で定住するようになったものの、陸上との結び付きが直ちに強くなったわけではなかった。また、政府の意思で農業などをさせられたが、首尾よくいったわけではなかった。自ら転職する意欲もあったが、それも容易ではなかった。転職したとしてもうまくいかなければ漁業に戻らざるをえない。漁業や漁業関係の仕事に従事する人が現在でも多数を占めているのが実情である。さらに、安徽省などの外省の漁民を雇って漁業を続ける事例もある。しかし、全体的に見れば、漁業を継ぐ若者は明らかにかなり少ない。今後の推移を注目し続ける必要がある。

第二節　漁業における変化

(1)　漁船

集団化時代が終わり、改革開放以降、漁船や漁具は漁民に返却され、彼らは再び各家で漁を行うようになった。魚が自由に販売できるようになり、金銭を稼ぎやすくなった。特に九〇年代初頭は魚の値段が一時的に高騰し、当時利益を得た漁民たちは二階建てや三階建ての立派な家を持った。

技術面については、各漁船に動力機械が取り付けられ、さらに漁具が改善され、漁獲量も大幅に増加した。漁民は稼いだ金銭で漁船を造ったり、中古船を買ったりした。加えて、一隻の船に本来必要な七～八人分の労働力が二～三人で済むようになったため、同じ船で共同操業していた兄弟たちは、ほとんどが新しく船を造ったり購入したりして独立するようになった。

当時は、新造の場合、中型のコンクリート製の船が多く造られていた（写真6―6、6―7）。新造船を造る際は、費用を節約するために古い木造船を解体して、一部の木材をコンクリート製の船の「煙棚」などに流用した。そのため、古い木造船はほとんど残っていない。

なぜコンクリート製の船になったのだろうか。それは、一九六〇年代以降、木材の供給の不足により、まずは農業用の木造船がコンクリート製の船に移行したため、漁船もそれに影響されたからである。一九七二年には、呉県コンクリート製品会社が試作した積載三〇トンのコンクリート製の漁船が、三月に太湖公社のＨＦ漁業大隊によって購入され、初めて漁撈に使用された。木造船と比較すると、コンクリート製の漁船は漁獲量が一四・七％増加したという［太湖鎮志編纂委員会　二〇一四年：一四七］。

　また、木造船と比較すると、コンクリートの漁船は製造コストが低く、維持経費も少ない。本来、大型の木造船は年に二～三回、船全体に桐油を塗ることによって維持される。これは大変な仕事である。一回に必要な桐油は二〇kg以上であり、漁民たちにとっては大きな支出であった。さらに、木造船は二〇～三〇年経つと、改修作業をしなくてはいけない。改修費用は家をリフォームする金額に匹敵する。また、当時は木材の値段が高かったが、鉄筋で骨組みが構成され、外側がコンクリートに覆われた漁船はコストがかなり削減でき、改修費用もかさばらなかった。そのため、木造船が淘汰され、コンクリート製の船が徐々に受け入れられるようになっていったのである。その上、木造船は風力推進だが、コンクリート製の船は風力とエンジンの両方を利用するという利点もあった。初期は一二馬力のディーゼルエンジンを一台使っていたが、その後徐々に二台、そして四台搭載されるようになった。

　八〇年代初期、Ｌｚｘは長男だったため、木造船を継いで七人で共同操業していたが、兄弟のＬｚｇは新しく造船し、四人で操業

写真6-6　コンクリート製漁船1〈2011/8/28〉

写真6-7　コンクリート漁船2〈2012/3/10〉

写真 6–8　鉄造船の造船場〈2011-4-4〉

写真 6–9　鉄造船〈2015-3-24〉

していた。ある年の暮れ、兄弟たちがその一年間の稼ぎについて話したところ、Ｌｚｘは一年間に約四万元を稼いだが、Ｌｚｇは約七万六〇〇〇元を稼いだということであった。次の年、Ｌｚｘも木造船を解体してコンクリート製の船を新造した。

このように、漁船の数は改革開放以降一気に増えた。ＨＺ大隊だけでも漁船の数は一〇四隻から約三〇〇隻まで増えた。特に一九八五年から一九八六年の二年間は新船の製造ブームも閲した。しかし、コンクリート製の船は二〇年程度しか維持できない。また、陸上に家屋を持つようになっても、一回漁に出ると、数日間から数か月間は漁船で生活することになるのだが、コンクリートの漁船は湿気が高く、「関節によくない」という。現在は鉄造船が多く造られている（写真6―8、6―9）。

(2)　漁法

この時代は、漁船だけではなく、網も飛躍的に改善された。網の改善は集団化時代から徐々に行われてきた。共産党政権以前、網は主に苧麻から作られた。苧麻は腐りやすいため、苧麻の網に豚の血を付けて干し、さらに蒸籠に入れて何時間も蒸して保存する必要があった。この手順は、網を一五日ほど使った後に毎回行う必要があった。

この作業はかなり体力が必要であり、手間もかかった。現在の網はナイロン製で腐食しないため、このような繁雑な仕事をする必要もなくなった。

　また、かつては「一帯」の船が操業する時、船を引っ張るのに使う纜《ともづな》は竹製だった。まず、山に赴いて竹を購入する必要があった。購入した竹の皮を細く割く。割いたものを何本か強くねじる。こうして作った纜を柔らかくするためには蒸籠に入れて蒸す必要がある。これも体力が必要な作業である。この纜も二〜三か月使用すると、また新しいものが必要になる。この纜は水を吸って重くなるため、かなりの体力がないと、引っ張ることができないという。

　現在、シラウオを獲る「飛行機網」と呼ばれる網は、漁船の両側に飛行機の翼のように設置され、四台のディーゼルエンジンで風に乗って前進しながら、魚を獲る。このような漁獲方法は六〇代の老夫婦だけでもでき、労力が比較的かからない。

図15「高踏網」の操業方法

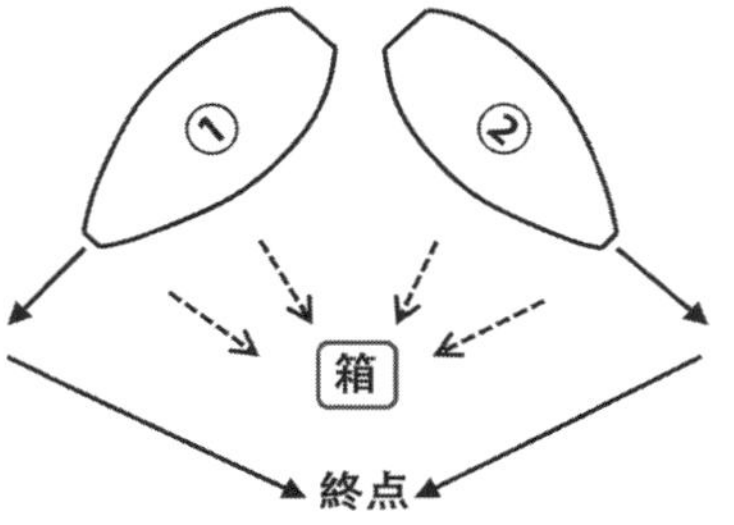

聞き取り調査により筆者作成

　また、現在は毎年九月に一か月間しか操業できない漁法がある。それは「高踏網」という網を使って二隻の船が共同で操業する方法である。その操業の仕方は図15のようになる。

　二隻の漁船①と②が同時に網を入れながら違う方向に進み、大きな円を描いた後に同じ終点に進んで、魚を網箱に追い込む（写真6—10、6—11）。

　一隻の漁船には夫婦二人と雇った親戚や友人の二人、あわせて四人の労力が必要である。これは現在の漁法のうち唯一二隻の漁船が共同操業するものである。二〇一二年九月六日にこの漁法が用いられた時は、一回の作業で、朝四時半に網を入れてから午後二時半に魚を揚げるまで一〇時間ほどかかった。一回でおよそ二〇〇〇kgの漁獲量があった。魚を揚げる際には、魚を収集する仲介人も手伝いに来ていた（写真6—12）。このような漁法は水産資源の枯渇をもたらす恐れがあるため、「太湖漁業生産管理委員会」により、年間二五日しか許可されていない。

さらに、漁業生産の安全を確保するためには、広い太湖で航行する方向と距離を正しく把握する必要がある。木造船の時代は羅針盤が使われていたが、それでも船の座礁は避けられなかった。また、かつては風力によってスピードを計算しながら航行していたが、計算を間違えると事故の危険があった。現在はナビゲーションと呼ばれる機械が使われることにより、安全性が高められた。

写真6–10　漁（高踏網）に出る共同操業の2隻の漁船〈2012/9/5〉

写真6–11　魚を網箱に追い込む様子〈2012/9/6〉

写真6–12　魚を揚げる様子〈2012/9/6〉

(3) 魚の保存

一九九〇年代から、漁船に冷凍庫が設置されるようになった。特に一九九二年前後は、古い木造船の解体と船の新造ブームが起こり、当時の新造船のほとんどに冷凍庫が設置された。冷凍庫がない時代は、漁民たちは魚を買い取る船に大きく依存していた。魚を買い取る船が遅れてくると、魚が腐敗しはじめ、安く売ることしかできなかった。冷凍庫が普及してからは、獲った魚を直ちに冷凍し、直接市場に持ち込めば、高い値段で売れるという。

(4) 太湖漁業生産管理委員会

太湖漁業生産管理委員会（以下「漁管会」）は、一九六四年に設立されて以降、主に太湖水面に関わる各産業の生産、太湖の水産資源の繁殖と保護、太湖水面の各産業における紛争などの管理、対応をしていた。しかし、文化大革命中は、漁管会の運営は維持できなかった。一九八四年に漁管会が再組織されると、船などの管理施設、管理人員が増えて、組織的には健全な管理機関となった［江蘇省太湖漁業生産管理委員会 一九八六：一二一—一二二］。現在の漁管会の仕事は、主に水産資源の増殖と保全、漁業許可制度の実施、漁業生産秩序の維持である［太湖鎮志編纂委員会 二〇一四：二〇六］。

ある話者によると、改革開放以降、漁管会は漁民に養殖業を呼びかけた。そのため、一部の漁民は蟹の養殖に専業するようになった。しかし、二〇〇〇年以降太湖の汚染問題が深刻になったため、水質を管理する目的で、蟹の養殖はこれまでとは逆に禁じられた。蟹を飼育する際、餌として小魚を食べさせるため、余って腐った小魚によって水質が汚染されるという理由であった。政府は、養殖を専業とする漁民たちに、賠償金を与えることによって対処した。

写真 6–13　休漁期の港〈2011/3/28〉

写真 6–14　漁期の港〈2011/4/24〉

漁民たちは、現在の漁管会は主に漁業期間を守らせる行政機関だと認識している。共産党政権になってから、一九五三年に初めて休漁期が設けられた。休漁期間は年に一八日、二五日、一か月半などがあったが、現在は一月から五月一日までが休漁期とされている（写真6—13、6—14）。

しかし、休漁期が規定されているにも拘わらず、厳守しなくてもいい、という暗黙の了解が漁管会と漁民の間にある。漁管会側は漁民たちの生活を慮り、休漁期に漁を禁じることはしないが、罰金を払う必要はある、と堂々と説明している。漁民側の解釈では、ある年の休漁期に漁を行う漁船に対して漁管会が漁船の没収というやり方で厳禁したことがあった。漁民たちは漁船の没収を恐れ、休漁期を仕方なく守った。こうなると、漁管会は逆に罰金収入がなくなり困ることになってしまったため、それ以来は、漁船を没収せずに、罰金だけを徴収するようになった。罰金の領収書には「資源の賠償費」と書かれている。運が悪い漁民は年に五～六回ほど捕まって罰金を払うが、その金額は二万元ほどであった。

それ以外には、漁業資源を保護するため、一部の漁具使用も禁じられ、船に付けるディーゼルエンジンの馬力にも規定がある。また、漁管会は外来の漁民が太湖に入って漁を行うことを禁じており、これも監督している。さらに、ディーゼルエンジン一台に当たる燃料補助金の配布も漁管会の仕事である。

以上のように、改革開放によって、漁民たちの生産や生活の面では大部分が自由になり、政府側による漁業管理の方式も変化した。また、漁業技術も大きな発展を遂げた。これらの変化は人々の信仰生活にどのような影響をもたらしたのか。以下では、生業様式や家族形態の変化と陸上生活における祭礼の変容を考察する。

第三節　生業様式や家族形態の変化

改革開放以降、漁船や漁法は大きな発展を遂げた。結果的に、建国以前の、同じ船で兄弟を中心にして操業する拡大家族的な生業様式は、互助組、合作社や人民公社の時期の集団的な生業様式を経て、定住とともに核家族ごとの生業様式に変わった。以下では、大型漁船の「大家庭」の操業形態が、いかに最終的に夫婦を中心とする操業形態に分かれたのか、その具体的なプロセスをL家の事例を中心に詳細に検討する。

一九五四年、L2世代のLｔｍが、L1世代から引き継いだ木造船をL3世代のLｚｘに継がせた。同時に収入を管理していたLｔｍが出資して新しい木造船を造り、当時二四歳のLｚｆと二二歳のLｚａを乗せた。このように、L3世代は建国初期に二隻の漁船に分かれた。

一九八〇年代、L家のL1世代、L2世代のほとんどが亡くなった。L3世代には壮年にあたる人が多く、また、L4世代も大人になり、漁業を引き継いだ人がいた。

Lｔｍから継いだ木造船では、最初は長男Lｚｘと彼の兄弟たちが共同で操業していた。改革開放以降の一九八五年に、木造船を金銭に換算して、Lｚｘと彼の兄弟全員に等分された。Lｚｘの兄弟はその金銭を受け取り、木造船自体はLｚｘの長男Lｊｄによって継がれた。

Lｚｘの兄弟Lｚｇは、等分された金銭で五つ帆柱のある中古木造船を購入し、息子とともに六年間ほど漁を行っ

図16　L家の男性成員

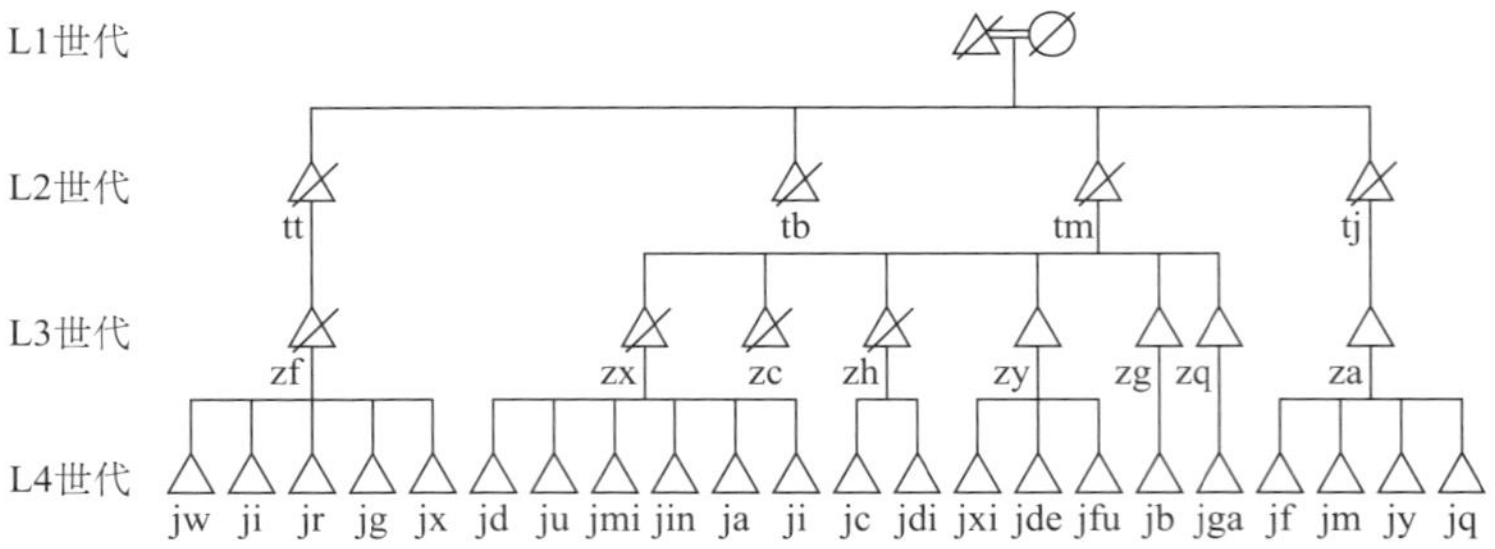

聞き取り調査により筆者作成

た。一九九二年、長男を結婚させるために、六年の間に稼いだ金銭で二階建ての家屋を新築した。一九九四年に一二〇トンの鋼鉄製の運搬船を新造し、息子と共同で運搬業に転職した。二〇〇一年には三〇〇トン、一二〇馬力の運搬船に変えた。二〇〇六年にはさらに六四〇トン、三〇〇馬力の運搬船を新造した。

一九五四年に造られた木造船では、ＬｚｆとＬｚａが一九八九年まで共同操業していた。一九八九年に木造船は一万七〇〇〇元の金銭に換算され、Ｌｚａは半分の八五〇〇元を受け取り、Ｌｚｆは船を継いだ。Ｌｚａは受け取った金で中古のコンクリート製漁船を入手し、夫婦二人と長男と長女の四人がそれで共同操業するようになった。

Ｌｚｆが継いだ木造船では、Ｌｚｆと彼の息子たちが一九九二年まで共同操業していた。一九九二年前後、木造船の解体ブームが起こったので、Ｌｚｆも木造船を解体し、二隻のコンクリート製漁船「左船」と「右船」を造って、息子たちに継がせた。長男Ｌｊｗはこの時点ですでに独立して運搬業に転職していたが、次男も小型のコンクリート製漁船を買って独立していた。三男が一隻の「左船」を操業した。四男は健康状態が悪く、そのため五男と共同で「右船」を操業した。四男と五男は四年間共同操業したが、性格が合わなかったため、五男夫婦が一九九六年に船を買って独立した。このように、Ｌ４世代の人々は、九〇年代に入ってから、すべて夫婦を中心とする操業形態に移った。

第四節　陸上生活における祭礼の変容

（1）「七月半」祭礼

「七月半」とは、旧暦の七月一五日のことである。中国の南部や台湾などの地域ではこの日を「中元節」と呼び、神や「孤魂」、「野鬼」を供養する。太湖周辺の江南地域では、「七月半」の一か月前から当日までの間の特定の日に、家で料理を供え、紙銭を燃やして祖先を祀る儀礼が行われる。しかし、太湖流域における大型漁船漁民の「七月半」祭礼では、祖先だけではなく、神や母方の親族も祭祀対象となっている。

1　祭礼の作法

「七月半」祭礼では祭祀対象が多く、祭礼自体がいくつかの儀礼に分けられており、煩雑に見える。家（核家族）によって儀礼の順番が多少異なっていると考えられるが、筆者が調査した七例中、多数の家では（1）「鎮宅」、（2）「斎老爺」、（3）「斎家堂」、（4）「拝祖先」、（5）「拝外姓」の順に行われている。しかし、（1）「鎮宅」の儀礼を最後に行う家もある。それぞれの儀礼で祀る対象は以下のとおりである。

（1）「鎮宅」：住宅（屋敷）の土地公を祀る。
（2）「斎老爺」：太湖周辺の神を祀る。
（3）「斎家堂」：家にある神を祀る。
（4）「拝祖先」：祖先を祀る。

表 15 「七月半」祭礼の作法

名目	場所	線香	蝋燭	酒杯	箸	供える飲物	供える料理	紙銭	爆竹
(1) 鎮宅	門の隣、北向き地面の上	多	2本	紙コップ	1膳ずつ置く	酒	三葷三素[1] 1皿[2]	黄色い紙で折った元宝、銭糧	鳴らす
(2) 斎老爺	中央の部屋南向きテーブルの上				1束で置く	酒／茶	三葷三素以上、1皿		
(3) 斎家堂						酒／茶	三葷三素以上、1皿		鳴らす／鳴らさない
(4) 拝祖先		少	1本／つけない	磁器の酒杯	1膳ずつ置く	酒	三葷三素以上	銀紙で折った元宝	鳴らさない
(5) 拝外姓	中央の部屋西向き／東向き								

1) 三葷は魚の料理、鶏肉や豚肉の料理、三素は3つの野菜料理である。
2)「1皿」とは豚のあばら肉、魚、卵と包丁のセットである。

聞き取り調査・参与観察により筆者作成

(5)「拝外姓」：戸主の母方親族や妻の亡親を祀る。

各手順において、儀礼の場所や供物など細かい作法に差異が見られる。その差異は家によって更に大きくなる。筆者は七例中最も一般的な事例に基づき、各儀礼の作法を表15にまとめた。

「鎮宅」とは、住宅の土地公あるいは住宅を鎮守する神を祀る儀礼のことである。「鎮宅」は他の儀礼と異なり、唯一北向きで、玄関の門の隣の入口で行われる（写真6—15）。まず、入口付近の地面に供え物の料理を置く。「鎮宅」で供える料理はすべての儀礼の中で最も少なく、三葷三素と豚のあばら肉、魚、卵および包丁を組み合わせた一皿しかない。この一皿は神を祀る時の必需品だといわれている。次に、奥に蠟燭二本をつけ、酒杯三個（事例一の場合は七個、二の場合は五個）、そして箸三膳を一膳ずつ酒杯の傍に置く。次に、酒杯に酒が注がれ、三回ほど酹をする。その後、祭祀者は蠟燭の前で叩頭して三回礼をする。それを終えると、また入口の外に出て、庭において黄色紙で折った元宝と銭糧を燃やし、爆竹を鳴らす。「爆竹を鳴らす」というのは、神を送ることを意味している。

かつて船で「七月半」祭礼を行った時は、「鎮宅」の儀礼は

写真6–15　鎮宅（事例1）〈2012/8/22〉

行われなかった。しかし、年間を通して行う生業に関わる祭礼において、船首に船頭土地を祀る儀礼があった。祀り方は「鎮宅」と同じである。陸上に定住するようになってから、「鎮宅」の儀礼が行われるようになった。現在、船と家屋の両方を持っている人々は、船で神、祖先、船頭土地を祀ってから家で「鎮宅」をするか、あるいは、家で「鎮宅」をして、神、祖先を祀った後に、船で船頭土地を祀る。

　前述のように、漁民たちのいう「老爺」とは「神」の意味である。大型漁船漁民のいうところによると、太湖周辺には数多くの神がおり、しかも、すべての神を祀る必要がある。具体的には太湖周辺に三六の衙門と七二の廟が存在した。そこに鎮座する神も一〇八以上存在すると考えられている。彼らは廟に赴いて神を祀るだけではなく、家の祭礼でもこれらの神々を招請して祀る。

写真6–16　斎老爺（事例4）〈2012/9/25〉

　「斎老爺」の儀礼は中央の部屋で南を向いて行われる。まず、部屋にある四角のテーブルに供物を置く。この儀礼のための供物が最も多く、量に応じて二つか三つのテーブルを並べて用いることもある（写真6―16）。神を祀る時に必須の一皿以外に肉料理や野菜料理を大量に準備する。例えば、六葷六素、あるいは八葷八素などがよく用いられる。その他には、果物、お菓子、酒、ジュース、煙草なども供えられる。神に飲み物を供えるためのコップの数は家によって異なっており、最も多く見られる数は二八である。

写真 6–17　神に捧げる銭糧や元宝〈2012/8/31〉

写真 6–18　家堂 1（事例 6）〈2012/8/28〉

写真 6–19　家堂 2〈2010/8/15〉

神が使う箸については、一束にまとめて置く家もあるが、一膳ずつコップの傍に置く家もある。飲料は、家によって茶あるいは酒が注がれる。最後に蠟燭をつけて、線香を灯す。こうした供物が設置された後に、まず線香を持って入口で神を招請する。次に、香炉に線香を挿す。このようにして、神を招待していることを示す。そして、神を招待する途中で三回ほどお酌をするが、一回ごとに叩頭して三回跪拝する。次に、外の庭で、黄色紙で折った元宝や銭糧を燃やし、神に捧げる（写真6—17）。元宝や銭糧を燃やすと、神への招待がそろそろ終わることになる。これを終えると、最後に爆竹を鳴らして神を送る。

通常、農村で祖先を意味するのは「家堂」であるが、大型漁船漁民の間ではこれが「老爺」つまり神の意味で使われることが多い。しかし、「家堂」という神は「老爺」という神とは別物だと認識されている。「家堂」は「老爺」

より家に近い関係にあり、家の中で鎮守するイメージがある。「家堂」を具現するものとしては、二四人の老爺の像が描かれた布の軸、あるいは神の像を刻んだ木の板、あるいは小さい泥製の神像があった。それらは文化大革命中にほとんど焼かれたため、改革開放後に布や紙の軸で新造されたものが多い（写真6―18～6―20）。第三章で論述したように、共産党政権以前の大型漁船には一三の船室があったが、船首から数えて七つ目の船室「大艙」（船の中央部に位置）の中に「家堂」が置かれていた。陸上に定住してからは、「家堂」は中央の部屋の南向きの壁にかけられている。「斎家堂」の際は、飲料を供えるため一二個のコップを設置する。他の作法はほとんど「斎老爺」と同じである。ただ最後に爆竹を鳴らす家と鳴らさない家がある。

　次に、祖先を祀る時には、「老爺」に供える料理の中から、必ず何品かを取り除く。まず、どの家においても、一皿の組み合わせを取り除く。家によっては、豆腐、鶏一羽、鴨、煙草などをテーブルから取り除く場合もあった。また、大きいコップから磁器の酒杯に替えるというこだわりも見られる。酒杯の数は家によって異なる。具体的には、その戸主の親の代から計算して、父親、祖父、曽祖父という亡くなった三代以内の父系親族の総計である。祖先を祀る時は、「斎老爺」と同じように、入口で線香を持って祖先を招請する家もあるが、そうしない家もある。また、家によって蠟燭を一本つけるか、つけないかは「斎老爺」の時とも異なる。他の儀礼と同じように、三回お酌して三回跪拝した後に、銀紙で折った元宝を燃やして終了する。どの家も「拝祖先」の時は爆竹を鳴らさない。

写真6–20　家堂3〈2010/8/15〉

　また、太湖周辺の農村では、「七月半」祭礼では父系親族しか祀らないが、大型漁船漁民は父系親族を祀った後に、「外姓」（姓

表16　各家の「七月半」祭礼における儀礼ごとの酒杯数

手順＼事例	事例1(Jxe)	事例2(Zyf)	事例3(Zbp)	事例4(Jfg)	事例5(Zhz)	事例6(Ljx)	事例7(Jyl)
鎮宅	7	5	3	3	3	3	3
老爺	50	26	24	38	38	38	36
家堂	12	12	12	12	12	12	28
祖先	30	38	34	16	28	46	41+18
外姓	3	5	6	0	0	2	5→2

単位は酒杯数　　聞き取り調査・参与観察により筆者作成

が違う母方親族や妻の親）を祀ることもある。しかし、母方親族は父系親族の場合とは違い、戸主のうえの亡くなった三代以内の親族ではない。祀られる対象となる「外姓」は主にその戸主の母方の祖父母と戸主の妻の親であり、また、戸主の母の兄弟も祀られる事例がみられる。戸主がいない時は、嫁いだ娘が実家に帰り、娘を男性とみなし、戸主の儀礼をさせる。離婚した場合は、関係のあった親族も祀らなくなる。また、「外姓」を祀る時は祖先を祀る時の南向きとは別になる。「拝祖先」の後に、必ず向きを変えて西向きあるいは東向きで「外姓」を祀るのである。

2　各家の事例の分析

次に、調査した七例の個々の具体的な事情を詳しく分析する。表16は各家の「七月半」祭礼において、手順と必要な酒杯数をまとめたものである。鎮宅のための酒杯数をみると、多くの家は三つ供えていることがわかる。他には五、七という数字もみられることからして、酒杯は奇数にするという規則が読み取れる。老爺を祀るための酒杯としては、三八が最も多い。家堂には一般に二四の老爺が存在すると考えられており、その半分が一二である。祖先と外姓の場合は、それぞれの家の事情によってやり方が異なる。外姓を祀るのは江南地域において特に稀な事例であるため、ここでは、各家の外姓となる対象をその家の事情に合わせて考察し、漁民たちの外姓に対する考え方を探りたい。

事例一の家には戸主Ｊｘｅの夫婦と息子三人が三階建てで居住している。隣接している一階建てにはＪｘｅの父母が住んでいる。祭礼はＪｘｅの三階建ての家の一階の部

写真6–22　拝外姓（事例1）〈2012/8/22〉

写真6–21　拝祖先（事例1）〈2012/8/22〉

写真6–23　拝外姓（事例2）〈2012/8/23〉

屋で行われた。Ｊｘｅの父母も祭礼に参加していた。順番としては、まず「斎老爺」を行い、最後に「鎮宅」を行った（写真6―15）。その間に祖先を祀る時は、酒杯が三〇個置かれた（写真6―21）。「拝外姓」の時は、向きを変え、三つの酒杯は東向きにされた（写真6―22）。祀られる「外姓」は、Ｊｘｅ母方の祖父母、Ｊｘｅの妻の父親の三人であった。Ｊｘｅの妻には姉妹がいるが、姉妹は結婚しており、その家でもＪｘｅの妻の父親が祀られる対象である。

事例二のＺｙｆの家では、最初に鎮宅の儀礼を行っていた。その次は「斎老爺」などの儀礼である。「拝外姓」の儀礼では、祀られる対象は五人であった。Ｚｙｆの父親は一番目の妻との死別後、二番目の妻と結婚した。したがって、母方の祖父母が四人いたことになる。また、妻の父親も亡くなったため、全部で五人が対象となる。

この事例では、「拝外姓」の時にも向きを変えて、東向きにした（写真6―23）。逆にしてもいいのかと筆者が尋ねたところ、話者が東向きが正しいということを強調した。

図17　拝外姓（事例1）

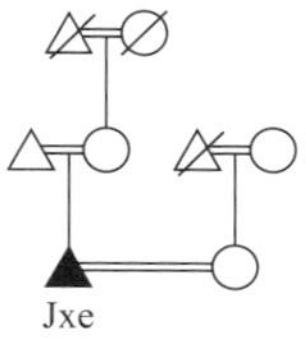

聞き取り調査により作成

図18　拝外姓（事例2）

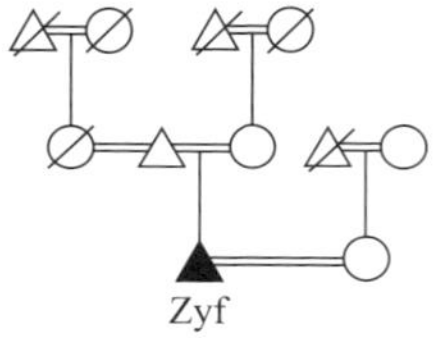

図19　拝外姓（事例3）

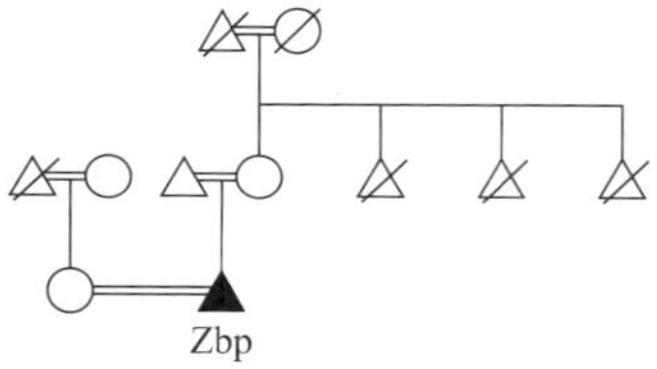

聞き取り調査により筆者作成

向きを間違えると不幸なことが起こるという。Ｚｙｆの妻の話によると、彼女の妹の長男は車の衝突事故で亡くなったが、それは儀礼作法を間違えたからだという。妹の家では「拝外姓」の時、西向きに間違えたままであったという。

図19で示したように、事例三の戸主のＺａｐは母方の祖父母、母の兄弟、妻の父親の六人を祀る。

事例四では「拝外姓」の儀礼は行われなかった。それは、戸主の母方の祖父母、妻の親が健在で、「拝外姓」の儀礼を行う必要がなかったためである。

事例五でも「拝外姓」の儀礼は見られなかった。戸主によると、離婚して、前妻の親を祀る義務がなくなったからであるという。また、母方の祖父母も亡くなっているが、母親には姉が二人いたので、母親の最年長の姉の家で母方の祖父母を祀ることになった。現在、母親の姉の家の戸主はその姉の夫から姉の息子に変わったので、姉の息子は母方の祖父母を祀る必要がなくなった。

事例六においては、戸主Ｌｊｘの妻の親は健在であるが、亡くなった母方の祖父母二人は「外姓」として祀られていた。

事例七では、祭礼の作法が、他の家と異なる箇所が多く

図20　拝外姓（事例7）

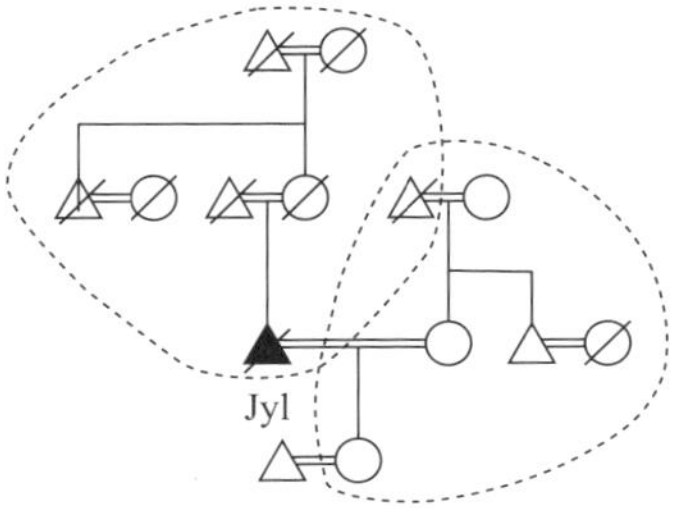

聞き取り調査により筆者作成

あった。まず「鎮宅」の儀礼を行い、次に「本府」という船の神を祀ったのである。「本府」は家堂の神の一つであるが、ここでは本府が単独で祀られていた。この際は七個の酒杯が供えられ、黄色紙で折った（神を代表する）神禡が祭壇に設けられた。その後、「斎老爺」の時には三六個の酒杯が供えられ、紙禡も祭壇に設けられた。次に、「僮子」であった祖先が一人おり、彼の「靠身老爺」を祀るため、三〇個の酒杯が供えられ、紙禡も設けられた。この祖先は生前「僮子」であり、没後「先鋒」となった。彼が「僮子」として活動できたのは「靠身老爺」のおかげであり、彼が亡くなっても彼の「靠身老爺」を祀るべきだとされている。

これが終わった後に、「斎家堂」となる。この時の酒杯の数も他の家と異なっている。家堂の掛け軸には二八の神が描かれているため、その数を祀るべきだと考えられているのである。この後の祖先となる対象も他の家と比べその数ははるかに多く、二回にわたって祀っていた。まずは四一個の酒杯が供えられた。次に、一八個の酒杯が供えられた。説明によると、「四一」は三代以上の遠い祖先、「一八」は三代以内の祖先のことだという。

最後の「拝外姓」では、戸主の死亡による変化が見られた。二〇一一年にＪｙｌが亡くなったので、二〇一二年に筆者が調査したのが、Ｊｙｌが亡くなった後の初めての「七月半」祭礼となった。Ｊｙｌの生前、「外姓」は母方の祖父母、母の兄夫婦、Ｊｙｌの妻の父親の五人であった（図20の左枠）。Ｊｙｌには娘一人しかいないが、すでに婚出している。Ｊｙｌが亡くなった後、最初の「七月半」

祭礼における「外姓」として、Ｊｙｌの娘の母方の祖父、母の兄の妻の二人が祀られた（図20の右枠）。

以上のことから、事例七は他の家より祭礼の手順が多かった。なぜこの家だけ特別に多いのかという問いについては、この家の歴史をたどることによって明らかとなった。

かつて、大型漁船漁民には「大船帮」「北洋帮」「興隆帮」の三つの漁民集団が存在した。「興隆帮」の人数は少なく、父系的な血のつながりが強い親族の一族しかいなかった。彼らは、出身地や一部の習俗という面で「大船帮」とは異なると伝えられている。Ｊｙｌの弟の話によると、祖先は豆腐屋出身であり、カワウ漁出身のX姓の漁民はカワウ飼料として豆腐が必要だったので、常に豆腐屋に通っており、ついに通婚するようになったという。その後の代の祖先も漁に従事するようになり、そしてＪｙｌは漁に従事してから六代目にあたる。この間彼らはX姓の家族と代々通婚していた。Ｊｙｌの妻もX姓である。最初に漁に従事した祖先には七人の息子がいた。「興隆帮」の漁民はすべて同族であるという。Ｊｙｌの父親の代までは、「七月半」祭礼を行う時、必ず餅で作った豆腐を盛る甕を供えていた。

ここまで、現在の家ごとの事例から、それぞれ異なる背景から生じた家の祭礼、特に「拝外姓」の具体的な差異を分析した。これだけではなく、居住の場所と仕事内容の変化により、祭礼の方法も変化するため、以下ではＬｊｘ家のことを例として取り上げ、祭礼の全体を通時的に検討する。

3　Ｌｊｘ家の事例

事例六のＬｊｘは男性、一九六七年生まれ、前述したＬ家のＬ4世代のＬｊｘ、すなわちＬｚｆの五男である。彼の家族は、Ｌｊｘ夫婦二人と高校生の娘の三人からなる。Ｌｊｘ夫婦は二〇一五年の時点で二隻の漁船ＢとＣを所有している。一つは一九九六年に購入したコンクリート製の船Ｂであり、二五トンである。この漁船は、二隻が同時に網を牽引する漁法に使われる。もう一つは二〇〇七年に購入した鉄造船Cで、二〇トンである。これは一隻で魚を網へ追い込む漁法に使われる。

彼らは漁期と漁法によって異なる船を使っている。毎年九月の一か月間は、前述した「高踏網」を使って漁を行う。この漁法は短時間で漁獲を稼げるため、L.jx夫婦は二〇〇三年にあえて一〇万元以上をかけて鉄製の船を造った。しかし、想定された漁獲量を得られない時もあることから、この漁が始まる直前の年中行事である「七月半」祭礼はそれこそ慎重に行われるべきとされており、うまくやれば、神や祖先が守ってくれ、大漁になるといわれている。

二〇一二年と二〇一三年に筆者が調査した時点では、高校生の娘は学校の寮に入っており、夫婦二人は漁を行う時は船で生活していたが、休漁期の一月から四月までは陸上の家で暮らしていた。しかし、それ以前の二〇一一年から二〇一二年にかけては古い家を壊して家を新築していたため、夫婦二人は船で生活していた。暮らしていたのは鉄造船であった。そのため、二〇一二年の「七月半」祭礼は船で行われていた。筆者は、船という空間が家屋の空間と異なっており、祭礼の行い方も異なるという点や、複数の漁船を所有している場合に「七月半」祭礼が行われる船の選択がどうなるのかという点に興味を持ち、参与観察を行った。

写真6–24　漁船での斎老爺1（事例6）〈2012/8/28〉

漁船で行われる「七月半」祭礼の具体的な手順は以下の通りである。

①造船Cの甲板の上にある船室で「斎老爺」を行い、三八のコップを用意する（写真6―24、6―25）。

②同じ場所で財神という「路頭」を祀る。一二のコップを用意する。

写真6–27　漁船での斎家堂2（事例6）〈2012/8/28〉

写真6–25　漁船での斎老爺2（事例6）〈2012/8/28〉

写真6–26　漁船での斎家堂1（事例6）〈2012/8/28〉

③「斎老爺」が終わった後に、一部の供物を持ってコンクリート製の漁船Ｂに移動する。船の中央にある甲板下の船室に「家堂」の掛け軸が掛けられ、そこで「家堂」を祀る（写真6―26、6―27）。

この「家堂」の掛け軸は、一九九八年に香頭を通じて購入したものである。二つの掛け軸の内、一つには「氏門三代祖先」が書いてあり、船の図も描かれている。もう一つには「土地」「王爺」「観音」「禄寿官」「太母」「城隍」などの神名が書いてある。「家堂」は勝手に移動できないため、そのまま置かれた。ただし、新築した家に移動する時には、家で供物を用意し、神を招請して祭礼を行い、また香頭に頼んで香頭に持ち運んでもらったほうがいいといわれた。前述したように、通常、農村では「家堂」は祖先のことであるが、大型漁船漁民の間ではそれが神の意味で使われることが多い。Ｌｊｘによると、彼は父親に「家堂」は遠い祖先だと教えられたという。

④Ｂの船首でひさしを作って、一部の供物をその下に置き、さらにその下に「船頭土地」を祀る（写真6―28）。

⑤再びＣに戻り、「斎老爺」と同じ船室で祖先を祀る。この時、蠟燭には火が灯されておらず、酒杯も紙コップから磁器のものに変わった。祖先は自分の生活の場所で祀るべきだとされる。

⑥その後同じ場所で「拝外姓」を行い、Ｌ.ｊｘの母の両親を祀る（写真6―29）。

⑦Ｃの船首でひさしを作って、船の土地公という「船頭土地」を祀る。

写真6–28　船頭土地を祀る（事例6）〈2012/8/28〉

写真6–29　漁船での拝外姓（事例6）〈2012/8/28〉

以上のように、一か所で祖先のみを祀るような陸上で行われる「七月半」祭礼と比較すると、Ｌ.ｊｘ家の「七月半」祭礼は複数の場所で複数の儀礼を行うという点で、極めて複雑である。なぜこのようになったのか。その複雑さは、全体的に構成要素が多いことと、それぞれの場所にこだわることに起因するものだと考えられる。

次に、時代を辿って、祭礼の構成要素と場所から、現在の「七月半」がいかに継承されてきたのかを考察する。時代ごとにおける祭礼の要素と場所をまとめると、表17となる。

表17を参照しながら、年代ごとの変化を

表 17　各時代における「七月半」祭礼

構成要素＼場所＼年代	齊老爺		斎路頭		斎家堂		拝祖先		拝外姓		拝船頭土地	鎮宅
	船	家	船	家	船	家	船	家	船	家	船	家
① ～ 1965					○A		○A		○A			
② 1966 ～ 1978							○A					
③ 1978 ～					○A		○A		○A			
④ 1994 ～		○				○		○		○		○
⑤ 1996 ～		○			○B			○		○	○B	○
⑥ 1998 ～	○B				○B		○B		○B		○B	
⑦ 2002 ～	○B		○B		○B		○B		○B		○B	
⑧ 2007 ～	○C		○C		○B		○C		○C		○B、C	

聞き取り調査により筆者作成

説明していきたい。表の左側の番号は下の説明の番号と対応している。

①共産党政権の初期までは、船で「斎家堂」、「拝祖先」、「拝外姓」の三つの儀礼が行われた。この時、木造船Aには一三個の船室があり、祭礼はそれぞれの船室で行われた。「斎家堂」は「家堂」が置かれる船室「大艙」で行われた。「拝祖先」は新婚夫婦の寝室である船室「大艄」で行われた。「拝外姓」は竈が設置される船室「伙艙」で行われた。このように、場所はそれぞれ区別され、序列関係が設けられていた。

また、建国以前では、祀られた「外姓」は船主の母方の親や妻の親であった。かつての木造船Aは風を受けて前進するもので、漁をするには多くの労働力が必要だった。一隻の船には、三世帯まで広がった兄夫婦と弟夫婦、子どもなどが乗っていた。長男は大抵の場合船主になった。そのため、通常は、長男の妻の親しか祀られなかった。改革開放以降は、原動機が漁船に付けられ、漁の効率が上がり、木造の大型漁船は廃棄され、小中型のコンクリート製漁船や鉄造船が導入され、漁船に乗る人数も三~四人にまで減った。また陸上への定住によって、兄夫婦と弟夫婦が同じ船で共同生活するような家族形態も、夫婦を中心とする家族形態へと変化した。そのため、「外姓」の意味も、船主の妻の親から各戸主の妻の親に変わった。

②集団化時代においては、初期は変化がなかったが、文化大革命の時期になるとあらゆる祭礼が「迷信」と見なされた。祭礼を行うと幹部に報告される危険があったため、祭礼が簡略化され、祖先だけが密かに祀られた。

③改革開放の初期、祭礼は過去とほとんど変わらずに行われた。

④一九九四年からは家で行われるようになり、「斎老爺」と「鎮宅」の二つの要素がつけ加えられた。「陸上定居」の政策によって家屋を所有するようになったためである。当時L・j・xは漁をしていたが、個人では船を持たず、兄と共同で操業していた。禁漁期は一～八月であったため、祭礼中は家で生活していた。第三章ですでに論じたように、「斎老爺」は「一帯」や一隻の漁船での生業に関わる年中祭礼にも見られるが、八〇年代後半からは「七月半」祭礼に加えられた。「鎮宅」は住宅の土地公を祀ることであり、定住してから周辺の農村を模倣したという。

⑤場所は家になったが、一九九六年から「斎家堂」は船で行われるようになり、船での「拝船頭土地」も加えられた。その理由は、この時期に船を購入し、自分の船を持つようになったからである。「家堂」は船で祀られるべきだということで、船で「家堂」を祀るようになった。「船頭土地」は船の土地公であり、自分の船であれば、船頭土地を祀るべきだということになった。

⑥一九九六年と比較すると、一九九八年には「鎮宅」が祀られなくなり、他の儀礼は船で行われるようになった。一九九八年、禁漁期が一～四月に変わったので、漁期中は漁船Bで生活するようになった。「七月半」祭礼は漁期中であり、漁期中に家に帰って祭礼を行うのは不便になった。そのため、住宅での「鎮宅」は行われなくなり、他の祭礼は漁船で行われるようになった。「鎮宅」は住宅を鎮守する神を祀るため、住宅で行われるべきだとされているのである。

⑦一九九八年と比較すると、二〇〇二年に「斎路頭」という儀礼が加えられた。二〇〇二年に彼らは新しい漁法を取り入れた。「大金で船を買ってしまい、初めてこの漁法を使うので、うまくできるかどうかは分からない」

ということで、漁をする直前の七月半祭礼は慎重に行うべきであると見なされたため、宗教職能者の香頭を招いて祭礼の全体を見てもらった。香頭Ｙｓｍの指示によって、財神の「路頭」を祀る儀礼が加えられた。

⑧二〇〇二年と比較すると、二〇〇七年は「斎家堂」、「拝船頭土地」以外の儀礼の場所は漁船Ｂから漁船Ｃに変わった。「拝船頭土地」は漁船ＢとＣ両方で行われるようになった。二〇〇七年に鉄造船Ｃを購入したからである。漁期中の生活場所は漁船Ｂから新しい漁船Ｃに移った。

「家堂」は、一旦納めると勝手な移動ができないため、「斎家堂」は古い漁船Ｂで行われた。祖先や外姓は必ず生活の場所、漁船Ｃで祀られるべきであった。「斎老爺」や「斎路頭」は便宜的に同じ漁船Ｃで行われた。「船頭土地」は一隻ごとに祀られるべきであるため、漁船ＢとＣそれぞれで行われるようになった。

4　「七月半」祭礼の考察

以上取り上げた家ごとの祭礼を緯線にし、Ｌｊｘ家の歴史の流れにおける祭礼を経線にして「経緯」を考察すると、祭礼の実践を規定する要素、そしてこれらの要素の変化の理由が明らかとなっている。以下、「七月半」祭礼における様々な要素を共産党政権以前の実践の仕方や太湖周辺の農村と比較して、詳細に検討する。

①「斎老爺」、「斎路頭」

太湖周辺の農村と比較すると、大型漁船漁民が行う「七月半」祭礼の手順は極めて複雑である。祭礼の手順を忘れないように、メモを取る家も少なくない（写真6―30、6―31）。また、共産党政権以前に漁船で行われた「七月半」祭礼と比較すると、「斎老爺」「斎路頭」「拝船頭土地」「鎮宅」などの儀礼は改革開放以降に追加されたことがわかる。これは新しく作られたものだろうか、それとも別のところから伝わってきたのだろうか。第三章を振り返ると、生業に関わる祭礼において、一隻の漁船で行われる「過長年」「焼路頭」、そして「一帯」の漁船が共同で行われる「春網利市」「早出利」「接太保」などが確認できる。

これらの祭礼における共通点として、神を招請する、迎える、招待する、送るという順番で行われるという点がある。また、段取りごとに司会する太保先生が神を招請し、迎え、招待し、送る言葉を歌う。中でも神を招待する時間が最も長く取られ、その間に神を喜ばせるために、その由来や事績が歌われる。それぞれの神が招待される順番は異なっている。順番によって、神々の上下関係、重要度が明らかになる。例えば、「過長年」においては、まず劉王を招待する。劉王を招待する時は、劉王を象徴する「神禡」が祭壇に設けられる。同時に、劉王以外の三〇枚以上の神禡も設けられる。しかし、この時は劉王に関する神歌しか歌われない。このことから、ここでは劉王が主役であることが分かる。それから、同じように、すべての神禡を燃やし、次にまた二四枚の神禡を設ける。今度の主役は元山「五老爺」という地方神である。ここでは元山「五老爺」の神歌を歌う。このようにして、個々の神々が事績を謳う神歌によって現れる。

以上のことから、かつての、「過長年」や「焼路頭」のような生業に関わる祭礼は太湖周辺の神々を祀っていたが、それに対して、「七月半」は「家堂」や

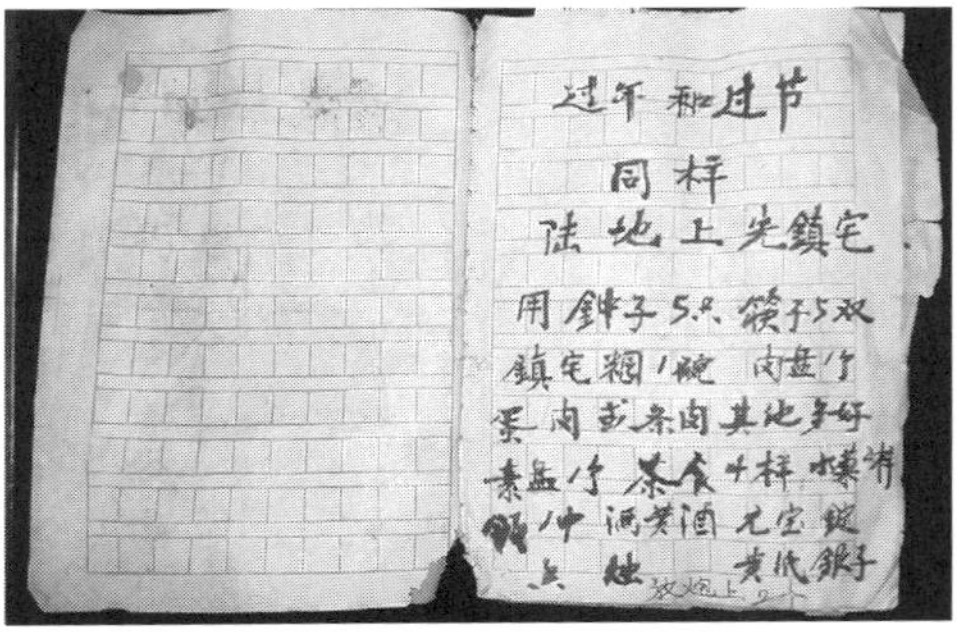

写真 6-30　祭礼の手順が書かれたメモ（事例 2）〈2012/8/23〉

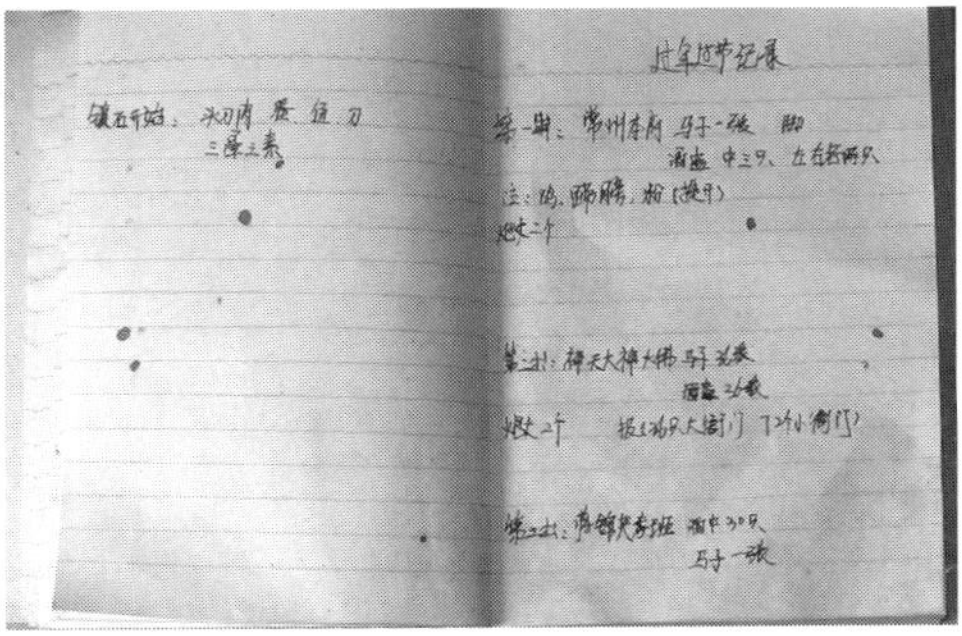

写真 6-31　祭礼の手順が書かれたメモ（事例 7）〈2012/8/31〉

祖先、船主の妻の親を祀っていたことがわかる。

改革開放以降、「一帯」がなくなるとともに、「春網利市」「早出利」「接太保」などの祭礼が行われなくなった。「過長年」や「焼路頭」といった一隻で行われる祭礼もなくなった。かわりに、「七月半」の際、「斎老爺」が行われるようになった。かつての祭礼では、現れた個々の地方神に順位が付けられていたが、「斎老爺」の際に祀られていた神々は、太湖周辺のすべての神々とされ、漠然とした印象がある。

集団化時代、信仰に対する弾圧によって祭礼が行われなくなり、そして改革開放以降に信仰が復活した時、祭礼に関する知識は乏しくなっていた。かつてはほとんどの船にも神歌を唱えることのできる漁民がいたが、信仰が弾圧された時に神歌の写本が焼かれ、神歌の学習は途絶した。現在も後継者がおらず、神歌ができる人はわずか二~三人しかいない。そのため、神々を祀る手順は簡略化され、漠然と神々を祀ることしかできないと推測される。

一方で、彼らは祭礼の不備による祟りを恐れ、可能なかぎりの神を祀るべきであるとしているため、神々を祀る段取りを「七月半」に付け加えたのである。

② 「拝船頭土地」と「鎮宅」

「鎮宅」は定住後に周辺の農村から取り入れたものだが、なぜ「鎮宅」を容易に受け入れることができたのだろうか。かつて「過長年」や「焼路頭」の際は、船首で「船頭土地」を祀っていた。一隻ごとに船で「船頭土地」を祀るため、「船頭土地」は船を鎮守する神の性質を有することが窺える。かつて生活や生業の場としての船を鎮守する「船頭土地」を祀っていたため、生活や活動の場所が船から住宅に変わってから、それを住宅を鎮守する土地公を祀る「鎮宅」に置き換えた、または加えた、と見なすことができる。

③「家堂」と「祖先」

「斎老爺」の際に祀られた神は、神名を一々読み上げられず、太湖周辺における数多くの神を意味する程度の抽象的な神格であるが、「家堂」の掛け軸に描かれている神には個々の名前があり、より具体性を持っている。加えて、前述のように、かつて「家堂」は「大艙」という船室に納められていた。現在も「家堂」が一旦どこかに納められると、勝手に移動させることができない。Ljx夫婦の生活の場が漁船Bから漁船Cに変わっても、漁船Bで「家堂」を祀らなければならない理由がこれである。

それに対して、Ljx家の事例から、祖先は生活の場所でしか祀れないことが分かる。かつて祖先は最も重要な新婚夫婦の寝室「大艄」で祀っていた。Ljx夫婦の場合、生活の場所の変化とともに、祖先を祀る場所も家から漁船B、そして漁船Cに変化した。つまり、祖先は「家堂」より人々との距離が近いというイメージが読み取れる。

また、線香、蠟燭、酒杯、箸、金銀紙などの要素の作法から見ても、祖先を祀る方法は神を祀る方法と明らかに区別されている。しかし、「家堂」については、爆竹を鳴らす家と鳴らさない家がある。爆竹を鳴らすのは、「家堂」が家にいないため、外から招請し、そして外に送る必要があるという意味で行われる。爆竹を鳴らさないのは、「家堂」は家にいるため、送迎する必要がないという考え方である。ここに曖昧な点が見られる。しかし、祖先に対しては、すべての事例で爆竹を鳴らしていない。漁民の観念における「祖先」は父系集団の親族を意味するが、祭礼から見ると、主に三代以内の父系集団の亡くなった親族を指していることが分かる。

一方、事例六と事例七の両方においては、遠い祖先と近い祖先の意識が窺える。さらに、Ljxは、遠い祖先が最終的に「家堂」という神になるということを父親から伝えられ、本人もそう信じている。これは第三章で論じたように、巫術ができる宗教職能者の僮子が亡くなった後に先鋒になり、神として祀られることと共通している。人が亡くなった後に神になることができるという信仰は、漁民社会に本来存在していたのである。

④「拝外姓」

漁民は、太湖周辺の農村と異なり、父方の祖先だけではなく、「外姓」（戸主の妻の親）も一世代だけ祀る。かつての船では、祖先は新婚夫婦の寝室で、外姓は竈が設置される船室「伙艙」で祀られていた。現在これが家で行われる時は、祖先は南向き、外姓は東向きか西向きに祀られている。行い方は変化しても祖先と死者の序列関係は継承されている。このことから、祭礼の作法によって、祖先と死者のカテゴリーの区別が維持されていることがわかる。

かつて漁民は船主（長男）の妻の親しか祀らなかったが、夫婦を中心とする世帯として定住することになってからは、各戸主の妻の親も祀るようになった。また、母親が健在であれば、母親の両親（先代の戸主の妻の親）も祀られる。太湖の漁民社会が妻方の親を祀るという問題は、第二章の第三節(2)で論じたように、姻族が共同操業において重要性を持っていたことと関係していると考えられる。現在では姻族との共同操業という生業様式は見られなくなったが、妻の親を祀る儀礼は、家族形態の変化に合わせて形を変え、伝承されてきた。

(2)　他の祭礼

共産党政権以前、船上生活の時に行われていた生業に関わる祭礼は、陸上に定住してからは、同じような形で行われることはなかった。弾圧を受けて中断したこともあるが、「一帯」や、多くの労働力を必要とする共同操業の形態の消滅によって、それを基盤として成り立っていた信仰活動も維持できなくなったのである。しかし、すでに論じたように、定住後の「七月半」祭礼における「斎老爺」「斎路頭」「拝船頭土地」などの儀礼は、共産党政権以前に行われていた生業に関わる祭礼の中でも見られるものである。漁民たちは過去の祭礼を完全になくしたのではなく、形を変えたり、他の祭礼に付け加えたりして維持している。他の日常生活における祭礼にも同様な考え方や基準が窺える。

1　祭礼の場

船上生活の場合、船の各場所で異なる信仰活動が行われていた。たとえば甲板の上の帆柱「大桅」の前の空間は神の祭祀儀礼や結婚式を行う場所、帆柱「二桅」の前は祖先を祀る場所である。船頭の甲板の上は「船頭土地」を祀る場所である。工人の寝る船室の「船頭」では「三官菩薩」を祀る。重要な活動の場所であった船室「大艙」は「家堂」が治める場所であり、そこで「家堂」を祀っていた。「大艄」は祖先を祀る場所である。「伙艙」は「外姓」を祀る場所である。「伙艙」の竈では竈神を祀っていた。

陸上に定住してからは、陸上の農民と同じように、信仰活動はほとんどが正門に向いている母屋で行われている。普通の家では正門に向いている壁の高い場所に「家堂」の軸が巻かれたままでかけられている（写真6―32）。その壁の下には、家によって蠟燭や香炉が置かれる細長い机が設置される場合もある。その前に角テーブルが置かれるが、ここは普段は食事の場所となっている。ほとんどの家がこの角テーブルを有している。信仰活動が行われる時は、この角テーブルは祭壇となり、線香や蠟燭、供物などが上に供えられる。人々はこの祭壇、つまり「家堂」の軸が掛けられた壁のほうを向いて跪拝する。

写真6–32　壁にかけられた家堂（事例7）〈2012/8/31〉

「家堂」はかつて神像が描かれた木板や布の軸、あるいは木造の人形であったが、文化大革命中にすべて焼かれてしまった。八〇年代に信仰活動が復興してからは、漁民たちは以前「家堂」を描いていた漁民に頼んで、布や紙の軸を描いてもらった。「家堂」は特に大切に保存されていることが、以下のことから窺える。普段は「家堂」は巻かれた後に赤い布で包まれ壁の高いところに掛けられる。祭礼があると、「家堂」が取り出され掛けられる。「家堂」を勝手に移動することはできない。本章で考察したＬ・ｊｘの家の「七月半」祭礼においては、陸上に家が新築されたため、「家堂」は古いコンクリート製の漁船で祀っていた。彼らは新しい鉄造船で生活していても、祭礼の時には以前生活していたコンクリート製の漁船に戻って「家堂」を祀っていた。さらに、二〇一四年に家が新築された後には、禁漁期に陸上で生活していても、「家堂」はそのままコンクリート製の漁船に保存されている。

また、「家堂」を描いてもらった後に家に迎える時も、恣意的に移動することはできない。必ず朝の早いうちに「家堂」を描いた人の家に迎えに行く。この時は直接手で家堂を持つことができない。まず、大皿を持ち、大皿に米、果物、落花生、あずき、飴、線香などを入れる。次に家堂を赤い布で包み持ち、その大皿の上に置く。帰る途中は必ず爆竹を鳴らす。

2　結婚式前の祭礼

民国期の船上での結婚式は三日間連続して行われるが、その中には神を祀る祭礼と結婚の儀式が含まれた。陸上定住以降は、結婚の儀式は神を祀る祭礼と分けられている。神を祀る祭礼は結婚の儀式の一か月前から一週間前までの吉日に行われる。日程は香頭に頼んで決めてもらう。祭礼の準備なども香頭の指示によって進められる。例えば、香会②[2]の香客Ｌｘｑの娘が結婚する時は、結婚式の一か月前に、香頭Ｊ・ｊｓに依頼して太保先生を呼んでもらい、祭礼が行われた。Ｊ・ｊｓは、神歌が歌える香会③のＺｆｘに頼んだ。祭礼の日は、ＺｆｘがＬｘｑの家に来て、祭礼を司会して神歌を歌った。Ｊｊｓも当日出席して祭礼を手伝った。

当日には、新婦の父親の兄弟たちが祭礼に出席した。新婦の母親の兄弟姉妹の一部も手伝いに来た。それ以外にも、神歌には合唱の部分があるが、四人の男性がこれを歌うために来ていた。この四人は太保先生Ｚｆｘの知り合いであり、普段Ｚｆｘが歌う時にもこの四人が手伝っている。

祭礼の手順としては、まず神を招請するために「発符」と「送符官」を歌い、神を迎えるために「接聖」を歌う。これは、「符」という命令を「符官」という神の使者に出して、「符官」によって神に知らせるという意味である。次に「観音」と「太母求子」の神歌を歌う。「太母求子」の神歌は結婚のためにしか歌われないが、同時に出産の願いも込められている。そして「五相公」「劉王」「太君」「七相」などの神の神歌を歌った後に、神々に酒を勧める「勧酒」を歌う。その次に、「馬公」という神の神歌を歌う。その後、神にスープやご飯を提供する「上湯上飯」を歌う。

写真6-33　結婚式前の祭礼〈2011/3/30〉

写真6-34　結婚式前の祭礼（Ｌ xqの家）〈2014/2/23〉

そして、新郎新婦と新婦の両親が共同で祭壇の前で跪拝する。最後に、神を送る神歌「送神」を歌った後に、庭の外で紙銭を燃やし、爆竹を鳴らして終わりを迎える（写真6―33、6―34）。

祭礼のために太保先生が事前に準備するのは、神を象徴する神禡、神を迎えるために神に知らせる「疏文」である。神禡は二四枚の神像が描かれた紙であり、鎮の中心部で購入できる。「疏文」は自分で書く必要がある。Ｚｆｘが書いた「疏文」（写真6―

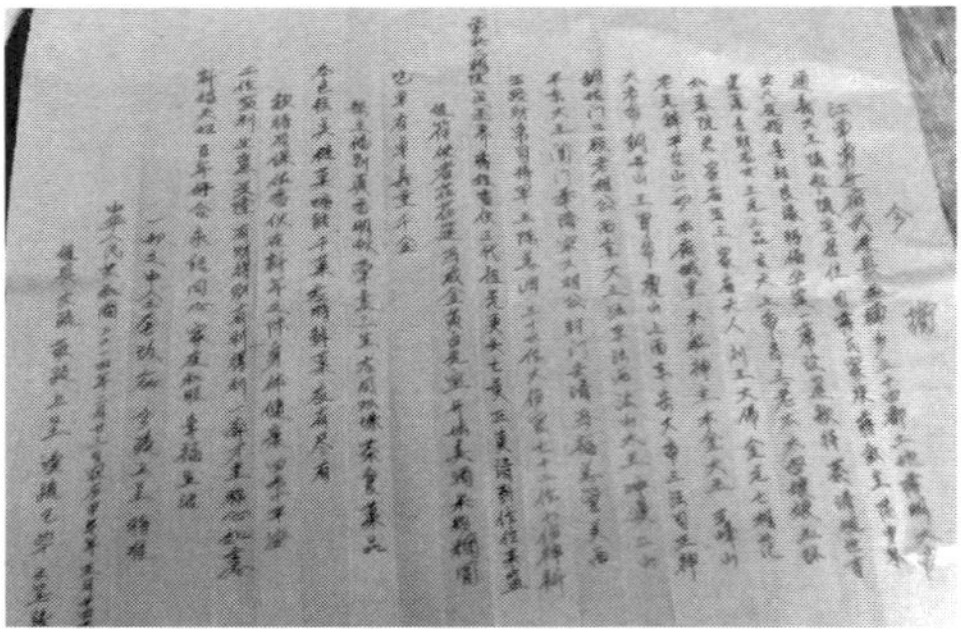

写真 6-35　疏文〈2014/2/23〉

35）の内容は以下のとおりである。

今据

江南常州府武進県西楠郷三十四都土地、蒋明大帝通義大王随船随宅居住、因蒋氏家族Ｊｘｓ、Ｌｘｑ女儿完婚、喜結良縁、特備華筵一席設筵款待、恭請観世音菩薩、善財龍女、三元三品玄天上帝、肖王老太、太母娘娘、玉環如意、院君家廟、五王家廟人、劉王大仏、金元七相、范老先鋒、平台山一切本府城隍、本船神主、本金大王、五峰山大老爺、銅井山王寄爺、虎山上面東岳大帝三法司正神、銅坑門口顧老相公、西京大王、譚東譚西譚山大王、冲漫二山平東大王、閶門奉請宋六相公、封門去請馬福総管、関西五路財帛司将軍、王陳総調三十六位大傷官、七十二位小傷神祇、南北二朝陪筵聖届、蒋姓香伙三代祖先更頭亡霊、真正請到位位来臨、吃桌看桌義重千金。

祭主備到真香明燭、葷素三牲、竜鳳双珠、茶食果品、各色糕点、糖果蜜餞干果、応時鮮果応有尽有、款待后保佑香伙在新年之際身体健康、四時平安、工作順利、生意興隆、有財得財、有利得利、一奔万里、称心如意。新婚夫婦百年好合、永結同心、家庭和睦、幸福生活。

一切之中全套改庇、今疏上呈特准

中華人民共和国二〇一四年廿三日農暦甲午年正月廿四黄道吉日

値具文疏敬疏上呈読疏已畢文笔張小香童

このような書き方は、Ｚｆｘの叔父や、かつて僮子として活動して文化大革命中に弾圧を受けたＺｃｌから教えられたという。叔父Ｚｃｌは、祭礼の時に神歌を歌うこともできる。神歌の歌い方、祭礼の司会の方法のいずれも叔父から教えられたのである。「疏文」では、まず祭礼を行う理由を説明する。「因蒋氏家族Ｊｘｓ、Ｌｘｑ女儿完婚、喜結良縁、特備華筵一席設筵款待」とは、蒋姓の夫婦が娘の結婚のために祭礼を行い、神を招待するということである。そこには蒋姓の夫婦の住所と名前が書かれているが、住所は「江南常州府武進県西楠郷三十四都土地」となっている。「府、郷、都土地」は民国以前の古風な地名の書き方である。また、「江南常州府武進県西楠郷」は漁民たちの現住地ではなく、船上で祭礼が行われていた時にもこの住所だった。これは先祖の陸上の住所だと考えられる。「疏文」には、次いで迎えられる様々な神名が書かれている。「観音」「肖王」「劉王」「范老先鋒」など、出てくる神名は民国期に船上の祭礼で祭られていた神である。神名の後には「蒋姓香伙三代祖先更頭亡霊」がある。これは三代の祖先も招待するという意味である。その後の「保佑香伙在新年之際身体健康、四時平安、工作順利、生意興隆、有財得財、有利得利、一奔万里、称心如意。新婚夫婦百年好合、永結同心、家庭和睦、幸福生活」は現代中国語であり、普段の結婚式の際に、人々の新郎新婦に対する祝辞である。かつてはこれではなく、「魚をあまりにも多く獲ったので、船で干す場所も足りない」のような歌詞を唱えた。Ｚｆｘによると、これは自分が変えた部分であって、時代とともに発展していく必要があるという。

3　船の新築

二〇一一年四月八日、Ｌｊｗの家で運搬船新築の祭礼が行われた。七〇年代まで漁業も行っていたL家は、現在は運搬船を操業している。第三章で言及したように、新築時の最も重要な儀礼として「定圓」と「釘喜釘」の二つがある。「定圓」は家屋新築の際の棟上げ式に相当する。木造船の時代は、船の底にある板を最初に造った板と見なし、船主と大工が墨つぼでその上に直線を引くという作業があった。この線によって船高と船幅が決められ、それに基づいて船全体が造られるのである。これが「定圓」である。さらに、木造船の船首に四つの穴が開けられて、穴の中に釘が打たれる儀礼「釘喜釘」が行われる（写真6―36）。釘を打つ人の干支とその日時の干支が衝突してはならない。なぜなら、病気になってしまうといわれているからである。また、縁起が良い言葉を話しながら、釘を打たなくてはいけない。現在では鉄製であるため、船の完成後に、船底の板に墨線を引く。船首の釘も造った際にすでに打たれているが、打つふりをすることが形式的に残されている。しかし今後は本来の意味が失われていくと考えられる。

船の新築後は、かつては航行安全や大漁を願い、太保先生を招き神歌を歌い、賧老爺を行っていた。Ｌｊｗの叔父は神歌ができる太保先生Ｌｚｘであるが、八六歳と高齢であるため、長時間は歌えない。弟子にはＷｌｈがいるが、

写真 6–36　船首にある 4 つの釘〈2011/4/8〉

写真 6–37　宣巻先生による祭礼〈2011/4/8〉

写真 6–38　「南無観音大士」と書かれた紙〈2011/4/8〉

彼は学んだばかりで上手ではないと思われているため、香頭Ｙｓｍの提言で、農村で信仰活動をしている「宣巻先生」[3]を招いて祭礼を行うことになった。太保先生ならば劉王や観音などの神歌を歌うが、宣巻先生は観音巻だけを唱える（写真6―37）。祭礼が終わった後で、宣巻先生は一枚「南無観音大士」と書いた赤い紙を船主に渡し、船首の操業室の高いところに張るように指示した（写真6―38）。祭礼全体において、香頭Ｙｓｍは監督のように方法を指示した。祭礼を行う途中で、Ｙｓｍは船首で刀を持ち、刀のみねに元宝を載せて燃やした。燃やした元宝が刀に残るのは、将来金銭が多く手に入るというよい兆しであった。

4 墓参り

二〇一一年の清明節の前に、Ｌ家の四世代にわたる同姓の親族が集まり、車で墓へ参りに行った。Ｌ家の墓は二箇所ある。一つはＹＧ村に近い山裾にある。そこにはＬ1世代夫婦、Ｌ2世代ｔｔ夫婦、ｔｍ夫婦、ｔｊ夫婦の墓がある。これは伝統的な土盛りの墓である。もう一つはＹＧ村に近い共同墓地にある、コンクリート製の墓である。そこにはＬ3世代のｚｆ、ｚｆの夭折した娘と孫の墓がある。土盛りの墓に参った後、全員が共同墓地の墓に参った。

墓参りに参加した人はＬ3、Ｌ4世代の中の人々の半分程度であった。具体的には、Ｌ3世代ではｚｙ、ｚｇ夫婦、ｚｑ夫婦、ｚａ夫婦が参加し、Ｌ4世代ではｊｗ夫婦、ｊｌの妻、ｊｒ夫婦、ｊｇ夫婦、ｊｘ夫婦、ｊｄ夫婦、ｊｍｉ夫婦、ｊｉｎの娘と婿、ｚｙの三組の息子夫婦、ｚｑの息子夫婦、ｊｍなどが参加し、総勢は三〇人以上であった。他の人は仕事や年齢の関係で来られなかった。

土盛りの墓では、まず墓の上の草を刈り、掃除した。祖先を祭る前には必ず土地公に知らせるので、墓の隣の空き地に蠟燭二本、線香三本を挿し、魚、卵、豚肉と野菜料理三つ、酒を注いだ酒杯一つ、団子、ご飯などを土地公に供えた。そして、黄色の紙で折った元宝を焼き、土地公にあげた。この次第は死者の長男によって行われた。元

図21　2011年墓参りに参加した成員

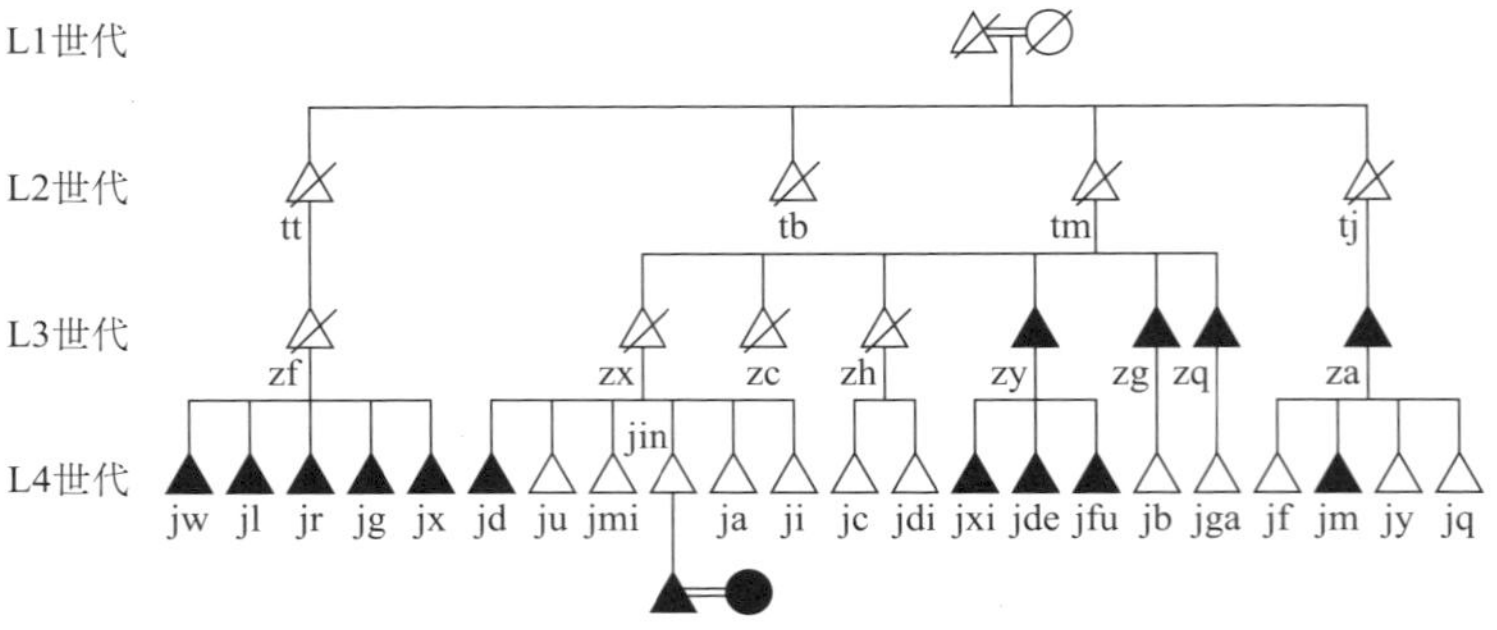

▲：参加者。男性に加え妻も参加するが、jlの場合は妻のみ参加した。
●：参加者。

聞き取り調査により筆者作成

宝を焼いた後に、長男だけが土地公に対して叩頭して跪拝した。次いで祖先を祭る際には、赤青白の三色餅団子を土盛りに生えた木の枝に挿す。これは子孫繁栄という意味である。そして墓前で蠟燭と線香をあげ、肉料理と野菜料理をそれぞれ三つ、一人の祖先にそれぞれ一つの酒杯を供えた。元宝と紙銭を燃やした後は、全員が順番に墓前で跪拝した（写真6—39）。最後に土盛りの上に土を加えた。以上が終わった後は、墓の周りに生えた竹を一節持ち帰り、家のドアや壁に掛ける。これは「節節高」といい、商売や生活が徐々に好転するという意味である。コンクリートの墓参りもほとんど同じである。夭折した子ども二人の名前は墓碑に書かれてはいないが、二人に対してもそれぞれの酒杯が置かれた（写真6—40）。

　周辺の農村の習慣では、祖先は主に家で料理を供えて祀るが、墓では掃除をして紙銭を燃やすだけである。漁民たちの墓参りが彼らと異なっているのは、墓前で料理を供えることと、墓の上に団子を置くことである。

　また、ここで注目すべきは、漁民たちの「土地公」に対する認識である。墓には「墳頭土地」、船には「船頭土地」、住宅には「宅基土地」があるという意識があるのだ。清明節に墓参りに行く際は、祖先を祭る前に、必ず先に墓の隣で墳頭土地を祭って、今から祭祀を行う

写真6–39 L家の墓参り1〈2011/3/28〉

写真6-40 L家の墓参り2〈2011/3/28〉

ことを「墳頭土地」に知らせるのである。また、船上生活の時には、大晦日や「七月半」祭礼、そして船新築の時、船で神と祖先を祭った後に、必ず船首で「船頭土地」を祭る。陸上定住以降は家で神と祖先を祀る前か後に、入口で「宅基土地」を祀るようになった。これは定住後に陸上の人々から学んだという。しかし、漁民には「墳頭土地」と「船頭土地」という認識があるため、定住してから全く新しい考えを採り入れたというよりは、「宅基土地」を意識的に加えて祀るようになったと捉えると、こうした変化には合理性があったと考えることができる。

5 その他

定住後に再開された信仰活動としては、二〇〇〇年代からの集団的な「打醮」がある。「打醮」は、船上生活の時代は一族の長老によって各船の船主が集められ、集団で行われていたが、現在は香頭によって集団で毎年行われるようになった。香頭は各戸から道士に支払う祭礼費用を徴収し、道士を招請する。当日は、各戸から一人が代表として祭礼に参加する。焼香活動と同じように、香頭はバスなどを手配し、バスで蘇州市内の道観まで往復する。民国期にはこの祭礼は七日間かかったので道観に宿泊していたが、現在は一日で終わる。その一日の昼だけは、道観の食堂で道観が提供した素

写真6–41　打醮（香会②）2014/2/22〉

写真6–42　道観の食堂で食事する様子（香会②）〈2014/2/22〉

食を食べる（写真6—41、6—42）。

家の新築は、定住開始後における新しい挑戦である。挑戦というのは、かつては誰も家の新築を経験したことがなかったからである。棟上げの祭礼など、家の新築に関する祭礼は周辺の農村から学んだ。しかし、彼らは他にも、船の新造と同じように、家の新築直後で入居する前に、神や祖先を祀る祭礼も行っている。この祭礼も、「七月半」と同じように、神や家堂、祖先、外姓にそれぞれ供え物をして祀る。つまり、漁民たちは家の新築を船の新造と並行したものと認識しているのである。

他には、民国期には子どもが誕生して三日目あるいは一週間後に「過三朝」の祝い、一年後には「過季歳」の祝いがあったが、改革開放以降はどちらも行われるようになった。しかし、民国期において、「過三朝」では祖先だけが祭られていたが、現在では「七月半」祭礼と同じように神も祀ることになっている。現在は「一人っ子政策」によって子どもが一人しか生めないので、大事にしているからだという[4]。葬儀についてみると、最も大きな変化として、船上生活の時代には必ず行われた「巡船」儀礼が、定住してからは行われなくなったという点があげられる。また、ＹＧ村では、１９６９年一九六九年までは土葬をしていたが、現在では火葬にかわり、骨つぼは共同墓地で埋葬することになっている。その一方で、かつてはすぐに漁に戻れるように、農村よりも葬儀期間は短かったが、現在でも、生業の種類にかかわらず、周辺農村よりも短いままである。具体的には、農村では死者を家に三日間安置するが、YG村で安置するのは一晩だけで、翌日には火葬してしまう。この日の午後には葬儀全体が終了する。

以上のことから、「七月半」祭礼のみではなく、他の祭礼も形を変えて維持されている傾向が見られる。大型漁船漁民は、陸上定住以降、周辺の陸上の人々の習俗に完全に同化したわけではなかった。たとえば、生活の場は漁船から家屋に変化したが、「家堂」は、漁船の重要な活動の場である「大艙」から、同じく家屋の重要な活動の場である母屋の壁に掛けられるようになり、依然として大切に保存されている。結婚する時は、周辺の農村では結婚式しか行われていない。それに対して漁民たちは、民国期には三日かけて続けて行った神への祭礼と結婚の儀式を変容させ、現在では祭礼と儀式を分けて行っている。結婚式における神を祭る祭礼が維持されているのである。また、祭礼で使われる「疏文」のように、古風な文体もあるが、現代的な祝辞も同時に書き込まれている。船の新造における祭礼では、形式だけが残され、意味が理解できなくなっている可能性があるにもかかわらず、「定圓」と「釘喜釘」という重要な儀式が行われ続けている。神歌が得意な「太保先生」がいない時は、本来の役割にこだわらず、農民出身の香頭の仲介によって「宣巻先生」を招いて祭礼を行う傾向がある。墓参りは、定住後も船上生活の時と同じようなやり方で行われている。「打醮」は依然として集団で行われ続けている。家の新築の祭礼では、周辺の農村の人々のやり方に、船の新築と同じような神への祭礼も加えている。「過三朝」でも依然として祖先を祀り、生業に関わる祭礼で行われていた神への祭礼も加えられている。

小括

陸上に定住してからは、人々の居住の仕方や生業様式などの側面に大きな変化が見られた。まず、定住によって、大型漁船に依拠した拡大家族が失われ、夫婦を中心とする核家族が現われてきた。同時に、技術の進歩による漁船や漁法の改良・変化と共に、生業形態が「一帯」や「対船」、「大家庭」といった漁船の共同操業から夫婦を中心とする操業形態に変わっていった。その結果、信仰生活の面では、「一帯」という生業形態に密接に関わっていた祭礼は形式的には失われ、漁船で行われた祭礼も変化を余儀なくされた。船主の妻の亡親から戸主の妻の亡親への移行のように、祭礼が行われる基本単位も拡大家族から核家族に変化した。このように、生活、生業、信仰などの要素を担う伝承主体は、拡大家族から核家族に変化したのである。

日常生活における祭礼の実践を詳しく考察すると、定住以降再び行われるようになった祭礼もあれば、新しく行われるようになった祭礼もあることがわかる。中には簡略化されて形式的に維持されている祭礼もあるが、逆に複雑になった祭礼もある。

中でも、民国期は簡素なものだった「七月半」祭礼は、現在は煩わしい手順に悩まされつつも行われるものとなっている。一年間を通して、正月行事以外に盛大に行われる祭礼は、現在はこの「七月半」祭礼だけである。周辺の農村と比較しても、ＹＧ村の大型漁船漁民の「七月半」祭礼の手順は極めて複雑煩瑣であるといえる。祭礼の日の前夜から供物を用意して当日には様々な料理を作り、祭壇を設置して、一つ一つの手順が終わるまで丸一日かかる。民国期の「七月半」祭礼と比較すると、現在の「七月半」祭礼には様々な段階が付け加えられ、形式が大きく変化している。たとえば、実践的な側面から儀礼を見てみると、かつての祭礼における「賧老爺」、「拝船頭土地」、「拝外姓」などの儀礼は、形が変えられて他の年中行事に加えられた。したがって、このような儀礼は表面的には複雑になったが、時代を遡って見ると、その深層においては漁民たちは神や祖先、死者に対する態度を継承しつつ、漁民自身の元来の原理に基づき、社会変化に適応した選択をしていたと理解できる。漁民たち自身の原理が、生活環境が激変してもこうした祭礼を持続させてきた。

注

（1）「商品化食糧」の略称。一九五三年に、「統購統銷」という政策によって、国家による食糧の統一的な買い上げ、統一的な販売が行われるようになった。都市の住民は「糧票」を通して政府から商品化された食糧を購入できた。漁民たちも農業生産には従事しないため、必要な食糧は「糧票」で購入していた。

（2）香会②と香会③の詳しい情報は第七章を参照。

（3）「宣巻」は太湖流域の農村で広く上演される民間芸能のことであり、特に太湖湖岸の呉江の宣巻は無形文化遺産として近年その継承・保存に力が注がれている。佐藤は、宣巻は人々の生活の関わり合いの中でこそ価値を有するものだと指摘して、これが上演される場面を考察し、主に年中行事や人生儀礼、商売繁盛や病気治癒などに関する願掛け・願ほどきを行うものだと指摘した［佐藤　二〇一一：五三―七四］。

（4）「一人っ子政策」は、二〇一五年の五中全会において廃止が決まった。本調査は二〇一二年に行った。

第七章　信仰生活の変容と持続（一九八〇年代〜現在）

はじめに

ここまで、民国期から改革開放以降まで太湖の大型漁船漁民を取り巻く社会政治状況の変化を、時代ごとに考察してきた。また、それらの影響を受けた生業の様式、家族形態や親族関係の変化も明らかにした。さらに、時代ごとの信仰生活の変容も確認できた。しかし、このような歴史の流れの中で、いったん行われなくなった信仰活動はどのようにして再び行われるようになってきたのだろうか。特に、文化大革命において廟が破壊され、集団の焼香活動が禁じられたにもかかわらず、現在では活動が再開され、しかも一層盛んになっている。廟の再建については、政府に承認される方策が巧みに運用されたことが中国民俗学者たちによって明らかにされた。[1]「一座博物館――廟宇建築的民族志」〔高丙中　二〇〇六〕によると、河北省のある廟が博物館の名を冠することにより、廟そして博物館という「双名制」の戦略をもって国家の許可を得た。その過程の中で、政府・学者・地方の文人・信者の間の交渉を明らかにした。「『借名制』――民間信仰在当代的生存策略」〔王志清　二〇〇八〕では、遼寧省にある関帝廟が「ジンギスカン記念館」として再建され、その再建の発端や再建の過程における宗教管理者・村幹部・信者の活動が明らかにされた。また、「伝統民間文化与新農村建設」〔岳永逸　二〇〇八〕では、地域の経済利益を求める上で、龍牌会という廟会が省の非物質文化遺産になった後、他の廟会もあいついで政府と地方の両方の力によって合法化されていく過程が明らかにされた。また、廟の再建や廟会の主催などの信仰活動の背後には、地方政府、知識人、地域エリートなどの相互協力〔高丙中　二〇〇六〕、宗族勢力〔王銘銘　一九九七〕などが作用していたことも明らかにされてきた。以上のようなことは、中国の各地の農村社会で見られるものである。それに対して、かつて船上で生活していた漁民たちには、農村のような族譜や祠堂、共同財産を所有する宗族が存在せず、また知識人やエリートもほとんどいなかった。さらに、かつて存在していた信仰団体「香社」は反動会道門の「紅三教」として取り締まられ、宗教職能者も弾圧された。そのような状況で、太湖の大型漁船漁民たちはどのような理由で再び信仰活動を行うようになったのであろうか。また、そうした信仰活動は、定住化に応じてどのように変容しながら維持されてきたのだろうか。

本章では、漁民たちの廟の再建と焼香活動、宗教職能者の継承のあり方、漁民たちの依頼と宗教職能者の活動を歴史の流れの中で把握し、復興した信仰生活の実態とその背後にあるダイナミズムを探りたい。

第一節　廟の再建と「焼香」活動の復興

改革開放以降、信仰に関する政策緩和に伴い、各地で廟が再建され、焼香活動が再び行われるようになった。太湖の漁民たちの集団的焼香活動も再開され、かつて最も深く信仰された平台山の禹王廟も、弾圧を受けた僮子のＺｃｌ（第五章を参照）の呼びかけによって各家から寄付金が募られ、再建が行われた。同時に、信仰活動に熱心な漁民たちは香頭としてＹＧ村の人々を組織して焼香活動を再開した。

（1）　禹王廟の再建

一九九〇年代に入ってからは、Ｚｃｌは禹王廟を再建するために、漁民たちの船一隻ごとに金策に駆け回った。一九九二年には禹王廟が再建されたが、そのときは政府の許可は得られていなかった。一九九三年、彼は許可を得るために、平台山禹王廟や漁民の禹王信仰の歴史をまとめ、申請書類として共産党の宗教管理部門である宗教事務局に提出した（写真7―1、7―2）。

この申請書類には、意味が通じない場所や、誤字・当て字が多く見られ、方言も混じっている。書類は、地方誌や新聞記事などの資料からの抜粋や自分の思想が混在しており、全体として雑然としている。前述のように、漁民には知識人やエリート層が存在しておらず、まともな文章を書ける人はいなかった。漁民たちにとっては、神歌が歌え、病気の治療ができる太保先生や僮子たちが知識人のようなものであったのである。この書類はＬｈｐ・Ｚｃｌ・Ｊｆｄの三人によって編纂されたと明記されている。Ｌｈｐは、禹王廟の第一三代の「廟祝」（線香や灯明の管理人）

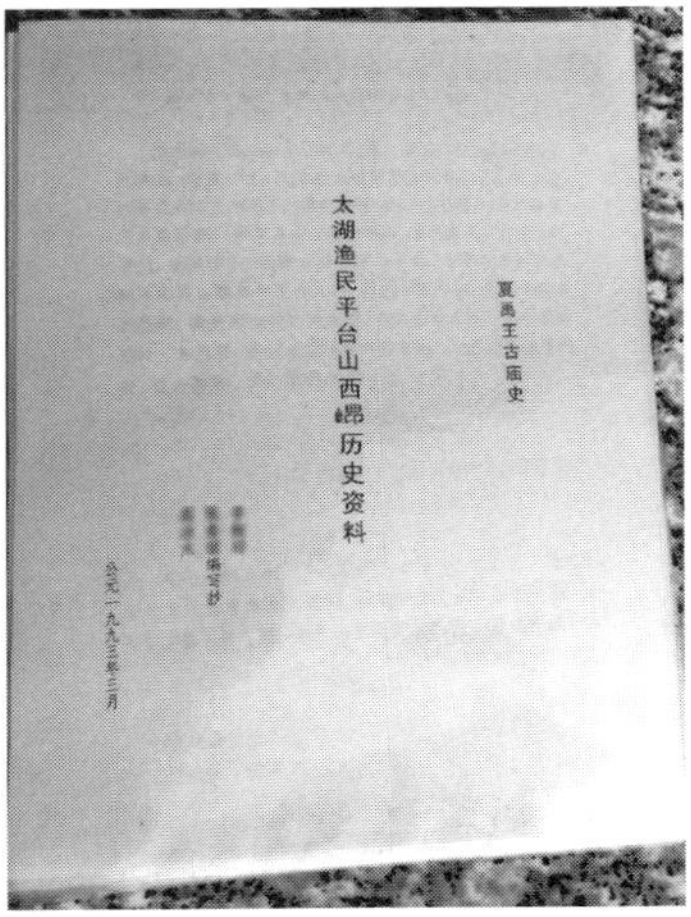

写真7-1　禹王廟再建のための申請書類〈2014/2/20〉

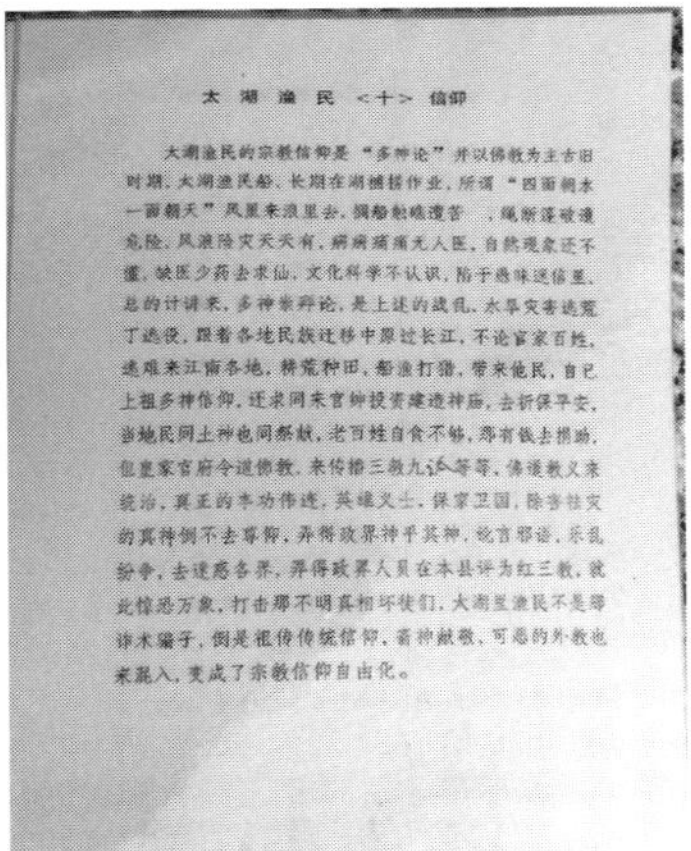
太湖渔民<十>信仰

大湖渔民的宗教信仰是"多神论"并以佛教为主古旧……

……来混入，变成了宗教信仰自由化。

写真7-2　禹王廟再建のための申請書類〈2014/2/20〉

であり、共産党政権以前は平台山で生活していた。ＪｆｄはＺｃ１の母方の親戚であり、Ｚｃ１に従って熱心に焼香活動を行っている漁民である。

書類の内容は主に「太湖の漁業の歴史」、「太湖漁民の歴史」、「平台山と禹王廟の歴史」の三部から構成されているが、実際にはうまく整理されておらず、内容が混同している箇所もある。この書類を精読すると、彼らが集団化時代に遭遇した弾圧に対する不満が浮き彫りになってくる。

具体的には、まず太湖の漁撈についての歴史が述べられ、そして漁船や漁民の由来、漁撈法、戦災、信仰が語られる。漁民の信仰については、多くの神々を信仰する「多神論」であると説明される。この多神論の理由として、自然災害や戦災、漁業の危険性、さらに外部から移住してきた漁民が各自の出身地の信仰を持ち込んできたことが挙げられている。外部から入った信仰によって、地元の漁民の信仰までも政体をかき乱す邪教と思われ、「紅三教」とみなされてしまったと述べられている。ここでは政府の立場を代弁したような記述がされている。つまり、「外来の移民は各自の多神的な信仰を持ち込み、政体をかき乱す（中略）漁民の信仰もそれと同様の「紅三教」とみなされてしまった。太湖の漁民は巫術などを使う詐欺師ではない。祖先伝来の伝統的な信仰を奉じて、神を祀っている。憎むべき外来の信者たちの混入によって、宗教信仰の自由化が進んでしまった」。ここでは自らの信仰の正当性を強調し、巫術などを使う信仰活動を外来の移民たちに押しつけ、外来移民との区別をはかったのである。また、「宗教信仰の自由化が進んでしまった」というのは、政府の立場に立ち、宗教や信仰の自由化は誤りであり、進めるべきではないという認識を表している。

次に禹王の歴史が述べられる。『人民日報』に掲載された記事に、浙江省紹興において禹王を祀る「公祭」は六〇年間中断されていたが、一九九五年四月二〇日に再び盛大に行われるようになったとあるものを引用して、太湖漁民の禹王信仰は各漁民の「真心」から出たものであり、自ら進んで禹王を祀るものであり、公的な事象ではないため、責任は自分が負うということを強調している。ここで注目したいのは、紹興ではこのような「公祭」も許可されたのだから、政治に影響がない太湖漁民の個人的な信仰活動も許可すべきであるという主張が読み取れることである。

次いで平台山にある禹王廟の由来が述べられ、共産党政権成立以降に禹王廟が被った境遇も記述される。さらに、禹王廟と禹王信仰の歴史が古くから続いていることが強調される。禹王廟の歴史が古いことについては、「考古学と歴史の専門家に聞け。私は祖先の話と神歌からわずかな事柄しか分からないが、（中略）梁代五二七年（南北朝）に禹王廟が太湖に建造されたと、そこにあった石碑に記録されている。禹王廟の歴史に関する神歌もこのように歌われている。私から見れば、これは紅三教ではなく、祖先伝来のものだ」として、ここでも自らの信仰が「紅三教」ではないことを強調している。

次に、禹王廟の歴史の古さを証明するために、禹王廟の前にあった古い柏の木と禹王廟の境遇が述べられる。かつて太い柏の木があり、清末の太平天国の乱によって禹王廟ともども燃やされた。その後、蒋姓の漁民たちによって廟が修復され、その資金を寄付した人々の名前とその金額を彫った碑石も立てられたが、現在はない。当初禹王廟の管理者は呉姓で、現在までに一三代いた。いずれも漁民であったという。次に、かつての禹王廟の規則も記述される。

①この規則を、ここを通過するすべての船民に知らせる。
②往来の漁船・商船はこの島の石を重しとして使うことができない。
③太湖に来た客に対しては善悪を問わず、善に従って行動し、平等に扱う。
④往来の船民に食糧や薪がない場合には助ける。
⑤漁民や湖岸の人が木や竹を乱伐する場合には忠告し、やめさせる。

⑥廟を管理する人や僧侶、尼僧が亡くなっても、この島で埋葬してはいけない。
⑦結婚や葬儀及び出産は地元の寺院が把握する。
⑧女性が出産する場合は船を山の近くに泊め、各自の船で行う。
⑨一定の量の石をこの島に残すよう、往来の船に勧める。
⑩被害を受けた船に対しては、お互いに救助し、安全を確保する。山民は公正に規則を守らなくてはいけない。

この規則を詳しく提示したのは、禹王廟の長い歴史や信仰が人々に善を勧め、行為の規範を示していたという利点を説明することによって、禹王信仰の正当性を強調するためだと考えられる。そのため、平台山禹王廟は古くからの伝統的な信仰であり、一種の道徳的な観念であり、「紅三教」などの反動会道門とは異なることが繰り返し強調される。「かつて漁民たちは文盲で、科学も分からず、誤って反動会道門に加入したこともあったかもしれないが、現在の漁民たちは焼香を行うだけだ」と、政府の取り締まりを受けたことに対しては弱めの弁解を行っている。

次に、『呉県志』第三〇巻の内容を引用し、廟会が行われていた時期の平台山が賑やかだった様子が紹介される。また廟会が行われる際には四隻の船が共同で禹王廟での祭祀を行っていたが、これは呪術や紅三教と無関係であり、漁民たちの船で行われる祭祀儀礼も紅三教と無関係であるということが、ここでも強調されている。

さらに、禹王の太湖治水の神話や、禹王廟で祀られる「水路」という神の、神歌に基づいた伝説が記述される。そして禹王廟建築以降の歴史、廟内にあった古跡、神像、古木などが詳しく述べられる。

最後に太湖周辺の美しい景色が描かれ、それに合せて平台山の建設も必要であると主張され、観光客が歓迎・期待されるという展望が示される。

以上のように、この文献には意味不明なところも多いが、主張は一貫している。歴史の古さや伝統などが敢えて強調され、最後に観光化も提起されており、この書類は禹王廟再建の許可を取るために、戦略的に書かれたものであるということが窺える。

また、禹王廟と禹王信仰は先代からの漁民の伝統であり、「紅三教」という反動会道門とは無関係だということが四回ほど繰り返し説明されている。これは許可を取るために必要な弁解ではあるが、Ｚｃ１が自らの冤罪を訴えた方法として見ることもできる。Ｚｃ１は共産党政権による弾圧や、自分が受けた懲罰に疑問を持ち続けていたのである。

Ｚｃ１は、一九一五年生まれで、五五歳のときまで五つの帆柱を持つ大型漁船で生活していた。漁船では、一二歳から約三年間教育を受けていた。当時陸上から招いた先生は、生徒たちに、自分の知っている祭礼の司祭や風水についての知識も教えていた。Ｚｃ１の息子の話によると、当時机を並べていた一〇人程度の子どもの中で、Ｚｃ１は最も記憶力がよく、優秀な生徒だった。三年間の教育が終わり、一五歳になると、彼は漁業に携わり始めた。その後、Ｚｃ１は覚えた神歌を家の船で行われる祭礼で実践した。こうして、彼は徐々に祭礼の司祭を上手くやるようになり、他の家で行われる祭礼の時にも太保先生として招かれるようになっていった。

また、彼の母方の叔父は、太湖漁民社会において、有名な「僮子」であった。叔父は「僮子」として活動していた時、Ｚｃ１を同行させていた。このようにして、彼は叔父から「僮子」として活動する巫術を身に付けた。二〇代のころからは、一人で「僮子」として活動するようになっていった。彼は、漁民のために冠婚葬祭の吉日を選んだり、線香の燃やし方や占いによって病気を治療したりしていた。文化大革命の折、彼が行っていたような信仰活動は「紅三教」という反動会道門と関わっていると政府に認定されてしまった。宗教職能者として有名であったからか、あるいは誰かの機嫌を損ねたからかはわからないが、彼は一九六〇年代にはすでに信仰活動をやめていたにもかかわらず、文化大革命に入ると、「反革命分子」という罪名を着せられ、「管制」という懲役を科せられた。そ

写真 7–3　水に囲まれた禹王廟〈2012/3/6〉

写真 7–4　禹王廟〈2012/3/6〉

写真 7–5　禹王廟に奉納される漁船の模型〈2012/3/6〉

のため、彼は生活の場の外へと出かける自由を与えられず、出かける前には必ず村の幹部に申請し、許可をもらわなければならなかった。文化大革命期、「評工記分」が行われた時期には、他の漁民と同じ労働量であっても低い点数を付けられた。また、五〇代後半からは陸上の茅葺小屋で妻と定住し、山を開拓し、石を切り出す重労働に従事するように指示された。さらに、彼の長男は当時二六歳であったが、父親が反革命分子であった影響でいつも低い労働点数をつけられていた。一九六二年に生まれた次男は当時小学生だったが、「少年先鋒隊」[2]の隊員になれず、学校で差別されていた。改革開放以降、文化大革命における誤った判決・政治上の結論に対して、再審がなされ、是正し、名誉を回復する「平反」という政策が実施された。Zc1も村レベルの会議で「平反」され、名誉が回復された。彼はこのような不当な扱いを受けたからこそ、禹王廟の再建などの信仰活動に積極的に関わったと考えられる。結局、Ｚｃｌは長期間「教育」され、「管制」されたにもかかわらず、本心では政府の「封建迷信」に対する弾圧を認めていなかったのである。

このように、Ｚｃｌのような宗教職能者の積極的な活動の結果、禹王廟の再建は許可された。しかし、漁民たちの出資金は限られていたし、再建された禹王廟も立派な建物ではなく、ごく素朴なものであった。筆者が二〇一二年に漁民たちとともに禹王廟に焼香に行った時、目に入ったのは、寂れた小さな島に二～三軒建つ、わずかばかりに装飾された一階建ての建物であり、中には、埃だらけの神像や祭壇があった（写真７―３～７―５）。観光化というにはほど遠く、観光化に言及したのは、単にＺｃｌたちの戦略であった。

(2)　焼香活動の復興

１　団体の規模

現在、ＹＧ村の家庭の大半は、いずれか一つの団体に所属し、各家庭から必ず一人が参加して、集団で廟を巡る焼香を行っている。二〇一四年二月の時点で、ＹＧ村にはおよそ一三の焼香活動団体がある。表18で示すように、これらの団体の規模は様々で、香会⑬のような六～七戸の小規模なものから、香会①のような一〇〇戸以上の大規模なものまである（写真７―６～７―８）。戸数の総計はおよそ六九二～八三五戸である。戸数に幅があるのは、香頭からの情報が直接には得られなかったもので、その香社の成員からの情報をもとに推測した。このような団体のことを、漁民たちは現在は「香社」と呼ばず、代わりに「香会」または「部隊」と呼んでいる。

２　焼香活動の日時やルート

それぞれの香会には香頭がおり、人々を組織し、春と秋の年二回、焼香を実施する。春は主に旧暦の正月から三月までである。この時期は休漁期であるため、漁民にとって都合がいい。秋は大魚を獲る前の短い休漁期で、旧暦の八月である。春と秋の二回の焼香活動は、漁民にとって時間的に余裕が持てるが、さらに、民国期の焼香活動と比較すると、かつての廟会の会期も主に春の正月と秋の八月前後であったため、この点で一定の関連性が見られるといえる。

香頭が焼香の経路や具体的な日時を決め、その日の待ち合わせ場所や時間を香客に知らせる。香頭がバスや船を旅行会社から借り、焼香期間中の食事や宿泊場所などを手配する。一日に一か所、又は数か所を回って焼香を行ったり、数日間かけて多くの場所を回ったりする方法が確認できる。

焼香のスケジュールは表19にまとめた。以下では、一三の香会の中でも特徴的な三つの香会を取り上げて詳しく

写真 7-6　焼香の列（香会①）〈2014/2/19〉

写真 7-7　焼香の列（香会①）〈2014/2/19〉

写真 7-8　焼香の列（香会②）〈2010/8/8〉

考察する。表19には、表18に挙げた香会①、②、③の焼香のスケジュールを記載した。

以上の三つの香会の共通点として、民国期に漁民たちが重要視した四つの「衙門」に焼香を行っている点が挙げられる。異なる点としては、各香会が焼香を行う廟の数や場所が違う点が挙げられる。

香会①の香頭Ｙｓｍは、ＹＧ村が属する光福鎮に隣接した鎮湖鎮の農民出身で、改革開放後、最初に焼香活動を組織した。彼女は農民出身であるため、漁民ではなく主に農民が訪れる廟もそのスケジュールに組み込んでいる。そのため、表18で挙げた香会の中では、焼香のスケジュールが最も頻繁で、その範囲も最も広い。近年は一部の香客を組織して浙江省普陀山へ焼香を行ったこともある。しかし、漁民の要求に応じて、四つの「衙門」もスケジュールに組み込まれている。

表18　YG村における焼香活動の団体

番号	香頭	戸数
①	Ysm（女、60代）	100～150戸
②	Jjs（男、70代）	51戸
③	Zlb（男、60代）	85戸
④	Jyf（男、50代）	50～60戸
⑤	Kmm（女、60代）	80～100戸
⑥	Cen（女、60代）	20～30戸
⑦	Xxz（女、60代）	50～60戸
⑧	Zdd（男、50代）	80～100戸
⑨	Jbl（男、60代）	80～90戸
⑩	Jjr（女、70代）	10～12戸
⑪	Zfd（女、60代）	70～80戸
⑫	Jfz（女、60代）	10戸
⑬	Krz（女、70代）	6～7戸
総計		692～835戸

聞き取り調査により筆者作成

香会②の香頭Ｊｊｓは漁民出身で、村政府の幹部を務めたこともある。一九九二年から香頭として活動し始めた。彼によって組織された焼香の場所は、四つの「衙門」のみである。

香会③の香頭Ｚｌｂは漁民出身で、彼の父親は前述した僮子のＺｃｌであり、文化大革命の時に弾圧されたことがあった。Ｚｃｌは一九八〇年代初期に香頭になり、一九九七年に亡くなった。そしてその息子が後を継いで香頭になった。香会③の焼香の数は香会①と②の中間である。四つの「衙門」以外に、以前は漁民が訪れなかった廟も加えられている。

これらの焼香の場所を地理的に考察すると、図22で示したように、かつては杭州の天竺寺や霊隠寺以外は太湖の湖岸に

表 19　焼香活動のスケジュール（旧暦）

香会①	2013年1月9日	江蘇省蘇州市玄墓山聖恩寺
	1月19日	浙江省嘉興劉王廟[1]（写真 7-9、7-10）
	1月21日	浙江省湖州市興華廟（写真 7-11、7-12）、石淙太君廟
	1月27日	浙江省杭州市霊隠寺・湖州市白雀寺、江蘇省宜興市張公洞
	2月1日	江蘇省南通市狼山広教寺・城隍廟
	2月2日	江蘇省南京市鶏鳴寺
	2月4日	平台山禹王廟（写真 7-3 ～ 7-5）
	2月5日	江蘇省常州市天寧寺・蘇州市望亭鎮向陽廟
	2月8日	江蘇省蘇州市西山の元山廟（写真 7-13）
	2月11日	江蘇省蘇州市沖山の廟
	2014年1月10日	浙江省杭州市霊隠寺
	1月11日	浙江省杭州市浄慈寺
	1月12日	浙江省湖州白雀寺・江蘇省宜興市張公洞
	1月20日	浙江省嘉興劉王廟・湖州市潮音廟・湖州市興華廟
	1月23日	江蘇省常州市天寧寺・無錫市黿頭渚広福寺
	（計画）[2]	平台山禹王廟
	（計画）	蘇州市西山の元山廟
	（計画）	江蘇省南京市鶏鳴寺
	（計画）	江蘇省常州市天寧寺・蘇州市望亭鎮向陽廟
香会②	2010年6月28日	浙江省嘉興市劉王廟・浙江省湖州市興華廟・蘇州市西山の元山廟
	2010年10月	平台山禹王廟（2 日間）
	2014年1月11日	浙江省嘉興劉王廟・浙江省湖州市興華廟
	1月13日	平台山禹王廟
	1月14日	蘇州市西山の元山廟
香会③	2013年8月14日	浙江省嘉興市劉王廟・湖州市白雀寺・興華廟・蘇州市上方山太母廟・蘇州市香山・蘇州市西山の元山廟
	別の日	平台山禹王廟
	2014年1月11日	浙江省嘉興市劉王廟・蘇州市上方山太母廟・蘇州市五峰山
	1月12日	浙江省湖州市白雀寺・興華廟・楊瀆橋広済宮
	1月14日	平台山禹王廟
	1月15日	蘇州市穹隆山上真観
	1月16日	蘇州市西山の元山廟

1）下線が引かれた場所は、第三章で言及した、共産党政権以前に大型漁船漁民たちが最も重視した「四つの衙門」である。

2）筆者が調査した時点では、まだ行われていなかったが、当月やその翌月に行う予定があった。

聞き取り調査・参与観察により筆者作成

図22　焼香の場所が所在する都市（□で表記された地名）

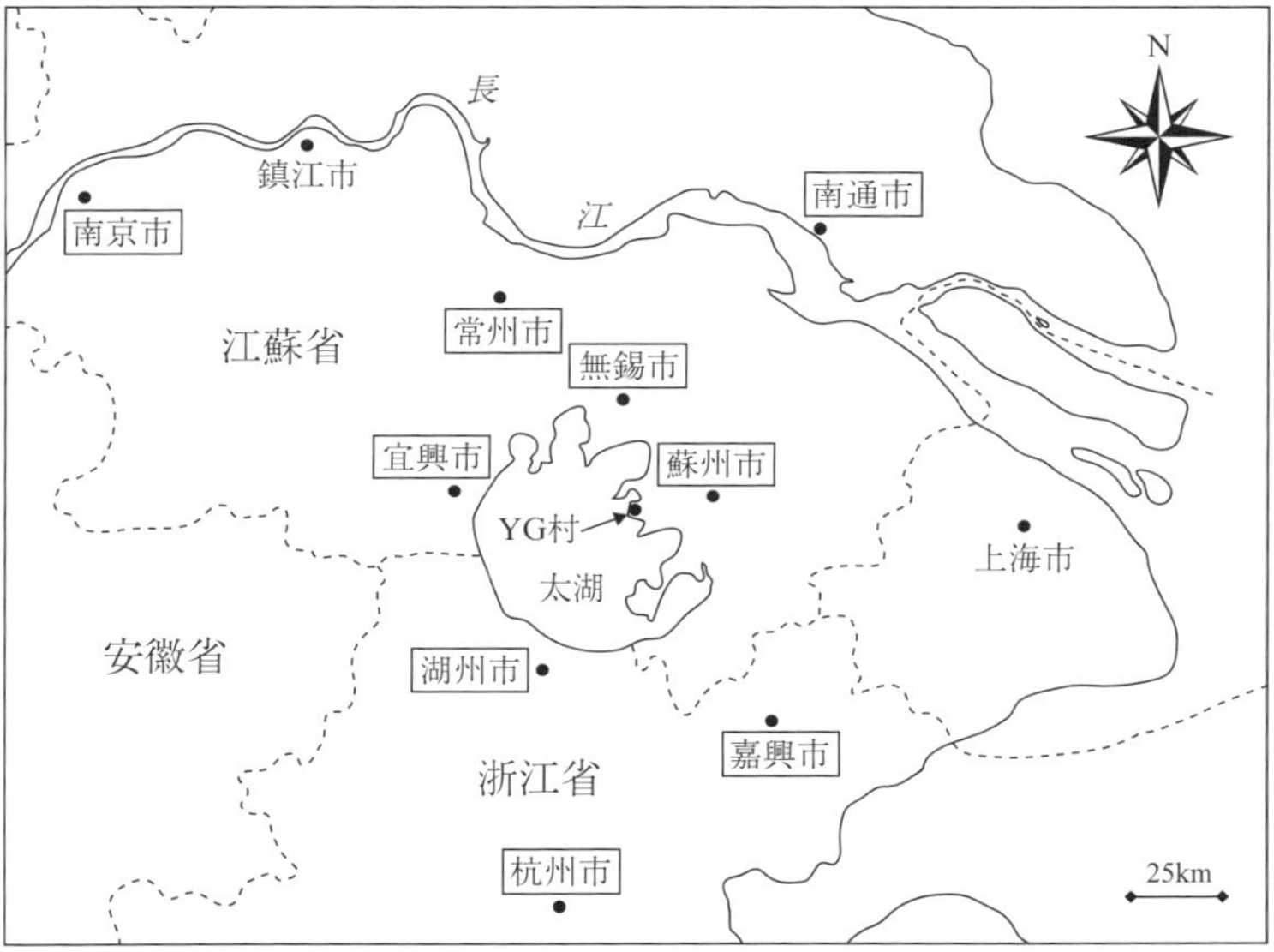

google map・聞き取り調査により筆者作成

近い廟で焼香を行っていたが、現在では、北は南京や南通まで行っていることが分かる。また、図22では示していないが、香会①の香頭Ｙｓｍは一部の香客を組織し、杭州より南にある普陀山まで焼香活動を行っている。図23は蘇州市市内における焼香の場所を示しているが、基本的には共産党政権成立以前も焼香活動を行っていた廟であることがわかる。かつて重視されていた四つの衙門は、地図で示すと、図22で示した嘉興、湖州と図23で示した平台山、元山にあたる。全体的にみると、焼香活動の範囲は拡大したが、大型漁船漁民はかつて重視された四つの廟で依然として焼香活動を行っているということがわかる。

3　香会の形成

信仰活動が厳禁される以前の時代は、漁船は風力を用いていた。漁民たちは漁をしつつ、航路の近くに寺廟があれば、そこに上がって焼香を行っていた。一九八〇年代以降は、ほとんどの船に原動機が設置

図23　焼香の場所（□で表記された地名）

google map・聞き取り調査により筆者作成

され、ディーゼルエンジンが使われるようになった。そのため、わざわざ焼香のためにディーゼルオイルを使うのは、漁民にとっては費用がかかるものになった。一九八〇年代初期は、劉王廟へ行く場合、直行バスがなかったので、何回も乗り換えをせねばならず、さらに最寄の駅から歩いても三時間ほどかかった。太湖周辺に位置する他の廟へ行く時は、一部の転職者はもはや船を使っていなかったため、焼香のために自分の船で行くのはコストが高くついた。また、漁民たちは識字率が低かったため、かつて水面で生活していた時は湖の地形を熟知していたが、定住後の陸上の道に疎かったため、廟への行き方さえわからなかった。したがって、焼香団体に入って集団でバスに乗るのは、漁民たちにとって便利で

写真 7-9　蓮泗蕩劉王廟〈2010/8/8〉

写真 7-10　劉王〈2010/8/8〉

写真 7-11　興華廟（黒虎大王廟）〈2010/8/8〉

あり、コストが低く、安心だったのである。そのため、最初の段階では漁民たちが自然に集まることによって、ある程度の規模の団体ができあがった。自らが積極的に焼香活動の団体に加入したこともあった。香会③の前代の香頭Ｚｃ１が香頭になった動機としては、漁民たちが勧めたことが大きかった。

前述のように、禹王廟の再建に力を入れたＺｃ１は文化大革命期に反革命分子と認定され、「管制」されたが、彼の息子Ｚ１ｂもこの事件の影響を受けていた。Ｚ１ｂは「評工記分」の分配方法では常に低い労働点数をつけられ、また、別の船に派遣され、自分の船で働くことができなかった。

一九八五年ごろ、Ｚ１ｂは劉王廟での焼香が解禁されたという情報を得て、弟、婿、妹の夫と四人で劉王廟へ焼香を行った。当時、Ｚ１ｂ夫婦と子どももＹＧ村で定住していた。劉王廟へ行く際には、ＹＧ村から出発し、何回

写真 7-12　黒虎大王〈2010/8/8〉

写真 7-13　元山の五老爺廟〈2010/8/8〉

写真 7-14　豚の頭を運んで廟に向かう漁民〈2014/2/19〉

写真 7-15　豚の頭を担いで廟に向かう漁民〈2014/2/19〉

も乗り換えて、最寄りの嘉興の駅に着いて、その駅からまた劉王廟まで豚の頭[3]を三時間も持ち歩いた（写真7―14～7―16）。その時、Ｚｃｌは焼香活動には参加しなかった。Ｚｃｌは息子Ｚｌｂの焼香活動を聞いてからおよそ二年後、初めて漁民たちを組織して集団で焼香を行った。当時、Ｚｃｌは自分が香頭になろうとは思っていなかった。ただ単に、休漁期の正月に、Ｚｃｌの家まで「いつ焼香に行くのか」「一緒に行きたい」という尋ねる漁民が多く来たため、焼香を希望する漁民と一緒に集団

写真7-16　劉王の神像の下に供える各香客が持ってきた豚の頭〈2014/2/19〉

で行っただけだったという。当時香会①のＹｓｍ香頭は、すでに一部の漁民を組織して焼香活動を三〜四年ほど行っていた。香会①に参加しなかった漁民たちにも、集団で焼香を行いたいという意欲はあったようである。

Ｚｃｌが香頭になることに対しては、息子Ｚｌｂが反対していた。文化大革命中の境遇があったので、運動の再来を恐れていたのである。そのためＺｌｂは、父親が組織した信仰活動に積極的には参加しなかった。また、Ｚｃｌが一九九七年に亡くなると、香客たちはＺｌｂに香頭を続けさせようとしたが、Ｚｌｂは「自分は香頭になりたくない。運動が再来したときは、自分の意思ではなかったと説明してもらいたい」と香客に約束して、やっと承諾した。

4　組織の仕方

各香会は交通費（バスや船の賃貸料）、香会が参拝する（香頭が神にあげる）線香・蠟燭・銭糧の代金、一部の廟のチケットを徴収する。また、正月期間の焼香活動では「太保先生」や「宣巻先生」などの宗教職能者を招いて廟で神を喜ばせる神歌や宝巻を唱えるため、これらの宗教職能者への謝礼も基本経費に入る。総経費は各香会によって異なる。

経費が最も高いのは、香会①の、農民出身の香頭Ｙｓｍによって組織された焼香活動である。香客が行かなくても、代わりに焼香することによって経費が徴収されることがある。一年間に一戸当たり四〇〇〇〜七〇〇〇元を徴収する。その内訳としては、上述した他の香会と共通する細目以外に、宿泊費、食費、さらに廟への寄付金も含まれている（写真7—17、7—18）。

写真 7-17　平台山禹王廟へ焼香の船の列（香会①）〈2012/3/6〉

写真 7-18　禹王廟を参った後に船で食事する様子（香会①）〈2012-3-6〉

香会②は食事や線香・蠟燭代などを一切提供しないため、最も経済的といわれている。経費が比較的少ないためこの香会に入った香客もいる。経費を徴収する時は、定住する以前のように漁船に対して徴収するのではなく、「戸」を単位にして徴収する。彼らにとって、基本的に同じ家屋（一つの竈）で共同生活する人々は「一戸」とみなされる。息子が何人かいる場合、息子が結婚して新しい家屋（竈）を持つと、夫婦と子どもで一戸とみなされ、親夫婦と未婚の息子もまた一戸とみなされる。息子が一人いて、息子夫婦と親夫婦が同居する場合も「一戸」とみなされる。親夫婦が息子夫婦（一組以上のこともある）と同居していない場合はやや複雑になるが、これは香会によって徴収方法が異なる。一部の香会はこれを二戸以上とみなすが、別の香会は一戸とみなす。これについては、香客と香頭との間に揉め事もあったようである。香客はできるだけ経費を軽減するために、一戸とみなされたいが、香頭は同居の有無を基準にして経費を徴収したい。しかし、香頭の主張した基準が次第に定着していく傾向がある。

さらに、規模が大きい香会は、分業化、組織化する傾向がある。例えば、香頭Ｙｓｍが組織した香会①では、焼香活動に熱心に参加し、常に仕事を手伝う香客がＹｓｍの助手だと他の香客に見なされている。彼らは焼香活動に関する仕事をそれぞれ担当している。

別の香客の話によると、焼香活動を終了して解散する前に、Ｙｓｍが次回の焼香の日時と場所を香客に知らせる。二人の香客が次回の参加を申し込みにきた香客の名前を記入し、その人数を計算する。別の二人の香客は、一人が焼香活動が終わる時に活動経費を徴収し、もう一人が経費を出した香客の名前を登録する。さらに別の四人の香客が蠟燭、線香、金銀紙、爆竹などを香客に配布する。以上の八人は常に香頭Ｙｓｍと同行し、廟での食事の時にも一つのテーブルを囲む。香会における焼香の日時や経路などの重要な事柄も彼らの話し合いによって決まる。

5　香客と香客、香頭と香客の繋がり

どの香会に入るのかは各家が任意に決めるが、香会の内部における社会関係を考察すると、そこには親戚や知り合い、同じ元の大隊の出身などの繋がりが多く見られる。また、香会②、④、⑬などには親戚同士の繋がりが強く見られる。農民出身のＹｓｍが組織した香会①には、ＹＧ村以外の様々な職業や階層の香客もいるが、ＹＧ村に属する香客にも親戚の繋がりが多く見られる。

ここでは主に香会②の事例を挙げる。香会②には、香頭Ｊｊｓを除いて、香客は五一人いる。その内七人は知り合いの紹介で近年香会②に加入したばかりである。この七人以外の四四人の繋がりは図24で示した。香客にあたる人はアルファベットで表記している。図24のように、この四四人の香客は兄弟関係、先代の兄弟関係、姻戚関係などの親戚的な繋がりを持っていることが分かる。

香頭と親戚に繋がりがないこともあるが、その場合には自分と気が合うかどうかが香頭を選ぶ基準として語られている。実際に、香会に加入する時は、香頭が親戚や知り合いで信頼できることが重要であった。また、他には焼香の費用が負担できること、病気や何かがあった場合に香頭に解決してもらえることが現実的な理由として挙げられる。

図24　香会②における香客のお互いの繋がり

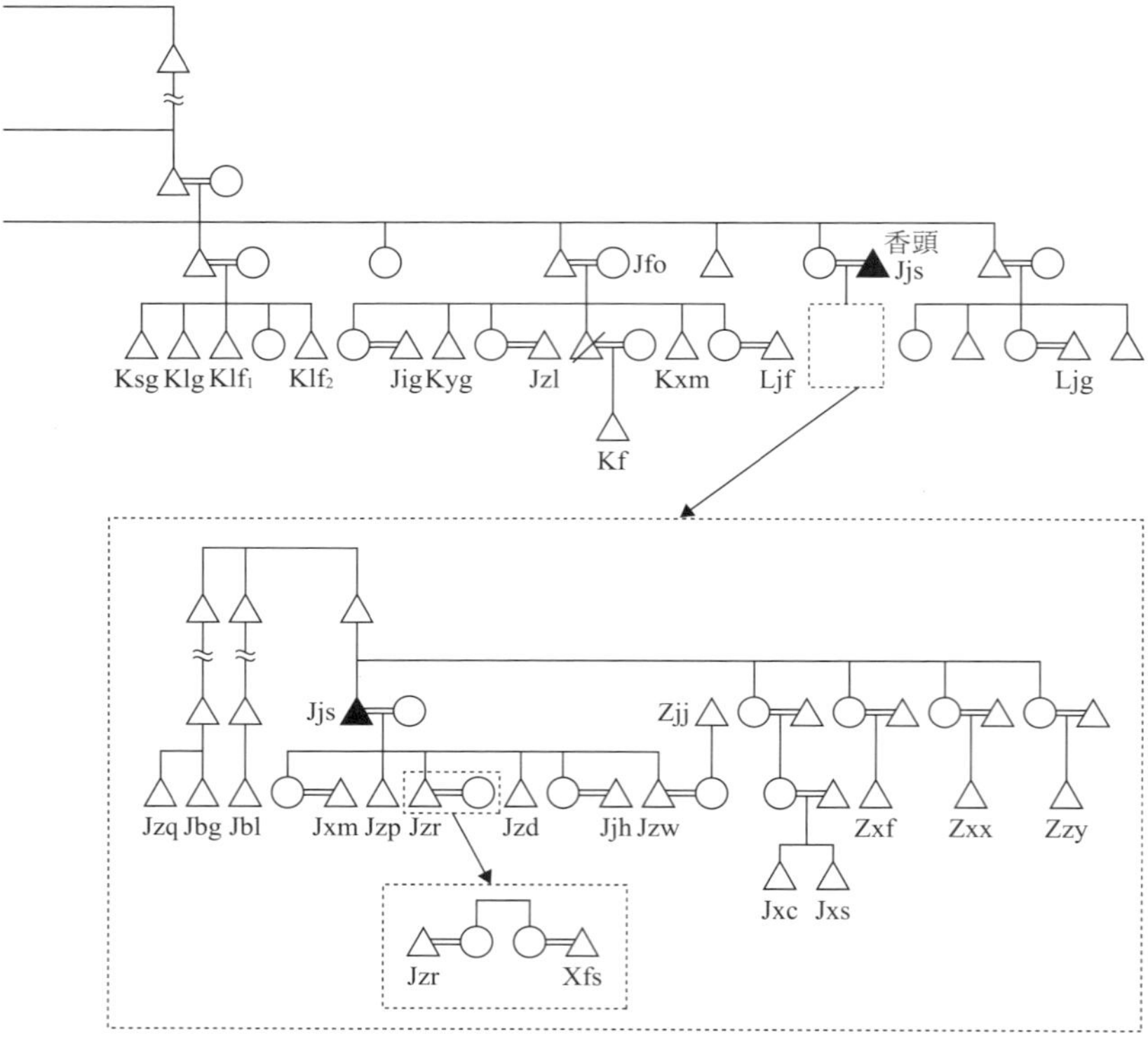

聞き取り調査により筆者作成

香会①の香頭Ｙｓｍは、一九八〇年代初期に最も早く漁民を組織して焼香活動を行っていた。この影響で、ＹＧ村では他の香会も次々と出現した。一九八〇年代末から一九九〇年代に至るまで、香会③や⑧など漁民出身の香頭が組織した香会の焼香費用は、香会①よりはるかに低かったため、香会①を出て香会③や⑧などに加入した漁民も多くいた。

また、特定の香会に所属していても、不幸なことがあると、他の香会に所属を変更することもある。例えば病気にかかったとき、所属する香会の香頭が解決できず、他の香頭によって解決されたならば、すぐ他の香会に乗り換えることになる。しかし、このような変更はそれほど自由なものではない。例のような正当な

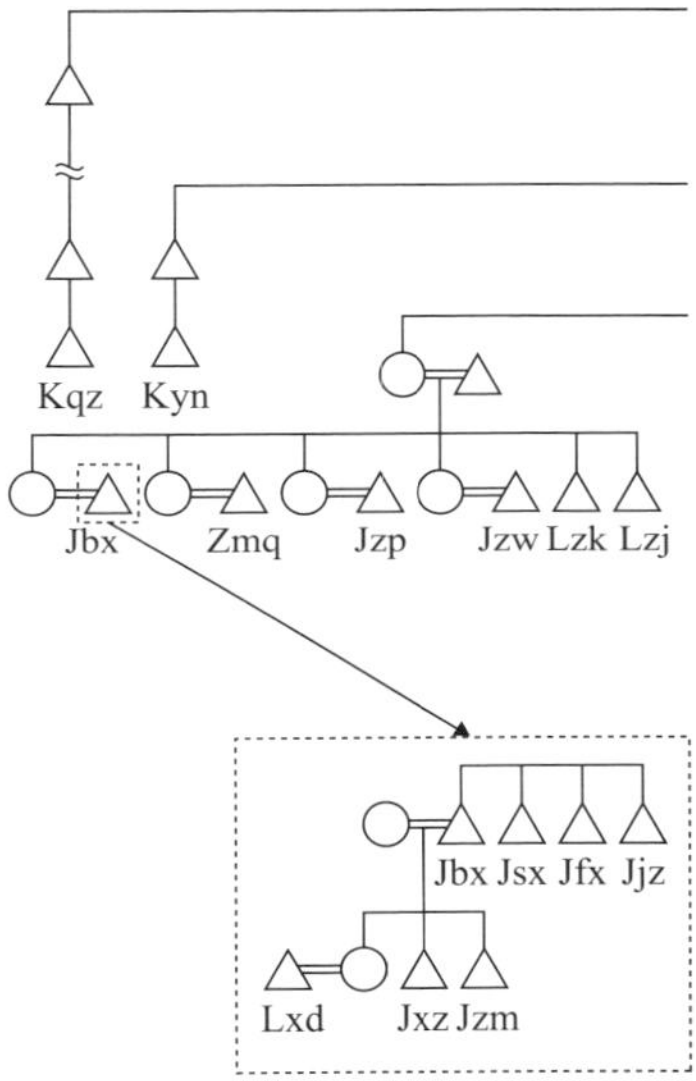

理由がないまま、勝手に所属を変えれば、元の香会の香頭に恨まれる可能があるからである。特にＹｓｍのような呪術のできる香頭については、密かに呪術をかけられる可能性があると恐れられているので、自由な変更はされない。

香頭は、漁民たちにとって単なる焼香活動の組織者ではない。漁民たちは香頭を必要としている。それは、一部の香頭には霊力があると認められているからである。そのため、病気、不幸、難事などに遭ったとき、香頭に尋ねる漁民が多く存在する。また、たとえ香頭が霊力を持っていなくても、同じ香会には霊力のある香客がいるか、香頭の知り合いで霊力のある宗教職能者が必ずいるため、香頭からの紹介があれば、その宗教職能者を頼ることができる。香客たちがどのようなときに霊力のある宗教職能者に依頼するのか、そしてどのように解決されるのかという問題については、第三節で詳しく考察する。

６　香客の職業

香会①の香頭は農民出身であるため、香会①にはＹＧ村の漁民以外に、ＹＧ村以外の農民、町の住民など様々な香客がいる。それに対して、香会②にはほとんどＹＧ村の漁民しかいない。

香会③においては、表20で示すように、一部の香客は漁業から転業した。転業した職種としては、五〇〜数百トンになる鉄造船で運搬業に携わる人が最も多い。次に多いのは水産加工・卸売である。その他に飲食業、造船、建

表20　香会③における成員の職業構成

	漁業	運搬業	水産加工・卸売	その他（転業した者）	総数
香会③	48人	16人	6人	12（7）人	85人

聞き取り調査により筆者作成

築関係に転職した人もいる。漁業を続けている人が半数以上である。

以上のように、改革開放以降再び行われるようになった焼香活動を、共産党政権以前と比較すると、以下の変容が明らかである。

まず、「漁幇」という漁民集団は共産党政権成立以前の「香社」という信仰団体の基盤だったが、その後の定住生活によって崩壊した。その結果、焼香活動は、漁業という生業と必ずしも関連しなくなった。また、陸上との繋がりの強化によって、農民出身の香頭が率いる香会①が現れた。先ほど述べたように、香会①には、漁民だけではなく、ＹＧ村以外の農村の香客、町の住民など様々な職業、階層の者がおり、その規模があまりにも大きいため、分業化、組織化される傾向にある。また、この農民出身の香頭が組織した信仰団体の焼香の範囲は、主に農民が訪れる廟も加わることで、以前よりも広くなった。

また、この変化は漁民出身者を香頭とする香会の活動にも影響を与えている。そのような香会は香会①のやりかたを模倣し、その焼香の範囲を拡大する傾向にある。例えば、香会③は定住以前には行わなかった陸上の奥地に位置する寺や廟へも焼香するようになった。この香会③には一部転業した者も属するが、半数以上は漁民からなる。

さらに、船上生活から定住生活への変化によって、焼香活動の経費の徴収の単位は漁船から「戸」に変わった。また、焼香の移動手段も船に限られなくなった。例えば、船でしか行けない太湖中央に位置する平台山に行く時以外は、焼香活動での交通手段は、ほとんどバスに移行した。

しかし、こうした変化が見られる一方で、持続している部分も見られる。例えば、香会②による焼香の場所は、共産党政権成立以前から重要視されていた四つの衙門のみである。また、信仰団体は定住したため、必ずしも生業とは結びつかなくなったが、以前から信仰団体を構成するうえで重要な役割を果たしてきた血縁関係は、現在も同様に信仰団体において大きな構成要素となっている。例えば、香会②における香客間の繋がりには、香客間の知人や友人という関係も見られるが、香頭自身の親族の繋がりも大きな特徴として挙げられる。また、他の信仰団体にも親族の繋がりが多く見られる。

このように、焼香活動が変化しながらも部分的に持続してきたことは、定住化後も漁業が主たる生業であり続けたことによるものとも考えられるが、そこには漁民たちの信仰への意欲や宗教職能者たちの積極的な活動も読み取れる。特に宗教職能者について、文化大革命期に弾圧されたＺｃｌのような宗教職能者の積極的な活動によって禹王廟が再建され、禹王信仰が再び広まる状況が現われた。農民出身の香頭Ｙｓｍが組織した焼香団体に続いて、漁民出身の香頭によって組織された団体も次々と誕生していった。

第二節　宗教職能者とその継承

(1)「太保先生」と「神歌」

民国期においては、祭礼を司会する際に神歌を歌える漁民は多数いた。それは専門的な宗教職能者の太保先生とはいえないが、同じような宗教的役割を果たしていた。一年中行われていた様々な祭礼では、必ず神歌を歌って神を祀る必要があるため、家族成員の内に歌える者がいれば便利であった。そのため、ほとんどの「一帯」の漁船には、必ず一人か二人の神歌を歌える漁民がいた。また、他の漁民は、祭礼が行われるたびに、神歌を何回も繰り返して聞きながら習得することもできた。神歌の曲調は決まっているため覚えやすいのである。歌詞については、先代から伝わってきた写本があった。また、子どもたちは識字教育の時にも、その写本を教科書として、朗読したり、

写真 7–19　Jbx によって隠された神歌のテキスト 1〈2012/3/9〉

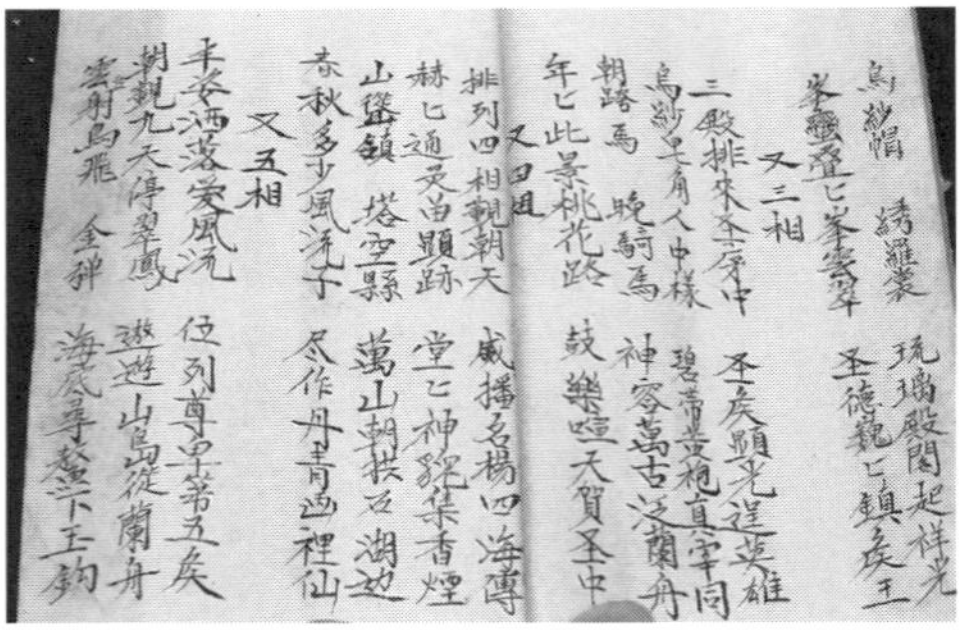

写真 7–20　Jbx によって隠された神歌のテキスト 2〈2012/3/9〉

写したりしていた。つまり、太保先生のような祭礼の司会者になることは難しいことではなかった。

しかし、文化大革命期においては、あらゆる祭礼が禁じられ、神歌の写本も「封建迷信」のものとして没収され、焼かれ、ほとんど残らなかった。Ｊｂｘという漁民は危険を冒し、一部の神歌の写本を隠して残した（写真7―19、7―20）。改革開放以降、彼はＬｚｘから神歌の歌い方を学んだ。

また、かつて太保先生として祭礼を司会することが多かった漁民たちは、改革開放以降、神歌の歌詞を思い出して文字に記録した。ＹＧ村には、民国期に副保長を務め、共産党政権になってから弾圧されたＬｚｘ、文化大革命中に僮子として「管制」されたＺｃｌが、改革開放以降、それぞれ神歌の歌詞を思い出して再構成し、その結果最も早く太保先生として活動することになった。

改革開放以降、神歌が必要となったのは、最初は前述した焼香活動の時であった。初期、漁民たちが禹王廟に焼香に行った時、かつての禹王祭の手順を再構成した。禹王祭の折には、太保先生が神歌を歌い、祭礼を司会した。現在では廟会は行われていないが、供え物を捧げ、神を喜ばせる神歌を歌った後に祭祀が終わる。香会⑤、⑨、⑪の香頭たちは、焼香活動でＬｚｘを招請して、廟で神歌を歌わせた。現在、ほとんどの香会の春季の焼香活動ではこれらの神歌が歌える太保先生が招請される。

一九九〇年代になると、結婚式の前に神を祀る祭礼が行われるようになり、その時も神歌を歌う必要が出てきた。現在、YG村では、結婚式の前に吉日を選び、「七月半」祭礼と同じように、神、家堂、祖先を祀る祭礼を行うようになった。また、家によっては、重病の時にも神を祀る祭礼が行われ、神歌が歌われることもある。さらに、巫術ができる人は、「靠身老爺」を祀るために、神歌も歌う。しかし、当時は、神歌が歌える漁民がほとんど亡くなっていたため、歌える人は、共産党政権になってから打撃を受けたLzxとZclの二人しかいなかった。Lzxは記憶力がいいといわれ、ほとんどの歌詞を覚えていた。そのため、一年中ある結婚式前の祭礼を行うために、Lzxを招請する家が、多い年には七〇～八〇戸もあった。また、神歌が民間文化や地方文化として認められたことによって、Lzxは地方のテレビ番組の取材を受けることにもなった。このように、Lzxは晩年になると、以前と地位が逆転して、かつて鎮圧された「偽保長」や反革命分子の身分だったのが、YG村のスターへと転身した。

その後、Lzxは体力の衰えを感じ、長時間歌えなくなったので、徐々に祭礼の司会の方法や神歌の歌い方を弟子に教えるようになった。彼は、五〇代後半のJbxと四〇代後半のWlhの二人に教えた。五〇代のJbxはLzxが祭礼が行われる時にずっと側におり、徐々に司会や歌を習得していった。Lzxが四〇代のWlhに教えたのは他人に勧められたからである。

一方、Wlhによると、彼が太保先生になったのは回りから圧力がかけられたためであるという。Wlhの母親は香会⑨の香頭Jblに従って焼香を行っていた。香会⑨の春季の焼香活動ではいつもLzxを招請して神歌を歌ってもらっていたが、Lzxが体力の問題で断ってきたことがあった。Jblは困っていた。Jblの話によると、なぜかある日、彼は夢を見て神のお告げを理解した。そして、「神のお告げによると次の太保先生はあなたの息子だよ。そうしないと、あなたの息子はこれから神に祟られ、平穏な生活ができないよ」とWlhの母親に伝えた。

母親はこの話をＷｌｈに伝え、彼を説得した。彼が同意してから一週間後、Ｊｂｌの家において、自分の「靠身老爺」を祀る祭礼を行うために、神歌を歌う必要が出てきた。Ｊｂｌは、Ｌｚｘが歌った神歌の録音テープをＷｌｈに渡し、一週間で覚えてくださいと要請した。また、その間、ＪｂｌはＷｌｈを連れてＬｚｘの家を訪問し、Ｌｚｘが覚えた神歌について、詳細を教えてもらった。一週間後の祭礼の日、ＬｚｘもＷｌｈを指導する立場で出席した。Ｗｌｈはまだ自信が持てず、午前中の前半の祭礼では足が震えるほど緊張していた。しかし、後半の祭礼では神の助けがあったかのように順調にできた、とＷｌｈは語った。それ以来、Ｗｌｈは太保先生となり、他の香会の焼香活動の時の祭礼や結婚式の前の祭礼の時に招請されるようになった。

Ｌｚｘは二〇一三年に亡くなったが、その三、四年前からすでに活動できなくなっていた。彼はＪｂｌの依頼で弟子Ｗｌｈに神歌を教えたが、実際には、二人の弟子のうちＷｌｈに対してはある程度の期待をしていた。Ｊｂｘの最終学歴は小学校であったが、Ｗｌｈは高卒であった。Ｌｚｘは思い出した神歌を録音して弟子たちに記録させたかった。小卒のＪｂｘは書けない文字が多く、それに比して高卒のＷｌｈはほとんど書き取れたからである。

また、Ｊｂｘは背が低く、足に疾患があった。それに対して、Ｗｌｈは背が高く、声が大きく張りがあった。彼が祭礼の司会を行う時、民国期の伝統的な服装「長袍」を着ると、厳かな雰囲気が出てくる。その大きく張りのある声で、抑揚や間合いに変化をつけながら歌った神歌は、臨席する人々を惹きつけ、歌の内容まで聞かせてしまう。逆に、Ｊｂｘは漁業に携わっているため、禁漁期以外は陸上の家で暮らしておらず、依頼があっても祭礼の司会をできないことが多かった。Ｗｌｈは若い頃漁業に携わっていたが、その後転職して、今では家で機械の金属部品を加工することによって生計を立てているため、一年中家にいるのである。

Ｗｌｈの神歌が上達すると、とくにＬｚｘが亡くなった後は、一回の司会料が上がった。Ｊｂｘの司会料は一〇〇〇元であったが、彼の司会料は三〇〇〇元となった。しかし、それでも裕福な家はＷｌｈを招請した。

現在ＹＧ村で神歌が歌えるのは、Ｌｚｘの弟子であるＷｌｈとＪｂｘ以外に、もう一人Ｚｆｘがいる。文化大革命中「管制」されたＺｃｌは彼の叔父である。神歌は叔父Ｚｃｌから教えてもらったという。Ｚｃｌは息子Ｚｌｂに教えようとしたが、息子は共産党のイデオロギーに洗礼されていたため、「封建迷信」的なものから遠ざかっていた。前述のように、息子Ｚｌｂは父親が香頭になるのを反対しており、自分が香頭になったのも、香客の要求があったからであった。しかし、甥のＺｆｘは信仰活動に興味を強く抱いており、祭礼活動があると、常に叔父に付いて参加し、方法を徐々に習得していった。現在、Ｚｆｘは叔父の息子Ｚｌｂの香会③に入っており、春季の焼香活動の時、神歌を歌う。他には、香会⑦などの他の香会の招請や、結婚式前の祭礼の要請がある時に活動する。

(2)「僮子」と「香頭」

民国期、大型漁船漁民社会には「香頭」と呼ばれる人物は二人くらいしかいなかった。彼らは禹王廟や劉王廟の廟会の際に漁民を組織して焼香を行うだけであった。しかし、僮子は十人以上いた。僮子には霊力があり、主に病気の治療などのため、様々な巫術を通して神との交流を行っていた。僮子は、祭礼の時にも神歌を歌い、祭礼を司会した。現在は「僮子」という呼称は使われないが、僮子のように活動をしている香頭は多くいる。彼らは霊力があり、巫術で神と交流することができるとされる。具体的には、線香の燃える形によって物事を判断する、占い道具によって占う、神と会話したり神を体に降ろして話したりすることである。このような霊力によって病気の治療も行っているのである。人々が不幸や難事にあえば、神からの指示に従うことにより、解消法を考えだす。

現在は、香頭自身や他の漁民は、こうした霊力を持ち巫術ができる人を僮子とは呼ばない。巫術ができる香頭は、香客の依頼が来ると、巫術を使って香客のために祭礼を行う。香頭が巫術を使えなくても、その香会には大抵、巫術ができる香客がいる。彼らは「仙人」または「師娘」（女性の場合）と呼ばれる。香客の依頼が来ると、香頭自身

図25　宗教職能者の間の関係図

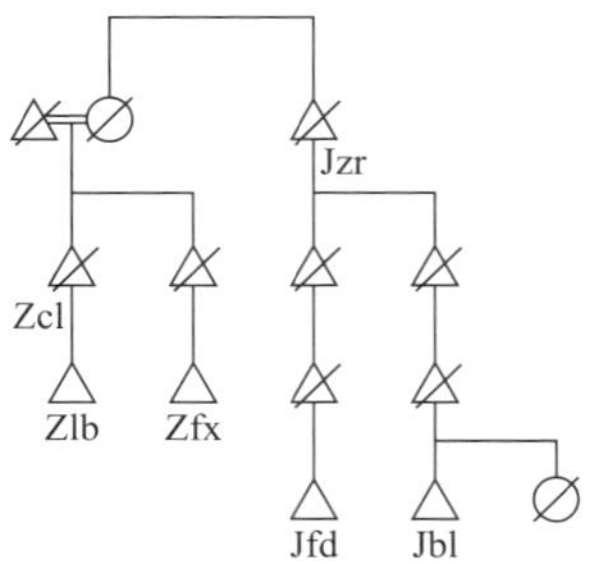

聞き取り調査により筆者作成

に霊力がなければ、霊力のある香客に頼んで問題を解決する。もし自分の香会にこのような人がいなければ、他の香頭に頼んで助けてもらう。

香客の依頼は様々であり、病気の治療、船や家の新築、結婚式の前の祭礼、日常生活の困り事や不安などがある。このような依頼は、基本的には神を祀る祭礼を行って終わる。しかし、どの神を祀るのか、どのような形で祀るのかは霊力のある香頭、「仙人」や「師娘」が決める。

神を祀る祭礼においては、神を招請する時に神名を読み上げるが、その中でもっとも低い地位の「蒋老先鋒」を呼ぶ。前述のように、民国期には霊力が強く影響が大きいと認められた僮子が亡くなると、「先鋒」になり、神として祀られた。現在祭礼を行う際にも「蒋老先鋒」が読み上げられる。「蒋老先鋒」は生前漁民であり、実際の名前はＪｚｒであった。彼は民国期における有名な僮子であり、文化大革命中弾圧されたＺｃｌの母方のおじである。ＺｃｌはＪｚｒから巫術や神歌など宗教職能者としての知識を学んできた。Ｚｃｌは改革開放以降香頭となり、一九九〇年代に亡くなったが、息子Ｚｌｂが仕事を継いで、香頭として香客を組織する役割だけを続けている。Ｚｌｂは巫術や神歌などの知識を遠慮して父親に学ばなかった。

また、「蒋老先鋒」Ｊｚｒの曾孫であるＪｆｄは改革開放以降、Ｚｃｌと共同で禹王廟再建のための申請書類を作った人である。改革開放以降の焼香活動においてもＪｆｄとＺｃｌは常に同行していた。

同時に、Ｊｚｒも香頭Ｊｂｌの曽祖父である。Ｊｂｌは霊力のある香頭として活動しているが、自分の霊力はＪｚｒから継いできたとして自らの正統性を強調している。実際には、Ｊｂｌが香頭になる前は、彼の妹が香頭であった。十数年前、妹が亡くなった。妹は生前、「次はあなたがやる」といった。Ｊｂｌ本人によると、彼は妹にいわれても最初は香頭になりたくなかった。だが、しばらく何をやってもうまくいかない日々が続いた。例えば、重病にかかったり、漁をしても、エンジンが何回も壊れたりした。しかし香頭になってからは病気が快癒した。

妹が香頭だった時は、曽祖父「蔣老先鋒」を「靠身老爺」にした。しかし、Ｊｂｌが香頭になると、彼は「靠身老爺」を曽祖父の当時の「靠身老爺」である「東岳大帝」にした。変更した理由は、自分の正統性と霊験をさらに証明することだったと思われる。「靠身老爺」になってからは、毎年一回家で供え物を用意し、太保先生を招いて神歌を歌い、「靠身老爺」を盛大に祀っている。前述したＷｌｈが説得されて太保先生となり、初めて招請されて神歌を歌ったのは、Ｊｂｌが家で「靠身老爺」を祀る祭礼の時であった。また、何か慶事がある時や、子どもの誕生日の祝い等宴会を行う場合も必ず「靠身老爺」に供え物を供えて祀った。そうしないと祟られると思っているからである。本人によると、二〇一〇年の孫の誕生日祝いの時は、先に「靠身老爺」を供えなかったので、孫が病気にかかってしまい、三回も病院に行ったという。

第三節　「香客」の依頼と「香頭」の活動

焼香活動以外にも、香客の依頼が来ると、香頭が問題の所在を探して、その解決方法を考えて祭礼を行う。ここでは、定住するようになった香客たちが香頭を必要とする理由を、彼らが香頭に依頼した日常生活での問題、香頭が考えた解決方法を通して明らかにする。

(1)　香頭Ｙｓｍ（女性、六〇代、農民出身）

前述のように、Ｙｓｍは隣の鎮の農民出身である。彼女が組織した香会の焼香の範囲は太湖周辺だけではなく、農民が訪れる廟も含んでいる。彼女の香会には香客が大勢いる。香客が船新築や結婚をする時は、彼女に祭祀の方法や吉日を尋ねる。

Ｙｓｍを高く評価する香客がいる。香客Ｚｃｄ（女性、六〇代、五〇代まで漁を行っていた）は、若い頃にＹｓｍを香頭にして三〇年以上経っている。Ｚｃｄの娘Ｊｊｑ（四〇代前半、漁業）が六才の時、膝が痛くて歩けなくなったが、Ｙｓｍに頼んで膝をマッサージしてもらうと、痛みがなくなったという。また、Ｙｓｍは、焼香や祭礼を行う際、有名な一座（地方劇の劇団）や「宣巻先生」などの宗教職能者を招くことができるため、他の香頭より能力があるとみなされている。そのため、香客ＺｃｄはＹｓｍを信頼している。Ｊｊｑもまた、母の影響を受け、嫁いだ後もＹｓｍを信頼して彼女を香頭にしている。現在Ｚｃｄは高齢のため焼香活動に参加できないが、彼女の娘と嫁がＹｓｍに従って焼香活動に参加している。それぞれの家では一年間の活動経費は三〇〇〇～五〇〇〇元ほどであるが、彼らはそれくらいの価値があると考えている。

しかし、香客ではない一部の漁民たちはＹｓｍに対して不満を持っている。彼らのＹｓｍに対する不満は信仰活動に関わることだけではなく、Ｙｓｍの個人的な生活態度や儲けの行為まで厳しい。例えば、彼女が近年、前の夫と復縁した時、香客は一戸当たり何百元もの祝儀を贈った。また、彼女の誕生日、息子・娘の結婚等の祝いでも祝儀が贈られた。以前、漁民は現金ではなく、採った魚を贈っていた。しかし、その量があまりに多かったため、彼女がそれを地区の有力者に贈ったこともあった。このようにして彼女は有力者との関係を築いていった。彼女の復縁の祝いには、こうした地方の有力者も出席した。彼女は仲の良い香客に、自分の人脈で仕事を紹介したこともある。筆者は、何人かの語りから、彼女は人脈を築く力が強い人であるという印象を感じた。

また、彼女に不満を持つ漁民たちは彼女のやり方が他の香頭に悪い影響を与え、他の香頭まで模倣して金儲けの方法を考え出していると指摘した。例えば、ある香頭は農村で行う「庚申会」を漁村で宣伝し、一部の老婦人がそれに会費を出して庚申会を行った。庚申会は文字さえ知らない老婦人たちが「阿弥陀仏」を唱えるだけのものであり、漁民の信仰ではなく、現世利益にすぎないという批判がなされた。

しかし、こうした話がＹｓｍを信頼する香客に伝わると、香客たちはＹｓｍのために弁解をした。Ｙｓｍの儲け行為についてはあまり弁解はないが、Ｙｓｍが問題を解決するときに示す知識の豊富さと霊験が語られ、それに見合う価値があると強調された。例えば、前述したＬｊｗ（男、五〇代、漁業から運搬業に転職）の家で行われた運搬船の新築のための祭礼において、Ｙｓｍは監督のように祭礼の行い方を指示し、祭礼を行う途中、船首で包丁を持ち、包丁の背に元宝を載せて燃やした。燃やした元宝が刀に残るのは、将来金銭が多く手に入る兆しである。第三章で言及したように、民国期の蘇州の習俗において、正月の「接路頭」の際には、供え物の中に包丁が供えられ、包丁の上に塩が置かれ、「塩」と「包丁」（刀）が「現（塩）到（刀）手」（直ちに手に届く）と似た発音であるため、縁起を担ぐことが行われた。ここから類推すると、包丁の上に元宝を載せるというのは「元宝」が手に届くという意味であろう。香客の語りの通り、彼女がある程度の民間知識を持ち、方術に長けていることがうかがえる。そのため、香客たちは道中で蛇を見たり、鳥の糞が体に落ちたりして、何かがあると心配する時にもＹｓｍに尋ね、方術を教えてもらえるのである。すると、未知の災難が解消できるという。家を建てる時、魔除けのため、入口のドアに何を掛けたらいいのかということもＹｓｍに聞く。

前述した香客Ｊｊｑは一九九三年一二月、結婚する直前の冬、港で休んでいるとき、陸上で「泥棒だ、つかまえろ」という叫び声が聞こえたので、見物しようと好奇心でサンパンに乗ったが、不注意で水に落ちてしまったことがある。直ちに救出されたが、なぜわけもなく落ちたのか、不思議に思っていた。彼女はしばらく元気が出せず、漁撈にも耐えられないと感じた。そしてＹｓｍに尋ねた。Ｙｓｍは指折り数えて考え、現時点では何を行っても悪くなるため、結婚した後に夫の家で神を祀ったほうがいいといった。次の年、Ｊｊｑが結婚したとき、Ｙｓｍが招請されて、婚家で祭礼が行われた。当時は観音菩薩を祀っていた。祭礼ではおかずや果物などを供え、自分を観音菩薩の娘にしたというが、全部Ｙｓｍの指示によって行われたため、Ｊ.ｊｑの記憶は曖昧で、具体的な手順は覚えていないという。

また、前述した「七月半」祭礼にも関わっている。Ｊ.ｊｑと夫Ｌ.ｊｘ（男性、四〇代、漁民）は二〇〇二年に初めて「高踏網」を使って新漁法を始めたが、その年の「七月半」祭礼の際、彼らはＹｓｍを招いて祭礼の全体を見てもらった。「大金で船を買ってしまい、初めてこの漁法を使うので、うまくできるかどうかは分からない」として、新しいことへの挑戦についての不安があったため、香頭が必要となったのである。

二〇一三年には、Ｊ.ｊｑの体調が悪くなったので、病院で手術を行った。彼女は手術をする前にＹｓｍに電話し、手術がうまくできるように、神にお願いする儀礼を行ってもらいたいと頼んだ。Ｙｓｍは神にお願いするので心配ないから、安心して手術をしてくださいとＪ.ｊｑを慰めた。神にお願いするため、Ｙｓｍは自分の家で神に線香や供え物を捧げて祀った。無事に手術が終わったため、Ｊ.ｊｑは神に感謝するために、自分の家で神を祀る儀礼をもう一回行った。その時もＹｓｍを招いて祭礼の行い方を指示してもらった。

他にも、Ｙｓｍを信頼する香客は、日常生活において、家や船の新築、結婚式が行われるなどの慶事があれば、どんな時もＹｓｍを招待して、祭礼の行い方を見てもらっていた。最近車を買った家も、Ｙｓｍを招請して、交通事故がないよう祭礼の行い方を指示してもらった。Ｊ.ｊｑによると、祭礼のように神に関わる事は間違えてはならないという。間違えると不幸に遭う可能性があるからである。そのため、祭礼を自由に行うことはできず、一切が香頭Ｙｓｍの指示に従わなければならない。Ｙｓｍへの感謝については、裕福な香客は現金を渡すが、Ｊ.ｊｑのような裕福ではない香客は魚などの食べ物を渡す。Ｙｓｍは香客の謝礼については自分で決めた基準は存在せず、香客が自分の判断で決めるという。

（2）　香頭Ｚｃｌ（男性、一九一五～一九九七年、漁民）

前述のように、Ｚｃｌは二〇代の時から「僮子」として活動していた。文化大革命中、彼は「反革命分子」という罪名を着せられ、「管制」された。そして、彼の息子Ｚｌｂも不当な扱いを受けた。改革開放以降は、彼は「平反」政策によって名誉を取り戻した。そして休漁期の正月に、Ｚｃｌの家まで「いつ焼香に行くのか」「一緒に行きたい」と尋ねに来る漁民がいたため、それ以来、香頭として焼香活動を組織するようになった。また、禹王廟の再建のために、漁民たちに呼び掛けて集金活動を行い、政府の許可をもらうために申請書類も作って提出した。また、一九九〇年代以降、漁民の結婚式では、神を祀る祭礼が再開された。その際、Ｚｃｌは「太保先生」として司祭することを依頼された。

Ｚｃｌが香頭になることに対しては、息子Ｚｌｂは反対していた。やはり文化大革命中の境遇を想起してしまい、また同じような運動が来ることを恐れていたのである。こうした「迷信活動」に携わるＺｃｌは、息子Ｚｌｂには認められていないが、香客には高く評価されている。彼が亡くなったことに対して、多くの漁民たちは「このようにできる（霊験である）人はもういない」と残念に思っている。

Ｊｂａ（男性、八〇代、六〇代まで漁を行っていた）は一九八〇年代、香会①のＹｓｍに従って焼香していたが、息子（五〇代、水産業）の肺気腫が病院でも治らなかったため、Ｙｓｍに依頼して治療してもらった。しかし全く回復しなかったため、Ｚｃｌに依頼した。Ｚｃｌは線香を燃やした形の「看香頭」によって判断し、祟る霊を捜し出した。Ｊｂａには子どもの頃、親が決めた許嫁がいた。しかし、その女の子は一〇余歳の時に溺死した。Ｚｃｌは、この女の子は、現在は神になっているが、祀ってほしくて祟っていると解釈した。解決方法としては、女の子のために、木造の神像を作って廟に安座すればいいという。Ｊｂａがその通りにすると、息子の病気の症状がよくなったという。

その後、彼はZｃｌの香客になった。

Ｚｙｆ（男性、五〇代、若い頃漁を行っていたことがあり、現在は大工）の家もZｃｌの香客である。また、「七月半」祭礼の行い方もZｃｌに教えられた。祭礼の手順は複雑なので、記憶が出来ないことを心配して、Zｃｌに頼んでメモを取ってもらった。Zｃｌが書いたメモは二十年ほど保存されており、祭礼の時に毎回参照されている（前出写真6―30）。Ｚｙｆの兄もZｃｌの香客である。「七月半」祭礼もZｃｌの指示に従って行われている。定住前は、Ｚｙｆと兄は同じ漁船で漁を行っていたが、当時、雇われていた工人の一人が仕事中に突然脳梗塞で転倒して、動けなくなった。当時は水上で働いていたので病院に運ぶことができず、結局船上で亡くなった。それ以来彼は、Zｃｌの指示により、「七月半」祭礼では、「外姓」を祀る時に、妻の親を代表する酒杯に並べてこの工人を代表する酒杯も祀るようになった。この工人はＺｙｆや兄と親戚ではなかったが、彼らの漁船で亡くなったため、Zｃｌの指示のとおりに、祀る責任があると思われている。定住してからは、Ｚｙｆの兄は長男として漁船を継いだが、兄の家では「七月半」祭礼の際にその工人を祀り続けている。

Ｊｂａおよびｚｙｆ夫婦によると、Zｃｌは霊験あらたかである。病気か何かがあると、Zｃｌはどこに問題があるのかを発見できるという。また、Zｃｌは現在の多くの香頭と異なり、人格も称賛されている。他の香頭は金儲けをするが、Zｃｌは金のためではなく、人々のためにそうするのだという。また、前述したZｃｌの甥Ｚｆｘ はZｃｌから神歌を習得したが、彼は考え方が「開放的」であり、結婚式の祭礼で歌った神歌に、時代の変化に応じた歌詞を入れ加えるなどした。さらに近年、彼が司会した結婚式や廟での祭祀などの各種祭礼において、彼は「神を招請する」手順において、最も低いランクの「蒋老先鋒」、「范老先鋒」などの「先鋒」の後ろに、Zｃｌのことを指す「張大先鋒」も加え入れた。Zｃｌは評判がよく、皆に認められていたので、こうしたＺｆｘの発想には何の異議も出なかった。

（3）香頭Ｊｂｌ（男性、六〇代、漁民→専門宗教職能者）

Ｊｂｌは四〇代まで漁を行っていたが、現在は専門的な宗教職能者である。前述のように、Ｊｂｌは自分の正統性と霊験を証明するために、自身の「葬身老爺」を、曽祖父の「葬身老爺」であった「東岳大帝」にした。彼は漁民出身であったが、一〇年前に漁をやめて香頭になった。彼は、自分が香頭になる前に、何をやってもうまくいかず、香頭になるのは神に選ばれたからで、ならないと、神に祟られると強調している。

Ｊｂｌは、病人がいる家に頼まれると、かつての僮子のように病気を治療する。まず、占い道具の「篤筶」を通してどんな神が「妨碍」しているのかを探し出す。特定すると、その神の廟に行き、そこで供え物を用意して祭祀儀礼を行う。その時には太保先生を招いて神歌を歌ってもらう。

怪しいことがあった家から依頼が来ても、同じように祭礼を行う。例えば、ある漁民は太湖で操業していた時、船に大きな蛇を発見して、それを怪しんだ。彼は蛇を見れば何らかの不幸が起こると考え、解決すべきだとしてＪｂｌにたずねた。Ｊｂｌは、それがどこかの神が竜（蛇）に化けて、何かを求めているからであると解釈した。そして「篤筶」を通してどの神かを特定して、その神の廟で祭祀儀礼を行った。神も人間と同じように、金銭や食料を人間に要求しているので、贈らないと祟りがある、とＪｂｌは解釈したのである。

Ｊｂｌは巫術ができるが神歌が歌えず、それが信仰活動の展開に大きな支障となっている。二〇一〇年ごろまでは、祭礼の依頼があれば、太保先生Ｌｚｘに依頼していた。しかし、Ｌｚｘが年の関係で歌えなくなると、彼はＬｚｘと自分の香客の息子Ｗｌｈの二人を説得して、ＷｌｈにＬｚｘから神歌の歌い方を学ばせた。それ以来、神歌を歌う必要がある祭礼を行う際には、すべてＷｌｈに依頼するようになった。そのため、Ｗｌｈが太保先生に転身するに当たっては、Ｊｂｌの力が大きかったと言える。

(4) 霊力のない香頭の活動

香会②の香頭Ｊｊｓ（男性、七〇代、六〇代まで漁を行っていた）は、前述したように、ＨＺ大隊の幹部をつとめたことがある。彼は定年後、焼香活動に熱心になり、親戚たちを率いて集団で焼香活動を行い、遂に香頭となった。彼には霊力がないし、神歌も歌えないが、それにもかかわらず香頭になることができた。香頭に霊力がない香会には大抵霊力のある香客がいるからである。この場合は、香客が香頭に問題を依頼すると、香頭が香客を連れ、霊力のある香客に尋ねる。香会②には霊力のあるＪｖｄ（女性、六〇代）という香客がおり、病気の治療などができるとされている。たとえば、彼女の治療で病気が治ったため、香会④に属していた香客も香会②に変更したという。Ｊｖｄが病気治療の巫術を行う際には、ほとんどの場合で香頭Ｊｊｓが臨席する。彼の役割は、神がＪｖｄの口を借りて「開口」する時の言葉が時々分かりにくいため、香客に対してそれを説明するというものである。また、香客Ｌｘｑは、娘が結婚するので、結婚式前に、家で神を祀る祭礼を行いたいと考え、香頭Ｊｊｓに依頼した。Ｊｊｓは、神歌が歌える香会③のＺｆｘにそれを依頼した。祭礼の日に、Ｚｆｘは香客の家に来て、祭礼を司会して神歌を歌った。その時も、Ｊｊｓは出席して祭礼を手伝っていた。

そして、香会④の香頭Ｊｙｆ（男性、五〇代、漁民）も霊力を持たない香頭である。彼の兄Ｊｆｌ（男性、?～二〇一三年、漁民）は自分の香会に属していたが、二〇一二年に重病にかかった。兄の病気を治すため、Ｊｙｆは無錫市在住の親戚である霊力のある香頭を訪ねた。その香頭の判断によると、彼らの曽祖父は民国期に僮子であったが、現在は神になったため、神像を作り廟で祀ってもらいたいので祟っているという。そのため、Ｊｆｌの兄弟たちは全員で出資して曽祖父のために神像を彫ってもらった。神像の制作後は、廟に鎮座してもらうために、廟の管理人にも一定の金額を渡した。しかし、Ｊｆｌの病気は治らず、二〇一三年春に亡くなってしまった。

以上のように、本書の調査地域では、信仰活動を順調に続けるために、信仰上の理由で有望な人物を説得し、太保先生を継がせるような行為をする積極的な香頭（Ｊｂｌ）がいる。また、漁民たち（転職した人々も含まれる）は香頭に大きく依存している。病気や不幸、怪事、難事に遭ったときは、香頭に尋ねて何か解決方法を考えてもらう。それを実施すれば、たとえ解決できなくても不安は軽減できるのである。宗教職能者自身の積極性や、人々の陸上の日常生活における不安が、「香頭」や「太保先生」などの宗教職能者が持続的に存在することができた大きな理由の一つとして考えられる。

では、なぜ漁民たちは不安があると、政府に弾圧されたことのある宗教職能者を依然として信頼し、尋ねるのだろうか。それは、漁民たちの船上生活の時代、宗教職能者によって様々な問題を解決してもらった経験があったからだと考えられる。このような経験は次世代にも伝えられている。

例えば、Ｚｃｌに頼んで息子の病気を治療してもらったＪｂａは、子どもの時に父親が重病で昏睡状態になり、民国期の有名な僮子Ｗｙｋに頼んで治してもらったという経験を持っている。Ｊｂａが、民国期に最も霊験あらたかな僮子はＷｙｋだ、といっているのも、この経験に由来している。その時は、僮子Ｗｙｋの指示により漁船で祭礼を一晩中行っていた。祭礼中は「篤筶」をしたが、すべてが凶兆であった。夜明けごろ、Ｗｙｋは少し休んで夢を見た。それは、神に治療方法を教えられる夢であった。Ｗｙｋは目が覚めると直ちにＪｂａの家族に指示して、漁船を港まで向かわせた。その港の近くには小さい廟があり、父親の霊魂がその廟に入っているので、廟で父親の名を呼ぶことができれば帰ってくるのだという。Ｊｂａの家族がＷｙｋの指示したとおりにその港に着くと、本当に名もない小さな廟を発見した。そこで、彼らは廟の中で父の名を呼んだ。数日後、Ｊｂａの父親は病気が治った。当時Ｊｂａは八歳でしかなかったが、あまりにも不思議だったため、Ｗｙｋの行ったことを今でも覚えている。また、Ｊｂａの息子が肺気腫になり、病院で診てもらってもなかなか回復しなかったため、彼は香頭ＹｓｍとＺｃｌに治癒を依頼した。Ｚｃｌの指示による祭礼の後で息子の症状が軽くなったため、彼はＺｃｌのほうが霊験あらたかであると信じるようになった。このように、漁民たちは、自分自身ではなくとも上の世代の時に宗教職能者のおかげで問題が解決できたという経験があり、自分たちもそれを知っているため、その後、同じような困難な問題が起こると、彼らに解決を依頼するという発想が出てくるのである。このことからは、政府のイデオロギー教育や宣伝の効果が限られていたことが窺える。

写真 7-21　母親と同行して焼香を行う高校生〈2012/1/26〉

　次に、香頭Ｙｓｍを強く信頼しているＪｊｑの家の例をあげる。Ｊｊｑは、嫁いだ後に母親の影響で香頭Ｙｓｍの香会に入った。母親はすでに何十年も香頭Ｙｓｍと付き合っており、彼女に様々な問題を尋ねていた。Ｊｊｑが子どもの頃、膝が痛くて歩けなくなったときは、母親がＹｓｍに頼み、彼女が膝のマッサージをすると治った。これは、母親の影響だけではなく自分の経験でもあった。Ｊｊｑには現在娘が一人いる。娘は現在大学生であり、デザイン専攻である。漁業を継ぐ可能性は全くないであろう。しかし、彼女は、二〇一三年に大学に合格するために、春休みを利用して母親の焼香活動に同行した（写真7―21）。彼女も母親Ｊｊｑの影響で、将来何か難事があれば、おそらく香頭に尋ねることになると思われる。こうして、上の世代の信仰生活に関わる経験は次世代へと伝えられてゆき、信仰生活もこのように伝承されていくと考えられる。

第四節　信仰生活の変容と持続

ここまで、現在YG村で人々が行っている信仰生活を記述し、考察してきた。それをここでは民国期の信仰生活と比較する。共産党政権成立初期の集団化運動、信仰生活への弾圧、定住政策、改革開放など様々な運動や政策を経て、船上生活から定住生活に変わった後に、漁民社会において復興した信仰生活がどのようなものなのか、なぜ復興できたのかを分析し、そこにある持続性を考察する。

(1)　信仰団体

民国期の信仰団体である香社は、主に廟会の際に集団で焼香活動を行っていた。これらの香社は漁幇という漁民集団を基盤として形成されていた。こうした信仰団体によって、漁民社会の生業や生活上の共同体的な関係、血縁や親族的な繋がりがさらに強められていった。香社の焼香活動には、船一隻を単位として、船主が代表として参加していた。焼香活動の経費の徴収単位も漁船であった。焼香活動の範囲は太湖周辺であり、特に頻繁に参拝に行くのは四つの「衙門」であった。

集団化時代には、香社は反動会道門の紅三教のレッテルが貼られ、取り締まられた。廟も壊され、集団での焼香活動が禁じられた。しかし、集団での焼香活動は途絶していたが、個人的な焼香活動は秘密裏に続けられていた。

改革開放以降、廟が再建され、集団での焼香活動も復興されるようになった。復興の直接的な要因としては、宗教職能者の積極的な関与による廟の再建活動の成功と、漁民たち自らの焼香活動への意欲が考えられる。復興した焼香活動では、戸を単位として、男女関係なく、家族の一人が代表として参加すればいいことになった。定住直後は、禹王廟の再建のために、前述したＺｃｌが漁船を単位にして再建費用を徴収していた。その後、再び組織された信仰団体の香会は、漁船ではなく定住後の戸を単位にして費用を徴収していた。

また、民国期の香社は漁幇という漁民集団を基盤にしていたが、改革開放以降に再組織された香会では、漁業関係に携わる人が半数以上を占めてはいるが、転職した人もかなりいるため、それが民国期のように必ずしも生業に関連するわけではなくなった。民国期のように、信仰団体が生業や生活上の共同体的な関係を強めるという機能もなくなっていた。しかし、一部の香会では親族的な繋がりが強い。

さらに、農村出身の香頭Ｙｓｍによって、焼香活動の範囲は太湖周辺を超えるようになった。彼女が組織した香会の規模は大きく、そのため分業化や組織化の傾向が見られる。他の香頭も彼女を模倣して焼香活動の範囲を拡大していったが、一部の香会は民国期に漁民が重視していた四つの「衙門」のみでしか焼香を行っていない。こうした香頭の主体的実践によって、それぞれの香会の活動範囲や活動経費が多様になった。この点で、人々にとって選択できる香会は多様化しているといえる。

復興した集団での信仰活動を民国期と比較すると、変化が見られるのは当然であるが、持続している部分も見られる。まず、活動経費の徴収単位が船ごとの一「戸」から家屋ごとの一「戸」になったのは、定住に適応した変化である。檔案史料では、漁民の家族を数える時の単位は「戸」だった。例えば、すでに言及した「一〇〇戸の大型漁船漁民のうち、八戸の船主が民国期に光福鎮の「偽鎮長」周春生に対して「拝先生」をしていた」［Ｔ35 一九六九］や、「一〇〇戸の船主の中で七〇戸の船主は親戚である」［Ｔ32 一九六八］といった記録にそれが見つかる。陳俊才は「「新宮門社」には七七戸が所属していた」と記述している［陳俊才 二〇〇五：二八七］。ここでいう「戸」は、一隻の漁船で共同生活する拡大家族（竈一つ）を意味していた。また、民国期、漁民の集団での焼香活動でも、漁船の船主が代表として参加していた。定住後に復興した焼香活動は、戸を単位として経費が徴収されていた。ここでいう戸は、定住後の家屋で共同生活する核家族（竈一つ）を意味する。このように、一「戸」の指示内容は変化したが、依然として一つの共同生活の単位を意味している。この共同生活単位の人数や規模が変化しただけである。

このように、信仰団体においては漁幇のような生業的共同体や血縁的な繋がりは徐々に崩壊してきているが、信仰団体を構成する基本単位である漁船と戸との間には、共同生活する家族という意味での共通点が見られることがわかる。

また、生業や血縁上の繋がりが強い信仰集団は徐々に崩壊していくにしても、一部の親族的な繋がりを持つ団体は依然として存在している。このことから、香会を選択する場合に親族との繋がりがある団体を優先する一部の漁民の傾向が窺える。親族を優先する傾向は、民国期の「一帯」や「対船」の構成メンバーからも読み取れる。

さらに、漁民たちの個人の焼香活動に対する意欲や考えからいえば、宗教職能者の呼びかけに応じて、廟の再建のために出資したり、宗教職能者の家を訪ねて積極的に集団的な焼香活動に参加したりすることから、漁民たち（転職した人々も含まれている）の信仰心は持続しているといえる。焼香活動の範囲からは民国期に重視していた四つの「衙門」へのこだわりが見える。他の漁民出身の香会はもちろん、香会①においても、農民出身の香頭によって焼香活動の範囲が拡大している傾向があるにもかかわらず、中の漁民の香客のこだわりによって、四つの「衙門」への焼香は確保されている。

(2)　日常生活における祭礼

民国期の日常生活においては、主に生業に関わる祭礼、年中行事や人生儀礼などが行われていた。しかし集団化時代になると、特に文化大革命中、祖先祭祀を含めてあらゆる祭礼が禁じられた。しかし、漁民たちは手を尽くして秘かに祖先祭祀を続けていた。改革開放以降は、生業に関わる祭礼は生業形態が変化したため形があるものとしては見られなくなったが、一部の儀礼次第は「七月半」などの祭礼に組み込まれた。年中行事や人生儀礼は再び行われるようになったが、簡略化されるか、逆に複雑になるかのどちらかであった。その中でも「七月半」祭礼は、民国期と比較して複雑煩瑣になっている。

民国期の「七月半」祭礼は、一隻の漁船での拡大家族を単位として行われ、「家堂」や祖先、「外姓」のみが祀られていたが、現在では一戸の核家族を単位として行われ、「斎老爺」や「斎路頭」などの神を祀る儀礼と「鎮宅」の儀礼が加えられている。漁業を続ける家では、家屋での祭礼の前か後に、船上で「船頭土地」も祀られる。「斎老爺」や「斎路頭」などの神を祀る儀礼と「船頭土地」を祀る儀礼は、かつては生業に関わる祭礼の中にあった。現在では、それらの祭礼が形式的には行われなくなっても、儀礼は続けられている。その結果、神を祀る儀礼の手順は簡略化され、「七月半」祭礼に加えられて持続している。一方、「鎮宅」の儀礼は船上で「船頭土地」を祀る発想に由来する。漁船を鎮守する「船頭土地」は家屋を鎮守する「宅基土地」と類似しているため、生活環境が船から陸地に変化したことによって、同じように生活の場を鎮守する土地公を祀る必要があるということになる。

また、船上生活の場合、「外姓」というのは、主に船主の妻方の亡くなった親を指していた。しかし陸に上がってからは、複数の兄弟夫婦からなる家族形態が一組の夫婦を中心にする家族形態に変化したことによって、外姓は、船主ではなく戸主の妻方の亡親のことになった。船上生活の時代は、祖先と外姓の祭祀は異なる船室で行われていた。定住以降は、祭礼の場はほぼ家屋の母家の一か所で行われるようになったが、祖先と外姓は、祭祀の向きを変える方法で区別され続けている。

以上のように、「七月半」祭礼を中心に考察すると、特に「拝外姓」における外姓の基準が船主から戸主に変化したように、伝承主体は拡大家族から核家族へと変化したものの、漁民たちは従来の船上生活の延長上にある生活を続けていることが分かる。一見すると大きく変化したように見える祭礼には、漁民にとって共通する思考が見いだせるのである。

(3)　宗教職能者

民国期の「僮子」は、主に卜占による神との交流で病気の治療を行っていた。現在そうした人々は僮子とは呼ばれないが、一部の僮子と同じように病気治療を行う霊力がある。集団化時代に弾圧されていた僮子Ｚｃｌの以前の信仰活動と改革開放以降の彼の信仰活動との間には、実質的には大きな違いは見られない。彼は「僮子」から「香頭」という呼称に変わり、病気の治療に加えて焼香活動を組織しただけである。

また宗教職能者の継承についても、民国期と同じように、親族関係に基づいた継承という特徴が見られる。Ｚｃｌは母方のおじ「蒋老先鋒」から巫術や神歌などの技術を学び、民国期には僮子と太保先生として活動していた。彼の没後、息子Ｚｌｂが香頭を継いで焼香活動を行っている。近年、Ｚｌｂは体調不良を理由として、香頭の仕事の一部を娘Ｚｆｙに譲っている。Ｚｃｌの甥Ｚｆｘは彼に従って神歌の方法を学び、太保先生として活動している。また、おじの「蒋老先鋒」の曾孫Ｊｂｌは Ｚｃｌから巫術を学び、民国期の僮子のように「葦身老爺」を帯びて神と交流することによって病気治療に関する信仰活動を行っている。Ｊｂｌはわざと「蒋老先鋒」と同じように「葦身老爺」の「東岳大帝」を選び、自分の正統性を強調して意図的に「伝統」を継承している。

以上のように、宗教職能者の継承法としては、親族関係の中で継承するという特徴が見られ、現在でもこのような傾向がある。この方法の利点の一つとして、血縁の関係性を強調し、正統性を打ち出すことができるという点が挙げられる。

次に、漁民たちの宗教職能者への依存を考察しよう。聞き取り調査から、民国期の大型漁船漁民たちが太保先生に頼むのは、主に神歌を歌う必要がある結婚や生業に関わる祭礼、廟会の際の焼香活動の時などであることが分かった。また、Ｚｃｌのような一部の僮子も神歌が歌えるため、時には僮子にも頼んでいた。僮子は巫術もできるため、民国期において僮子に依存していたのは主に病気の治療であった。前述した江蘇省の他の地域における紅三教の活動に関する調査報告〔中国会道門史料集成編纂委員会　二〇〇四〕によると、海安県の漁民は、焼香や病気の治療などは堂門に頼み、また、結婚や出産などの慶事でも堂門に尋ねる。さらに、香客の家における結婚、出産、病気治療、紛争解決など、重要なことはすべて堂門によって行われるという。

現在、ＹＧ村で復興した信仰生活においては、結婚式前の祭礼と春季の焼香活動で神歌が歌われるため、太保先生が必要である。結婚や、船や家の新築、水難事故、船上への蛇の出没、病気治療など、日常的な慶事、問題、不幸、怪事があると、巫術ができる香頭や仙人などに解決を依頼する。こうした宗教職能者に依頼する理由は、以前の船上暮らしの日常生活に出てきた問題と似たものである。

また、現在の宗教職能者への信頼は上の世代の経験に基づいたものである。Ｊｂａは僮子Ｗｙｋの巫術によって父親の病気が治ったことを体験したため、息子の病気が病院でなかなか治らない時、Ｚｃｌという宗教職能者に頼むことを考えた。Ｚｃｄは香頭Ｙｓｍに頼んで日常生活における様々な問題が解決された経験を娘Ｊｊｑに伝えたので、娘Ｊｊｑが婚出後も香頭Ｙｓｍに問題の解決を求めた。このように、船上生活での拡大家族における経験が個人によって陸上生活の核家族に、上の世代から次の世代と伝わってきたのである。

小括

本章では、漁民たちが最も盛んに信仰していた禹王廟の再建や、焼香活動の復興プロセスを明らかにし、また、現在のＹＧ村における各香会の焼香活動の実態を描いてきた。さらに、宗教職能者の継承と活動についても考察を行った。以上の議論から、禹王廟の再建や焼香活動の復興、そして宗教職能者の継承と活動のいずれにおいても、漁民たちの信仰生活の持続性が明らかにされた。

宗教職能者たちはかつての弾圧に疑問を持ち続け、禹王廟の再建活動に携わり、漁民を組織して焼香活動を再開した。再開した焼香活動においても、民国期に頻繁に訪れた廟は依然として重要視されている。組織された香会では、経費徴収の単位、一部の香客の間の繋がり、焼香活動の場所などが船上生活時代から一貫している。また、香会の形成には宗教職能者の積極性だけではなく、漁民自らの意欲も読み取れる。さらに、宗教職能者の継承については、親族関係のある上の世代から継承されていく傾向が見られる。また、漁民たちの日常生活においては、依然として様々な場面に宗教職能者が必要である。漁民の宗教職能者への需要と信頼は、陸上生活に変わってもなくならない、日常における不安解消への志向と、過去に宗教職能者へ依存していた経験に由来するのである。

本章では最後に、復興された信仰生活を船上生活時代の信仰生活と比較して、信仰団体、日常生活における祭礼、宗教職能者の三つの側面を通じて歴史的な持続性を考察した。まず、船上の信仰生活は「一隻」の漁船での拡大家族を基本単位とする日常生活の中で展開されていたが、復興した信仰生活は「一戸」を単位とする生活の中で行われている。このように、伝承主体は変化しても、それに基づいた信仰生活は持続している。さらに、漁民の個人の信仰活動の具体的な実践方法を考察してみると、生活環境や社会環境の激変とともに表面上は形式的な変化が起こったが、実践を促す信仰心や動機、従来の態度や傾向はその背後に生き続け、持続性を支えているということが明らかになった。さらに、宗教職能者をめぐる信仰生活については、宗教職能者の知識や経験および活動によって、船上生活と陸上生活の間には断絶がなく、つながっていることがわかった。

注

(1)「双名制」や「借名制」とは、政府の承認を得るために、廟の名称を改変し、政府の目をごまかすことである。

(2)中華人民共和国の全国的な青少年組織である。おもに課外活動を通じて共産主義を学ばせ、将来の青共団員、共産党員を育成している。隊員は「紅領巾」と呼ばれる赤いネクタイを締める。

(3)一九九〇年代以降に裕福となった漁民も多い。彼らにとって、豚肉は以前のような高級食材ではなくなったが、祭礼の中では依然として重要であり、特に劉王廟で焼香を行う場合は、豚の頭が重くても必ず廟まで持参して劉王に供える。

(4)巫術ができる香頭は、年に一回、家で自分の「靠身老爺」を祀っている。

終章

第一節　各章の要約と結論

(1)　各章の要約

序章では、中国内陸の太湖を生産活動の場とする、船上生活から定住生活に変化した大型漁船漁民の信仰生活を研究対象とした二つの課題を提示した。第一は、民国期から現代までの間に、船上生活の漁民社会がいかに国民国家へと統合されたのか（特に統合のプロセスにおける、漁業社会主義改造による漁民社会の歴史的変容）を明らかにすることであり、第二は、政治運動や時代変化による生活環境の激動を経験した漁民の信仰生活がいかに変化したのか、さらに、その一見するとドラスティックに見える変化のなかで、何が、どのように、なぜこのように持続してきたのかという問題を明らかにすることであった。本書は第一章から第七章までの論述によって以上の二つの課題を明らかにした。

第一章では民国期の混乱する政治・社会環境における太湖の大型漁船漁民社会の実態を描いた。民国期における、大型漁船漁民の日常生活を分析すると、彼らは相対的に自律した集団のように見えるが、実際には陸上の世界と関わらざるを得なかった。民国期には太湖周辺に匪賊が横行し、漁民たちは匪賊に略奪されるという経験も多かった。さらに、匪賊たちに利用され、匪賊の仲間にされたこともある。国民政府は漁民たちを管理するために、さらに匪賊を鎮圧することを目的として、水上保甲の制度を通じて漁民を管理しようとしていた。日本軍との戦いで、漁民たちは国民軍や匪賊に利用され、戦争に巻き込まれた。戦時中、国民政府だけではなく、新四軍も軍備を増強するために、漁民に対して徴兵、寄付金や物資の徴収を行っていた。それに対して、漁民たちは漁行を通して経済面の保障をもらい、陸上の権力者に対して「拝先生」を行い、陸上との関係を構築することで、そうした複雑な政治・社会環境を生き抜いてきた。

第二章では、第一章の漁民社会と外部とのかかわりの視点とは対比的に、民国期の厳しい環境に対応してきた大型漁船漁民の社会内部の特徴を明らかにした。民国期において、大型漁船漁民社会とは、陸上の「家庭」の一つに相当する漁民の「家庭」が一隻の漁船を単位として共同生活や共同操業していた。家庭においては、長男が船主となり、すべての収入を管理し、絶対的な権力を持っていた。家庭の人数が増えて一隻の船に収まりきらなくなれば、船主が資金を出して新しい船を作り、一部の兄弟や甥を新しい船に生活させた。このように、わかれた船は元の船と「対船」となり、共同操業を行っていた。さらに冬にはこのような親戚関係を持つ四隻の漁船が「一帯」となり、共同操業を行っていた。こうした同じような漁業形態を有する漁民たちは一つの「漁幇」を形成し、一つの血縁的・親族的な繋がりが強い漁民集団となっていた。こうしたつながりが強い漁民集団は外部の侵入に対して団結して対応することができた。

第三章では、第二章で論じた家族形態と生業形態が大型漁船漁民たちの信仰生活に反映されていた状況を明らかにした。「漁幇」として集団で行われていた信仰活動には廟会の際の「焼香」活動が見られた。当時、漁民は漁船を単位とした「焼香」活動に参加していた。元の船から分かれた新しい船との間の父系的な親族の繋がりに関する活動として、一族の「打醮」という活動が行われていた。また、一隻の漁船で行われる「過長年」や「焼路頭」の祭礼、四隻の船で行われる禹王祭、「春網利市」、「早出利」や「接太保」などの祭礼も論じた。これらの信仰活動には、数多くの宗教職能者が関わっていた。これらの祭礼と宗教職能者の特徴を考察することで、大型漁船漁民の生活は陸上との関係が比較的に薄いにもかかわらず、信仰生活は陸上の影響を受けていたことが明らかになった。

第四章では、「漁業社会主義改造」によって船上生活の漁民社会が共産党政権に統合されたプロセスを明らかにした。まず、共産党政権成立初期に行われていた様々な運動と行政的な移り変わりを考察した。初期漁民たちは行政機関に管轄されるようになり、少数の漁民たちは運動の中で処刑・鎮圧されていたものの、漁民社会全体に深い影響を与えていなかったことが分かった。そして、本章では従来の見解をとは異にし、漁業社会主義改造を改めて定義し直し、それを漁民の生産手段の改造、会議による思想の改造、階級区分および「陸上定居」による居住の仕方の改造を含むものとした。本章ではその生産手段と思想の改造、階級区分を考察した。生産手段の改造において、漁船は農具と同様に扱うことができないため、個人所有か集団所有かという問題に対する政府側の一定の見解はなかった。また、思想の改造のために、会議が多く開かれ、共産党政権のイデオロギーが漁民たちに教え込まれた。しかし、第六章、第七章で論じたように、改革開放以降漁民たちの信仰活動が復興したことからしても、その効果は明らかである。最後に、階級区分について、船主が一労働力として働き、工人と一緒に生活するという漁業の生産様式のために、政府側は階級区分を行おうとしてもその基準が判断できなかった。漁業社会主義改造は農業社会主義改造の方法を模倣しようとしたが、そのまま用いることはできず、うまくいかない点があったという実態が明らかにされた。

第五章では、漁業社会主義改造による漁民たちの信仰生活の実態を明らかにした。共産党政府は太湖漁民の「封建迷信」が特に強いということを認識し、様々な手段で「封建迷信」を無くそうとした。政府は会議を開いたり、スローガンを貼ったりして、漁民に「無神論」を宣伝し、漁民の教育を行った。また、宗教職能者の名簿を作り、彼らの活動履歴を登録させて宗教職能者の個人情報を把握しようとした。さらに、宗教職能者に対して、活動道具を没収したり、会議で批判し闘争したりして、「管制」などの処刑を行った。しかし、一九六〇年、一九六一年、一九六四～一九六五年の「紅三教」の再三の弾圧報告からは、信仰活動が当時でも秘密裏に行われていたことが明らかになった。地方政府は、中央政府の「四清運動」の呼び掛けに応じて、「紅三教」のレッテルを貼って弾圧していたが、実際の漁民の信仰活動と「紅三教」との関係は明らかではなかった。祖先祭祀や禹王信仰のように代々続けられてきた信仰活動も禁じられたが、納得できないため、密かに信仰活動を行う漁民も多数いた。このように、漁民たちは弾圧の正当性を受け入れることができなかったと考えられる。そのため、この時期は、漁民の信仰活動は強い弾圧を受けることで、また、第四章で考察した生業形態の変化の影響もあって、集団で行われる祭礼は行われていなかったが、個人や家レベルの信仰活動は密かに行われていた。この時期においても、漁民たちの信仰活動は断絶していなかった。

第六章では、陸上定住のプロセスと定住以降の漁業形態や家族形態、および定住生活における祭礼の変容を明らかにした。定住することによって、家族形態は同じ大型漁船に兄弟夫婦が共同で生活する拡大家族から夫婦を中心とする核家族に変化した。生業形態は「一帯」や「対船」の大型漁船の共同操業、そして大型漁船による多人数の共同操業から夫婦を中心とする小型漁船の操業形態に変化した。改革開放以降、信仰に関する政策が緩和された後も、家族形態や生業形態の変化とともに、民国期のような生業形態に密接にかかわる「一帯」で行われる祭礼がなくなり、祭礼の場が船から家屋に移行した。また、陸上生活において必要な新しい要素を陸上の人々を模倣して祭礼に取り込んでいた。農民出身の香頭の指示によって祭礼の行い方を変えた事例も見られる。このような変化が生じる一方で、以前から重視されてきたものが現在に至るまで維持されている。特に、「七月半」祭礼については、他の時に行われなくなった儀礼をこの祭礼に付け加えたり、一部の儀礼の形式を変えたり再構築されたりすることがあった。こうしたことから、漁民たちが定住前からの原理に基づいて社会変化に適応していく方法が読み取れた。

第七章では、まず、定住以降の漁民たちの信仰生活の実態を明らかにすることで、信仰生活復興の背後にあるダイナミクスを考察し、それが持続していることを考察した。集団で行われる焼香活動では、宗教職能者の積極性が認められるものの、漁民たち自身も焼香を望んでいた。漁民たちは定住生活においても、様々な不安や難事があると、宗教職能者に頼って不安や難事を解決してもらいたいと考えている。また、漁民たちは自分の先代や自らの経験によって信仰生活を続けている。宗教職能者の継承に関しては、信仰活動に熱心で自ら宗教職能者になった漁民もいるが、自分の祖先か親戚関係がある先代から継いだ事例も多いことが分かった。次に、三つの時期における信仰生活を通史的に考察し、信仰団体、日常生活における祭礼、宗教職能者の三つの側面から漁民の信仰生活がいかに持続してきたかを明らかにした。つまり、漁民個人という伝承主体に注目すると、彼らを取り囲む生活環境や社会環境の激変とともに、信仰生活の具体的な実践方法も変化しているが、その背後には実践を促すかつての信仰心や動機、従来の考え方や思考が生き続けている。家族という伝承主体に注目すると、信仰団体に参加する基本単位、日常生活における祭礼が行われる基本単位、そして、宗教職能者に尋ねる問題が生じる基本単位は、すべて民国期における漁船での拡大家族から核家族へと移行した。一見すると変化しているようであるが、信仰生活は最も基本的な単位となる家族において展開していることがわかった。この二つのレベルから考えると、漁民社会に信仰生活は持続しているといえる。

(2) 結論

本書では、太湖における船上暮らしの漁民と国家との関係に注目しながら、彼らが選択した実践や行動を漁民自らの視点から考察し、その信仰生活の変容と持続を明らかにした。結論では、本書を、序章で提示した二つの課題に沿ってまとめていく。

まず、国家に統合されるプロセスから見ると、太湖漁民は、民国期、共産党政権による社会主義改造の集団化時代、改革開放の市場経済の時代を経て、保甲制度、互助組、合作社、人民公社、陸上定居などの制度や政策によって、段階的に国家に掌握されていき、最終的に統合されていくことになった。民国期において、太湖漁民は保甲に編入されていたが、徴兵されずに米の徴収があっただけで、実質的な管理はされていなかった。当時、太湖では匪賊が横行し、国民政府、新四軍、及び日本軍が勢力争いをしていたにもかかわらず、漁民たちはかなり自由に操業することができていた。一九四九年に共産党政権が成立してからは、匪賊や反革命分子が討伐され、太湖の治安は回復していった。それに引き続き、漁民協会が組織され、民主改革が試みられた。この時期、漁民の一部はさまざまな会議を通して社会主義国家の展望や集団化政策についての認識を持つようになった。その一方、漁民たちは供銷合作社、互助組として徐々に組織されていったが、彼らの生活や生業の様式に大きな変化は認められなかった。一九五四年以降は互助組の規模が拡大し、初級そして高級合作社、人民公社として組織され、最終的に大寨式になった。この期間は、漁船の共同操業の相手は、そうした組織の幹部によって選ばれており、また文化大革命中は漁船ごとの労力も組織から派遣されるようになった。この時期は漁民による魚の「私売」ができず、収入は主に労力に基づいて分配された。具体的には、家族の収入は、船主一人が管理する方法ではなくなり、各家族員が「評工記分」という分配方法によって得るものになった。そのため、従来は存在した、船ごとの「大家庭」の「団結」は失われていった。それに加えて、頻繁に行われた会議や信仰活動の取締りによって、そうした活動について「搾取」や「報告」、「迷信」などの言葉が用いられるようになり、漁民たちは共産党政権のイデオロギーを取り込むことになった。次いで、彼らは陸上定居の政策に基づいて、指定された行政村に定住するようになった。そのため、家族形態は船上の拡大家族から核家族に変化し、また陸上の生活に関わることは村行政府に管理されるようになり、漁業生産については太湖漁業生産管理委員会に統括されるようになった。このように、漁業社会主義改造を通して、漁民たちの生産手段、生活や生業様式、思想など全般が行政によって管理されることとなった。

しかし、先行して実施された農業社会主義改造と比較すると、漁業社会主義改造には様々な面で順調に進まないことが多く、難題が山積していた。例えば、民主改革や階級区分が行われた時期は農民社会より明らかに遅れていた。また、生活空間も兼ねる漁船は農具とは性格が異なる生産手段であったため、強引な集団化には困難が伴った。さらに、漁民社会では同郷、親戚、信仰などのつながりが強く存在しており、かつ船主と工人が共同で労働したり生活したりしていたため、階級区分や階級闘争を行うことができず、挫折した事実もあった。このような困難の主な原因は、船上暮らしの太湖漁民の、陸上とは異なる生業や生活形態及び社会構造に由来するものである。一方、政府は漁業も農業の社会主義改造と同じ方法で遂行しようと試みたため、漁業や漁民社会に応じた専門的な政策や系統的な計画を立てられなかった。

序論で指摘したように、先行研究では、国家と漁民社会の関係について、自らの置かれた社会環境に対して人々がどのような意識形態をもって行動したのかという視点からの解釈が欠けていた。それに対して、本書ではそれぞれの時代で、漁民たちが常に受動的な立場であったというわけではないことを主張する。彼らは与えられた変化に対して、そのまま受け入れるのではなく、激動の環境を生き延びるために、自らの思考や判断で対処してきた。第一章で論じたように、民国期、漁民たちは匪賊や各政権と関わるなかで戦争に巻き込まれていたが、それでも彼らは積極的に陸上の権力者との関係を構築し、社会的地位の上昇や安全の確保を求めていた。また、第四章と第五章で見たように、彼らは共産党政権の様々な政策に疑問を持っていた。特に厳しい信仰弾圧に対して、漁民たちは表面上は順応したが、それでも秘密裏に信仰活動を続けていた。第六章と第七章で論じた祭礼や信仰組織の変化を見ると、彼らが従来の思想をもって陸上定住に対処したことが明瞭に分かる。

次いで、以上のような、国家と社会の関係の変化により生起した漁民の信仰生活の変容について論じたい。民国期、集団化時代そして改革開放以降の時期を経た太湖漁民は、様々な制度、政策や運動に影響を受けた点で、生活におけるあらゆる面で激しい変化を被ったといえる。居住形態は船上生活から定住生活に変化し、それに従って家族形態や親族関係も変化した。生業形態は、民国期の「対船」や「一帯」の操業形態から集団化時代の互助組や人民公社を経て、現在の夫婦を中心とする操業形態に変化してきた。定住によって職業の選択肢が増えたことにより、漁民の一部は運搬業などに転職した。こうした大きな変化とともに、漁民たちの信仰生活も失われたり、大きく変化したりしたということはごく自然に予想できる。加えて、集団化時代では、あらゆる信仰生活が「封建迷信」として弾圧された。それにもかかわらず、改革開放以降、漁民たちの信仰生活は復興した。

復興した信仰生活とはどのようなものなのだろうか。先行研究が明らかにしたように、中国社会の変容に関する議論には、変化を強調する研究と持続を強調する研究の両方が見られる［韓　二〇〇七］。また、その表面には変化が見られるものの、底流では依然として「伝統」（漢族の霊魂観や他界観）が生き続け、人々の日常の信仰や秩序において機能しつづけているとも指摘されている［韓　二〇〇九］。

序論で検討したように、現代中国の宗教や民間信仰の研究において、人類学で議論されてきた「共棲論」や「自律社会論」は、党や国家に立脚した見方であると同時に研究者側の見解でもあり、「担い手たる人々の意図するところや、彼／彼女らが参与する宗教の営みの実態は明らかにされていない」と批判されている［川口　二〇一三］。本書では日本民俗学における「伝承主体」論を受けて、太湖漁民という伝承主体に接近し、彼ら自身の視点から、その信仰生活の変容の実態を考察してきた。具体的には、漁民集団に着目するだけではなく、宗教職能者や漁民といった個人、船を単位とする「大家庭」や、定住後の共同生活の基礎単位である「戸」といった伝承主体に着目して、こうした伝承主体が船上生活から陸上生活に変化した際にいかなる意識や思いに基づいて信仰生活を伝承したのかを論じた。そして、高桑の指摘する「個人の生き方（生活の主体的選択）」［高桑 一九九四：一三］を明らかにした。こうした考察の結果、示すことができたのは、太湖漁民が、激変する環境に対して、宗教職能者であれ漁民自身であれ、民国期の船上の信仰生活における意識や論理に基づいて、陸上での信仰生活を再開したということである。

事例からいえば、第六章と第七章で議論したように、焼香活動を再開する個々の漁民や宗教職能者は、弾圧を受け、陸上生活に変化してからも、信仰生活を維持する意思を持ち続けていた。また、大幅に変化した生活環境の中でいかに信仰生活を維持するのかということは、漁民にとって大きな問題であった。民国期のような、「対船」や「一帯」といった単位で行われていた祭礼は、漁業形態の変化のせいで、そのまま再開することはできなかった。しかし、彼らは祭礼を完全に止めるのではなく、むしろ要素を加えた。船を鎮守する「船頭土地」の儀礼は、家屋を鎮守する「石基土地」を祀る「鎮宅」に入れ替わった。「外姓」の儀礼は、家族形態の変化に合わせて、祭祀対象が船主の妻の亡親から戸主の妻の亡親へと変更された。墓参りは現在でも船上生活の時代とほとんど同じように行われている。神歌のテキストは焼かれたために一時はほとんど失われたが、人々の記憶から再構成され、今でも祭礼のとき歌われている。他にも、巫術ができる宗教職能者による病気治療の方法もすべてが伝承されてきたわけではないが、一部は用いられ続けている。また、宗教職能者に頼むという漁民たちの経験は次世代にも伝えられている。

ただし、定住生活がもたらした外部との社会関係の構築によって、信仰生活の変化も余儀なくされている。例えば、農村出身の香頭の活躍によって焼香活動の範囲が広くなり、また、船の新築の際には、神歌を歌うのではなく、宝巻を講じるようになった。しかし、漁民たちは必ずしも農村出身の香頭に全面的に従うのではなく、主体的に選択を行ってもいる。彼らは活動の範囲が広くなっても構わないと考えている。なぜなら、漁民はそもそも太湖周辺の多くの神を信仰しているし、民国期に重視された廟への焼香を確保しさえすれば、多くの神からの加護を受けてもいいと考えているからである。神歌から宝巻への変化を受け入れられる理由は、漁民たちが重視しているのが神歌や宝巻の内容そのものではなく、むしろ祭礼によって神に伝えられる気持ち、そして期待される効果だからである。

このように、政治状況や社会環境の変化によって、漁民の信仰生活が大きく変化したことに加えて、漁民たち自身の視点からその選択の基準を考察すると、彼らの従来の意識や思想が生き続けていることが明らかになった。なぜ彼らの従来の意識や思想が生き続けるのか。彼らの定住した場所は太湖の湖岸であり、周囲の自然環境は大きく変化しなかった。また、漁業や漁業関係の仕事に従事する人たちは半数以上を占める。陸上との社会関係が少し拡大しつつあるが、親族のつながりが依然として強い。

序論で検討したように、日本の漁民研究において「伝承主体」論は、同じ地域社会においても「多様な人生が存在してきたという事実への配慮を、伝承を支えてきた人々との関係において、著しく欠落させてきた」〔高桑一九九四：一三〕という背景の中で提唱された。「個人の生き方（生活の主体的選択）とのかかわりの中で、つまりは、伝承主体の生き方の多様性を前提として、民俗事象を論ずる態度」〔高桑 一九九四：一四〕が必要なのである。中国では、民国期から現在に至るまで、政治状況や社会環境が激変している。激変する社会において民俗事象がいかに伝承されているのかを問うことは大きな問題である。言い換えれば、高桑が「生活の主体的選択」と述べた時の前提は、伝承主体の生き方の多様性の存在であった。しかし、本書によって明らかになったのは、人々が政治権力の影響に直面をせざるを得ない時における個人の主体的選択である。

そのため、中国における状況は高桑の前提としたものとは異なる。だからこそ、中国の政治社会的背景を踏まえて、現代中国における、激動を経験した人々の生活における主体的選択に注目することが、より一層重要となってくる。中国民俗学研究、特に民間信仰の研究においては、民俗事象や信仰事象のあり方を考察し、記述することが、依然として中心的な研究法である。近年の一部の研究においては、信仰事象の中から、歴史・社会背景から見た人々の生き方、生活状況や信仰心を読み取る手法も見られる［陳 二〇〇九］。しかし、そこで読み取られた人々の信仰心は、信仰事象のあり方から研究者が抽出し、解釈したものである。実際にそこに存在する、信仰の担い手となった人々の選択に見られる傾向や意図は、十分に論じられてはいない。

日本と全く異なる政治体制である中国の漁民に注目する場合には、中国の漁民が持っている、日本の漁民とは異なった歴史背景や社会構造を考察する必要がある。高桑の研究対象である日本の漁民は「生活の場と生産の場が水陸によって分断され」、「水上での生産活動を通じて漁民たちによって体現される心意や行動と、陸上での日常生活を通じて体現されるものとの間には、一貫しない規範が存在している」［高桑 一九九四：四五］。しかし、本書の研究対象である太湖の漁民は、国家政策によって船上生活から陸上生活へと変化したという特徴をもっている。船上生活の時には生活の場と生産の場が一致しており、そこに体現される心意や行動も生産活動や船上生活と関連するものであった。さらに、陸上生活へと変化して、生活の場と生産の場が分断されても、船上生活時代の心意や行動は継続している。このことから、水上と陸上で体現される彼らの心意や行動には、一貫している規範が存在するといえる。

このように一貫した規範を見出すことができたのは、個人という伝承主体に注目し、個人の主体的意識や思いを考察した結果である。また、家族を伝承主体と考える際に、船上生活から陸上生活に変化した場合、家族という伝承主体は固定したものではなく、漁船の拡大家族から陸上の核家族に変化した。しかし、変化したといってもそこには共同生活の基本単位であるという共通点が見られる。船上生活から陸上生活に変化しても、生業、経済、生活、信仰といった要素すべてを変わらず担っているのは、漁船の拡大家族そして陸上の核家族なのである。信仰生活は、一見すると変化しているが、このように伝承主体の共通点に注目してみると、個人とは別のレベル、すなわち漁船の拡大家族と陸上の核家族というように、持続が存在するということができる。

以上、「個人」の主体的意識や思いと「家族」という伝承主体に注目したことで、太湖における大型漁船漁民の信仰生活がこの二つのレベルで持続していることが明らかになった。

第二節　結びにかえて――今後の展望と課題

(1)　大型漁船漁民を巡る課題

本書では、漁民の信仰生活の持続と変容に焦点を当てて考察したが、中でも信仰生活の重要な部分である祭礼の実践に重点を置いた。ただし、祭礼における重要な要素である神歌の内容に関わる分析はいまだ不十分である。神歌のテキストから窺える神歌の内容と漁民信仰生活の関連という問題は今後の課題である。

また、大型漁船漁民は太湖周辺に定住するようになったものの、太湖という生業の場からは離れていないため、漁業に携わり続けることができている。そのため、漁業に従事する人はいまだに多数であり、そのために信仰生活も維持できているという事実がある。一方、筆者の観察では、現在は転職している漁民であっても焼香活動に参加し、神を祀る祭礼を行い、宗教職能者に病気の治療を依頼することもある。最も印象深いのは、YG村の「婦女主任」という五〇代の村幹部が焼香活動に参加していたことである。彼女の夫はバスの運転手であり、娘は四つの外国語ができる人材だといわれ、今では蘇州市の外資系企業につとめている。しかし、このような、完全に漁業から離れた一部の人々の事例を論じるためにはまだ蓄積が足りないと思われる。現在では二〇代の若者はほとんどが転職し、漁業から離れている。今後いっそう転職した人々が多くなると、どのような変化が生じてくるのかという問題にも注目し続ける必要がある。

(2) 変革期における中国社会・伝統文化

太湖漁民社会の分析を拡大して考えると、中国社会全体もこの一〇〇年以上に亘る近代化を経て、大きな変化を被ったということができる。これまでも中国社会や文化が近代化の中でいかに変化したのかという議論がなされてきた。特に、文化大革命の時期、伝統文化は徹底的に弾圧されたため、中国社会や文化には断絶があるという議論もしばしばみられる。しかし、筆者が太湖漁民の個人や家族という伝承主体に注目し、彼らの信仰生活を考察してきた結果、家族形態や生業形態など様々な面で激変した漁民社会においても、船上生活時代の信仰生活は持続していた。他の農村や都市、他の集団においても伝統文化は決して完全になくなったわけではなく、むしろ形を変えて、一見すると判別できない形で持続していることが推測できる。

さらに、人々の意識や思想が変化後の形態に潜んでいる可能性もある。岳永逸によると、「民衆の立場に立たず、伝統を認識せず、簡単に農民たちを改造すべき愚民とみなし、特に『陋習』に痛棒を食らわすような改造を行っても、表面的な解決を図ることしかできない」〔岳永逸　二〇一〇b：一三〕。また、「完全に終わる伝統は存在しておらず、完全に伝統と断絶した現代も存在していない」〔岳永逸　二〇〇〇：四九〕。特に信仰の面においては、岳氏が指摘した通りだのことが本書からも明らかである。

今日においても、中国では様々な改革がまだ続けられている。たとえば経済がより発達しており、都市化が進んでいる中国東部地域では、政府の都市計画によって村落の人々が集合住宅に集団移住させられることにより、多数の村落が消失してしまった。作家馮驥才によると、過疎化によって消滅した村落も含めると、二〇〇〇年から二〇一〇年までに中国では村落の数が三六〇万から二七〇万にまで減り、さらに毎日およそ三〇〇の村落がなくなっているという(1)。村落の消失によって、人々は土地を失い、生業は農業から工場労働に変化し、生活方式も変化を余儀なくされている。彼らは船上生活から陸上生活への変化を経験した太湖の漁民と同じように、変化に対応するための様々な選択に直面している。また、太湖の漁民と同じように、生活環境、生業、生活様式、親族関係などの変化とともに不安や問題も生じて来ている。彼らがいかに選択を行い、いかに不安や問題を解決していくのか、という文化の変容と持続の問題も、同じように認めることができる。この場合も、本書で提示した、個人や家族に注目する伝承主体の視点が有効性を持つことになるだろう。

注

（1） http://cul.sohu.com/s2012/diyixianchang54/「古村落消亡速度惊人、加大開発力度就是加大破坏力度」二〇一四年九月二四日参照

あとがき

本書は二〇一五年に筑波大学に提出した博士論文をベースにしたものである。この本を出版するにあたって、多くの方々のお世話になった。以下の方々に心より感謝を申し上げたい。

まず、いつも温かく接してくれたYG村の話者、親切に接してくれた檔案局の職員の方々に感謝を申し上げたい。特にJ.jq一家に感謝したい。J.jqさんの家に泊めていただき、家族の一員として受け入れてもらった。お婆さんは私が外で調査している間に、私の干した服をきれいに畳んでくれていたし、それに、一緒に御飯を食べようといつも私の帰るのを待っていてくれた。

二〇〇七年の研究生時代から現在に至るまで、研究だけでなく、生活の面でも暖かく見守ってくださった指導教員の古家信平先生に、満腔の感謝を込めて、至高のお礼を申し上げたい。

また、博士後期課程においては、筑波大学人文社会科学研究科歴史・人類学専攻の東アジア歴史民俗学の副指導教員の丸山宏先生、徳丸亞木先生、山本真先生、武井基晃先生から貴重なご指導をいただいた。心より感謝の言葉を申し上げたい。また、筑波大学のゼミでご指導をいただいた小口千明先生、中込睦子先生、中野泰先生にも深く感謝申し上げたい。ゼミ発表の時にいただいた先生方からのコメントは本書の随所に織り込まれている。

また、本書の出版にあたって、貴重なコメントをいただいた武蔵大学の西澤治彦先生、歴史民俗博物館の松尾恒一先生に厚くお礼を申し上げたい。

また、五年間の院生生活において、歴史・人類学専攻の皆様には大変お世話になった。この場を借りて院生のみなさんに感謝の意を表したい。博士論文の日本語を直していただいた廣田龍平さん、尾曲香織さん、伊藤茜さん、いつもコメントをいただいた先輩の奈良雅史さん、塚原伸治さん、普段からお世話になっている戸邉優美さん、松岡薫さん、岡田朋子さん、田本はる菜さん、渡瀬綾乃さん、三津山智香さんに感謝を申し上げたい。

また、郷土史家の陳俊才先生、華東師範大学の張済順先生、北京師範大学の岳永逸先生からは貴重なコメントをいただいた。心より感謝したい。

本書のもとになった研究を順調に進めることができたのも、以下の財団からのご支援があったからである。旅の文化研究所からいただいた第二〇回公募研究助成（二〇一三年度）、日本科学協会からいただいた笹川科学研究助成（二〇一三年度）、ロータリー米山記念奨学会からいただいたロータリー米山記念奨学金（二〇一一〜二〇一二年度）、渥美国際交流財団からいただいた奨学金（二〇一四年度）のおかげである。なお、出版に際しては独立行政法人日本学術振興会平成二八年度科学研究費助成事業（科学研究費補助金（研究成果公開促進費、課題番号16HP5125））の交付を受けた。これらの財団および助成金・奨学金の担当者に深い感謝を申し上げたい。

そして、いつも無条件に応援、支えてくれた夫に、私の先の見えない進路に理解し支えてくれた両親や妹、そして私を育ててくれた天国にいる祖父母に感謝を捧げる。

最後に、本書を上梓できたのは、風響社の石井雅社長のご尽力とご理解をいただいたからである。心より感謝の意を表したい。

二〇一六年一一月　つくばにて

胡　艶紅

参考文献

日本語（五十音順）
天児慧ほか
一九九九　『岩波現代中国事典』東京：岩波書店。
稲澤　努
二〇一〇　「消される差異、生み出される差異──広東省汕尾の漁民文化のポリティクス」『海港都市研究』五：三─一三。
二〇一六　『消え去る差異、生み出される差異──中国水上居民のエスニシティ』仙台：東北大学出版会。
内田道夫・青木正児
一九八六（一九六四）『北京風俗図譜一』（東洋文庫二三）東京：平凡社。
太田　出
二〇〇七ａ　「民国期の清浦県老宅鎮社会と太湖流域漁民」『太湖流域社会の歴史学的研究』東京：汲古書院、一〇三─一四三頁。
二〇〇七ｂ　「太湖流域漁民の『社』『会』とその共同性──呉江市漁業村の聴取記録を手がかりに」太田出ほか編『太湖流域社会の歴史学的研究』東京：汲古書院、一八五─二三六頁。
二〇〇八　「連家漁船から陸上定居へ──太湖流域漁民と漁業村の成立」佐藤仁史ほか編『中国農村の信仰と生活』東京：汲古書院、四七─六七頁。
二〇〇九　「太湖流域漁民の香頭と『社』『会』──華北農村調査との比較試論」『近きに在りて』五五：四五─五六頁。
二〇一一　「太湖流域漁民の『香頭』の職能とその継承──若干の『社』『会』を事例に」『広島東洋史学報』一五・一六：一─一〇。

可児弘明
　一九七〇　『香港の水上居民――中国社会史の断面』東京：岩波書店。
川口幸大
　二〇一〇　「『鬼』への祭祀にみる現代中国の儀礼と信仰――広東珠光デルタにおける盂蘭節の事例から」文化人類学会第四四回研究大会・分科会『現代中国における宗教――共産党の政策と人々のいとなみの諸相』（二〇一〇年六月一三日、立教大学）。
　二〇一三　『東南中国における伝統のポリティクス――珠江デルタ村落社会の死者儀礼・神祇祭祀・宗族組織』東京：風響社。
川口幸大・瀬川昌久
　二〇一三　『現代中国の宗教――信仰と社会をめぐる民族誌』京都：昭和堂。
韓　敏
　二〇〇九　『革命の実践と表象――現代中国への人類学的アプローチ』東京：風響社。
岳永逸
　二〇一〇a　「『家中過会』――生活の流れにおける民衆信仰」『比較民俗研究』二四：七一―一二二。
顧録（中村喬訳注）
　一九八八　『清嘉録――蘇州年中行事記』（東洋文庫四九一）東京：平凡社。
酒井忠夫
　一九九七　『中国帮会史の研究――青帮篇』東京：国書刊行会。
　一九九八　『中国帮会史の研究――紅帮篇』東京：国書刊行会。
佐藤仁史
　二〇一一　「江南農村における宣巻と民俗・生活――藝人とクライアントとの関係に着目して」佐藤仁史ほか編『中国農村の民間藝能――太湖流域社会史口述記録集二』東京：汲古書院、五三―七四頁。
謝茘
　二〇〇一　「現代中国内陸部の宗教事情――四川地域の民間信仰におけるヒト・カネ・モノ」『アジア遊学』二四：八九―一〇〇。
秦兆雄
　二〇〇五　『中国湖北農村の家族・宗族・婚姻』東京：風響社。

蕭紅燕
　二〇〇〇　『中国四川農村の家族と婚姻――長江流域の文化人類学的研究』東京：慶友社。
末成道男
　一九七八　「漢人の祖先祭祀（その二）――中部台湾の事例より」『聖心女子大学論叢』五二：七―五五。
諏訪春雄
　二〇一〇　『霊魂の文化誌――神・妖怪・幽霊・鬼の日中比較研究』東京：勉誠出版。
銭丹霞
　二〇〇七　『中国江南農村の神・鬼・祖先』東京：風響社。
高桑守史
　一九九四　『日本漁民社会論考――民俗学的研究』東京：未来社。
田中　悟
　一九九六　「高桑守史著『日本漁民社会論考――民俗学的研究』」『日本民俗学』二〇七：一五三―一五八。
ディケーター、フランク（中川治子訳）
　二〇一一　『毛沢東の大飢饉』東京：草思社
田錫全（松野友美訳）
　二〇一三　「一九五〇年代中国の食糧統一買付・統一販売制度の起因」中国基層社会史研究会編『東アジア史の比較・連関からみた中華人民共和国成立初期の国家・基層社会の構造的変動』二〇一三年七月七日、国際シンポジウム。
徳丸亞木
　一九九二　「民俗誌と語り手の『思い』――屋敷神にまつわる『伝承』の叙述を例として」『「民俗誌」論・試行と展望――高桑ゼミ民俗論集I』茨城：筑波大学歴史・人類学専攻民俗学研究室、二一―四九頁。
　二〇〇八　「家と神々の祀り」古家信平ほか編『家の民俗文化誌』東京：吉川弘文館、一七六―二四九頁。
　二〇一〇　「歴史、外部、個人そして内面」『日本民俗学』二六二：一〇六―一三五。
長谷千代子
　二〇一三　「『宗教文化』と現代中国」川口幸大・瀬川昌久編『現代中国の宗教――民俗学的研究信仰と社会をめぐる民族誌』京都：昭和堂、二〇―四四頁。
長沼さやか
　二〇一〇　『広東の水上居民――珠江デルタ漢族のエスニシティとその変容』東京：風響社。

中野　泰
　二〇一〇　「民俗学における『漁業民俗』の研究動向とその課題」『神奈川大学国際常民文化研究機構年報』一：五七―七四。
奈倉京子
　二〇一一　「韓敏編『革命の実践と表象―現代中国への人類学的アプローチ』」『文化人類学』七六：三五三―三五六。
野地恒有
　二〇〇一　『移住漁民の民俗学』東京：吉川弘文館。
聶莉莉
　一九九二　『劉堡――中国東北地方の宗族とその変容』東京：東京大学出版社。
バーク、ピーター（佐藤公彦訳）
　二〇〇九　『歴史学と社会理論』東京：慶応義塾大学出版会。
藤川美代子
　二〇一〇　「端午節の儀礼に見る水上生活者たちの所属意識――中国福建省九竜江河口に暮らす連家船漁民の事例から」『比較民俗研究』二四：四―三九。
古家信平
　一九九九　「民俗の変容と創造」『長野県民俗の会会報』二二：一―八。
ビリングズリー、フィル（山田潤訳）
　一九九四　『匪賊――近代中国の辺境と中央』東京：筑摩書房。
松田睦彦
　二〇一四　「移動の日常性へのまなざし」門田岳久・室田康成編『〈人〉に向き合う民俗学』東京：森話社、一〇二―一二三頁。
山本　真
　二〇〇八　「复旦大学『革命と郷村』シリーズ」『近きに在りて』五三：一二四―一三二。
山本質素
　一九九九　「伝承母体」福田アジオほか編『日本民俗大辞典（下）』東京：吉川弘文館、一六五頁。
渡邊欣雄
　一九八九　『祖先祭祀』東京：凱風社。
　一九九一　『漢民族の宗教――社会人類学的研究』東京：第一書房。

参考文献

中国語（アルファベット順）
卜偉華
二〇〇八『砸爛旧世界——文化大革命的動乱与浩劫（一九六六—一九六八）』香港：香港中文大学当代中国文化研究中心。
蔡少卿
一九九三『民国時期的土匪』北京：中国人民大学出版社。
曹錦清等
一九九五『当代浙北郷村的社会文化変遷』上海：上海遠東出版社。
車錫倫
二〇〇二『信仰・教化・娯樂——中國寶卷研究及其他』台北：台湾学生書局。
車錫倫・周正良
一九九二「駆蝗神劉猛将的来歴和流変」『中国民間文化——稲作文化与民間信仰調査』上海：学林出版社、一—二一頁。
陳俊才
一九九二「太湖漁民信仰習俗調査」『中国民間文化——稲作文化与民間信仰調査』上海：学林出版社、八〇—一一三頁。
一九九五「太湖漁民的保護神——夏禹」『中国民間文化——地方神信仰研究』上海：学林出版社、一四六—一七四頁。
二〇〇〇『太湖風情』文史資料。
二〇〇五『情系太湖』北京：中国文史出版社。
陳進国
二〇〇九「民俗学抑或人類学——中国大陸民間信仰研究的学術取向」http://zhangmiao.chinafolklore.org/web/index.php?NewsID=4912（二〇一五年二月二六日最終閲覧）。
范成大（宋）
一九七〇「呉郡志」『中国方志叢書』華中地方第八号、台北：成文出版。
房　中
二〇〇七「十年来関於社会主義改造問題研究総述」『北京党史』五：三一—三四。
高丙中
二〇〇六「一座博物館——廟宇建築的民族志——論成為政治芸術的双名制」『社会学研究』一：一五四—一六八。

高王凌
二〇〇六『人民公社時期中国農民「反行為」調査』北京：中共党史出版。
二〇一三『中国農民反行為研究（一九五〇―一九八〇）』香港：香港中文大学出版。
顧希佳
二〇〇〇『祭壇古歌与中国文化――呉越神歌研究』北京：人民出版社。
韓敏（陸益龍・徐新玉訳）
二〇〇七『回応革命与改革――皖北李村的社会変遷与延続』南京：江蘇人民出版社。
賀　喜
二〇一一『亦神亦祖――粤西南信仰構建的社会史』北京：生活・読書・新知三聯書店。
華東師範大学中国当代史研究中心
二〇〇九『中華人民共和国建国史研究二』南昌：江西人民出版社。
河北文史資料編輯部
一九九二『近代中国幇会内幕』北京：群衆出版社。
黄成楷
二〇〇六『一九五〇年代中共新華社「内部参考」的功能与転変』東亞研究所学位論文。
黄樹民（素蘭・納日碧力戈訳）
二〇〇二『林村的故事――一九四九年後的中国農村変革』北京：生活・読書・新知三聯書店。
黄宗智
二〇〇三「中国革命中的農村階級闘争――従土改到文革時期的表達性現実与客観性現実」『中国郷村研究』二：六六―九五。
姫麗萍・閻夏
二〇〇九「二〇年来国内農業社会主義改造運動研究」『史学月刊』七：一二一―一二五。
姜　彬
一九九二『呉越民間信仰民俗――呉越地区民間信仰与民間文藝関係的考察和研究』上海：文藝出版社。
江蘇省地方志編纂委員会『江蘇省省志』（水産志）
http://www.jssdfz.com/book/scz/SCML.HTM（二〇一五年六月一五日最終閲覧）。
江蘇省太湖漁業生産管理委員会

一九八六　『太湖漁業史』蘇州：江蘇省太湖漁業生産管理委員会。

金大陸

二〇一一　『上海城市社会生活史・非常与正常——上海「文革」時期的社会』上海：上海辞書出版社。

金光億（李海燕訳）

二〇一四　「従国家——社会的関係考察文化的政治学　中国人類学的研究概観」韓敏・末成道男編『中国社会的家族・民族・国家的話語及其動態——東亜人類学者的理論探索』(Senri Ethnological Studies 90) 大阪：国立民族学博物館、四七—六一頁。

金友理（清）

一九九八　薛正興校点『太湖備考』杭州：江蘇省古籍出版社。

李士豪・屈若搴

一九九八（一九三七）『中国漁業史』上海：商務印書館。

李向平・李高・彭尚青

二〇一四　「香頭類型与当代中国民間信仰」『宗教与世界』二：三七—四三。

李勇・池子華

二〇〇六　「近代蘇南漁民的天主教信仰」『中国農史』四：九八—一〇四。

林蘊暉

二〇〇八　『烏托邦運動——従大躍進到大饑荒（一九六二—一九六五）』香港：香港中文大学当代中国文化研究中心。

二〇〇九　『向社会主義過渡——中国経済与社会的転型（一九五三—一九五五）』香港：香港中文大学当代中国文化研究中心。

劉　郎

一九二九　「剿匪的徳政」『愛克司光』一一月一一日。

末成道男（馬茜等訳）

二〇一四　「中華漢族的家族和家——東亜人類学調査之所見」韓敏・末成道男編『中国社会的家族・民族・国家的話語及其動態——東亜人類学者的理論探索』(Senri Ethnological Studies 90) 大阪：国立民族学博物館、一九—二九頁。

銭庠理

二〇〇八　『歴史的変局——従挽救危機到反修防修（一九六二—一九六五）』香港：香港中文大学当代中国文化研究中心。

上海漁業志編纂委員会

一九九八　『上海漁業志』上海：上海社会科学出版社。

実業部貿易局
　一九三〇　「無錫之漁業」『工商半月刊』二（一〇）：三〇―四二。
蘇州市地方史編纂委員会
　一九九五　『蘇州市志』第三冊、南京：江蘇人民出版社。
太湖鎮志編纂委員会
　二〇一四　『太湖鎮志』揚州：広陵書社。
行　龍
　二〇〇九　「自下而上――当代中国農村社会研究的社会史視角」『当代中国史研究』四：七二―七六。
　二〇一二　「走向田野与社会――区域社会史研究的追求与実践」『山西大学学報（哲学社会科学版）』三：二一一―二一六。
徐傅（清）
　一九八三　「光福志」『中国方志叢書』華中地方第四一三号、台北：成文出版。
王　笛
　二〇一〇　『茶館』北京：社会科学文献出版社。
王銘銘
　一九九七　『村落文化視野中的文化与権力』北京：生活・読書・新知三聯出版社。
王斯福
　二〇〇九　『帝国的隠喩――中国民間宗教』南京：江蘇人民出版社。
王崧興
　一九六七　『亀山島――漢人漁村社会之研究』台北：中央研究院民族学研究所。
王永華
　二〇一四　『四清運動――以江蘇省為例』北京：人民出版社。
王志清
　二〇〇八　「『借名制』――民間信仰在当代的生存策略」『民俗研究』一：九五―一〇三。
無錫市地方史編纂委員会
　一九九五　『無錫市志』第四冊、南京：江蘇人民出版社。
呉県水産志編纂委員会

一九八九　『呉県水産志』上海：上海人民出版社。
呉　真
二〇〇九　「従封建迷信到非物質文化遺産――民間信仰的合法性歴程」『中国宗教報告』上海：社会科学文献出版社、一六一―一八〇頁。
新華社内部参考編集部
一九五三　「江蘇船民漁民生活困苦政治思想落後」『内部参考』（一九五三年五月一四日）。
一九五五　「江蘇省在漁民中劃分階級的工作很混乱」『内部参考』（一九五五年三月一日）。
楊奎松
二〇〇九　「建国初期中共幹部任用政策考察――兼談一九五〇年代反『地方主義』的由来」『中国当代史研究（一）』上海：華東師範大学中国当代史研究中心、三―三九頁。
葉　濤
二〇〇九　「民間信仰当代文化芻議」http://www.chinesefolklore.org.cn/web/index.php?NewsID=5876（二〇一四年一一月一四日最終閲覧）。
岳永逸
二〇〇八　「伝統民間文化与新農村建設」『社会』六：一七六―一九三。
二〇一〇b　『霊験・磕頭・伝説――民衆信仰的陰面与陽面』北京：生活・読書・新知三聯書店。
張垚蕾
二〇一一　「近二十年関於社会主義改造的研究総述」『黒河学刊』五：一―四。
張小軍
二〇〇三　「陽村土改中的階級劃分与象徴資本」『中国郷村研究』二：九六―一三二。
張一平
二〇〇九　『地権変動与社会重構』上海：上海人民出版社。
張済順
二〇一五　『遠去的都市――一九五〇年代的上海』上海：社会科学文献出版社
周振鶴
一九八九（一九二八）『蘇州風俗』（民俗、民間文学影印資料之一九）国立中山大学語言歴史研究所刊、上海：上海文藝出版社。

中供中央文献研究室
一九九二『建国以来重要文献選編（第一冊）』北京：中央文献出版社。
中国会道門史料集成編纂委員会
二〇〇四『中国会動門史料集成（上）』北京：中国社会科学出版社。
朱年・陳俊才
二〇〇六『太湖漁俗』蘇州：蘇州大学出版社。

檔案史料（年代順）

T1 年代不明「太湖的湖匪」S市檔案局。
T2 一九三三「為奉省令抄発実業部江浙区漁業改進委員会徴収漁業建設費規則事令知呉県県商会附規則」S市檔案局
T3 一九三三「為実難代徴建費並請転呈事致呉県県商会函」S市檔案局。
T4 一九三三「函鮮魚行業公会知照建捐形」S市檔案局。
T5 一九四五「為奉転暫編太湖水上保安団撤銷由」S市檔案局。
T6 一九四六「電催査報水上保甲調査表由」S市檔案局。
T7 一九四七「為転飭協助太湖水上警察局清剿奸匪由」S市檔案局。
T8 一九五一「蘇州市第四届一次各届人民代表会議提案書」J省檔案局。
T9 一九五三「一九五二年漁民協会幹部基本情況統計表」J省檔案局。
T10 一九五三「蘇州市民船民主改革計画」J省檔案局。
T11 一九五三「漁民民改総結」J省檔案局。
T12 一九五三「本省漁民協会情況総合」J省檔案局。
T13 一九五三「建議省委重視漁民組織領導工作」J省檔案局。
T14 一九五四「関於召開重点港口湖泊基層漁業社主任会議情況及今後意見的報告」J省檔案局。
T15 一九五四「江蘇省一九五四年水産工作執行情況報告」J省檔案局。
T16 一九五四「関於漁業生産互助合作問題的総合意見」J省檔案局。
T17 一九五四「D秘書長在中央農村工作部召開漁業生産座談会上的総結報告」J省檔案局。

T18　一九五五「漁業互助合作情況」Ｊ省檔案局。

T19　一九五六「為今後加強漁業社会主義改造的領導和漁区建制」Ｊ省檔案局。

T20　一九五八「本社関於機構設置、糧食購銷、団工作的批複、合同、報告、刑事判決書）、Ｓ市Ｚ区檔案局。

T21　一九五九「江蘇省農業社会主義建設共進材料之九　関於一九五八年大搞補撈工具改革初歩総結」Ｓ市檔案局。

T22　一九五九「呉県太湖人民公社委員会関於経営管理等情況的報告」Ｓ市Ｚ区檔案局。

T23　一九五九「関於治安、刑事判決的報告、通知」Ｓ市Ｚ区檔案局。

T24　一九六〇「関於経済政策的初歩摸底情況報告」Ｓ市Ｚ区檔案局。

T25　一九六〇「関於整党整社資料及党員社員的錯誤事実」Ｓ市Ｚ区檔案局。

T26　一九六〇「関与取締反動会道門巫婆神漢的専題報告」Ｓ市Ｚ区檔案局。

T27　一九六一「取締反動会道門巫婆神漢復査験収的専題報告」Ｓ市Ｚ区檔案局。

T28　一九六一「関於今冬明春安全生産及打撃投機活動的通報」Ｓ市Ｚ区檔案局。

T29　一九六四「関於紅三教調査摸底情況報告」Ｓ市Ｚ区檔案局。

T30　一九六五「太湖公社関於紅三教資料、刑事判決、治安情況報告」Ｓ市Ｚ区檔案局。

T31　一九六七「Ｗｇｔ同志在全省淡水捕撈漁業社会主義改造工作会議上的総結発言」Ｊ省檔案局。

T32　一九六八「蘇州地区淡水捕撈漁業戦線上的階級闘争情況」Ｓ市檔案局。

T33　一九六八「関於呉県太湖公社四大大船大隊進行社会主義改造的請示報告」Ｓ市檔案局。

T34　一九六八「関於将漁民已囲墾的荒灘納入国家計画面積的請示報告」Ｓ市Ｚ区檔案局。

T35　一九六九「呉県太湖人民公社ＨＺ大隊階層排隊表」Ｓ市Ｚ区檔案局。

T36　一九六九「呉県太湖公社革命委員会関於划分漁民階級成份的請示報告」Ｓ市Ｚ区檔案局。

T37　一九八〇「呉県太湖公社歴史資料匯編（一九四九―一九七九）」Ｓ市Ｚ区檔案局。

7-8　焼香の列(香会②)　*288*
7-9　蓮泗蕩劉王廟　*293*
7-10　劉王　*293*
7-11　興華廟(黒虎大王廟)　*293*
7-12　黒虎大王　*294*
7-13　元山の五老爺廟　*294*
7-14　豚の頭を運んで廟に向かう漁民　*294*
7-15　豚の頭を担いで廟に向かう漁民　*294*
7-16　劉王の神像の下に供える各香客が持ってきた豚の頭　*295*
7-17　平台山禹王廟へ焼香の船の列(香会①)　*296*
7-18　禹王廟を参った後に船で食事する様子(香会①)　*296*
7-19　Jbxによって隠された神歌のテキスト1　*302*
7-20　Jbxによって隠された神歌のテキスト2　*302*
7-21　母親と同行して焼香を行う高校生　*316*

図

図1　太湖の地理的位置　*45*
図2　太湖周辺概観図　*46*
図3　七つの帆柱の大型漁船　*47*
図4　五つの帆柱の大型漁船　*47*
図5　三つの帆柱の中型漁船　*47*
図6　小型漁船(鈎船)　*47*
図7　大太湖と小太湖　*71*
図8「対船」の操業形態　*73*
図9「一帯」の操業形態　*74*
図10　大型漁船の基本構造図　*79*
図11　左船と右船　*80*
図12　1948年のL家の家系図　*85*
図13　血縁関係親族の共同操業　*91*
図14　姻族関係親族の共同操業　*92*
図15　代々の通婚　*121*
図15「高踏網」の操業方法　*239*
図16　L家の男性成員　*244*
図17　拝外姓(事例1)　*252*
図18　拝外姓(事例2)　*252*
図19　拝外姓(事例3)　*252*
図20　拝外姓(事例7)　*253*
図21　2011年墓参りに参加した成員　*272*
図22　焼香の場所が所在する都市　*291*
図23　焼香の場所　*292*
図24　香会②における香客のお互いの繋がり　*298*
図25　宗教職能者の間の関係図　*306*

表

表1　徴兵に代わる米の徴収　*55*
表2　大型漁船漁民が属する漁幇の特徴　*69*
表3　太湖漁船の概況　*72*
表4　4つの衙門　*97*
表5　太湖流域の漁民の「香社」　*99*
表6　廟会の場所と会期　*101*
表7　太湖全体の漁業合作社の概況(1956年)　*167*
表8　HZ大隊漁民の階級表　*178*
表9　江蘇省内一部の県･市における紅三教の取締年　*197*
表10　巫婆や神漢に対する再調査の状況①　*206*
表11　巫婆や神漢に対する再調査の状況②　*206*
表12　紅三教組織の概況　*210*
表13　太湖公社における紅三教道首や中堅人物の統計データ　*216*
表14-1～5　太湖公社における紅三教道首や中堅人物の名簿　*217-221*
表15「七月半」祭礼の作法　*246*
表16　各家の「七月半」祭礼における儀礼ごとの酒杯数　*250*
表17　各時代における「七月半」祭礼　*258*
表18　YG村における焼香活動の団体　*289*
表19　焼香活動のスケジュール(旧暦)　*290*
表20　香会③における成員の職業構成　*300*

写真・図表一覧

写真

2-1　大型漁船　*78*
2-2　漁民が作った大型漁船の模型　*78*
2-3　「大艄」の様子　*81*
2-4　小型の竈　*81*
2-5　煙棚　*81*
2-6　大型漁船とサンパン　*83*
3-1　神歌のテキスト(劉王)　*113*
3-2　神歌のテキスト(二相)　*114*
3-3　神歌のテキスト(三相)　*114*
3-4　神歌のテキスト(天后娘娘)　*114*
3-5　神禡　五相公　*115*
3-6　神禡　五夫人　*115*
3-7　神禡　観音　*115*
3-8　神禡　劉王　*115*
3-9　神禡　太母　*116*
3-10　神禡　馬公　*116*
3-11　神禡　竈君　*116*
3-12　神禡　土地公　*116*
6-1　1960年代建てられた家屋　*231*
6-2　1990～2000年代建てられた家屋　*231*
6-3　近年新築された家屋　*231*
6-4　YG村の港の様子1　*232*
6-5　YG村の港の様子２　*232*
6-6　コンクリート製漁船1　*237*
6-7　コンクリート漁船2　*237*
6-8　鉄造船の造船場　*238*
6-9　鉄造船　*238*
6-11　魚を網箱に追い込む様子　*240*
6-12　魚を揚げる様子　*240*
6-13　休漁期の港　*242*
6-14　漁期の港　*242*
6-15　鎮宅(事例1)　*247*
6-16　斎老爺(事例4)　*247*
6-17　神に捧げる銭糧や元宝　*248*
6-18　家堂1(事例6)　*248*
6-19　家堂2　*248*
6-20　家堂3　*249*
6-21　拝祖先(事例1)　*251*
6-22　拝外姓(事例1)　*251*
6-23　拝外姓(事例2)　*251*
6-24　漁船での斎老爺1(事例6)　*255*
6-25　漁船での斎老爺2(事例6)　*255*
6-26　漁船での斎家堂1(事例6)　*256*
6-27　漁船での斎家堂2(事例6)　*256*
6-28　船頭土地を祀る(事例6)　*257*
6-29　漁船での拝外姓(事例6)　*257*
6-30　祭礼の手順が書かれたメモ(事例2)　*261*
6-31　祭礼の手順が書かれたメモ(事例7)　*261*
6-32　壁にかけられた家堂(事例7)　*265*
6-33　結婚式前の祭礼　*267*
6-34　結婚式前の祭礼(Lxqの家)　*267*
6-35　疏文　*267*
6-36　船首にある4つの釘　*270*
6-37　宣巻先生による祭礼　*270*
6-38　「南無観音大士」と書かれた紙　*270*
6-39　L家の墓参り1　*272*
6-40　L家の墓参り2　*272*
6-41　打醮(香会②)　*274*
6-42　道観の食堂で食事する様子(香会②)　*274*
7-1　禹王廟再建のための申請書類　*281*
7-2　禹王廟再建のための申請書類　*281*
7-3　水に囲まれた禹王廟　*286*
7-4　禹王廟　*286*
7-5　禹王廟に奉納される漁船の模型　*286*
7-6　焼香の列(香会①)　*288*
7-7　焼香の列(香会①)　*288*

幇主　215
幇女婿　84
北朝湖神　138
北堂城隍廟　138
北洋船　72, 98, 101, 136, 139
北洋幇　69, 76, 80, 254
本府　109, 117, 125, 253, 268
本幇　49

ま

媽祖　138, 140
瞞産私売　185, 187, 188
民間信仰　17, 22, 26, 27, 134, 279, 332, 334
民間秘密結社　63, 65
民主（主義）改革　39, 59, 143, 150-156, 158-160, 168, 169, 174, 176-178, 181, 187, 188, 190, 198, 199, 330, 331
民兵団　145
無形文化遺産　22, 277
無神論　17, 328
迷信　17, 27, 39, 54, 128, 148, 153, 167, 169, 179, 187, 193, 197-205, 207-209, 215, 221-227, 259, 287, 302, 305, 311, 327, 330, 332
——活動　54, 197, 198, 200, 202, 203, 205, 207-209, 215, 222, 223, 224, 311
模□新長生社　209
毛沢東　163, 170, 173, 175, 176, 178, 179, 184, 186, 190, 191, 222, 226
——思想宣伝隊　175, 179, 191
猛将　102, 105
網船会　105, 139
網船婆　86
木造船　236, 237, 238, 240, 241, 243, 244, 258, 269, 270

や

野鬼　213, 245
楊爺廟　139
楊湾の四親伯　101
養殖　148, 233, 241

ら

利済候廟　138
李王　109
陸上定居　2, 18, 31, 33, 37, 143, 225, 229-231, 259, 327, 330
柳毅　139
劉王　99-102, 105, 106, 109, 113-115, 117, 120, 132, 136, 139, 211, 261, 267-269, 271, 292-294, 305, 324
劉少奇　172, 173, 191
龍女　109, 268
糧票　277
霊隠寺　97, 139, 289
霊力　130-132, 215, 299, 305, 306, 314, 321
連家漁船　230
連家船漁業社会主義改造　143
蓮泗蕩　105, 106
路頭香　212
老宮門社　97, 98, 139, 196, 204, 208
老公門社　97, 202, 227
老大　81, 83, 119, 158, 166
老爺　101, 106, 108-110, 113, 114, 117, 118, 124, 126, 130-133, 138-140, 153, 199, 202, 204, 205, 208, 211, 213, 214, 245, 247-251, 253, 255-257, 259-264, 268, 270, 276, 303, 304, 307, 313, 320, 321, 324
労働
——搾取　156, 157
——点数　173, 176, 183, 190, 286, 293
六櫓大網船　70
禄寿官　256
勒鉄釬子　212

買水　127
墓参り　60, 123, 124, 126, 139, 271, 272, 275, 333
白浮山　231
爆竹　139, 246, 248, 249, 263, 266, 267, 297
発符　112, 113, 136, 267
反革命分子　147, 150-154, 156, 189, 198, 200, 222, 285, 286, 293, 303, 311, 330
反動
——会道門　39, 193, 198-201, 203, 205, 207, 221-223, 226, 227, 280, 284, 285, 317
——勢力　151, 153, 197
——幇会　154, 190, 198
——迷信組織　202, 203, 207, 222, 227
范老先鋒　115, 132, 268, 269, 312
匪賊　39, 47-53, 58, 61, 62, 64, 67, 106, 146-149, 151, 153-156, 174, 326, 330, 331
非物質文化遺産　26, 27, 139, 280
秘密結社　63, 65, 190, 194
一人っ子政策　274, 277
氷開　110, 112, 113, 119
評工記分　166, 175, 183, 230, 286, 293, 330
憑依　133, 196, 202, 211, 213
平等主義　154, 171, 182
病気治療　195, 202, 208, 216, 314, 321, 322, 333
廟会　22, 59, 62, 95, 96, 99-102, 105-107, 113, 115, 118, 131, 132, 137-139, 226, 280, 284, 288, 302, 305, 317, 321, 326
廟祝　103, 281
貧困漁民　149, 154, 156, 157
貧農　154, 177, 179, 223
貧漁　179
巫医土方　214
巫術　111, 128, 131-133, 136, 137, 196, 199, 202, 209, 215, 216, 225, 228, 263, 282, 285, 303, 305, 306, 313, 314, 321, 322, 324, 333
巫婆　198, 200-205, 207, 209, 215, 221, 222, 228
婦女会　174
婦女代表　154
婦聯　145
符官　267
富農　154, 177, 179, 180, 222
普陀山　289, 291
普通選挙　145, 150
武進　150, 195, 198, 268, 269
封口　196, 212
風神老爺　139
馮驥才　337
副保長　54, 59, 63, 155, 161, 180, 302
豚の血　86, 185, 238
豚肉　112, 117-119, 185, 207, 271, 324
仏籠　108
墳主人家　60
墳頭土地　126, 272, 273
文化大革命　3, 17, 19, 20, 146, 161, 172-174, 176, 178, 182, 183, 187-191, 223-226, 229, 230, 241, 249, 259, 265, 269, 279, 285, 286, 289, 293, 295, 301, 302, 305, 306, 311, 319, 330, 337
分配方法　166, 167, 171-173, 183, 185, 293, 330
平台山　54, 59, 99, 101-104, 106, 114, 208, 226, 268, 280-284, 291, 300
平反　286, 311
変容　2, 4, 17, 18, 20-26, 28, 29, 34, 35, 37, 39, 40, 142, 229, 243, 245, 275, 279, 280, 300, 317, 325, 328, 330, 332, 336, 338
保甲制度　24, 57, 58, 145, 330
浦東幇　49
邦会　179
宝巻　140, 295, 333, 334
放衛星　170, 171, 186, 190
放猖　196, 197, 213, 214
奉香先生　134
封建
——漁覇　148-150, 153, 154, 198
——宗教　179
——覇頭　152, 153, 155
——反動統治　207
——迷信　148, 199, 287, 302, 305, 327, 332
幇会　148, 154, 189, 190, 198, 227

伝統　*3, 21, 40, 73, 142, 183, 188, 227, 271, 280, 282, 284, 285, 304, 321, 332, 337*
土地改革　*19, 20, 149, 154, 155, 176, 188, 198, 223*
土地公　*126, 245, 246, 257, 259, 262, 271, 272, 320*
土豪劣紳　*155*
肚丹方　*214*
取り締まり運動　*195, 198-202, 205, 207, 209, 216, 221-227*
当家人　*121, 122*
東岳大帝　*132, 268, 307, 313, 321*
統購統銷　*150, 151, 160, 184, 185, 186, 189, 277*
頭衙門　*102*
搖櫓　*81, 83, 119, 166*
檔案　*48, 50, 54, 146-152, 155, 161, 172, 174, 178, 179, 181, 182, 230, 339*
——局　*20, 36*
——史料　*3, 20, 36, 44, 55, 95, 98-101, 139, 142, 143, 193, 194, 199, 200, 224, 318*
闘争　*39, 151, 154-157, 160, 165, 173, 175-179, 181, 182, 188-191, 198, 201, 204, 205, 222, 223, 328, 331*
同盟軍　*201, 221*
動員　*152, 154, 171, 203, 205*
堂口　*194, 195, 227*
堂主　*194, 196*
堂門　*194-196, 212, 215, 322*
道観　*60, 96, 104, 107, 273*
道教　*41, 48, 135, 139, 196*
道首　*65, 194-196, 198, 199, 207-209, 215, 216, 228*
道徒　*194, 195, 196, 208*
僮子　*110, 126-128, 130-138, 140, 196, 202, 208, 211, 213, 215, 216, 225, 228, 253, 263, 269, 280, 281, 285, 289, 302, 305, 306, 311, 313-315, 321, 322*
——会　*134, 135, 137, 140*
篤筶　*132, 133, 196, 211, 215, 225, 313, 315*
篤米　*213*

な

内部参考　*144, 158, 189*
内部通婚　*31, 122, 123*
内陸　*26, 56, 57, 65, 76, 141, 157, 169, 199, 325*
南京国民政府　*46, 49-51, 54-59, 65*
南阜橋　*101, 107*
南通　*132, 135, 291*
二衙門　*106*
二桅　*78, 79, 108, 119, 265*
二相福龍　*140*
日中戦争　*46, 47, 51, 53, 58, 106, 194, 195*
日本軍　*46, 51-53, 59, 64, 94, 195, 197, 326, 330*
日本民俗学　*1, 29-32, 35, 332*
如東県　*167*
認乾親　*63*
認寄爺　*62, 63, 67*
年中行事　*38, 92, 93, 95, 110, 120, 139, 255, 276, 277, 319, 320*
農業社会主義改造　*141, 188, 189, 327, 331*
農村社会　*18-20, 32, 280*
農民階級　*177*
農民協会　*141, 147, 155, 176, 188*

は

覇頭　*152-155*
馬公　*109, 115, 117, 267*
馬山　*52, 65, 70*
馬当廟　*139*
拝外姓　*245, 246, 251-254, 257, 258, 264, 276, 320*
拝先生　*62-64, 67, 318, 326*
拝船頭土地　*259, 260, 262, 264, 276*
拝祖先　*245, 249, 250, 258*
拝堂　*125*
拝年　*92*

275, 281, 285, 295, 301-304, 307, 311, 313, 315, 321, 322
太母　*101, 109, 115, 117, 126, 138, 256, 267, 268*
——求子　*115, 126, 267*
対船　*38, 72-76, 78, 87, 91-93, 95, 110, 127, 164, 180, 182, 224, 276, 319, 326, 328, 332, 333*
帯香　*103*
帯船　*74*
大家庭　*38, 82, 84, 90, 93, 121, 243, 276, 330, 332*
大衙門　*105*
大串　*135*
大桅　*78, 79, 80, 94, 108, 112, 265*
大飢饉　*170*
大寨式　*172, 173, 190, 330*
大艄　*79-81, 108, 119-121, 126, 129, 258, 263, 265*
大艙　*79, 80, 88, 108, 120, 121, 130, 249, 258, 263, 265, 275*
大船幇　*69, 76, 80, 254*
大相奇龍　*140*
大太湖　*70*
大隊　*37, 62, 146, 155, 166, 175, 176, 179, 181, 200, 201, 203, 205, 216, 225, 231, 233, 234, 237, 238, 297, 314*
大堂門　*194*
大頓　*118, 119*
大躍進　*160, 169, 170, 172, 174, 184-187, 200, 222, 225, 226*
第一次五カ年計画　*160*
宅基土地　*272, 273, 320*
拆帯　*76*
站双刀　*196, 212*
蜑民　*24*
賧仏　*110, 124, 134*
賧老爺　*110, 124, 126, 131, 270, 276*
弾圧　*3, 17, 21, 36, 37, 39, 98, 100, 131, 150, 153, 186, 193, 196-199, 215, 216, 222, 223, 227, 229, 262, 264, 269, 280, 282, 285, 287, 289, 301, 302, 306, 315, 317, 321, 323, 328, 331-333, 337*
断七　*128*
地方政府　*22, 39, 84, 147, 151, 152, 157-160, 163, 165, 168, 169, 178, 179, 181, 182, 184, 197, 198, 200, 215, 220, 226, 227, 233, 280, 328*
治療儀礼　*132, 133, 225*
中型漁船　*37, 47, 54, 72, 97, 98, 146, 170, 208, 231*
中元節　*245*
『中国会道門史料集成』　*194, 195, 197, 198*
中秋節　*93*
中漁　*179*
忠義救国軍　*50, 53*
長勝社　*202, 227, 228*
長生牌位　*108*
長袍　*304*
朝請示夜匯報　*176*
跳九台　*135*
跳神　*211, 213*
跳馬痺　*195, 197*
跳菩薩　*131*
跳老爺　*211*
徴兵　*54, 62, 64, 180, 326, 330*
陳俊才　*2, 24, 41, 45, 49, 53, 61, 71, 74, 76, 78, 83, 95, 97-99, 101-104, 106, 107, 110, 125, 126, 129-132, 136, 137, 139, 140, 318, 340*
鎮湖鎮　*289*
鎮宅　*245-247, 250, 251, 253, 259, 260, 262, 320, 333*
鎮反運動　*147, 148, 153, 162, 199*
ディーゼルエンジン　*237, 239, 242, 292*
定圓　*129, 269, 270, 275*
釘喜釘　*269, 270, 275*
鉄造船　*238, 255, 258, 260, 266, 299*
天后（宮、娘娘）　*113, 117, 138*
天竺寺　*97, 100, 139, 289*
伝香人　*134*
伝承
——主体　*30-35, 37, 39, 138, 276, 320, 323, 329, 332-338*
——母体　*29-31, 33*

宣巻　*137, 140, 271, 275, 277, 295, 308*
　——先生　*271, 275, 295, 308*
専款専用　*173*
洗船　*127*
船主　*38, 51, 62, 75, 77, 83-85, 87-90, 93, 100, 103, 104, 107, 112, 118, 119, 121, 123-125, 129, 130, 152, 153, 158, 159, 164, 173-175, 179-184, 188, 189, 211, 223, 224, 258, 262, 264, 270, 271, 273, 276, 317, 318, 320, 326, 327, 330, 331, 333*
船上人　*40, 68*
船上生活　*1-3, 24-26, 33, 35, 37-39, 43, 44, 64, 82, 95, 122, 126, 138, 141, 142, 234, 264, 265, 273-275, 300, 315, 317, 320, 322, 323, 325, 327, 332, 333, 335, 337, 338*
船頭土地　*108, 130, 247, 257, 259, 260, 262, 264, 265, 272, 273, 276, 320, 333*
船民　*2, 144, 152, 153, 194, 283*
線香　*96, 102, 103, 105, 106, 108, 124, 126, 131, 195, 211, 214, 248, 249, 263, 265, 266, 271, 272, 281, 285, 295-297, 305, 310, 311*
銭糧　*103, 128, 211, 212, 246, 248, 295*
鮮魚行業公会　*56, 57*
前十条　*222, 228*
祖先祭祀　*69, 120-123, 138, 215, 221, 223, 224, 319, 328*
素長年　*117*
疏文　*267, 269, 275*
蘇州葑門長生社　*208, 209, 228*
蘇南行署太湖剿匪指揮部　*147*
蘇南行政公署太湖弁事処　*145*
双名制　*22, 279, 324*
早出利　*110, 112-114, 118, 119, 261, 262, 327*
早得利　*112*
宋相　*109, 117*
宗族　*20, 21, 22, 40, 105, 222, 280*
送神　*112, 113, 136, 267*
送符官　*267*
巣湖幇　*49*
剿匪　*39, 146, 147, 152, 155*
剿匪粛特　*147, 155*
操業形態　*38, 72, 73, 93, 243, 244, 276, 328, 332*
漕運　*49*
総路線　*150, 151, 167, 174*
葬式　*61, 92, 126, 227*
騒子先生　*134*
竈君　*109*
竈神　*120, 265*

た

「多労多得、按労分配」　*167*
打醮　*60, 104, 107, 125, 140, 273, 275, 327*
太君　*115, 267*
太湖
　——漁業生産管理委員会　*41, 45, 54, 59, 64, 73, 143, 145-147, 161, 164, 166, 167, 170, 171, 173, 230, 233, 240, 241, 331*
　——漁場　*170*
　——公益社　*202, 204, 227, 228*
　——公義社　*204, 208, 228*
　——公誼社　*202, 227, 228*
　——興竜社　*202, 227, 228*
　——新宮門社　*208, 228*
　——新公社　*204, 228*
　——人民公社　*41, 62, 145, 146, 175, 200, 231*
　——水上警察局　*50*
　——水上公安局　*147*
　——水上保安団　*50*
　——治水　*284*
　——長生社　*100, 101, 204, 208, 228*
　——流域　*18, 24, 34, 37, 43, 44, 67, 68, 74, 96, 136, 141, 143, 245, 277*
　——老宮門社　*204, 208*
太平醮　*107*
太平長年　*110*
太保書　*134, 135*
太保先生　*103, 106, 111-114, 119, 126, 130, 131, 133, 134, 136-138, 215, 261, 266, 267, 270, 271,*

228
神書　136, 137
神禡　103, 116, 117, 120, 124, 134, 202, 253, 261, 267
新宮門社　97-99, 106, 196, 208, 228, 318
新公門社　97
新江南抗日義勇軍　59
新四軍　53, 54, 58, 59, 62, 64, 75, 225, 326, 330
新民主主義革命　160, 190
親戚　75, 82, 91, 93, 122, 123, 127, 179, 184, 212, 234, 235, 239, 282, 297, 312, 314, 318, 326, 329, 331
親族
——関係　38, 67, 84, 90, 93, 139, 279, 321, 323, 332, 338
——的な繋がり　317-319, 326
震澤県太湖人民公社　145, 146
人生儀礼　38, 95, 124, 277, 319, 320
人民公社　19, 39, 41, 62, 141, 145, 146, 160, 169, 170, 175, 176, 182-185, 200, 231, 243, 330, 332
人民政府　150, 186
スパイ　147, 153, 189, 204, 207
水郷　1
水上
——居民　1-3, 18, 40, 144, 152
——漁民　195, 196
——郷　145
——戸籍　145, 147
——治安　150, 151
——人　40, 144
——生活者　144, 145, 152, 159, 160
——保甲　54, 57, 58, 64, 145, 326
——民主改革　39, 59, 152, 154-156, 159, 174, 176, 181, 187, 188, 198, 199
水仙廟　139
水平王廟　138
水路老爺　138
推筋　133
正保長　54
生業
——の様式　38, 279, 330
——形態　24, 28, 31, 34, 38, 48, 94, 95, 110, 137, 138, 164, 193, 276, 319, 326, 328, 332, 337
——様式　39, 229, 243, 264, 275, 331
生産
——活動　26, 33, 325, 335
——関係　142, 143, 187
——合作社　164, 165
——隊　166, 172, 232, 234, 235
——様式　37, 39, 67, 68, 74, 142, 143, 173, 182, 187, 189, 327
西府　109
青浦県　54, 58
青年会　29, 174
青年団　145
青幇　63, 65, 66
清明節　60, 99, 102, 105, 106, 109-111, 123, 124, 271, 272
請神　112, 113, 136
製鉄・製鋼運動　169, 171
整風整社　160, 172
赤事　195, 227
積極分子　154, 174, 200, 205, 223, 224
積累金　166
折価　166, 167, 172, 173, 183
接財神　120
接聖　267
接太保　106, 110, 112-114, 118, 119, 261, 262, 327
接天　120
接路頭　111, 120, 139, 309
節節高　272
仙姑　194, 196, 215, 216
仙丹　195, 214
仙人　305, 306, 322
先鋒　97, 100, 115, 131, 132, 139, 196, 202, 204, 208, 211, 227, 253, 263, 268, 269, 286, 306, 307, 312, 321
——社　97, 100, 196, 202, 204, 208, 227

社会主義
——改造　*2, 18, 24, 26, 34, 36, 37, 39, 89, 95, 141-143, 145, 150, 151, 156, 157, 159, 160, 166, 168, 169, 178, 187-189, 193, 229-231, 325, 327, 330, 331*
——教育運動　*174, 176, 198, 199, 222*
社祭　*136*
社主　*134*
社棚　*100*
社廟　*134*
車錫倫　*106, 132, 136, 137*
邪術　*195-197*
借名制　*22, 279, 324*
寿星　*120, 124*
収猖　*214*
宗教管理部門　*281*
宗教職能者　*39, 40, 54, 95, 100, 103, 112, 131, 135, 138, 215, 216, 220, 223, 228, 260, 263, 280, 285, 287, 295, 299, 301, 306, 308, 313, 315-317, 319, 321-323, 327-329, 332, 333, 336*
秋路頭　*111*
酬神　*102*
集団
——化運動　*156, 157, 163, 169, 174, 186, 190, 193, 216, 317*
——化政策　*2, 18, 151, 330*
——所有　*142, 184, 185, 188, 327*
粛清　*49, 147, 151, 154, 200*
春長年　*111*
春網利市　*110, 112-114, 118, 119, 261, 262, 327*
巡船　*126-128, 130, 274*
初級合作社　*166, 167*
胥王廟　*139*
徐公　*109*
除霊　*129*
小兜網　*73, 110*
小太湖　*70*
小隊　*175, 200, 201*
小堂門　*194*
小頓　*118, 119*
肖王　*109, 113, 117, 140, 268, 269*
紹興　*282, 283*
焼香
——活動　*38, 40, 96, 97, 100, 121, 209, 222-224, 226, 273, 279, 280, 282, 287-289, 291, 293-308, 311, 314, 316-319, 321-323, 329, 333, 336*
——団体　*292, 301*
焼紙　*135*
焼路頭　*108, 110-114, 117, 118, 138, 261, 262, 327*
蔣老先鋒　*132, 306, 307, 312, 321*
趟油鍋　*196, 213*
油鍋　*135, 196, 213*
檣纜網　*73, 110*
上嶋　*103, 104, 112, 113, 117-119*
上花墳　*124, 138*
上真観　*107, 139*
上刀山　*135*
上湯上飯　*267*
上方山娘娘　*138, 139*
上方山の太母　*101*
城隍（神、廟）　*109, 124, 125, 130, 138, 256, 268*
常州　*68, 69, 109, 125, 146, 194, 195, 197, 268, 269*
常熟　*159, 195*
常年　*211, 215*
禳災　*134*
食糧増産　*170*
辛亥革命　*46, 48, 66*
信仰
——組織　*25, 39, 98, 227, 331*
——団体　*34, 36, 39, 40, 96, 101, 208, 209, 280, 300, 301, 317-319, 323, 329*
——弾圧　*331*
神歌　*25, 89, 103, 112-116, 126, 130, 133, 134, 136, 137, 216, 261, 262, 266, 267, 269-271, 275, 281, 283-285, 295, 301, 302-307, 312-314, 321, 322, 333, 334, 336*
神漢　*198, 200-205, 207-209, 215, 221, 222, 224,*

香社　*31, 38, 39, 59, 96-98, 100, 102, 103, 105, 137, 139, 203, 208, 209, 215, 222, 227, 280, 287, 300, 317, 318*
香船　*100*
香棚　*103, 105*
香頭　*25, 59, 97, 100-105, 139, 194-197, 208, 209, 211, 215, 222, 225, 256, 260, 266, 271, 273, 275, 280, 287-289, 291, 293-303, 305-308, 310-316, 318, 319, 321, 322, 324, 328, 333*
香僮　*136*
香牌　*103*
高級合作社　*166, 167, 169, 170, 330*
高踏網　*239, 255, 310*
高郵県　*194, 195*
敲木梢　*135*
興華廟　*107*
興隆社　*97, 99, 100, 101, 196, 208, 228*
興隆幇　*69, 76, 254*
合帯　*76*
告民衆書　*58*
国民軍　*52, 64, 326*
国民政府　*39, 46, 49-51, 53-59, 62, 64, 65, 197, 208, 326, 330*
国民党　*19, 46, 52, 53, 59, 64, 65, 99, 146, 147, 151, 153, 180, 188, 189, 196, 208*
黒虎大王　*101, 107, 117*
箬箬　*133, 209, 211, 215*
靠身老爺　*132, 133, 253, 303, 304, 307, 313, 321, 324*

さ

サンパン　*60, 70, 83, 97, 309*
左船　*78, 81, 244*
做会　*135, 197, 211*
做社　*134, 135*
祭司先生　*112, 215, 216, 222*
祭祖　*125*
斎家堂　*245, 249, 253, 258-260*
斎天　*134, 139*
斎利市　*129*
斎路頭　*259, 260, 264, 320*
斎老爺　*245, 247, 249, 251, 253, 255-257, 259, 260, 262-264, 320*
搾取　*59, 153, 154, 156, 157, 162, 175, 178, 180, 181, 330*
扎喜釘　*129, 130*
扎針推経　*214, 215*
三衙門　*107*
三官菩薩　*108, 265*
三紅　*195*
三自一包　*172*
三主　*196*
三宣隊　*175, 176, 181, 182, 191*
三相　*113, 117, 118, 140*
三大改造　*142, 143*
三大先鋒廟　*139*
賛神歌　*25, 134, 136, 137*
四親伯廟　*138*
四清運動　*39, 160, 161, 176, 188, 195, 222, 227, 328*
四菩薩　*196*
私的販売　*173*
思想の改造　*143, 160, 173, 187, 327*
師娘　*305, 306*
紙銭　*124, 127, 128, 130, 202, 212, 245, 267, 272*
紙禡　*253*
資本主義　*142, 150, 156, 159, 160, 165, 173, 176, 178, 179, 190, 191*
自由市場　*172, 173, 190*
自律社会論　*22, 332*
自留地　*172, 184, 190*
地主　*154, 155, 177, 179, 222, 223*
七月半　*34, 69, 120, 121, 140, 229, 245, 246, 249, 250, 253-255, 257, 259-262, 264, 266, 273-276, 303, 310, 312, 320, 328*
七相　*109, 114, 115, 117, 138, 267, 268*
「社」　*25, 184*

郷人儺　*136*
矯人　*74, 83*
金銀紙　*263, 297*
金湖　*198*
金七相公　*138*
禁漁期　*259, 266, 304*
苦主　*154*
葷長年　*117*
軍統　*53*
計画供給　*189*
計画食糧　*160*
経済組　*55*
敬神　*125, 126, 213, 215*
血縁関係　*71, 90, 91, 93, 94, 100, 122, 301*
結社　*63, 65, 134, 190, 194*
献頭魚　*104*
元山　*101, 106, 114, 117, 132, 140, 261, 291*
元宝　*103, 211, 246, 248, 249, 271, 272, 309*
厳打　*198, 199*
コンクリート製の船　*236-238, 254*
小型漁船　*25, 48, 50, 54, 65, 68, 72, 75, 82, 97, 99, 101, 105, 111, 122, 123, 138, 139, 211, 224, 328*
孤魂　*245*
罛船　*45, 50, 65, 76, 77, 94*
個人所有　*142, 164, 183, 188, 327*
湖歌　*137*
湖州　*44, 100, 101, 107, 146, 208, 291*
湖神老爺　*138*
湖南幇　*49*
雇農　*154, 179*
雇用関係　*104, 183*
五四運動　*3*
五七　*128*
五相公　*109, 117, 267*
五聖筈詩　*215*
五大宗教　*27, 41*
五通神　*138*
五反運動　*176*
五夫人　*109, 117*
五路（財）神　*111, 140*
五老爺　*101, 106, 113, 114, 117, 118, 132, 140, 261*
互助合作運動　*163*
互助組　*19, 39, 141, 148-151, 156-159, 162-169, 174, 182-184, 187, 200, 220, 223, 243, 330, 332*
伍子胥　*139*
呉歌　*137*
呉県太湖人民公社　*62, 146, 175*
呉江　*106, 139, 196, 277*
呉江新宮門社　*106, 196*
工業化　*142, 150, 151, 160, 174*
工人　*79, 80, 84, 103, 104, 108, 112, 118, 120-123, 129, 149, 156-159, 164, 165, 173-175, 179-184, 187-189, 191, 223, 224, 231, 265, 312, 327, 331*
公安部門　*151, 168, 186*
公興班　*196, 209*
公祭　*282, 283*
公門社（宮門社）　*97, 202, 227*
甲長　*54, 104*
光福　*45, 49, 50, 54, 62, 65, 70, 105, 108, 289, 318*
行帳船　*61, 71, 87, 174, 175, 190*
江北幇　*49*
江浙区漁業改進委員会　*55, 57*
庚申会　*308, 309*
咬秤砣　*196, 212*
洪（門）三教（→紅門三教）　*194*
洪門幇　*66*
紅（門）三教　*39, 65, 193-199, 203, 207, 209, 215, 216, 221-223, 225-228, 280, 282-285, 317, 322, 328*
紅幇　*63, 66*
香火僮子　*136*
香会　*97, 266, 277, 287-289, 291, 293, 295-308, 311, 314, 316, 318, 319, 322, 323*
香客　*101, 103, 194, 195, 209, 211, 212, 214, 224, 225, 266, 288, 289, 291, 295-297, 299-301, 305-314, 319, 322, 323*
香姑　*194*

145, 148, 150, 151, 156-161, 166, 168, 169, 173, 175, 178, 181, 187-189, 193, 229-231, 325, 327, 330, 331, 337
海安県　*194, 195, 322*
開口　*314*
開工　*129*
開臂打掃　*212*
階級
——関係　*157-160*
——区分　*39, 155-160, 167-169, 176-179, 181, 182, 188, 189, 223, 224, 327, 331*
——成分　*178, 224*
——闘争　*39, 155, 157, 160, 173, 176-179, 181, 182, 188-190, 222, 331*
解放　*20, 147, 150, 155, 180, 186, 187, 191, 196*
外姓　*108, 245, 246, 249-254, 257, 258, 260, 264, 265, 274, 276, 312, 320, 333*
拡大家族　*34, 83, 138, 233, 243, 276, 318, 320, 322, 323, 328, 329, 331, 335*
核家族　*34, 83, 87, 109, 232, 233, 243, 245, 276, 319, 320, 322, 328, 329, 331, 335*
岳永逸　*3, 22, 27, 280, 337, 340*
合作社　*39, 141, 148, 160-167, 169, 170, 182, 183, 186, 187, 190, 200, 220, 243, 330*
奸匪　*50, 58*
看香頭　*196, 197, 211, 225, 311*
看風　*79, 81, 83, 119, 166*
管制　*154, 186, 187, 203-205, 225, 226, 285, 287, 293, 302, 305, 311, 328*
趕鬼気　*196, 212*
関帝　*114, 139, 279*
還願　*124, 125, 138*
観音　*97, 100, 109, 114, 115, 117, 120, 136, 139, 256, 267, 269, 271, 310*
観光化　*22, 139, 285, 287*
願心長年　*110*
機械化　*174*
鬼　*130, 133, 196, 197, 207, 211-214, 225, 245*
喜事長年　*110, 126*
宜興　*44, 148, 194, 196, 197*
擬制的親子関係　*63*
吉日　*125, 129, 266, 268, 285, 303, 308*
喫講茶　*90, 94*
喫大鍋飯　*154*
客幇　*49*
宮門社（公門社）　*97-99, 106, 139, 196, 204, 208, 228, 318*
居相　*109*
魚商人　*55, 56*
魚米之郷　*43, 96*
漁歌　*137*
漁業
——供銷合作社　*148, 161, 162*
——資本家　*154, 156-159, 177, 179-182*
——社会主義改造　*2, 18, 24, 26, 36, 37, 39, 95, 141-143, 145, 151, 156, 159, 166, 168, 169, 178, 187-189, 193, 229-231, 325, 327, 331*
——集団化運動　*169*
——大隊　*37, 201, 231, 233, 237*
漁具　*60, 61, 68, 72, 73, 79, 80, 86, 110, 146, 150, 154, 156-158, 162, 164-167, 170, 172, 180, 183, 185, 187, 194, 236, 242*
漁工　*148, 149, 153, 154, 156, 157, 159, 177, 179, 223*
漁行　*43, 44, 55-57, 60-62, 64, 67, 87, 95, 162, 190, 326*
漁覇　*148-150, 153-157, 162, 174, 198, 203*
漁幇　*31, 33, 38, 68-71, 75, 76, 93, 95, 100, 137, 194, 300, 317-319, 326*
漁民
——協会　*39, 141, 147-155, 157-160, 188, 330*
——代表　*150, 151, 154*
共棲論　*22, 332*
共同操業　*38, 68, 69, 73-76, 78, 90-93, 110, 122, 123, 175, 223, 224, 236, 237, 239, 244, 264, 276, 326, 328, 330*
共同墓地　*271, 274*
供銷合作社　*39, 148, 161, 162, 190, 330*

索　引

あ

愛国教育　154
悪分子　148, 153, 154, 161
いかさま　131, 209, 211, 215, 216, 228
以幇設堂　194
位牌　108, 109, 120, 129
遺子簿　124, 125, 138
一帯　38, 72-76, 91, 93-95, 103, 104, 106, 110, 112, 113, 118, 137, 164, 182, 209, 224, 239, 259, 261, 262, 264, 276, 301, 319, 326, 328, 332, 333
一大二公　170
姻戚関係　92-94, 297
姻族関係　122, 179, 188
陰陽先生　60, 127, 129, 130
右船　78, 81, 244
禹王祭　99, 102, 104, 106, 107, 115, 116, 136, 302, 327
禹王廟　54, 59, 99, 102-104, 106, 114, 116, 118, 132, 208, 226, 280-287, 293, 301, 302, 305, 306, 311, 318, 322, 323
請け負い責任制度　234
運搬業　40, 43, 49, 144, 152, 234, 235, 244, 299, 309, 332
運搬船　234, 235, 244, 269, 309
エスニシティ　24
宴神　112, 113, 136
大晦日　104, 108, 120, 121, 224, 273
王崧興　23, 24
王二相公　138
王母　120, 124
王老爺　113, 117, 131

か

カトリック　41, 48, 65, 72, 144, 145, 148, 149, 153, 167, 199, 200
下肩艙　81, 83, 119, 166
下中漁　179
伙艙　79, 80,108, 119, 121, 258, 264, 265
河南幇　49
家族形態　34, 35, 38, 39, 48, 67, 94, 95, 138, 229, 243, 258, 264, 279, 320, 326, 328, 330, 332, 333, 337
家堂　108, 109, 117, 118, 120, 121, 125, 129, 209, 212, 245, 248-250, 253, 256, 258-261, 263, 265, 266, 274, 275, 303, 320
過季歳　274
過寄・許允　214, 215
過三朝　124, 274, 275
過仙気　196, 213
過長年　110-114, 116-118, 126, 131, 215, 261, 262, 327
過年　120
嘉興　105, 134, 135, 208, 228, 291, 294
嘉興長生社　208, 228
衙門　97, 101, 102, 105-107, 139, 247, 289, 291, 300, 317, 318, 319
会道門　39, 148, 193, 194, 198-201, 203, 205, 207, 221-223, 226, 227, 280, 284, 285, 317, 322
改革開放　3, 17, 20, 21, 34, 40, 229, 232, 234, 236, 238, 241, 243, 249, 258-260, 262, 274, 279, 280, 286, 289, 300, 302, 306, 311, 317-319, 321, 327, 328, 330, 332
改造　2, 18, 24, 26, 34, 36, 37, 39, 89, 95, 141-143,

著者紹介

胡艶紅（こ・えんこう　Hu Yanhong）
1981年、中国江蘇省生まれ。
2015年、筑波大学人文社会科学研究科 歴史・人類学専攻博士課程修了。博士（歴史民俗学）。
2016年4月より東京都江戸東京博物館都市歴史研究室 専門調査員。

主要論文に、「『廟巡り』の持続と変貌―太湖における漁民の『焼香活動』を中心に」（『旅の文化研究所研究報告』第24号、2014年）、「民国期における太湖の漁民社会―大型漁船漁民の事例を中心に」（『社会文化史学』第57号、2014年）、「現代中国における漁民信仰の変容」（『現代民俗学』第4号、2012年）など。

江南の水上居民　太湖漁民の信仰生活とその変容

2017年2月10日　印刷
2017年2月20日　発行

著　者　胡　艶　紅
発行者　石　井　雅
発行所　株式会社　風響社

東京都北区田端 4-14-9（〒114-0014）
TEL 03(3828)9249　振替 00110-0-553554
印刷　モリモト印刷

ISBN978-4-89489-239-2 C3039